경력개발과 적응

-인적자원관리의 심리학-

김정인 · 김병선 · 김성회 · 김흥수

청목출판사

머 리 말

어느 날 저녁에 한 나그네가 불이 켜진 가로등 밑을 왔다 갔다 하며 무엇인가를 열심히 찾고 있는 청년을 발견하였다. 그는 청년에게 물었다. "뭔가 중요한 물건을 잃어버린 모양이군요." "예, 저에게는 매우 소중한 물건입니다." 청년은 나그네를 쳐다보지도 않은 채 대답하였다. "그런데 그 물건을 여기에서 잃어버렸습니까?" 나그네를 짐짓 청년을 도와줄 듯 땅바닥을 같이 쳐다보며 말했다. "아니요, 어디에서 잃어버렸는지는 잘 모르겠습니다." 청년이 대답하였다. 그러자 나그네는 고개를 들어 청년을 바라보며 물었다. "그런데 왜 이 가로등 근처에서만 그것을 찾고 있는 거지요?" "가로등 아래는 불빛이 환해서 물건을 찾기가 좋거든요!"

지식정보사회를 살고 있는 우리들이 위의 청년과 같은 우를 범하고는 있지 않는지 점검해야 할 때이다. 과거 산업사회에서 직업은 직장과 거의 동일한 개념이었다. 한 번 직장에 들어가면 평생직장이라는 생각에서 정년퇴직할 때까지 근무하면 된다는 생각이 지배적이었고 자신의 경력은 연공서열에 의해 거의 자동적으로 결정이 되었다. 그러나 한국사회가 IMF 외환위기를 겪으면서부터 거의 대부분의 기업에서 구조조정이 있었고 무한경쟁 속에서 기업은 생존을 위해 더 이상 개인의 경력을 보장해 줄 수 없게 되었다. 이로 인해 국민 대다수가 믿고 있던 평생직장이라는 신념은 깨어지게 되었고, 개인은 직업경력을 스스로 계획하고 성취해 나가야 하는 현실에 직면하고 있다.

우리는 이러한 상황에 대해 다시 한 번 생각해 보아야 한다. 이 상황은 굳이 IMF 외환위기가 없었다 하더라도 충분히 예견될 수 있었던 상황이다. 단지 IMF가 우리 사회에서 이미 예견된 상황을 조금 앞당겼을 뿐이다. 공장굴뚝으로 대변되는 산업사회에서 지식정보사회로 변모하면서 평생직장의 개념은 사라지고 평생직업으로 바뀔 것이라는 것은 이미 오래 전부터 미래학자들에 의해 예견되어 오던 바이다. 영원히 지속될 것 같던 대기업이 하루아침에 몰락하고, 퇴직할 때까지 존재할 것 같던 부서가 사라지는 일이 작금의 현실로 다가오고 있다. 따라서 이러한 상황을 IMF 외환위기라는 가로등으로만 비추어 파악하려 한다면 우리는 정작 원하는 것을 찾지 못할 것이다.

이제 우리는 자신의 경력을 산업사회의 틀이나 그 연장선상에서 볼 것이 아니라 미래지식사회에 초점을 맞춰 조망해 보아야 하는 시점에 와있다. 즉, 자신의 직업경력을 미리 계획하고 체계적으로 관리해 나아가야 하며, 자신의 경력개발을 위한 자기구조조정이 이루어져야 할 때이다. 이를 위해서 먼저 경력개발이 무엇인지에 대한 개념과 내용을 정리할 필요가 있다. 따라서 본서는 이러한 취지에 맞추어 집필하고자 하였다. 본서는 크게 두 부분 12개장으로 구성되었다. 전반부 7개장에서는 기존의 경력개발에 관련된 연구결과들을 개인의 발달 순서에 맞추어 경력개발 및 관리의 필요성에 대한 내용과 함께, 경력발달 단계별로 개인이 취해야 할 행동과 조직의 관리전략을 언급하였다. 이어 후반부 5개장은 조직 적응이라는 주제에 초점을 맞추어 직장생활을 통해서 겪게 되는 다양한 문제들, 즉 직무 스트레스, 직무이동과 실직, M&A 과정, 일-가족 갈등 그리고 여성의 경력과 일 등과 같은 사안들에 대해서 개인 및 조직 차원의 관리전략들에 대해서 언급하였다.

이 책이 나오기까지 많은 시간과 노력이 들어갔으나 계속 부족함을 느꼈고, 그래서 더 많은 시간과 노력을 투자하여 보다 완성된 모습으로 세상에 소개하고 싶은 마음이 컸으나 주저하고 미루다 시기를 놓치는 것보다는 나을 것이라는 판단으로 출판할 용기를 내게 되었다. 이 책이 나오기까지 도움을 주고 협조해 주신 모든 분들께 이 지면을 통해 감사드린다. 특히 졸저를 출판할 수 있도록 배려해 주신 청목출판사 유성열 대표와 편집부 팀원들께 감사드린다. 이 책을 통해 그동안 국내에서 소홀히 다루었던 '직업경력'이라는 주제에 대해 더 많은 관심과 연구가 이루어지길 기대하고 아울러 본서에 대한 많은 질책을 바란다.

2007년 2월

저자 일동

차 례

제1장

경력개발과 경력관리

오늘날 경력개발은 조직과 개인 모두에게 중요한 의미를 갖고 있음에도 불구하고 대부분의 종업원들은 조직 내에서 자신들의 직업경력목표를 달성하는데 여러 가지 어려움을 겪고 있다. 이것은 종업원 스스로도 무관심했을 뿐만 아니라 조직차원의 배려가 거의 없었음에 기인하는 것이기도 하다. 그러므로 경영자들과 관리자들은 조직의 인적자원을 동원하고 관리하는데 많은 관심과 노력을 기울여야 할 것이다. 모든 종업원에게 승진기회가 주어지고, 유능한 사람은 어떻게 해서든지 조직 내에서 보다 나은 직위로 승진할 것이고, 뛰어난 능력을 가지고 있는 종업원은 언제 어디서든지 그 가치를 발휘할 것이라는 신념은 이제 더 이상 사실이 아니다. 사람들의 라이프 스타일은 변화하고 있다. 따라서 기업에서는 라이프 스타일의 변화에 따른 종업원들의 다양한 욕구와 경력목표를 인식해야 할 때가 되었다. 관리자들은 자신들이 유능하고 조직의 목표 달성을 위해 사람들을 동기화시킬 수 있다는 확신을 가지고 있다면, 종업원들의 경력욕구와 조직의 목표를 일치시키려는 문제에도 관심을 가져야 한다.

제 1 절 경력개발의 필요성

1. 고용관계와 경력개발

1) 새로운 고용관계

전통적으로 많은 종업원들은 만일 그들이 기업조직에 들어가서, 유능해지고, 열심히 일하고, 특별한 문제가 없다면 오랫동안 직장에 근무할 수 있을 것이라고 믿었다. 어떤 사람들은 이것을 직무에 대한 "권리부여" 경향으로 보았다. 즉 사용자들은 당연히 종업원들에게 고용의 대가로 그러한 것을 지켜야 할 의무가 있다고 보았던 것이다. 조직에서는 종종 이러한 관점을 권장한다. 대부분의 조직에서는 근로자들의 충성심의 대가로 고용안정과 보상을 제공함으로써, 자신들의 종업원들에 대해서 가부장적 접근방식을 채택하고 있다. 고용주들은 종업원과 자신들의 관계를 은유적으로 표현하여 '가족'이라는 용어를 즐겨 사용한다. 전통적으로 기업에 고용된 종업원들은 자신들에게 무슨 일이 일어나든지 회사가 그들을 돌봐줄 것이라고 믿었다.

이와 같은 사회적 계약의 맥락에서, 경력개발은 일차적으로 조직에서 관심을 가져야 할 사안이다. 경력개발의 목표는 고위직이나 관리직은 자신의 과업을 잘 수행할 준비가 되어 있거나 조직의 문화에 적합한 사람들로 채워져야 한다는 사실을 함축하고 있다. 기업에서 사용하고 있는 경력개발 절차는 조직의 욕구를 충족시키기 위하여 내부 노동시장을 창출하는데 적합한 것이었다. 따라서 경력 향상은 일차적으로 한 조직 내에서의 승진과 임금인상에 입각해서 규정된다.

개인들은 경력관리를 종종 이러한 접근법 안에서 본다. 그들은 자신들이 수직 이동에 대한 욕구를 가지고 있고, 조직의 경력개발 활동에 자발적으로 참여하거나 혹은 선발됨으로써 경력계획 활동에 참가할 것이다. 관리직을 거쳐서 높은 직위로 이동을 한다는 것은 때때로 주요 경력 목표가 되기도 한다.

이러한 유형의 종업원과 고용주가 상호 장기적인 관계로 이어지려면 안정되고, 예측이 가능한 환경 및 위계적으로 구조화된 조직이 필요하다. 조직에서는 일반적으로 최근의 어렵고도 격변하는 기업 상황에 대해서 다운사이징, 구조조정, 비용절감, 아웃소싱, 인수합병, 기술혁신 및 보다 성과 지향적인 인적자원관리 프로그램 등과 같은 다양한 방식을 통해서 대응하고 있다. 이와 같은 조직활동은 고용주들에게 단기간의 재정적 문제에 역점을 두게 할 수도 있으나, 이들 역시 전통적 고용관계에 의해서 그 효과가 퇴색되기도 한다. 예를 들어, 캘리포니아의 실리콘 벨리 지역과 캐나다의 벤쿠버와 토론토 지역의 근로자들을 대상으로 한 조사에서는 일시해고(layoff)를 최소화하고자 하는 노력이 오히려 종업원들 사이에서 기술개발에 힘쓰고 노력을 촉진할 가능성이 있는 것으로 밝혀졌다.

다운사이징이나 아웃소싱과 같은 조직적 활동의 결과로서, 고용관계는 고용주와 종업원의 상호 이익을 위해 온정주의적 교환관계방식에서 유지해 왔던 관계를 변화시켰다. 즉 장기간의 고용안정에서 종업원들이 자신의 미래에 대해서 일차적으로 책임을 져야 하는 상황으로 변화하였으며 고용관계를 지속적으로 유지하려면 그에 상응하는 자격요건을 갖추어야 하는 쪽으로 바뀌었다.

전통적인 고용관계는 어떤 조직에서든지 더 이상 존재하지 않는다. 연예 산업, 건축, 건설, 무역, 그리고 법률, 회계와 같은 전문직 서비스를 포함한 많은 산업과 직업들은 단기나 혹은 길어야 3년 이내의 계약관계가 이루어진 수많은 조직과 근로자들을 보유하고 있으며 고정관념적 기업모델에 정확하게 부합하지 않는 경력과정을 보유하고 있다. 그러나 대부분의 사람들에게 전통적인 패러다임과 이와 병행된 내용들은 경력의 전형으로 보여졌고, 그들은 이러한 종류의 관계와 더불어 조직을 위한 활동이나 주류 직업에서의 활동은 "정식 직무" 혹은 "정규경력"을 갖는 것으로 보아왔다.

이러한 보다 전통적인 형태의 고용관계를 기대하고 믿고 있는 노동력에 진입한 사람들의 경우, 사태가 변하고 있다는 사실을 깨닫는다는 것은 용기를 잃게 하며 불안을 유발할 수 있다. 지속적인 고용여부에 대한 책임이 조직이 아니라 자신에게 있다는 사실을 깨닫고 직시한다는 것은 많은 사람들에게 불확실성과 두려움을 유발하게 한다. 이러한 주제에 관한 논문들을 검토해 보면, 종업원들이 점차로 1) 자신의 기술을 개발하고 유지하는데 책임을 져야 하며, 2) 조직에 대해서 자신의 가치를 증명할 수 있어야 하고, 3) 고용주가 추구하는 사업의 속성을 이해하고 있어야 한다는 사실을 지적하고 있다. 동시에, 새로운 고용관계 하에서 고용주들은 1) 기술개발, 훈련 및 교육을 위한 기회를 제공하고, 2) 의사결정에서 종업원의 참여, 경력관리에 대한 지원(예, 코칭과 멘토링) 그리고 성과에 근거한 보상 등을 제공해야 한다는 사실에 동의하고 있다.

2) 새로운 고용관계와 경력관리

전형적인 고용관계에서 이러한 변화를 가정한다면, 조직에서의 경력관리와 개발이라는 개념은 과연 의미가 있는가? 그 해답은 여러 가지 이유 때문에 "그렇다"이다.

첫째, 크건 작건 간에 종업원들과 장기적인 관계를 맺고 있는 수많은 조직들이 계속해서 존재할 것이고, 서로 간에 유익한 미래를 계획하고 규정하려는 것은 조직과 종업원들 간의 최상의 관심사이다. 따라서 경력관리와 개발은 이러한 노력의 핵심부분이 될 수 있다.

둘째, 많은 조직들이 자신들의 목표를 달성하기 위해서 해야만 하는 작업은 계속해서 변화한다. 작업을 추진하기 위하여 파견근로자들, 아웃소싱 및 제휴계약을 활용하는 조직에서조차도 장기간의 고용관계를 맺어야 하는 핵심 종업원들을 보유할 필요가 있다. 핵심을 구성하고 있는 종업원들(특히 관리자들)을 준비시키고 새로운 요구에 부응하기 위하여 기꺼이 변화할 수 있도록 조직에서 관심을 가져야 한다.

셋째, 이러한 "새로운" 고용환경 내에서, 경력향상이 가능한 업무배정과 경력관리 활동은 조직을 위해 일하고자 하는 종업원이나 파견근로자들을 끌어들이는 모집도구로서 그리고 그들의 헌신적 노력, 몰입 및 창의성을 이끌어내기 위한 동기적 수단으로 활용될 수 있다.

우리의 시각에서, 변해야 하는 것과 변화하고 있는 것은 조직경력개발이라는 것이 개인과 조직 양자의 책임 및 욕구가 부합하도록 설계되어야 한다는 점이다. 그렇게 함으로써 모두에게 역동적인 환경 내에서 서로가 번영할 수 있는 기회를 제공하게 된다.

2. 경력개발에 대한 요구

1) 기업환경의 변화

경력의 역동성을 이해하는 것은 두 가지 측면에서 중요하다. 첫 번째는 경력의 근원이 되는 원리를 살펴봄으로써 각 개인이 자신의 경력을 더욱 효과적으로 관리하도록 도움을 줄 수 있다는 것이다. 두 번째는 조직에서 자사의 근로자들이 자주 직면하게 되는 경력 결정과 딜레마를 이해함으로써 여러 가지 이득을 얻을 수 있다는 점이다. 그렇다면 왜 직업경력 관리가 필요한가?

세계는 급속히 변화하고 있으며, 이러한 경제적, 정치적, 기술적 및 문화적 변화들은 직업세계에 중대한 영향을 미치고 있다. 기업외부의 여러 가지 환경변화는 직업세계에도 중요한 의미를 갖는다. 한편 기술향상은 기업운영, 판매, 재무관리에 이르기까지 기업 전반에 걸쳐 영향을 미쳤다. 컴퓨터 기술은 많은 직무에 대해서 기술의 요구조건을 한 단계 높였지만 반면에 다른 요구조건들은 낮추는 결과를 초래하였다. 빠르게 변하고 있는 기술은 적절히 혼합된 기술을 체득한 근로자에게는 새로운 직업경로를 창출해 왔지만, 반면에 적응력이 떨어지는 근로자들은 기업의 장래 인력배치계획에서 배제되도록 하였다. 게다가 상품과 서비스에 대한 요구가 변화하고 이를 반영하여 새로운 기술이 등장하면서 계속해서 새로운 직업이 창출될 것이다. 이러한 맥락에서 미래의 직업 사전 목록에는 인공지능 설계사, 이혼 중재인, 이벤트 관리자, 로봇 판매인 등도 포함되어 있다.

기술적 변화는 예측할 수는 없지만, 이러한 변화들이 새로운 직업이나 대안을 만들어 내기 때문에 경력 관리는 해가 바뀌어도 앞으로 더욱 더 중요해질 것이다(Borchard, 1988). 그러나 중요한 사실은 직업세계 전반에 놓여 있는 많은 변화에 대해서 융통성 있게 대처할 수 있는 경력 관리방식이다.

변화를 겪고 있는 관리직 업무의 속성 역시 현재 관리직이나 전문직에 종사하고 있거나 이들 분야를 꿈꾸는 사람들의 경력관리에 중요한 영향을 미칠 것으로 보인다. 기술변화와 이로 인해서 조성되는 시장은 제조분야보다는 서비스 영역에서 계속해서 엄청난 경제적 성장을 이끌어낼 것이다(Johnston & Packer, 1987). 기술변화와 서비스 영역의 성장 이상으로 관리직 활동의 속성은 여러 가지 측면에서 근본적인 변화를 겪을 것으로 보인다.

타 기업들과의 경쟁압력과 기업내부의 압력으로 인하여 기업조직들은 새로운 방식을 학습해야 하고 주변 환경과 조직 구성원의 욕구에 더욱 유연하게 대처해야 한다. 이러한 "탈기업적(postentrepreneur)" 회사에서 관리자들이 전통적인 방식으로 사람들을 감독하고 업무성과를 모니터 한다는 것은 어려울 것이다. 관리자들의 권력은 조직위계에서의 직위보다 그들이 획득한 명성과 전문성으로부터 생겨날 것이다. 더욱이 부하직원 스스로도 다양한 기능과 조직을 갖춘 팀에 참여함으로써 가시성을 확보하고 많은 정보를 획득함에 따라 더 많은 권력을 갖게 될 것이다. 이러한 모든 요인들은 관리자들로 하여금 더욱 협동적이고 참여적인 지도자 스타일을 채택하도록 요구할 것이다.

또한 경력개발 문제 연구자인 칸터는 근로자의 경력 개발(관리직과 전문직 모두)은 구조화가 덜 되고 덜 자동적이며, 더욱 더 예측 불가능할 것이라고 제안하였다. 이미 설정된 경력 경로는 성공을 위해서 보다 현실적이면서 그 특유의 방식으로 대체될 수 있다. 그리고 신속하게 변화하는 사업의 우선순위에 대응하려는 조직의 욕구는 종업원들에게 더 많은 유연성을 요구하게 될 것이다.

2) 개인 삶의 양식과 변화

최근 들어 직업세계에서 일과 가족생활에 대한 관리를 균형 있게 해나간다는 것은 사업주와 근로자 모두에게 한결같이 중요한 사안이다. 양 역할이 서로의 역할을 방해하지 않을 수 없을 뿐만 아니라 가족과 일을 명확히 구분한다는 것은 사실상 불가능한 것 같다. 미국 인구통계청에서 나온 1992년도 자료에 의하면 1960년에는 16세 이상의 기혼 여성들 중 32%만이 노동인구에 들어간 것에 비해 1991년에는 60% 가까이 증가하였음을 보여주고 있다. 게다가 6세 이하의 어린 자녀를 둔 기혼여성들은 1990년에는 60%였으며, 6세 이상 17세 이하의 자녀를 둔 기혼 여성에 대한 고용비율은 1990년에는 73.6%인 것으로 밝혀졌다. 우리의 경우도 여성들의 경제활동 참여가 점차 활발해지고 있음을 자료를 통해 확인할 수 있다. 2005년도 통계청 자료에 의하면 여성의 경제활동 참여비율은 1995년 48.4%에서 2004년 49.8%(969만명)로 증가한 것으로 나타났다. 또한 기혼여성의 비율분포를 보더라도 1995년에는 기혼여성 중 47.6%가 경제활동에 참여하였으나 2004년에는 48.7%가 참여하고 있는 것으로 밝혀졌다.

이제 막 싹트고 있는 여성의 고용은 일에 대한 관여와 가족에 대한 관여를 기만해야 하는 새로운 딜레마에 빠지게 되었다. 맞벌이를 하고 있는 사람들은 가족에 대한 광범위한 책임뿐만 아니라 직업에 대한 책임도 완수 할 수 있는 방법을 모색해야 한다. 더욱이 높아만 가고 있는 이혼율은 실질적으로 일에 대한 압박감을 가중시키고 있고, 가족문제에 대한 압박감에 시달려야 하는 대부분 여성가장으로 구성된 한부모 가족의 수를 증가시키고 있다. 2002년 통계청의 장래가구추계에 대한 조사에 의하면 2000년도에 한부모가구도 총가구 중 7.9%였는데 이중 편모와 자녀로 구성된 가구수는 6.3%인 것으로 나타났다. 따라서 생계를 위해 경제활동에 참여해야 하는 이들로서는 경제적 확보뿐만 아니라 일과 가족역할의 균형을 맞춰야 하는 현실에 직면하고 있다.

일의 역할과 가족 역할은 이와 같이 생의 두 단면에 대한 경계를 모호하게 만든 기술적인 진보에 의해서도 변화되어 왔다. 개인용 컴퓨터는 업무 활동을 사무실에서 거실이나 서재로 옮겨 놓았고, 휴대 전화기는 사무실에서 가장 멀리 떨어져서도 사무실의 기능을 다할 수 있도록 해주었다. 일과 가족생활에 대한 모호한 경계가 긍정적 결과를 가져왔는지 아니면 부정적 결과를 가져왔는지 모르겠으나, 앞으로의 경력관리는 개인의 직업뿐만 아니라 개인의 전반적인 생활을 아주 잘 운영해 나가기 위한 새로운 통찰력과 전략을 요구할 것이다.

3. 경력개발의 목적

경력에 대한 연구는 이것을 조직의 관점에서 바라보느냐 혹은 개인의 관점에서 바라보느냐에 따라 각기 다른 지향점을 채택하게 된다. 따라서 경력에서의 핵심적인 문제는 어느 쪽의 이익에 더 큰 비중을 두느냐이다. 조직 혹은 경영상의 관점에서 경력개발은 경력통로를 추적하고 경력의 층을 개발하는 것이다. 경영자들은 특별히 염두에 둔 종업원 집단이 성장할 수 있도록 지도하고 모니터하기 위하여 그리고 관리자적 역량과 기술적 재능이 조직의 욕구에 부합될 수 있도록 보장하기 위하여 정보를 탐색하여야 한다. 조직의 관점에서 경력개발은 조직의 경력개발이라고도 부른다.

이와는 대조적으로 개인적인 경력개발 혹은 경력계획에서는 개인이 자신의 주요 목표를 확인하고 이와 같은 목표를 달성하기 위하여 해야 할 일이 무엇인지를 결정하도록 돕는데 초점을 맞춘다. 후자의 경우에는 전적으로 개인에게 초점이 맞춰지고 조직외부뿐만 아니라 조직내부에서의 개인의 삶이 관련되어 있다는 사실에 주목해야 한다. 그러므로 조직상의 경력개발은 조직의 욕구를 충족시킬 수 있는 개인을 찾는 반면에, 개별적인 경력개발에서는 각 개인의 사적인 직업경력과 그의 라이프스타일 문제에 역점을 두게 된다. 예를 들어 유능한 종업원은 흥미조사, 삶의 계획분석 및 상담을 통하여 자신의 욕구와 경력목표를 보다 잘 이해할 수 있게 되면, 그리고 만약 경력의 목표가 현 조직이 아닌 다른 조직에서 더 잘 달성될 수 있다는 사실이 분명해지면, 현재 몸담고 있는 조직을 떠나고자 결심할 수도 있다. 오늘날 종업원의 기대는 과거 세대의 종업원의 기대와는 사뭇 다르다. 또한 성-역할 고정관념 역시 직업영역에서 남자가 해야 할 일과 여자가 해야 할 일간의 구분이 없어짐으로 해서 무너져 내리고 있다. 부가적으로, 사람들의 라이프스타일은 과거보다 더 다양해지고, 맞벌이 부부(dual career couple)들이 더 많아지고 있다. 따라서 이와 같은 경력개발을 개인과 조직으로 나누어 접근하는 방식은 매우 가치가 있을 것이다.

2) 조직을 위한 가치

조직에서 이미 광범위한 종업원 개발 프로그램을 제공하고 있는데도 왜 경력개발 프로그램을 고려해야만 하는가? 인적자원을 관리할 때 장기간의 경력은 결국 조직의 효율성을 증가시켜야만 한다. 보다 구체적으로 잘-설계된 경력개발 프로그램을 통해서 조직에서는 몇 가지 긍정적인 결과를 확인할 수 있다.

조직에서 필요로 하는 종업원의 재능 확보: 경력개발 노력은 전략적인 인적자원 계획과 일치해야 한다. 기업에서 장기적인 목표와 목적을 설정할 때 중·장기적으로 직원들의 자격요건을 변화시킬 수 있는지를 확인해야만 한다. 종업원의 욕구와 포부를 조직의 욕구 및 목표와 일치시킬 수 있도록 해주면 그 종업원은 조직의 변화하는 근무 요구조건에 더욱 더 잘 적응할 것이다.

우수한 인재를 보유할 수 있는 조직의 능력 향상: 매우 우수한 종업원들은 드물며 이들은 직장 내에서 자신들의 위치를 공고히 하기 위해서 항상 치열한 경쟁을 하게 마련이다. 이와 같은 우수한 인재들은 자신들의 미래에 대해서 관심을 가져주는 관리자와 경영자들을 선호한다. 특히 이들은 조직에서 자신들의 경력개발 문제에 대해서 관심을 가져주고 적절한 상담과 조언을 제공하면, 조직과 경영진에게 더욱 더 헌신하고 몰입을 하게 된다. 보다 중요한 것은 경력개발은 종업원들이 직업생활의 질과 개인적인 삶의 계획에 대하여 관심을 보이면서 나타난 자연스러운 현상이라는 것이다. 좀더 많은 사람들이 도전, 책임감 그리고 승진기회가 주어지는 직무를 찾음에 따라, 점차 현실적인 경력계획이 필요하게 되었다. 더욱이 사회적 가치가 변화함으로 해서 보다 많은 사람들은 더 이상 고립해서 자신들의 일을 찾지 않는다. 일은 개인의 사적인 그리고 가족적인 이해관계 및 몰입과 조화를 이루어야 한다. 따라서, 경력개발은 종업원을 위하여 보다 나은 개인-조직 조화가 이루어져야 하고 그래야만 이직을 감소시킬 수 있다.

종업원의 좌절 감소: 노동집단의 교육수준이 향상됨에 따라 그에 따른 직업적인 포부 역시 향상되었다. 그러나 경기침체와 경비를 줄이려는 조직의 노력으로 인해서 직업적인 야망을 달성할 수 있는 기회가 줄어들고 있다. 이러한 현실은 자신의 포부와는 달리 조직에서 성공할 수 있는 실제적인 기회가 거의 주어지지 않는다는 사실을 인정해야 하는 종업원들에게는 좌절감을 가져다 줄 수 있다. 조직이 규모를 축소함으로써 비용을 삭감할 경우, 경력경로, 경력궤도 및 경력층계는 붕괴된다. 따라서 경력상담은 종업원의 기대를 부풀리기보다는 오히려 현실적인 차원에서 접근이 이루어져야 한다.

조직에 대한 호감 촉진: 만일 종업원이 자신이 일하고 있는 조직이 자신들의 장기간 안녕에 관해서 관심을 갖고 있다고 생각하면, 그들은 조직의 긍정적인 이미지를 자신의 삶의 다른 영역(예, 지역사회에서 자원봉사활동)으로 투사함으로서 호의적으로 반응한다.

2) 개인을 위한 가치

효율적인 경력개발은 개인에게도 중요한 것으로 오늘날에 와서 더욱 더 그 가치를 인정받고 있다. 경력에 대한 정의와 성공에 대한 기준이 변화하였기 때문에, 개별적인 경력-개발 프로그램의 가치도 확대되었다. 경력의 성공은 더 이상 단순히 종업원의 수입이나 직위에 의해서 측정되지 않는다. 지금에 와서 경력의 성공은 자신의 모든 잠재력을 활용할 수 있는지의 여부, 도전성, 책임감 및 자율성의 정도에 의해서 평가된다. 현시대의 근로자들은 더 많은 봉급과 고용안정을 희구하면서 내적인 경력개발과 심리적인 만족도 바라고 있다(Yankelovich & Immerwahl, 1983). 현대의 근로자는 흥미 있고 자신에게 의미 있는 일을 추구하는 경향이 있다. 이와 같은 흥미와 의미는 종업원이 자신의 경력을 자기 스스로 설계할 수 있다는 생각에서 파생된다(Chanick, 1992).

경력은 외적인 것과 내적인 것이 있는데 외적인 경력은 직업 혹은 조직의 속성 또는 질과 관련이 있다. 예를 들어 기업체에서의 경력은 개인의 생애 동안에 차지하는 일련의 직무 혹은 직위로 생각될 수도 있다. 외적인 경력은 특정 조직 내에서 경력의 층계(부장, 차장, 과장, 대리, 사원)와 같은 것으로도 볼 수 있다.

개인의 삶의 과정에서 일과 관련된 경험의 양상인 경력에 대해서, 사적인 관계와 가족의 관심사 역시 내적으로 종업원에 의해서 가치가 부여된다는 사실을 이해해야만 한다. 주관적 및 객관적인 요소들은 경력의 복잡성을 포착하는 이론적인 조망의 필요한 구성요소이다(Greenhause, 1987). 이 때 성공은 외적인 조건으로 정의할 수 있다. 만일 A와 B가 10년 전 같은 날 입사를 했는데 A가 먼저 승진을 하고 B는 계속해서 같은 직급을 유지하고 있다면, 분명히 A는 B보다 성공한 것이다. 외적 정의를 통해서 보면, 공인회계사가 환경 미화원 보다는 더 성공적이라고 할 수 있다. 그러나 만일 주관적인 즉 성공의 내적인 가치화를 고려한다면, 이야기는 달라질 수도 있다. 자신의 일을 환경을 보호하는 것으로 규정한 환경 미화원이 자신의 일에서 대단한 긍지를 갖는다면 자신의 경력에서 성공했다고 볼 수 있다.

이와 같이 내적인 것과 외적인 것을 구분하는 것은 종업원들을 동기화시키길 원하는 관리자에게 중요하다. 종업원마다 각기 다른 동기적 수단에 반응할 수도 있다. 내적 및 외적 경력사건은 유사하지만 그 결과는 달라질 수 있다.

2) 조직과 개인 욕구간의 조화추구

효율적인 경력개발을 위해서는 계속해서 개인과 조직 간의 조화가 요구된다. 개인의 경력은 작업과 관련된 경험의 과정이고 연속적인 결과라는 사실에 비추어 보면, 이 과정에서 조직은 중요한 역할을 하고 조직의 욕구는 종업원의 욕구 및 경력목표와 조화를 이루어야 한다. 조화과정이 잘 이루어지게 되면, 조직과 종업원 모두에게 이익을 가져다준다. 조직은 보다 효율적이고 생산적이 되며 개인은 자신의 직무에 더욱 만족하고 행복하며 성공적이게 된다.

조직의 욕구: 사회의 기술과 문화적 가치(법과 제도)는 노동시장을 결정하고 직업의 구조에 강력하게 영향을 미친다. 기업이 운영하는 내부환경은 경력기회를 확장하기도 하고 축소하기도 한다. 그러므로 중요한 조직 활동은 인적자원의 필요성을 확인하고 이들에 부합하는 계획을 수립하는 것이다. 얼마나 많은 사람들이 필요할 것인가? 언제 필요한가? 어디서 뽑을 것인가? 어떤 기술을 가지고 있어야 되는가? 조직에서는 계속해서 조직에서 필요한 사람들을 모집하고 선발해서 이들이 자신의 기능을 수행할 수 있도록 훈련시키고, 배치하고, 이동시키고, 승진을 시켜야만 한다. 이와 같은 계획 및 관리활동은 기업이 사업에서 손을 떼기까지 결코 멈출 수 없는 것이다.

개인의 욕구와 목표: 조직은 자신의 사업 분야에서 성공을 거두기 위하여 조직 내의 인적자원과 채용욕구를 조화시켜야 하는 반면에, 개

인은 성공을 하기 위하여 경력계획을 발전시켜 나가야 한다. 경력계획이란 개인이 앞으로 어떤 직업, 조직 및 경력경로를 선택할 것인가에 대한 청사진이다. 따라서 개인은 자신의 경력계획에 입각해서 자신의 욕구를 가장 잘 충족시켜 줄 수 있고 자신의 능력과 잠재력을 가장 잘 발휘할 수 있으리라고 생각되는 조직을 선택하고자 할 것이다.

조화과정: 대부분의 사람들은 확립기, 상승기, 유지기, 쇠퇴기라는 유사한 경력단계를 거치게 된다. 이때 사람들의 욕구, 가치 및 목표는 그들이 이와 같은 단계를 거치는 것처럼 변화하게 된다. 조직의 채용욕구 역시 계속해서 변화한다. 결국 이러한 모든 변화들로 인해서 조직과 개인의 욕구 및 목표는 매 단계마다 새롭게 짝지어져야 한다. 따라서 조직에서는 경력단계를 고려한 보다 체계적인인사관리를 통해서 종업원들이 자신들의 욕구와 경력목표를 충족시킬 수 있는 기회를 제공해 주어야 한다.

제 2 절 경력개발이란

1. 경력(career)에 대한 의미

경력개발과 그와 관련한 용어를 정의하기 전에 경력의 의미를 먼저 이해할 필요가 있다. 넓은 의미의 개념으로 보면, 직업을 보는 관점에는 두 가지가 있다. 첫 번째는 베어리(1989)가 연구한 것으로 경력(career)을 직업이나 **조직의 구조적 속성**으로 보는 관점이다. 예를 들어, 법조계의 경우 직업경력을 법과대 학생, 법원의 직원, 변호사, 검사, 판사, 결국은 퇴직으로까지 이어지는 일련의 직위로 생각할 수 있다. 두 번째는 경력을 직업이나 조직보다는 **개인의 속성**으로 보는 관점이다. 거의 모든 사람들이 일련의 독특한 직무, 직위 및 경험을 쌓아가기 때문에 이 모든 것들을 경력으로 본다. 이러한 관점은 각 개인이 사실상 그 사람만의 직업경력을 추구한다는 사실을 인정한다. 그러나 이러한 개인적 관점 내에서조차도 경력에 대한 여러 가지 상이한 정의들이 나타나고 있는데 이것은 경력의 의미 내에서 구체적인 주제를 반영하는 것이다(Hall, 1976; Van Maanen & Schein, 1977).

예를 들어 승진이라는 주제는 경력에 대한 여러 정의에서 나타나고 있다. 이러한 정의에서는 경력을 추구한다는 것은 한 개인이 계속해서 빠르게 승진을 한다거나 많은 월급을 보장받을 경우에만 의미를 갖는다고 보고 있다. 이러한 정의는 승진을 경험하지 못했거나 혹은 다른 실질적인 성취를 이루지 못한 사람들은 진정으로 경력을 추구하지 못한 것으로 보기 때문에 경력의 의미를 철저히 제한한다.

두 번째 주제에서는 전문직으로서 직업경력을 강조하고 있다. 예를 들어, 의사와 법조인들은 직업을 가지고 있다고 생각하지만, 반면에 점원과 기계 수리공에 대해서는 그렇게 생각하지 않는다. 이러한 정의 역시 다소의 제한성을 갖는데, 그 이유는 한 개인이 자신의 직업 활동에 대해 경력을 구성하기 위해서는 특별한 직업적 지위를 성취해야만 한다고 주장하기 때문이다.

세 번째 주제는 경력을 단일 직업분야나 또는 밀접하게 연관된 분야 내에서 안정성을 갖는 것으로 보는 것이다. 이러한 맥락에서 우리는 종종 "직업군인"이라는 말을 듣게 된다. 이와 비슷하게, 서로 밀접한 연관성이 있는 직무를 갖는다는 것(예를 들면, 교사, 학생주임, 교장, 장학사)은 경력을 나타내는 것으로 생각되는 반면에 관련성이 없는 일들(교사, 소설가, 정치가, 광고 카피라이터)은 직무내용에 대한 일관성을 깨트리고 직업경력을 구성하지 않는 것으로 본다.

이러한 세 가지 주제가 경력의 의미에 대해서 엄격한 한계를 설정하기 때문에 다소 그 제한범위가 완화된 정의가 나타났다. 아서 등(1989)은 경력을 계속해서 발전해 가는 일과 관련된 개인의 경험으로 간주하였고, 홀(1976)과 펠드맨(1989)은 여기에다 일과 관련된 태도와 행동의 개념을 첨가하였다. 이러한 정의에서는 승진과 직업적 지위 혹은 직업적 안정성이라는 요구조건에 대한 부담이 없어졌다. 따라서 경력을 포괄적으로 정의하면, "개인의 전생애에 걸친 일과 관련된 경험의 양상"이라고 할 수 있을 것이다.

이 정의에 있어서 일과 관련된 경험이란 ① 일련의 직무직위, 직무의무 혹은 활동 그리고 일과 관련된 결정 등과 같은 객관적인 사건과 상황, ② 일에 대한 포부, 기대, 가치, 욕구 및 특별한 업무경험에 대한 느낌과 같은 일과 관련된 사건들의 주관적인 해석(과거, 현재, 미래) 등을 포함하는 것으로 폭넓게 해석될 수 있다. 경력에 대한 이와 같은 정의는 객관적 요소와 주관적 요소를 모두 포함하고 있다. 특히, 주관적인 요소가 경력의 의미에 포함되어 있다는 것은 대단히 중요하다. 사람은 직무전환과 같은 객관적 환경을 변화시킴으로 자신의 경력을 관리해 나갈 수 있고, 기대변화와 같은 주관적인 상황지각을 수정함으로써 그의 직업경력을 관리할 수도 있다. 이와 유사하게, 직업경력의 전개와 발달에는 미래의 승진기회가 제한될 경우와 같이 객관적인 사건에 대한 체계적인 변화뿐만 아니라 가치관 혹은 목표의 변화와 같은 사건에 대한 주관적인 반응의 변화도 포함되어 있다. 게다가 이러한 정의에서는 개인의 일 역할이 속성상 전문적이어야 하고, 단일 직업 내에서 안정성을 가져야 하며, 상향이동이 있어야 한다는 특징을 요구하지는 않는다. 사실, 일과 관련된 활동에 종사하는 사람이면 누구나 자신이 하고 있는 활동을 직업으로 생각하든 그렇지 않든간에 경력을 추구하는 것으로 본다.

2. 경력개발의 개요

종업원과 관리자들 모두에게 성과와 관련된 문제를 줄이기 위한 보다 체계적인 방법을 제공함으로써, 경력개발 프로그램은 기업 및 산업계에 활력을 불어넣고 있다. 경력개발은 20여년 이상 조직 내에서 인적

자원개발 전략으로 받아들여졌다. 경력개발은 종업원과 조직 상호간에 경력을 명확하게 정리함으로써 나타나는 구조화된 활동 혹은 과정을 구성하는 조직적이고 계획된 노력으로 정의할 수 있다. 경력개발은 종업원들에게 미래의 경력경로를 검토하도록 허용하고 격려하며, 그 프로그램들은 종업원들이 자신의 성장 및 개발에 대한 개인적 욕구와 조직의 욕구가 더 잘 조화되도록 그들의 능력과 흥미를 분석하는데 도움을 준다는 이러한 시스템 내에서 종업원은 경력계획에 책임을 져야 하고 조직에서는 경력관리에 책임을 져야 한다.

그림 1. 1 조직경력개발

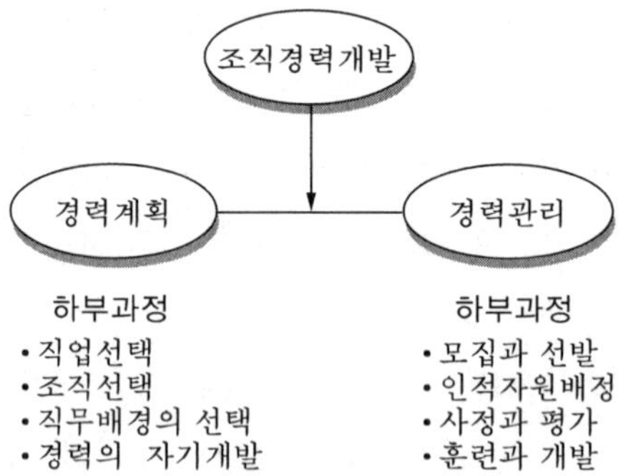

사람들은 자신의 경력에서 비교적 예측 가능한 국면이나 단계를 거치게 된다. 더욱이 각 경력 단계마다 직면하게 되는 일련의 독특한 주제나 과업이 있다. 예를 들어, 23세 된 기업의 훈련생은 직업경력 초기에는 능력, 수용 및 신뢰성을 확보하는데 몰두해야 한다. 직업경력 중기에 있는 사람, 예를 들어 40대 중반의 관리자는 자신의 직업이 요구하고 있는 희생에 관해서 회의감을 가질 것인지에 대해서 심각하게 고민할 수도 있다. 55-60세에 해당하는 사람은 경력 후기에 이르러 생산성(generativity)이라는 과제에 직면하고 심할 경우에는 직업경력 분야를 완전히 바꿀 수도 있다. 따라서 경력개발은 개인이 상대적으로 독특한 쟁점, 주제 및 과제를 안고 있는 일련의 단계를 거치면서 진행해 나가는 계속적인 과정이라고 볼 수 있을 것이다.

3. 경력계획과 경력관리

앞서 서술하였듯이, 개인과 조직 모두는 개인의 경력에 관심을 가져야 하며, 양측은 그 경력에 영향을 줄 수 있는 행동을 취해야 한다. 이러한 일련의 관련 활동들을 경력계획과 경력관리라고 부른다. 이와 같은 두 개의 활동은 연속선상에 존재하는 것으로도 볼 수 있다.

경력계획은 1) 자신, 기회, 제약, 선택 및 결과를 자각하고, 2) 경력과 관련된 목표를 확인하며, 3) 구체적인 경력목표를 달성하기 위하여 일, 교육 및 관련 발달경험의 방향, 시기 및 단계를 프로그램화하는 정교한 과정이다. 이와 같은 방식으로 본다면, 경력계획은 개인이 자신의 일과 관련된 삶을 이해하고 통제하려는 활동인 것이다. 개인이 이러한 활동을 혼자서 수행할 필요는 없으며, 상담자, 감독 혹은 조직 내·외부의 다른 사람들로부터 도움을 받는 것이 유익하다. 그러나 경력계획에서 초점을 맞추는 것은 바로 개인이다. 예를 들어, 종업원들이 자신의 기술, 능력, 선호도를 이해하는데 도움을 주는 경력인식 워크북을 완성하는 것도 경력계획 활동으로 간주될 것이다. 경력계획을 성공적으로 실행하면, 개인은 그가 원하는 것이 무엇인지 그리고 이들 목표를 달성하기 위하여 취해야 할 행동단계가 무엇인지를 알게 될 것이다.

경력개발 활동을 경력계획과 경력관리라는 연속선상에서 본다면 경력계획의 다른 쪽은 경력관리이다. 이것은 개인이 홀로 혹은 조직의 경력체계와 협력하여 취하게 되는 경력계획을 준비하고, 실행하고, 모니터하는 지속적인 과정이라고 정의된다. 경력관리에는 개인에게 경력계획을 개발하고 실행하는데 도움을 주는 활동들이 포함되기도 하지만, 그 핵심은 조직에서 기대하는 인적자원욕구에 부합할 수 있는 활동을 개인이 스스로 취하는 것이다. 가장 끝에서 보자면 경력관리는 주로 조직에 의해서 실행되는 활동이다. 이러한 활동의 대표적인 예는 계승계획(succession planning)인데, 이것은 전형적으로 어떤 종업원을 보다 책임 있는 직위로 대체할 수 있도록 준비시킬 것인가를 수 있는지를 결정하기 위하여 비밀리에 상급 관리자들이 실시하는 것이다.

그림 1.2 경력개발 활동의 연속선

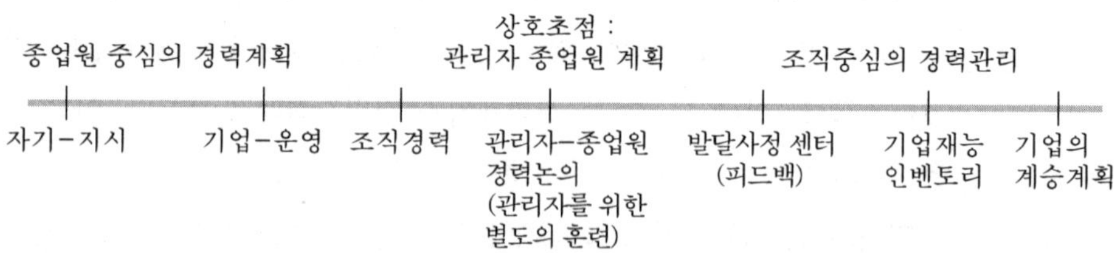

출처: Hall, D. T.(1986). An overview of current career development theory, research and practice In D. T. Hall(ed.), *Career Development in Organizations* (4), SanFrancisco : Jossey-Bass.

그림 1.2는 경력 계획 및 경력관리의 연속선상에 따라서 각 시점에 어떤 다양한 경력개발 활동이 이루어져야 하는지를 기술하고 있다.

이들 활동들은 1) 개인에 의한 영향력의 양, 2) 개인에게 제공되는 정보의 양, 3) 조직에 의한 영향력의 양, 4) 조직에 의해서 제공되는 정보의 양 등에 따라서 이러한 연속선상에서 다양하게 나타난다. 경력관리와 경력계획 활동은 상호 보완될 수 있고 각자를 강화시킬 수 있다. 예를 들어, 모니터할 수 있는 구체적인 계획이 없는 사람들의 경력계획을 모니터한다는 것은 불가능하다. 관리와 계획 간의 균형은 효율적인 경력개발을 구성한다. 조직에서는 경력계획을 갖는 종업원들을 도와줌으로써, 혹은 경력관리 활동을 지도함으로써 연속선상의 특정 시점에서의 행동을 지지할 수 있으며, 효율적인 경력개입에 중요한 역할을 할 수 있다.

제프리 그린하우스는 자기-인식에서부터 경력목표를 개발하고 이를 실행하는 모든 국면의 경력개발 활동을 언급하기 위하여 경력관리라는 용어를 사용하였다. 계획은 관리 내에서 중요한 활동이기 때문에, 경력관리라는 용어를 보다 포괄적으로 사용한 그린하우스의 관점을 채택하고, 개인과 조직이 경력개발에 어떻게 영향을 미칠 수 있는가를 논하기 위한 틀을 형성하기 위하여 그의 모델을 활용할 것이다. 한 개인이 자신의 경력과정에 어떻게 영향을 미칠 수 있는지를 논하기 앞서, 경력개발 과정을 검토해 보는 것이 중요하다.

경력관리는 생산성과 효율성을 증가시킬 수 있으며, 종업원들의 일에 대한 태도를 개선할 수 있고, 효율적인 경력개발 프로그램을 통해서 근로자들의 만족을 증진시킬 수 있다. 수행과 관련된 문제를 줄이는 것 이외에, 경력개발 과정은 인적자원의 보다 효율적인 배정과 종업원들 사이에 더 많은 충성심을 촉진시킬 수 있다.

표 1.1 경력관련 개념에 대한 정의

1. **경력**: 개인의 일-관련 활동, 행동 및 연합된 태도, 가치 및 포부, 경력관리 과정에 대한 일련의 결과.
2. **조직경력개발**: 개인의 경력계획과 조직의 경력관리과정간의 상호작용 결과.
3. **경력계획**: 자신, 기회, 제약, 선택 및 결과를 인식하기, 경력관련 목표를 확인하기, 구체적인 경력목표를 달성하기 위하여 단계들의 방향, 시기 및 일련의 결과를 제공할 수 있는 일, 교육 및 관련 개발경험을 프로그램화하기 등의 계획적인 과정.
4. **경력관리**: 개인 단독으로 혹은 조직의 경력시스템과 협력하여 시작한 경력계획을 준비하고, 실행하고, 모니터하는 지속적인 과정.

제 3 절 경력관리의 과정

지금부터는 개인과 조직이 종업원들의 경력을 보다 능동적으로 관리하기 위하여 사용할 수 있는 구체적인 활동들에 초점을 맞추고자 한다. 앞서 논의하였듯이, 경력관리는 경력활동을 계획하거나 이러한 계획을 행동으로 옮기는 것을 의미한다. 따라서 개인이 자신의 경력을 관리하기 위하여 사용할 수 있는 규범적 접근방식을 제공하는 경력관리 모델을 제시하고자 한다. 이 때 조직에서 자신들의 경력관리체계를 어떻게 구성할 것인가에 역점을 두는 몇 가지 모델도 제시할 것이다.

1. 개인 지향적 경력관리 모델

개인은 자신들의 경력을 관리하면서 수많은 결정과 행위에 직면한다. 개인이 어떻게 이러한 과정을 관리해야 하는가에 대한 가치 있는 모델을 그린하우스와 그의 동료들이 제공하였다. 그림 1.3은 이러한 과정과 관계되는 의사결정과 활동을 묘사하는 모델을 제시하고 있다.

그림 1.3 경력의사결정 과정과 활동

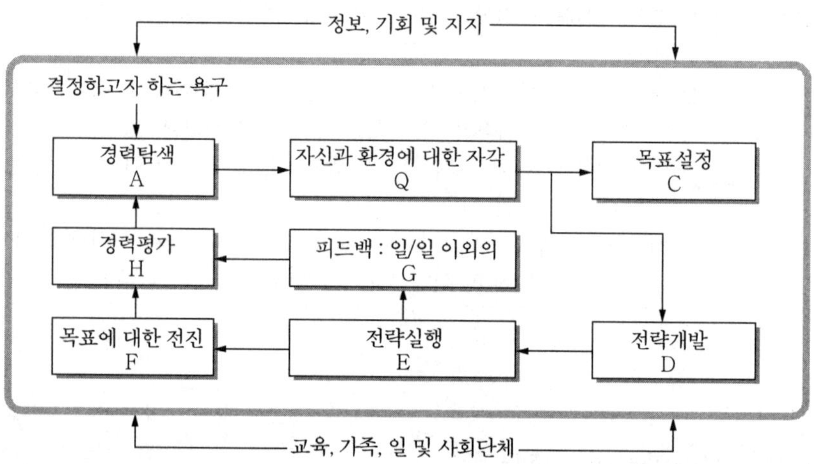

출처 : Greenhaus, J. H., Callanan, G. A., & Godshak, V. M.(2000) *Career management* (3rd. ed.) Fort Worth, TX:Dryden Press.

그린하우스 등은 이 모델이 이상적인 경력관리 과정을 나타내 준다고 주장하고 있다. 이 모델에서는 효과적인 경력관리란 개인이 경력결정을 위한 욕구에 반응함으로써 시작된다고 보고 있다. 이러한 반응에는 여덟 가지 활동들이 포함되어 있다. 즉 그것은 경력탐색, 자신과 환경에 대한 자각, 목표설정, 전략개발, 전략실행, 목표에 대한 과정, 일 및 일 이외의 원천으로부터 피드백, 그리고 경력평가 등이다. 이러한 활동들은 다음과 같다고 볼 수 있다.

1. **경력 탐색**: 경력탐색은 자신과 환경에 관한 정보를 수집하는 것과 관련이 있다. 예를 들어, 경력탐색에 관여한 젊은 여성은 자신의 기술, 가치 및 선호도에 관한 정보뿐만 아니라 취업이 가능한 직무에 관한 정보 및 현재 처한 상황에서 그녀에게 유용한 조직에 관한 정보를 수집할 것이다.
2. **자신 및 환경에 대한 자각**: 성공적인 경력탐색은 개인으로 하여금 보다 깊은 자기 인식과 자신이 처한 환경에서 나타나는 기회 및 제약에 대한 이해를 유도할 것이다. 자신과 환경에 대한 이러한 자각은 개인이 경력목표를 설정하거나 수정하도록 유도하며, 이러한 경력목표가 이미 설정되었다면, 전략개발을 유도할 것이다.
3. **목표설정**: 경력목표는 개인이 무엇인가를 얻고자 결심한 결과이다. 이러한 목표는 구체적(예, 나는 35세가 되면 내가 근무하는 회사에서 과장이 되길 원한다)일 수도 있고 일반적(예, 나는 성공하고 존경받는 임원이 되길 원한다)일 수도 있다. 경력목표가 자신과 환경에 대한 자각에 근거하는 한, 그들은 현실적일 가능성이 높다.
4. **전략개발**: 경력전략은 경력목표를 달성하기 위한 행동계획이다. 효과적인 전략에는 실행으로 옮길 수 있는 행동들이 포함되어야 하고 이들 행동들을 수행하기 위한 시간표가 포함되어 있어야 한다. 예를 들어, 경력 목표가 부장인 종업원은 대학원에 다니거나 다른 교육훈련 코스를 밟는다든가 아니면 성공적으로 부장시험을 치르는 것 등이 포함된 전략을 개발할 수도 있다. 그 전략은 만약 현실적인 자기-인식과 환경에 대한 자각에 기반을 두고 있다면 훨씬 효율적일 것이다. 그린하우스 등은 7가지 경력 전략을 목록화하였다. 현 직무에서의 역량 키우기, 일에 대한 관여를 증가시

키기, 기술 개발하기, 기회를 개발하기, 멘토 관계를 양성(계발)하기, 이미지 구축하기, 조직정치에 참여하기 등이다.

5. **전략 실행**: 전략이행은 개인이 개발한 전략을 실행하는 것과 관련이 있다. 분명하게 정해진 계획이 없이 행동을 취하는 것과는 반대로 현실적인 전략에 따르게 되면 이러한 경력목표를 달성할 가능성은 증가한다. 만약 후속 계획을 가지고 있다면 가고자 하는 곳을 가기가 더 쉬울 것이다. 그러나 어떤 사람들은 정교한 계획을 개발은 하였지만 이것들을 이행하는 데 실패할 수도 있다. 전략이행은 목표에 대한 전진과 일 및 일이외의 원천으로부터의 피드백을 유도할 수 있다.
6. **목표에 대한 전진**: 이것은 개인이 경력목표에 가까이 다가선 정도를 말한다.
7. **일 및 일 이외의 소스로부터의 피드백**: 경력목표에 대한 전진 정도에 관한 가치있는 정보는 일의 소스(가령 동료, 감독자 및 전문가들)와 일 이외의 소스(가령 친구, 가족, 선생님)로부터 얻을 수 있다.
8. **경력평가**: 경력목표에 대한 전진정도에 관한 피드백과 정보는 개인이 자신의 경력을 평가할 수 있도록 해준다. 이러한 평가는 경력탐색에서 재관여를 유도하고 경력관리 과정은 또 다른 활동주기와 함께 계속된다.

이와 같은 과정을 수행하기 위하여, 개인은 정보와 기회를 활용해야 하고 가족으로부터의 지지뿐만 아니라 교육, 일, 그리고 사회단체로부터의 지지도 활용해야 한다. 이 모델에서는 경력관리는 일련의 단계를 거치면서 발생한다고 제안하고 있다. 그러나 이러한 단계를 거치면서 발전의 순서는 변화할 수 있다. 그 과정은 아래와 같은 방법으로 더해질 수도 있다.

경력관리 주기는 문제-해결과정이자 의사-결정과정이다. 정보는 개인들이 자신에 대해서 그리고 자신을 둘러싼 세상을 좀더 잘 이해하고자 수집된다. 목표를 확립하고, 계획과 전략을 개발하고 실행하며, 그리고 현재 진행 중인 경력관리에 보다 많은 정보를 제공하기 위하여 피드백을 얻는다.

경력관리 과정은 주기적이고 계속 진행된다는 사실을 주목하는 것이 중요하다. 경력을 결정을 하고자 하는 욕구는 경력중기에 느끼는 회의감과 같은 개인 내에서의 변화를 가져오고, 해고, 다운사이징 혹은 인수합병과 같은 조직결정과 같은 환경 내에서의 변화로 생겨난 것일 수 있다.

앞서 지적하였듯이, 개인의 승진과 만족은 성공에 대한 신뢰할 만한 지표가 아닐 수도 있다. 자신과 환경에 대한 지식, 목표의 영역, 경력전략 및 지속적인 피드백 등을 포함하는 효과적인 경력관리모델의 적용은 경력성공의 보다 의미 있는 지표가 된다. 다음에 제시되는 경력관리 모델들은 효과적으로 경력을 관리하기 위해서 무엇을 해야 하는지를 이해하고자 할 때 종업원과 조직 모두에게 도움을 줄 수 있다. 그러나 이와 같은 방식으로 경력을 관리하기 위하여 종업원들을 격려하는 것도 각 조직에게는 도움이 된다. 조직의 욕구는 이직과 퇴직을 통한 핵심종업원의 상실을 염두에 둔다거나, 혹은 경쟁적이거나 다른 환경적 변화에 반응하여 계속해서 변화할 가능성이 있다. 이러한 과정을 실행할 때 종업원들을 돕는다는 것은 조직들에게 유용한 인적자원이 조직의 중요한 과제를 수행하거나 조직목적을 달성할 수 있도록 하는데 도움을 줄 수 있다.

2. 조직 지향적 경력관리 모델

그린하우스 등의 모델이 개인적인 측면에 역점을 두고 있는 반면에, 몇몇 저자들은 조직에 초점을 맞춘 모델들을 제안하였다. 이들 모델들은 조직구조와 욕구가 조직의 경력 관리 시스템에 대해서 기회를 제공하고 안내해야 한다는 생각을 공유하고 있다. 지금부터 이와 관련된 세 가지 모델들을 간략하게 살펴보고자 한다.

1) 다원적 접근법

브루소 등은 적어도 네 가지 경력개념(즉 선형, 전문형, 나선형 그리고 일시형(2장 참고))이 종업원들이 취할 수 있는 대표적인 유형이라고 믿고 있다. 그들은 또한 조직은 이러한 경력개념을 반영하는 문화를 보유하고 있다고 주장하고 있다. 조직의 경력문화는 조직의 구조, 조직이 가치를 두는 성과의 형태, 그리고 조직이 종업원들에게 제공하는 보상 등에 의해서 정의된다. 동시에, 조직의 경력문화는 그의 전략 방향을 지지해야만 한다. 예를 들어, 다양성을 추구하는 조직은 나선형 경력개념 문화를 채택하여야 한다.

브루소 등은 조직과 개인을 결합시키는 한 가지 방법으로 경력관리에 대한 다원적 접근방법을 제안하였다. 그들은 하나의 전체로서 조직과 작업집단은 서로 상당히 다른 경력경험 기회를 정렬하면서 다양한 조직구조의 유형과 양을 조합하는 다원적 접근법을 통하여 이익을 얻을 수 있다고 제안하였다. 조직은 특정 핵심 역량과 조직 리더십을 유지하기 위한 정비된 구조를 보유할 것이지만, 반면에 외적 변화와 흐름의 요구에 부응하기 위하여 구조화가 떨어지는 배열을 활용하기도 한다.

브루소 등은 세 가지 유형의 다원적 경력관리 방법을 조작적으로 정의하였는데, 첫째는 상담(counseling)이며 둘째는 개인 경력개발 프로그램 계약(contract)을 말하며, 셋째는 다양한 경력-트랙 사양, 훈련기회, 수행평가 도식 및 보상시스템 등 여러 가지를 골고루 갖춘 카페테리아(cafeteria) 접근법을 의미한다. 종업원들은 이러한 것들을 자신들의 경력목표에 맞추어서 선택할 수 있는 것이다. 다원적 경력문화를 설계하고 관리한다는 것은 조직의 전략과 종업원의 경력개념 및 동인들 간의 격차를 평가한다거나, 조직구조가 적절한지를 확인하거나 적절한 경력관리 실무를 확인하고 이행하는 계속적인 진행과정과 관련이 있다.

2) 시스템적 접근

니콜슨은 경력개발 시스템에는 세 가지 주요 요소가 있다고 제안하고 있다. 첫째, 인간 시스템 - 이것은 인적자원을 선발하고, 양성하고 동기화시키는 것과 관련이 있다. 둘째, 직무 시장 시스템 - 이것은 개발기회의 구조와 관련이 있다. 셋째, 관리 및 정보 시스템 - 이것은 사람, 아이디어, 및 정보의 교환을 촉진시킨다. 조직들이 경쟁력을 갖추기 위하여 이행하고자 하는 변화노력과 환경적 힘을 가정했을 때, 니콜슨은 이러한 시스템을 연결시키는 것이야말로 경력관리에서 대단히 중요한 것이라고 믿고 있다. 그는 경력관리가 관리 및 정보 시스템을 통해서 인간 시스템과 직무시장 시스템이 연계되어야 한다고 제안하고 있다.

이러한 연계는 관련 정보를 언제든지 활용할 수 있도록 기업 내에서 이루어져야 할 것이고 사람과 직무의 데이터베이스를 창출하거나 유지한다는 측면에서 기업간 협력이 포함되어야 할 것이다. 니콜슨은 이렇게 하게 되면 개인과 조직들은 자신들의 목표를 달성하기 위하여 필요한 지식을 얻거나 활용할 수 있는 방법을 확보하게 된다고 주장하였다. 그는 이와 같은 시스템의 개인적 결과는 보다 나은 직무-인간 적합성, 역량 및 리더십이라고 제안하였다. 조직적 결과로는 보다 나은 팀워크, 유연성 및 역동성 등을 들 수 있다.

3) 팀 접근

많은 조직들이 팀-지향적인 구조를 갖추는 방향으로 이동하고 있다고 본다면, 팀에 기초한 경험이 경력관리를 위해서 활용될 수 있다. 시아니와 넉스는 팀-기초 조직에서, 경력개발의 책임은 개인과 조직 그리고 팀이 공유하거나 혹은 적어도 그래야만 한다고 전제한다. 경력개발을 위한 팀 모델에서는 개별 구성원의 성장을 가져오면서 동시에 팀도 발전한다는 사실을 보여주고 있다. 시아니와 넉스는 팀 개발모델의 기본적 속성에는 다음과 같은 것들을 포함시켜야 한다고 제안하였다.

- 팀 구성원들은 역할모델로 활동한다.
- 팀은 팀수행과 성장, 그리고 개인적 성장과 발달을 고양시키는 행동을 보상한다.
- 팀에서는 팀과 개인 모두를 위한 훈련기회를 결정한다.
- 팀은 더 높은 조직수준을 위하여 집단적으로 이동한다.
- 사람들은 팀 내에서 측면으로 이동한다.
- 조직에서는 팀을 평가하고 팀은 개인을 평가한다.

팀 모델에서는 팀마다 경력단계를 위해 각기 다른 개발활동들을 제안하고 있다. 1단계 - 개인을 팀 내로 통합하기 위하여 설계된 단계로서, 이 단계에는 팀 역량, 프로젝트 관리 훈련, 팀 구축, 기술과 개인적 스타일 사정 등이 포함된다. 2단계 - 팀 개발을 유지하기 위하여 설계된 것으로, 이 단계에는 팀 문제해결과 성과모니터링 훈련, 과제 순환, 그리고 코칭 등이 포함된다. 마지막으로, 3단계 - 팀이 보다 독립적이면서 책임을 갖도록 의도된 것으로, 이 단계에서는 학습조직 도구에서의 훈련, 리더십의 잠재적 사정, 리더십 순환 등이 포함된다.

경력개발에 대한 팀 모델의 이익에는 더 높은 생산성, 몰입, 조직유연성, 그리고 고성과의 보유 등이 포함되어야 한다. 그러나 모든 팀들이 다 이러한 접근법으로 이익을 얻는 것은 아니다. 시아니와 넉스는 조직에게 새로운 시장을 확대하거나 새로운 프로젝트 혹은 서비스를 창출하도록 도와주려는 교차-기능 팀들과 변화를 이행하거나 혹은 내부 고객을 도와주는 책임을 지고 있는 내부 상담 팀이 이러한 이익을 얻을 것이라고 주장하였다.

조직 지향적인 다원적 접근, 시스템적 접근, 팀 접근 등 세 가지 모델 각각은 경력관리를 추진하고 경력관리를 보다 전략적으로 접근할 경우 조직구조와 조직목표의 역할을 강조하고 있다. 그들은 특정 조직에 대한 적용가능성이라는 측면에서 서로 다르다. 다원적 접근방식은 광범위한 조직에서 사용될 수 있는 반면에, 경력시스템과 팀 모델은 특정 범위의 조직에 가장 적합할 것이다. 이들은 새로운 아이디어이기 때문에, 이들의 효율성과 이들 종류의 경력모델을 활용하는 가장 좋은 방법을 결정하기 위해서는 더 많은 연구와 실무경험이 필요하다.

3. 경력관리에서의 역할

1) 개인의 역할

각 개인은 자신의 경력에 대해서 일차적으로 책임을 져야 한다는 것은 이론의 여지가 없는 사실이다. 앞서 제시된 경력에 대한 정의는 경력이 개인적 현상이라는 사실을 보다 분명히 해준다. 과거에 대부분의 종업원들은 그들의 고용주에게 자신들의 경력개발 문제를 떠넘기는 것이 자신에게 유리하다고 생각하였지만, 고용주와 종업원들 간의 사회적 계약에서의 변화는 모든 사람들이 개인적 책임을 인정하거나 수용해야 한다는 사실을 요구하였다. 스스로 책임을 져야 한다는 현 흐름 이면의 사고는 근로자들로 하여금 현재 발생하고 있는 변화를 직시하고 수동적 자세와 자기만족에서 보다 능동적인 자세로 자신의 경력관리에 대한 태도를 변화시키도록 요구하였다.

그린하우스의 경력관리모델은 경력계획과 관리를 위해서 유용한 틀을 제공한다. 이 모델은 경력관리를 위한 최상의 접근법은 신중한 정보수집, 계획 및 목표설정, 의사결정, 활동과 최종 마무리 및 추후보강 등을 통해야만 가능하다고 가정한다는 점에서 합리적 모델이다.

효율적인 경력관리를 위해서는 어떤 역량이 필요한가? 경력을 평생학습으로 보고 있는 홀은 사람들은 자기-지식을 어떻게 학습하고 습득하는지를 배워야 하며, 보다 적응력을 갖추어야 한다고 믿고 있다. 다른 저자들은 개인은 의사결정을 해야 하고 지속적으로 기존의 기술과 새로운 기술을 학습하고 개발할 수 있는 기회를 제공하는 과제를 배정받아야 한다고 제안하였다.

존스와 드 필립은 무경계 경력과 영화산업에서 찾아볼 수 있는 네트워크 유형의 조직을 성공적으로 통과한 사람들을 대상으로 이들이 보유한 6가지 역량을 추출하였다. 이들은 이것을 새로운 경력 조망이라고 주장하고 있다. 이들 역량은 다음과 같다:

- What - 산업계의 기회, 위협 및 요구조건을 이해하기
- Why - 경력 추구에 대한 의미, 동인 및 흥미를 이해하기
- Where - 경력 시스템 내에서 입사, 훈련, 승진을 위한 위치와 범위를 이해하기
- Whom - 기회와 자원에 접근할 수 있는 매력과 사회적 자본에 근거한 인간관계 형성하기
- When - 자신의 경력 내에서 활동의 시기와 선택을 이해하기
- How - 배치와 책임에서 효율적인 수행을 위해 필요한 기술과 재능을 이해하고 획득하기

이들 역량들 각각은 불확실성을 다루거나, 경력요구를 관리하거나, 경력경로를 창출하고, 관계성을 숙지하거나, 경력시기를 개발하고 협력을 증진시키는 것과 같은 도전들을 창출한다. 사실, 여러 연구자들은 관계를 형성하거나 관계를 맺는 것은 자신의 경력을 성공적으로 관리하기 위하여 필요한 가장 핵심적인 과제 혹은 역량 중의 하나라고 주장하였다. 6가지 역량은 상호 관련이 있다. 존스와 드 필립은 What, Where 그리고 When을 안다는 것은 산업계에 대한 밑그림을 형성하고, 반면에 Why, How 및 Whom을 이해한다는 것은 경력 시스템을 통과할 수 있는 자기-지식과 기술을 제공한다고 제안하였다. 많은 경력관리 활동들은 이들 역량을 획득하거나 활용하는 것을 기반으로 한다. 만일 누군가가 전통적인 경력체계를 갖추고 있는 산업 혹은 조직에 몸담고

있다면, 이들 역량을 개발함으로써 여러분의 경력목표를 달성하는데 훨씬 유리할 것이다.

2) 관리자의 책임

경력관리 과정에는 관리자들과 감독자들이 관여해야 하는 수많은 기회가 있다. 예를 들어, 경력 평가 동안에, 감독자는 수행평가과정을 통하여 종업원들의 능력과 제한점에 관한 정보원으로서의 기능을 할 수 있다. 또한 감독자는 조직 내에서의 경력경로와 기회에 관한 정확한 정보를 제공할 수 있고, 종업원이 훈련을 받도록 하고, 훈련프로그램에 참가할 수 있도록 그들의 스케줄을 조정함으로써 종업원들의 경력계획을 지지하며, 종업원들에게 경력발전에 관한 중요한 피드백을 제공하는 역할을 수행할 수 있다.

감독자의 관여는 성공적인 경력개발 프로그램의 핵심 구성요소이다. 종업원들로부터 모아진 결정적 사건들에 대한 분석에 근거할 때, 관리자와 감독자들이 경력개발자로서 자신들의 책임을 완수해 나가기 위하여 수행해야 할 4가지 역할은 다음과 같다.

1. 코치 - 종업원의 경력관심사를 경청하고, 명확히 해주며, 인정하고 정의하는 사람
2. 평가자 - 피드백을 제공하고, 수행표준과 직무책임을 명확히 해주는 사람
3. 조언자 - 경력 선택안을 만들고, 목표를 세우도록 도와주고, 추천을 해주며 조언을 해주는 사람
4. 소개자 - 종업원에게 활동계획을 자문해 주고 종업원을 그가 원하는 조직의 담당자나 희망부서와 연결시켜 주는 사람.

3) 인적자원개발과 경력개발 전문가의 역할

인적자원개발 전문가의 역할은 다른 개발활동에서와 마찬가지로 여러 가지 면에서 경력관리에서도 동일하다. 조직에서는 조직과 그의 종업원들이 자신들의 목표를 달성할 수 있도록 도움을 주려는 프로그램과 활동들을 보유하고 있다. 이러한 역할은 욕구평가, 설계, 이행 및 결과평가에서 기초적인 활동이라 할 수 있다. 게다가, 경력조망에서의 변화에 비추어서, 홀은 경력개발과 인적자원개발전문가들이 개개인에게 경력의 주인으로서 자신들의 역할을 다하는데 도움을 주기 위하여 다음과 같이 제안하였다.

1. 각 개인은 자신의 경력을 "소유"하고 있다는 사실을 인정하라.
2. 정보를 제공하고 경력개발에 대한 개인의 노력을 지지하라.
3. 경력개발이 경력실무자들에게는 단지 중개인 역할을 하는 관계적 과정이라는 사실을 인정하라.
4. 경력정보 및 평가기술에서 전문가가 되어라.
5. 당신의 서비스와 새로운 경력계약에 관해서 전문적인 의사소통자가 되어라.
6. 조직의 목표나 미래의 방향과 무관한 경력계획에 대해서, 총체적으로 조직의 이익이 되는 작업계획을 장려하라.
7. 일에서 관계성을 통한 학습을 장려하라.
8. 성공적인 경력관리에 장애가 생길 때 조직의 개입자가 되어라.
9. 이동과 생애 학습자라는 생각을 장려하라.
10. 개발을 위하여 자연적 기존자원을 활용할 수 있는 마음자세를 발전시켜라.

마지막으로, 인적자원개발전문가들은 그들 조직이 사용하고 있는 고용실무를 명확히 파악하고 이해하고 있어야만 한다.

제 4 절 효율적인 경력관리

1. 조직차원의 경력관리

관리자들이 자신들의 종업원들의 경력 욕구와 조직의 요구 조건을 잘 짝지을 수 있는 방법 혹은 수단을 고려해 보자. 이와 같은 제안이 모든 것을 망라하지는 않지만, 이것은 현재의 경력 개발 방법을 잘 표현하는 것이기도 하다.

1) 도전적인 직무배정

경력 초기에 특히 도전적인 직무를 배정받는 종업원들이 나중에 가서 직무를 더 잘 수행한다는 사실은 여러 가지 증거를 통해서 밝혀졌다. 보다 구체적으로 개인의 초기 직무배정에서 자극화와 도전의 정도는 후기의 경력 성공과 조직에서의 보유와 유의미하게 관련이 있다는 것이다(Cohen, 1991; Lee, Ashfold, Walsh, & Mowday, 1991). 초기에 도전적인 직무를 배정받게 되면, 그 업무를 배정받았던 사람은 그 업무배정이 자신의 역량에 부합하고 도전적 가치를 느낀다면, 다음해에 업무를 더 잘 수행하도록 자극을 받게 된다. 따라서 관리자들은 새 종업원과 이들의 직무를 짝짓는데 한층 더 관심을 가져야 한다. 이 단계에서 성공적인 업무 배정과 부서배치는 조직과 개인 모두에게 중요한 장점을 제공할 수 있다.

2) 경력 상담

1980년대에는 종종 무시되었지만, 경력 상담은 최근 들어 많은 기업에서 관심을 갖고 종업원들에게 이들 서비스를 제공하고 있다. 종업원의 수행 재검토 사항의 일부로서 경력 상담은 종업원이 전문적인 성장의 방향을 정하고 영역을 확인하는 데 도움을 준다. 이와 같은 만남에서 종업원들이 추구해야 할 사항은 무엇인가? 상담과정에서는 다음과 같은 4가지 요소를 중점적으로 다루어야 한다고 제안되어 왔다. 1. 차후 5년 혹은 그 이상에 걸친 경력에 관한 종업원의 목표, 포부 및 기대, 2. 이용 가능한 기회에 대한 관리자의 견해와 더불어 종업원의 포부가 현실적이면서 기업에서 제공하는 기회와 부합하는 정도, 3. 새로운 경력기회에 대한 자격을 갖추기 위하여 종업원이 자기-개발 과정에서 해야 할 일들을 확인하기, 4. 새로운 개발활동 혹은 직무배정을 위한 계획의 한 형태로서 종업원이 보다 나은 성장을 위하여 준비해야 할 내용을 확인하기 등이다.

이와 같은 경력 상담과정은 관리자나 기업입장에서 쉽지 않을 수 있다. 종업원이 비현실적인 포부를 보인다면, 관리자는 그 개인이 무엇이 부족한지 혹은 어떻게 부족한지에 대한 솔직한 평가를 제공할 수 있도록 준비해야 한다. 이것은 관리자나 상담자의 입장에서 보면 별로 달갑지 않은 활동일 수 있다. 이를 해결하기 위해 종업원들은 더 많은 사정과 상담을 필요로 한다고 볼 수도 있을 것이다. 그러나 최종결과는 조직 내에서 현실적인 경력기대에 관해서 종업원과 관리자간의 상호 이해가 있어야 한다는 점이다.

3) 경력개발 워크샵

인적자원 관리자들 입장에서는 경력개발을 촉진시키기 위한 집단 워크샵의 가치를 고려해야 할 필요가 있다. 종업원들과 관리자들이 경력개발에 대한 문제를 허심탄회하게 논의할 수 있는 자리를 마련함으로써, 문제와 오해를 확인하고 이를 희망적으로 해결할 수 있을 것으로 본다.

입사 시점의 워크샵은 현실적 직무시연(RJP), 오리엔테이션 및 사회화 활동의 자연스런 확장이다. 일부 기업에서는 이러한 과정에서 도움을 주기 위해 심리학적인 평가를 제공하기도 한다. 이렇게 함으로써, 기업에서는 신규 종업원과 이들을 지도해야 하는 감독자들에게 그들 각각의 기대를 공유할 수 있는 기회를 제공한다. 이 때 이루어지는 논의는 서로가 다르게 기대하는 부분에 초점을 맞출 수 있다. 업무 수행 시 매우 중요한 부분에서 서로간의 기대가 상충되고 그 해결이 쉽지 않을 경우, 이와 같은 입사 시점 워크샵은 종업원의 기대나 조직의 실무 혹은 양쪽 모두를 변화시킴으로써 그 인식의 차이를 줄이기 위한 실무절차로 확대될 수 있다.

한편 입사 시점의 워크샵과 다르게 중기-경력 워크샵은 조직에서 유사한 배경과 재직기간을 갖는 사람들에게 도움을 주기 위하여 제공될 수 있다. 결국 이들의 경력 개발을 돕기 위한 일련의 절차이도 하다. 이와 같은 워크샵에는 종업원을 위한 자기-진단 활동, 조직의 진단 및 잠재적인 부조화를 확인하기 위한 다양한 진단 및 점검 활동들이 포함된다. 종업원에게 장애가 되거나 좌절을 불러일으킬 수도 있는 중요한 차이점이 발견되는 곳에서, 그 해결책은 개인이 자신의 경력 포부를 변경시키려는 욕구를 강조하는 것이거나, 혹은 조직의 경력 개발 실무 혹은 몇 가지 종합적 인력관리 활동을 변화시키려는 형태를 취할 수도 있다. 또 다른 가능한 결과는 종업원이 현 조직이 아닌 다른 조직을 통해서 보다 나은 경력 기회를 찾을 수 있다는 것이다.

마지막으로, 조직에서는 후기 경력 워크샵을 제공할 수도 있다. 이와 같은 워크샵은 특히 퇴직을 준비하는 종업원들에게 유용하지만, 달성하지 못한 경력에 대한 좌절감, 멘토/코치의 책임감 및 역할 기대, 새로운 인생의 관심사를 개발하기, 혹은 젊고 야망 있는 동료 작업자를 극복하기 등과 같은 문제들을 다루기 위하여 사용될 수 있다.

4) 지속적인 교육과 훈련

교육과 훈련 개발활동은 종업원이 스스로 시대에 뒤떨어진 진부한 기술에서 벗어날 가능성을 높여준다. 더욱이, 이와 같은 활동은 자신의 개발에 대하여 보다 많은 책임감을 느끼는 종업원들에게 매우 유용한 것이다. 더욱이 이와 같은 개발활동들이 개인의 포부 및 예상되는 미래의 조직 욕구와 밀접한 연관성을 가질 때, 이들은 종업원의 경력 성장에서 핵심적인 요소가 된다.

효율적인 경력 개발 프로그램에서 교육과 훈련 내에는 현장훈련(OJT)이 포함된다. 이것은 교육 혹은 기술 과정이 조직 내 인력 관리자나 감독자들에 의해서 제공됨을 의미한다. 다른 한편으로 이러한 교육 훈련은 외부과정, 즉 대학교 혹은 전문화된 영역의 강사나 기술 고문 등에 의해서도 제공된다.

핵심역량에 근거한 훈련 접근법이 경력 개발에 가장 좋은 것으로 알려져 있다. 핵심역량에 기초한 훈련의 기본 전제 조건은 이미 어떠한 중요한 기술을 보유한 사람은 더 이상 그것을 배울 필요가 없다는 것이다. 단지 필요한 기술만을 가르침으로써 이미 통달한 내용을 전달하기 위한 시간 낭비를 없앨 수 있다. 종업원들은 훈련에 대한 자신의 욕구(작업 혹은 경력 관리 기술)를 인식할 필요가 있기 때문에, 그들은 적극적으로 어떤 코스를 어디에서 밟아야 할 것인지에 대한 의사 결정 과정만 하면 된다.

5) 주기적인 직무변화

기업에서는 기술 및 업무처리 능력의 퇴화를 방지하고 경력 성장을 자극하기 위하여 종업원들에게 계속해서 교육과 훈련을 받도록 권장해야 할 뿐만 아니라, 다른 한편으로 조직에서 제공하는 주기적인 직무변화가 종업원의 퇴화방지와 경력성장이라는 유사한 목적을 달성할 수 있도록 해준다는 사실도 알고 있어야 한다(Nussbaum, 1991). 이와 같은 직무변화는 수직 상승(승진), 수평 이동(전근), 직무 재조정 및 분담 혹은 새로운 과업의 배정 등의 형태를 취할 수 있다.

직무변화가 경력개발기회를 제공할 수 있으려면, 종업원에게 부관된 새로운 직무과제가 다양하고 폭넓은 경험을 할 수 있어야 한다는 것이다. 다양한 경험은 개인에게 새로운 도전을 제공한다. 만일 이러한 변화를 성공적으로 극복하면, 종업원은 자신감을 얻을 수 있고 또한 긍정적인 피드백을 제공받을 것이다. 이와 같은 과정은 좀더 새로운 것에 도전하고, 더 큰 책임을 느끼도록 격려한다. 물론, 주기적인 직무변화 역시 조직에서 더 높은 곳으로 승진할 수 있는 종업원의 잠재력에 관한 보다 많은 정보를 경영자에게 제공한다. 4명의 감독자들이 어떤 종업원을 승진에 대해 높은 잠재력을 갖고 있는 것으로 평가할 때, 경영진은 그러한 평가가 단 한명의 감독자에 의해서 이루어졌을 때보다 더욱 신뢰할 만한 것이라고 확신할 수 있다.

6) 다양한 경력모색

몇몇 조직에서, 종업원이 다른 사람들보다 앞서 나가는 유일한 방법은 관리직의 행로로 승진이 되든가 핵심 인재 집단에 진입하는 것이다. 이와 같은 시스템에서 중요한 것은 종업원이 관리자로서의 자질과 역량을 갖추는 것이다. 조직에서 운영하고 있는 다중-경력 체계는 종업원들의 다양한 경력동인들을 인정해야 가능한 것이다. 이중-계층 승진 체계에서는 기술적으로 뛰어나 회사에 많은 기여를 한 기술 인재들에게 기술직에 그대로 남아있으면서 관리자들에게 제공되는 지위와 연봉 혹은 임금을 보장한다.

비록 이중 경력 계층 체계가 종업원들에게 좋은 경력 안(案)을 제공한다고 해도, 이들은 조직에서 빈번한 구조적 변화와 정책 및 절차의 수정을 필요로 한다. 이중 경력 계층이 실무에 도입되었을 때 과연 성공할 것인지에 대해서는 아직 의견이 분분한 실정이다.

실패는 다음과 같은 이유 중 하나에 기인하는 것 같다. 즉 관리직으로의 승진이 실패했을 때만 기술직의 승진을 제공할 경우; 각 직급에 대하여 불평등한 보상을 제공할 경우; 양쪽 계층 모두에 대하여 불평등한 관리 지지를 표명할 때 등이다. 뛰어난 기술자가 관리자로서 역량을 발휘하지 못하고 인사고과에서 나쁜 평가를 받은 후 기술직의 계층으로 다시 자리를 옮겼을 때, 그와 같은 조치는 종업원들에 의해서 관리직의 계층은 선호되고 기술직의 계층은 무가치하다는 분명한 신호로 지각될 수도 있다.

한편 불평등한 경력계층은 보상, 평가, 재원배정 및 책임감과 같은 몇 가지 영역에서 문제점을 야기할 수 있다. 만일 관리직과 기술직으로의 행로에 대하여 유사한 형태로 보상받지 못하면, 기술직 경력계층으로의 승진은 실익은 없는 명목상의 재빠른 변화(안정 수준에 있는 종업원에게는 충분하지만 뛰어난 수행자에게는 충분치 않은 보상)로 간주된다. 양쪽 행로는 상급 관리자들에 의해서 지지되는 것으로 지각될 필요가 있다. 만일 관리직 행로에서 5%의 사람들이 매년 승진한다면, 기술직 행로의 종업원들 중 5%도 승진해야만 한다. 만일 그 시스템이 관리직의 흐름을 다양화하는 쪽으로만 작용한다면, 그와 같은 사실은, 몇 년 이내에 명백해질 것이다. 조직에 대해서 기술적인 공로가 똑같이 인정되기를 기대한다면, 그러한 조직에서는 기술적 신뢰성의 실질적인 손실에 대한 위험 부담을 감수해야 한다. 이중 행로를 제공한다는 것은 전통적인 수직적 승진 통로에 덧붙여 수평성장 기회를 제공함으로써 유지기의 종업원들의 비율을 감소시킬 수 있다.

7) 지지적 환경

경력 발달을 위하여 지지적인 환경을 제공하는 조직은 종업원의 복지에 관심을 보이고 한편으로 종업원들의 경력탐색 노력과 경력성장 경험 동안에 발생할 수 있는 여러 가지 실수를 용인한다는 특징이 있다. 만일 종업원이 경력계층에서 관리직으로의 승진을 시도해서 실패하게 되면, 기술적인 행로로 다시 기쁘게 맞이해주는 기제는 지지적 환경을 갖는 조직에 의해서 제공된다. 이러한 종업원들을 실패했다고 낙인을 찍는 조직은 지지적인 조직이 아니라고 볼 수 있다. 대부분의 종업원들이 장기 근속자가 되고 게다가 그들이 성장할 것이라는 기대와 함께, 경력 발달 프로그램과 정교한 경력경로가 기업 내에서 운영되고 있다는 사실은 지지적 환경의 보다 나은 지표이다.

2. 개인차원의 경력관리

불황의 여파로 휴직과 실직이 만연될 때 대부분의 산업사회에서 관리자들에게 나타나는 태도중의 하나가 자기-우선(me-first) 경력주의이다. IMF체제와 경기불황 그리고 대규모 정리해고가 이루어지면서 기업에 몸을 담고 있는 사람들은 기업이 더 이상 온정주의적인 방식으로 자신들을 돌보지 않는다는 사실과 스스로 자신을 보호해야 한다는 사실을 깨닫기 시작하였다. 이러한 변화에 대한 자각에서, 많은 논문과 책들이 집필되었는데 이들 가운데 가장 빈번히 제시된 제안을 보면 다음과 같다.

1) 도전적인 직무를 얻어라.

직무 선택이 이루어졌을 때, 얼마 되지 않는 봉급의 차이와 같은 단기적인 사항들 보다는 경력성장과 같은 측면에 좀더 많은 비중을 두어야 한다. 가능한 직무를 빨리 익히고, 강력한 수행자가 되며, 재배치 훈련을 받게 되면 광범위한 작업을 배정받을 수 있는 직무로의 이동이 쉬워진다.

2) 적극적으로 자신의 경력을 관리하라.

개개인은 자신이 특정 직무를 원하고 있으며, 그 직무를 수행하는 데 적임자라는 사실을 감독자에게 알리고 자신이 지명될 수 있도록 준비해야 한다.

3) 후원자를 찾아라.

종업원들은 조직에서 자신들의 승진을 도와줄 수 있는 중견간부의 부하직원이 되도록 노력해야 한다.

4) 광범위한 범위의 직무를 찾아라.

종업원들은 공식적이고 협소한 직무 명세에 얽매이지 말고 더욱 더 많은 책임이 부여된 직무를 찾아야 한다.

5) 가외의 기술을 발전시켜라

개개인은 자신의 사업적 지식을 확대하고 새로운 기술을 배울 수 있는 기회가 주어지는 훈련 프로그램과 직무 배정에 지원하도록 해야 한다.

이러한 제안들이 개개인의 경력의 각기 다른 관점에서 더 나은 경력관리를 할 수 있도록 도움을 줄 것이라는 것은 말할 나위도 없다. 그러나 기업세계에서의 성공은 결코 이와 같은 전략에 의해서 쉽게 달성되는 것이 아니다. 경력계획을 발전시키기 위한 보다 유용하고 지속적인 방법은 다음 네 단계의 과정에 주기적으로 참여하는 것이다.

> **1단계: 상황분석과 자기-관리**
>
> 자신에게 물어 보아라:
> 나의 현재 상황 중에서 어떤 측면이 만족스럽거나 최소한 견딜만 한가? 어떤 측면이 나의 경력, 라이프 타일 혹은 둘 다를 변화시키는가?
> 나의 진정한 혹은 잠재적인 기술과 능력은 무엇인가?
> 적극적으로 내가 해야 할 일은 무엇이며, 진정 내가 관심을 갖고 할 일은 무엇인가?
> 나의 핵심적인 정서적 재정적 욕구는 무엇인가?

> **2단계: 대안에 대한 면밀한 검토**
>
> 자신에게 물어 보아라:
> 내가 장-단기적으로 선택할 수 있는 대안들은 어떤 것이 있는가?
> 나의 기술, 흥미 및 재정적인 상황을 상쇄시킬 만한 대안들이 있는가?
> 내가 우선적으로 고려해야할 사항은 무엇인가?
> 나머지 대안에 대해서 어떻게 순위를 매길 것인가?

3 단계 : 목표설정

자신에게 물어 보아라:

내가 나머지 인생과 경력을 통해서 달성하기를 원하는 목표는 무엇인가?

이들 목표들 중에서 내가 지금 당장 시작해야할 목표는 어느 것인가?

얼마나 오랫동안 다른 목표를 연기할 수 있는가?

어느 정도의 융통성이 있는가?

4 단계 : 경력계획

자신에게 물어 보아라:

내가 설정한 목표를 달성하기 위하여 지금 당장 내가 해야 할 일은 무엇인가?

장래를 생각할 때, 내가 장기적인 목표를 달성하기 위하여 내게 필요한 가외의 활동은 무엇인가?

내가 이와 같은 경력계획을 실현하는데 어떠한 도움이 필요한가?

누가 내게 필요한 도움을 줄 수 있는가?

제2장

경력발달 단계와 특성

제 1 절 경력발달

1. 생애와 경력개발의 단계

한 개인의 인생 혹은 경력을 잘 나타낼 수 있는 한 가지 방법은 사람들이 자신의 인생 혹은 경력진행과정에서 겪게 되는 공통의 경험이나 도전 혹은 과제를 확인하는 것이다. 예를 들어, 프로이트나 다른 심리학자들은 오랫동안 성격, 지능 및 도덕성과 같은 인간 본성의 측면들이 개인의 연령대와 밀접하게 연결되어 있어 예측가능하고 공통된 결과로 발달한다고 주장하였다. 레빈슨과 에릭슨에 의한 연구에서는 성인의 삶이 일련의 공통된 단계를 거친다고 제안하였다. 샤인, 수퍼 그리고 다른 사람들에 의해서 실시된 연구에서는 경력 역시 단계로 발전한다고 제안하였다.

경력개발을 단계로 전개시켜 보여줌으로써 몇몇 경험들(예, 자신의 첫 직위에 적응하는 과정에서의 어려움 혹은 중기 경력문제를 경험하는 것)이 왜 일어나는지 그리고 왜 그들이 모두에게 나타나는지를 이해하는데 도움을 줄 수 있다. 실제적인 측면에서, 단계적 관점은 개인과 조직 모두에게 아마도 있을 법한 위기와 도전을 예측하고, 따라서 이들 문제를 해결하거나 최소화할 수 있는 방법을 계획하는 데 도움을 줄 수 있다. 예를 들어, 대부분 젊은 층인 신규 종업원들이 자신들이 처음으로 맡게 되는 직무에서 충분한 수준의 도전을 바란다면, 이때 개개인은 문제의 속성을 이해하고 있을 경우 도움이 될 수가 있다. 한편 조직에서는 최초의 업무배정이 이러한 문제를 극복할 수 있을 정도로 도전적이라는 사실을 보장해야 한다.

경력개발의 이러한 단계적 관점이 나름대로 한계를 가지고 있는 것도 사실이다. 첫째, 이들은 그 집단에서 대표적인 사람들에게 어떤 일이 발생하였는지를 기술하고 있다. 물론 모든 사람들이 동일한 경험을 하는 것은 아니다. 예를 들어, 많은 사람들은 중기 경력에서 자기-회의 및 재평가의 시기를 경험하지만 모든 사람들이 다 그런 것은 아니다. 레빈슨 등은 그들이 면접한 사람들 중 80%가 이러한 위기를 경험하고 나머지 소수(20%)는 그렇지 않았다는 사실을 발견하였다. 그래서 단계적 접근방식을 사용할 경우, 모든 사람들에게 적용할 수 있다는 시각이 아닌 평균적 시각을 취해야 한다.

더욱이, 많은 단계적 관점은 특정 단계가 언제 시작되고 끝나는지를 규정하기 위하여 연령 혹은 생활경험을 사용하거나 둘 다를 이용하기도 한다. 몇몇 사람들은 결혼이나 개인의 첫 직무와 같은 주요 생활사건들이 사람들마다 각기 다른 연령대에서 발생할 수 있다고 주장하면서, 그 기준으로 연령을 사용하는 것을 비판하고 있다. 그러나 레빈슨은 그가 사용하고 있는 연령범위는 물론 융통성을 가지긴 하지만 실증적 연구에 근거한다고 주장하고 있다. 그는 연령 중심축의 타당성을 확인하기 위하여 보다 많은 연구들이 이루어져야 하겠지만 그 자료들을 무시하기는 어렵다고 진술하고 있다.

이러한 한계점에도 불구하고 단계별 관점은 매우 유용하다. 연령범위가 자유롭게 해석될 수도 있고, 특정 개인이 그 단계모델에 부합하지 않을 수도 있지만, 경력개발을 이해하기 위하여 그리고 성공적인 경력개발을 위한 한 방법으로써 단계 모델의 유용성을 지지하는 증거들도 많이 있다.

2. 성인발달의 단계적 관점

개인의 경력은 삶의 한 부분이지만, 주요 생활사건에 의해서 영향을 받는다. 그러므로 경력발달 모델을 논하기 앞서, 두 가지 성인발달의 단계모델을 간략히 살펴보는 것이 유익할 것이다. 이론가인 에릭슨과 레빈슨은 경력발달을 이해하고 의미 깊은 근거를 제공하기 위해 성인발달의 단계모델을 제시하였다.

1) 에릭슨의 성인발달 모델

에릭슨은 사람들은 자신들의 생애 과정동안 8단계를 통하여 발전한다고 제안하였다. 이들 단계에서는 표 2.1에 묘사되었듯이 심리적 및 사회적 쟁점 양쪽 모두에 초점을 맞추고 있다. 각 발달단계에서, 개인은 그가 발달하기 위하여 해결해야만 하는 과제나 도전에 직면하게 된다.

표 2.1 에릭슨의 인간발달 단계

발달의 단계(쟁점)	연령 범위
1. 기본적 신뢰 대 불신	영아기
2. 자율성 대 수치와 회의	1-2
3. 주도성 대 죄의식	4-5
4. 근면성 대 열등감	6-11
5. 정체성 대 역할혼미	사춘기 및 청소년기
6. 친밀감 대 고립	청년기
7. 생산성 대 침체감	중년기
8. 자아통합 대 낙담	노년기

예를 들어, 사춘기 동안에 일어나는 5단계는 정체성과 역할혼미 간의 갈등에 의해서 정의된다. 만일 개인들이 성공적으로 이와 같은 과제를 해결하면, 그들은 세상에서 타인들과 관계성을 맺고 있다는 분명한 느낌을 갖고서 성인기에 들어가게 될 것이다. 만일 그들이 이 문제를 성공적으로 해결하지 못하면, 그들은 자신이 누구인지 그리고 세상에서 자신들의 역할이 무엇인지에 대해서 혼란을 가지고 성인기로 들어갈 것이다. 그 결과를 결정짓는 것은 각 단계에서의 부정적 경험과 긍정적 경험이다.

에릭슨 모델의 마지막 세 단계는 성인발달에서 사람들이 직면하는 쟁점들에 역점을 두고 있다. 청년으로서, 한 개인은 타인과 의미 깊은 관계를 발달시켜야 하는 도전에 직면하게 되는데 에릭슨은 이를 친밀감이라고 불렀다. 개인이 이 단계를 성공적으로 해결하면, 그는 다른 사람이나 집단에 몰입할 수 있을 것이고, 그렇지 않으면 그 사람은 고립감을 경험하게 될 가능성이 높다.

중년기의 과제는 다음 세대에 영향력을 미칠 수 있도록 역량을 개발하는 것으로 에릭슨은 이것을 생산성이라고 불렀다. 생산성은 자녀들의 삶이나 미래 세대에 영향을 미치는 사회적 과제에 더욱 집중하게 되고, 보다 젊은 동료들을 위해서 멘토로서 봉사하는 등의 형태를 취할 수 있다. 에릭슨은 이 단계를 해결하는 데 실패하게 되면 한 개인이 그가 떠난 후에 지속될 세계에 대해서 아무런 기여를 할 수 없다는 점에서 침체감을 경험하게 될 것이라고 주장하고 있다.

마지막으로 노년기에서 개인은 자아통합을 발달시켜야 하는 상황에 직면하게 된다. 이것은 자신이 인생에서 취한 선택을 이해하고 수용하는 것과 관련이 있다. 자아통합의 성공적인 발달은 개인으로 하여금 앞으로 다가올 죽음에 대해서 편안한 마음으로 수용할 수 있도록 해준다. 그러나 이 단계를 실패하게 되면 존재의 무의미성으로 인해 낙담을 하게 된다.

성인발달에 대한 에릭슨의 관점은 종업원들이 하게 되는 경력선택에 영향을 미칠 수 있는 쟁점 중 몇 가지 즉 자아 통합, 생산성 및 친밀감을 확인시켜 준다. 조직은 개인이 이들 과제들 중 몇 가지를 성공적으로 해결할 수 있는 장소로서의 기능을 할 수 있다. 예를 들어, 멘토링 프로그램에 참여한다는 것은 의미있는 관계를 발달시키고자 하는 젊은 성인의 욕구로 작용할 뿐만 아니라, 미래 세대의 구성원에게 무엇인가를 제공할 수 있는 방법을 찾고자 하는 중년기 성인의 욕구로 작용할 수 있다.

이러한 도전에 대한 지식 역시 조직이 종업원들이 겪게 되는 변화 중 몇 가지를 이해하는데 도움을 준다. 퇴직을 눈앞에 둔 종업원들은 실직이나 사회적 지지체계의 상실과 같은 여러 가지 스트레스 요인에 직면하게 된다. 중년 혹은 고령의 근로자들을 대상으로 한 조기퇴직 상담과 동기부여 프로그램은 개인과 조직 모두에게 이익을 산출할 수 있다.

마지막으로 에릭슨 모델은 개인이 발달해 감에 따라 삶에서 직면하게 되는 여러 가지 과제는 예측 가능한 순서로 나타날 수 있음을 보여주고 있다.

2) 레빈슨의 성인 생애 발달모델

레빈슨(Levenson)은 성인발달에 대한 "연대기" 접근법 방식을 취하였다. 그와 그의 동료들은 성인들의 삶은 해마다 계절이 바뀌듯이 계절을 통해서 발전한다는 개념에 근거하여 성인이 어떻게 발달하는가에 대한 견해를 개발하였다. 그는 여러 해에 걸쳐 인생을 통해서 갖게 되는 각기 다른 일에서 여러 사람들로부터 광범위한 전기적 정보를 수집함으로써 이들 단계를 발견하였다.

에릭슨과 마찬가지로 레빈슨은 생활주기라고 부르는 성인생활에 대한 기본적인 순서가 있다고 주장하였다. 그는 개인의 삶의 주요 국면(연대기라고도 부름)은 다음과 같은 방법으로 그 해의 계절과 같다는 사실을 지적하면서 계절과 관련된 은유법을 사용하고 있다.

1. 그들은 질적으로 다르다.
2. 변화는 각 계절마다 일어난다.
3. 각 계절 사이에는 양쪽 계절의 일부인 과도기가 존재한다.
4. 다른 계절에 비해서 뛰어나거나 혹은 열등한 계절은 없다.
5. 각 계절은 삶에 중요한 기여를 한다.
6. 개인의 인생에서 4계절 혹은 연대기가 존재한다.

레빈슨이 제안한 4개의 연대기란 성인기 전, 성인기 초기, 성인기 중기 및 성인기 후기이다. 각각의 연대기에는 일련의 안정된 기간과 과도기적 기간을 포함하고 있다. 안정기는 약 6년간 지속되고, 연대기 내의 과도기는 약 4년 혹은 5년간 지속된다. 연대기 간의 과도기는 **교차-연대 과도기**라고 부르고, 약 5년간 지속되며 한 연대기의 끝과 새로운 연대기의 시작을 시사한다.

전 생애를 통한 일반적인 발달의 패턴은 그 존재의 열등한 양식에서부터 우수한 양식으로 이르는 것이 아니라고 보고 있다. 오히려, 과도기적 기간은 개인의 인생의 현 단계에서 존재하는 삶의 구조에 의해서 처리될 수 없는 쟁점을 제기하는 것이다. 이들 과도기 동안에, 개인은 그 구조에 의문을 제기하고 재조사하며, 이들 문제들을 처리할 수 있는 새로운 다른 방법들을 찾는다. 따라서 새로운 삶의 구조는 다음 과도기까지 낡은 구조를 대신하게 된다.

레빈슨 역시 개인의 삶의 단계가 연령과 밀접한 관련이 있음을 발견하였다. 예를 들어, 유아기부터 20세까지인 성인 전기는 개인이 자신에 대한 분별력을 발전시키고자 노력해야 하는 시기이다. 레빈슨의 연구에서는 개인마다 연령 범위에서 어느 정도의 편차를 보여주지만, 놀랄 만큼 일관성을 갖는다는 사실을 보여주었다. 경력은 일차적으로 레빈슨이 말한 성인기 초기와 성인기 중기 동안에 발생하기 때문에, 보다 자세하게 이들 연대기 각각을 살펴보는 것이 유익할 것이다.

성인기 초기(17세 - 45세): 성인기 초기는 4개의 기간이 포함되어 있다. 즉 성인기 초기의 과도기(17-22세), 성인기 초기를 위한 생의 구조진입(22-28세), 30대 과도기(28-33세) 그리고 성인기 초기를 위한 최고점의 삶의 구조 등이다. 일반적으로 성인기 초기는 에너지가 가장 많이 넘치고 스트레스도 가장 많은 시기이다. 이들 연대기 동안에, 개인은 생물학적 정점에 서 있고 청춘의 목표와 포부를 달성하기 위하여 열심히 노력한다. 사회에서 자신의 자리를 찾는다는 것, 의미있는 일을 얻는다는 것, 라이프스타일을 실현한다는 것, 결혼을 포함해서 많은 사람들과 의미 깊은 관계를 확립한다는 것, 가족을 이룬다는 것 등 이 모든 것들은 시기를 구성하는 요소들로서 이 기간에 실천해야 하는 것들이다. 많은 사람들은 이 기간 동안에 직업적 승진도 경험한다. 그러나 이에 못지않게 그로 인한 스트레스도 대단하다. 가족과 사회는 개인에게 자신의 개인적 야망과 열정을 동시에 다루도록 요구하기도 한다.

특히 성인기 초기에 주목해야 할 부분이 30대의 과도기이다. 레빈슨의 연구에서 사람들에게, 이것은 30대의 성인들이 최초로 선택한 경로와 그리고 이 경로가 주요생활 목표를 실현하는데 도움을 주었는지의 여부에 관해서 의문을 제기하거나 재평가를 해야 하는 시간이다. 레빈슨은 꿈(dream)으로서 주요 생활 목표를 언급하고 있다. 30세 과도기가 성공적으로 해결되면, 개인은 그 꿈을 원기 왕성하게 추구하고 자신의 완성을 위해서 일을 하는 안정기를 경험하게 된다.

성인기 중기(40–65세) : 성인 중기의 과도기(40-45세)는 성인기 초기로부터 성인기 중기에 이르도록 한다. 레빈슨과 여러 연구자들은 한 개인의 삶이 초기와 중기 사이에서 유의미하게 변화한다는 사실을 보여주었다. 이 기간 동안에, 삶의 구조에 대해서 몇 가지 주요 의문(목표, 야망 등)이 제기된다. 또한 성인기 초기의 끝 무렵에 그렇게도 원기 왕성하게 추구해 왔던 꿈조차도 의문이 제기된다. 이 과도기 동안에 제기되는 문제는 다음과 같은 것들이다. 즉 나는 내 인생에서 이루고자 하는 것이 무엇인가? 나는 내가 죽기 전에 성취하고자 했던 것이 무엇인가?, 내가 가족이나 다른 사람들에게 남기고자 했던 것은 무엇인가?

등이다. 이러한 과도기가 너무 보편적이고 너무 강력하다는 사실에 새삼 놀라울 것이 없다. 삶에서 이 시기에, 개인은 자녀들이 성장해감에 따라 혹은 성인이 되어감에 따라 자신의 신체적 기능이 쇠퇴해 감을 경험하게 된다. 그의 부모들도 분명한 신체적 쇠퇴를 경험하였고 심지어 세상을 떠났을 수도 있으며, 그는 친한 친구나 동료들의 죽음을 목격할 수도 있다.

중년의 과도기는 개인으로 하여금 자기 자신과 타인을 더 많이 수용하도록 하며, 보다 현명해지고 인정이 많아지도록 함으로써 한층 더 강화된 분별력을 갖도록 한다. 그러나 이로 인한 과도기를 성공적으로 해결하지 못하면 비통함과 침체를 경험하게 된다(에릭슨의 생산성의 개념과 유사함에 주목하라). 중년의 과도기에 뒤이어서는 안정기(45-50세), 50세 과도기(50-55세) 및 중년기의 끝을 유도하는 또 다른 안정기(55-60세)가 나타난다. 각 개인이 경험하는 40대 후반과 50대는 그가 관여해 왔던 집단과 조직에서 선임자가 됨에 따라 가장 큰 만족과 가장 큰 좌절의 시기일 수 있다.

성인기 후기(60세-사망): 성인기 후기는 성인 후기의 과도기(60-65세)부터 시작한다. 이 기간 동안에 개인은 대부분 퇴직, 신체적 쇠퇴의 가속화, 가족이나 사랑하는 이를 잃는 것과 같은 여러 가지 주요 생활 사건들에 직면한다. 이 연대기에서 주요 도전(에릭슨이 기술한 것과 비슷한)은 자신의 삶과 타협을 하고 그들이 살아온 것 인생 역정을 있는 그대로 받아들이는 것이다. 하지만 아쉬운 것은 앞서의 연대기보다 이 기간에 대해서 이루어진 연구는 별로 없다는 것이다.

3) 경력개발에 대한 레빈슨 모델의 기여

레빈슨의 아이디어는 의미가 있다. 그의 모델은 실증적 증거에 기반을 두고 있으며 성인발달에 관한 초기의 아이디어(예, 에릭슨)와 일치한다. 레빈슨 그 자신은 이 모델이 부가적인 검증과 손질을 거쳐야 한다는 사실을 인정하고 있지만, 여러 연구를 통해서 모델이 제안하는 일련의 사건들과 그가 설정한 연령범위가 타당함이 입증되었다. 게다가, 초기에 백인 남자들을 대상으로 개발된 이 모델이 흑인이나 여성 심지어 다른 문화권의 사람들에게도 적용될 수 있다는 증거도 제시되었다. 특히, 다양한 직업(가정주부 포함)에서 여성들을 대상으로 실시된 연구에서는 연대기 모델이 여성들의 삶에서 계절을 정확하게 기술하고 있음을 보여주었다. 그러나 몇 몇 사례에서는 삶의 구조의 내용이 남자들의 것과 조금 다르게 나타났다.

레빈슨과 에릭슨 모델간의 유사점도 있다. 예를 들어, 이들 모두는 발달에 대한 지표로서 연령의 범위에 의존하고 있으며, 이들은 모든 성인들이 발달해 감에 따라 처리해야만 하는 유사한 쟁점들(예, 정체성과 친밀감)을 확인하였다. 레빈슨의 모델은 좀더 독특하고 성인발달을 안정과 과도기가 번갈아 나타나면서 전진하는 것으로 기술하였다.

그리고 레빈슨이 제시한 성인기 초기, 성인기 중기 및 성인기 후기가 예측가능하고 다소 보편적인 생활사건을 나타낸다는 개념은 경력관리와 개발을 살펴보기 위한 유용한 방법을 제공한다. 경력은 개인의 총체적인 삶의 한 부분이고 이와 같은 생활문제에 의해서 개인의 경력은 영향을 받을 것이다. HRD전문가들은 종업원들이 자신들의 조직에서 직면하게 되는 특별한 쟁점을 확인하기 위하여 그리고 경력개발 프로그램을 계획하기 위하여 이들 개념을 활용할 수 있다. 게다가, 레빈슨의 모델에서는 개인의 삶에서 생산적이고 만족을 느낄 수 있는 안정기가 있다는 사실도 제안하고 있다. 이러한 개념은 일관되게 문제로 제기되어온 **경력 고원기**(책임이 더 이상 증가하지 않는 시기)에 관한 전통적 가정에 도전하고 있다.

4) 생애 및 경력단계

종업원들이 자신의 인생에서 각기 다른 시점에서 직업에 관해 가지고 있는 상이한 태도를 이해하기 위해서는 그들이 직면하고 있는 개인적인 문제와 직업경력에 대한 문제 둘 다를 이해해야만 한다. 표 2.2와

표 2.3에서는 나이가 들어감에 따라 개인적 삶과 직업경력에서 일어나는 주요 변화를 개관하였다.

물론 모든 사람들이 자신의 삶과 직업경력의 각기 다른 단계에서 이러한 모든 것을 경험하는 것은 아니다. 다음에 살펴볼 내용도 각기 다른 연령집단이 경험하는 전형적인 관심사항들을 나타내고 있다.

청소년기는 자아정체감을 발달시키기 위해 노력해야 하는 시기이다. 10대들은 부모로부터 독립하고 성공하여 독립된 인격체가 되려고 노력한다. 직업을 선택하고 어떤 전공의 교육을 추구할 것인가를 결정하는 문제는 이와 같은 자아정체감 규정에 필수요소이다. 만약 청소년기가 독립성을 추구하는 시기라면, 청년기는 친밀감을 확립하는 시기이다.

표 2.2 생애 단계와 관심사

연령집단	생애단계	개인생활의 관심사
15-22	청소년기	자아-정체감의 발달 타인의 자신에 대한 관점과 자기지각 사이의 조화
22-30	성인기 시작	친밀한 인간관계 발달 배우자에 대한 몰입형성 일에 대한 신중한 관여
30-38	청·장년기	직업경력 및 가족에 대한 몰입으로 발생하는 문제를 성찰하고 의문을 가짐 질서와 안정에 대한 욕구와 모든 제약으로부터 자유로워지고 싶은 욕구 사이의 갈등
38-45	중년의 과도	모든 가치에 대한 의문 성공을 위해서 마지막 한번만의 기회가 있다고 생각함
45-55	중년기	정착: 가족, 친구, 직장에 대한 보다 현실적인 시각을 가짐 배우자에 대한 애착의 증가: 가정을 떠나는 자식들에 대한 애착의 감소
55-62	성인기 후기	정서적 안정: 정서적 격정을 일으키는 문제들을 회피하려는 경향이 있음 일상의 기쁨과 좌절에 몰두 다음 세대에 대한 지도와 확립에 대한 관심
62-70	노년기	죽음에 대한 자각의 증가 자신의 삶의 선택에 대한 만족감의 발달

20대는 친밀한 인간관계를 발달시키고 배우자에게 전념하기 시작하는 시기이다. 이러한 시점에서 대부분의 사람들은 일 혹은 직업에도 관여하기 시작하고 자신들의 경력을 확립하기 시작한다. 30대에 접어들게 되면 사람들은 자신들이 선택한 직업과 조직에 대한 지식을 확장하기 위해 노력한다. 이들은 또한 직무에 대한 몰입과 가족, 친구들에 대한 몰입 사이에서 균형을 유지하려고 노력한다. 30대 후반과 40대에서 많은 사람들은 이 시기가 자신들의 직업경력 또는 개인적 삶에 있어서 획기적인 변화를 이룰 수 있는 마지막 기회라고 자각한다. 학교로 돌아갈 것인가, 다른 분야로 전환할 것인가, 다른 지역으로 이동할 것인가를 결정하는 마지막 기회일 수 있다. 개인적인 측면에서 본다면 결혼이나 다른 중요한 대인 관계의 전환점을 의미할 수 있다.

40대 중반에서 50대 중반까지는 대체로 매우 행복하고 생산적인 시기이다. 대부분의 사람들은 직무에 안정되게 정착하거나 조직의 성공에 중요한 기여자가 된다. 자식들이 부모 곁을 떠남으로써 이들은 자신의 배우자와 친구들에게 투자할 시간과 정력을 가지게 된다. 50대 중반과 후반에 이르게 되면 이들이 직업적으로 성공하느냐는 분명해진다. 이들의 전문적인 직업경력의 정상이 눈앞에 보인다. 자녀들로 인해 손자를 보게 될 때 이들 50대 중반과 후반인 사람들은 조직에서 다음 세대인 부하직원들을 개발시키고 훈련을 시키면서 혹은 조언자(mentor)의 역할을 수행함으로써 만족을 찾는다.

60세 이후에 대부분의 사람들은 퇴직에 대한 계획을 세운다. 이들은 일에 대한 부담에서 벗어나고 여가를 다시 즐기거나 새로운 활동에 열정을 쏟는다. 친구와 배우자의 죽음은 이들의 죽음에 대한 자각을 증가시키며, 인생에서 자신이 선택한 것들에 대해서 만족감을 느끼고 자신의 업적에 자긍심을 갖게 된다. 성인발달을 일련의 단계를 통해서 발전하는 것으로 묘사할 수 있듯이, 경력개발을 이와 같은 방법으로 기술할 수 있다.

표 2.3 직업경력의 단계

연령집단	직업경력 단계	직업경력 과제	심리적 쟁점
15-22	탐색	올바른 직업경력 찾기 적절한 교육에의 착수	자신의 욕구와 흥미발견 자신의 능력에 대한 현실적인 자기-평가
22-30	초기의 직업경력 : 시도	첫 번째 직무획득 매일 똑같은 근무생활과 상사에 대한 적응	경험미숙 극복하기, 자신감 획득 업무상황에서 타인과 보조 맞추기
30-38	초기의 직업경력 : 확립	전문성 확보와 몰입수준의 결정 이동과 승진 직업과 조직에 대한 관점의 확장	직업 및 조직몰입수준 결정하기 처음 맡은 독립적인 업무에서의 실패를 극복하기
38-45	중기의 직업경력 : 성장	직업적인, 조직적인 정체감의 확립 대안 경력경로들 중에서 선택 (즉, 기술직 대 관리직)	자신의 포부와 관련해서 진행과정 재평가하기 업무/개인적인 삶간의 갈등을 해결하기
45-55	중기의 직업경력 : 유지	조직의 독립적인 기여자로 존재함 더 많은 영역의 책임감 확보	고속 승진을 하는 후배들에 대한 분노와 경쟁심을 조절하기 지혜에 바탕을 둔 경험을 기술적 기능으로 대처하는 방법을 배우기
55-62	후기의 직업경력 : 고원기	부하직원들에 대한 훈련과 개발 조직의 미래에 대한 방향점검 젊고, 보다 진취적인 사원들로부터의 위협에 대처	자신의 경력보다는 조직의 복지에 관심을 가질 것 화를 내지 않고서도 중요한 결정을 내릴 수 있을 것
62-70	후기의 직업생활 : 쇠퇴	퇴직에 대한 계획 재배치문제를 고려함 작업부담감소와 권력약화에 대처하기	일 이외의 새로운 삶의 만족원을 찾을 것 일과 관계없이 자기-가치를 인식할 것

제 2 절 경력개발 모델과 경력개발의 관점

성인발달을 일련의 단계를 통해서 발전하는 것으로 묘사할 수 있듯이, 경력개발을 이와 같은 방법으로도 기술할 수 있다. 경력개발에 대한 수많은 모델이 성인들이 자신의 근로생활기간 동안에 발전하게 되는 일련의 단계를 설명하기 위하여 제공되어 왔다. 이들 모델들은 연령범위와 연계된 순서화된 일련의 경력단계에 대한 개념을 강조하고 있으며, 경력을 개인 삶의 맥락 내에 설정하고자 하였다. 유사한 접근 방식을 채택하고 있는 이들 모델들을 검토하여 그린하우스는 5 단계 모델로 조합하였는데, 이것은 표 2.4와 같다.

1. 경력개발의 전통적 모델

1 단계 : 일을 위한 준비(0–25세) 이 기간 동안의 주요 과제로는 개인이 몸담고 싶어 하는 직업에 대한 개념을 형성하고 규정하는 것 그리고 그 직업에 들어가기 위하여 필요한 준비를 하는 것이다. 이러한 활동들로는 일하고자 하는 직업을 평가하기, 직업을 선정하기 그리고 필요한 교육을 받기 등이 들 수 있다. 다양한 이론과 함께, 직업선택에 영향을 미치는 요인들을 확인하기 위하여 수많은 연구들이 실시되었다. 개인이 이 기간 동안에 취한 선택은 지속적인 탐색과정을 통하여 직업과 관련된 최초의 결정을 내리며, 자신의 경력에 대해서 첫 번째 방향을 설정하는 것이다.

표 2.4 경력발달의 단계

1. 직업선택 : 일을 위한 준비기

* 연령범위: 0 - 25
* 개인이 학업을 마치고 일을 하게 됨에 따라 20대 중반에서 끝나게 되는 경력단계
* 주요과제 : 직업적 자아-이미지 발달시키기, 대안직업 평가하기, 최초의 직업선택, 필요한 교육과정 이수하기

2. 조직가입(입사)

* 연령범위 : 18 - 25
* 일을 찾게 되는 경력단계인데, 자신의 첫 직장을 갖게 됨
* 주요과제 : 바라는 조직으로부터 직무제안을 받아내기, 정확한 정보에 기초한 적절한 직무를 선정하기.

3. 경력 초기

* 연령범위 : 25 - 40
* 수행이 계속해서 증가하거나, 평형을 유지하거나 저하(쇠퇴)되기 시작함
* 주요과제: 직무 배우기, 조직의 규칙과 규범을 익히기, 선택한 직업과 조직에 적응하기, 능력을 키우고, 꿈을 실현하기

4. 경력 중기

* 연령범위 : 40 - 55
* 개인은 자신의 직무에 관해서 더 이상 학습을 하지 않으며, 수행이 전년도 수준을 능가해야 된다고 기대하지도 않음
* 주요과제 : 초기경력과 초기성인기 재평가, 꿈을 재확인하거나 수정하기, 중년기에 적합한 선택을 하고, 일에서 생산성을 유지하기

5. 경력 후기

* 연령범위 : 55 - 퇴직
* 경력의 마지막 단계로서 퇴직을 준비함
* 주요과제: 일에서 생산성을 유지, 자아-존중감 유지하기, 효과적인 은퇴를 준비하기

2단계 : 조직진입-입사(18-25세) 이 단계에서, 개인은 자신이 선택한 경력분야에서 고용관계를 시작하기 위한 직무와 조직을 선정한다. 이 때 얻어진 정보의 양과 질은 최초의 직무 선택이 개인의 경력에 대

해서 만족할 만한 결과를 가져올 것인지 혹은 실망스러운 출발점이 될 것인지의 여부에 영향을 미칠 수 있다. 이 단계에서 개인이 직면하게 되는 장애물은 우선 최초의 직무도전, 직무만족 그리고 조직사회화 등이 있다. 신입자는 입사 후 처음 배정받은 직무에서 도전감을 느낄 수 있도록 회사에서는 배려해야 한다. 한편 이 시기의 사람들은 입사 시 처음에 기대했던 것과 조직 현실 간의 차이로 인하여 직무 만족은 경력 후기보다도 다소 떨어지는 경향을 보이고 아울러 사회화를 거치면서 조직의 한 구성원으로서 내부자가 되어간다.

이 모델에서 제시하는 마지막 세 가지 경력단계는 레빈슨의 생애 연대기를 조직화한 것이다(예, 성인 초기, 성인 중기, 성인 후기 등). 그린하우스는 이러한 연대기들 각각이 경력에 영향을 미치는 주요한 쟁점을 나타낸다고 믿고 있다.

3 단계 : 경력 초기(25–40세) 이 단계 동안에, 개인은 세상에서 자신의 자리를 찾으려고 노력하며 자신의 꿈을 추구하는데 열중한다. 또한 이것은 경력에서 그리고 조직에서 자신의 위치를 확립하는 것과 관련이 있다. 자신의 자리를 찾기 위해 직면해야 하는 구체적인 도전으로는 기술적으로 유능해지는 것 그리고 조직의 문화 속으로 동화되어 가는 것(조직의 규준, 가치관 및 기대를 학습하는 것) 등이 포함된다. 이러한 도전에 대한 성공적인 해결책은 결국 직무만족, 직위 및 책임에 입각한 승진, 재정 및 사회적 보상의 증가 등으로 이어질 수 있다. 간단히 말해서 초기 경력단계는 경력을 확립하거나 만들어가는 것에 관한 것이다.

4 단계 : 경력 중기(40–55세) 경력중기는 레빈슨 모델에 비교한다면 중년의 과도기와 같은 시기에 시작한다. 그러므로 개인이 경력 중기에 직면하게 되는 과제 중의 하나는 경력 초기 동안에 채택된 삶의 구조와 선택을 재검토하는 것이다. 개인은 꿈을 재확인하거나 혹은 수정할 수 있고, 경력 중기에 적절한 선택을 할 수도 있고, 일에서 생산성을 그대로 유지하고자 할 수도 있다. 이러한 도전은 경력 중기의 위기라는

대중적 개념과 일치한다. 그 위기는 어떤 사람들에게는 매우 심각한 것일 수 있지만, 다른 사람들에게는 위기로 보여지지 않을 수도 있다. 경력 중기 동안에 발생하는 두 가지 사건은 바로 경력고원과 퇴화이다. 경력고원은 조직 내에서 책임이나 승진이 더 이상 증가하지 않는 것을 의미하고, 퇴화는 자신이 보유한 기술이 기술적 변화에 의해서 요구되는 과제를 수행하기에는 충분치가 않다는 사실을 인식하는 것을 말한다. 앞서 진술하였듯이, 성공적으로 이러한 도전을 해결하는 사람들은 생산적인 상태로 남게 되고, 반면에 실패한 사람들은 좌절과 침체를 경험할 것이다.

5단계 : 경력 후기(55세-퇴직) 사람들은 경력 후기동안에 두 가지 도전에 직면하게 된다. 첫째, 그는 생산성을 유지하고 자존감도 보존하도록 노력해야한다. 이러한 노력은 종종 사회가 고령의 근로자들의 수행과 능력에 관해서 가지고 있는 부정적이며 부정확한 신념에 의해서 방해를 받는다. 둘째, 경력 후기에 들어선 개인은 일에서 손을 떼든가 퇴직을 해야 하는 도전에 직면한다. 퇴직은 많은 정서적, 재정적 및 사회적 변화를 가져오고, 실질적인 퇴직 날짜에 앞서서 이 문제에 대해서 보다 세밀한 계획이 이루어져야 한다. 사회보장 체계의 현 추세, 대부분의 직무에서의 강제퇴직 연령 폐지, 그리고 연금기금관리에 관한 의문을 가정한다면, 많은 사람들은 퇴직을 계획하지 않고서 경력문제를 맞이할 것이다. 오히려 퇴직에 직면하기보다, 개인은 자신의 부모가 일이냐 가족이냐라는 문제에 대해서 고민했던 중년기 연령대에서 심각한 직업적 변화에 직면해야 할 수도 있다. 노동비용을 절감하려는 조직들의 조직퇴직에 대한 압력은 몇몇 근로자들에게는 계획했던 보다 더 빨리 퇴직하도록 강요할 수 있고 동시에 또 다른 가외의 문제를 유발할 수 있다.

그린하우스의 모델은 한 개인의 근로생활 내에서 일어나는 정상적이며, 전형적인 일련의 사건과 경험들을 확인하는데 유용하다. 살아가면서 늦게 새로운 직업을 시작하는 사람들처럼 일부 개인들은 이 모델에서 제안한 연령범위에서 벗어날 것이다. 그 연령들이 비록 다양하다 할지라도, 대부분의 도전들은 거의 비슷할 가능성이 높다. 그러나 개인은 그가 특정 생애의 단계에서 직면하는 다른 쟁점에 비추어서 자신을 지각하고 반응할 것이다.

2. 경력개발의 현대적 관점

분명히, 세계화, 인구통계학적 특성, 정보와 기술이 변화하고 있는 고용관계, 팀에 기초한 작업, 조직구조에서의 새로운 추세는 우리가 경력을 보는 시각에 중요한 영향을 미쳤다. 이러한 변화에 비추어 볼 때, 몇몇 이론가들은 현 세계와 전통적 경력단계에 대한 개념과의 관련성에 의문을 제기하였다. 경력개발에 대한 이와 같은 현대적 관점에서 개인과 조직은 고도로 변화하고 있으며, 불확실한 환경에서 성공하기 위해서는 유연해야 하고 적응력을 갖추고 있어야 한다는 개념을 공유하고 있다. 두 개의 사상이 이러한 사고의 흐름을 예시하고 있다.

첫째, 홀과 머비스는 프로테우스 같은 경력, 즉 변화무쌍한 경력이라는 개념을 제시하였다. 프로테우스적 경력개념은 본래 그리스의 신 프로테우스에서 이름을 따온 것인데, 그는 자신의 의지대로 그의 형태를 자유자재로 바꿀 수 있었던 신이다. 이 개념은 조직이 아니라 개인이 자신의 경력을 조정하며, 게다가 개인은 필요에 따라서 계속해서 자신들의 경력을 재 창안한다는 개념에 근거한 것이다. 사람들은 인생을 살아가면서, 의미와 자기-충족을 추구하며, 그들의 경력은 자신들의 선택과 경험(일, 교육 및 그 외)으로 구성된다. 각 개인의 경력은 각기 다를 것이다. 일련의 별개의 그리고 예측 가능한 변화를 통해서 발전하는 대신에, 프로테우스적 경력은 단번에 정점에 올랐다가 나락으로 떨어지기도 하며, 방향을 바꾸어 한 직업라인에서 다른 직업라인으로 이동하기도 하며, 어떤 종류든 유연하고 개별 특징적인 경력과정을 망라한다.

말할 것도 없이 사람들은 자신들의 경력에서 공통된 속성을 갖지 않는다. 프로테우스적 관점은 평생학습과 개인의 발달이 경력 개발의 중심이라는 개념을 포용하고 있다. 결과적으로, 개인의 경력은 탐색-시도-숙달-퇴출의 소단계(혹은 단기 학습단계)의 연속선으로 구성될 것이다. 이들 소단계들은 다양한 생산영역, 기술, 기능, 조직 및 다른 작업환경의 내외로 이동하게 된다. 이러한 관점에서, 중요한 것은 개인의 연대순의 연령이 아니라, 개인이 특정 주기에서 소비하는 기간, 소위 경력 연령이라고 부르는 것이다. 그러므로 주기의 탐색 부분에서의 쟁점은 개인이 주기에 들어가는 각 시기마다 동일할 것이다.

프로테우스적 경력의 의의는 경력관리란 능동적이며 전향적이어야 한다는 것이다. 홀과 머비스는 프로테우스적 경력이 자유분방하고 활기찰 수 있지만, 반면에 암울한 면도 있다는 사실을 인정하고 있다. 이러한 경력은 두려움, 불확실성, 신속한 변화속도 그리고 사람들이 자신들을 확인하기 위하여 혹은 세상에 대한 분별력을 형성하기 위하여 사용된 전형적인 지지체계들 예를 들어, 자기 자신을 직무명이나 혹은 자신이 근무하는 기업과 관련해서 규정지었던 것에서 벗어나고자 하는 것과도 관련이 있다.

경력개발의 현대적 관점에 대한 두 번째 예는 소위 다중 경력개념모델(multiple career concept model)이라고 부르는 것으로 경력양상을 달리한다는 개념이다. 이 모델에서는 경력 경험의 4가지 각기 다른 양상, 혹은 경력개념이 있다고 제안하고 있다. 이들 4가지 개념들은 시간경과에 의해 각기 다른 종류의 일에 따라서 그리고 그 일 내에서 움직임의 방향과 빈도에 입각해서 다르다는 것이다. 분명히 다른 일련의 동인은 4가지 개념 각각에 기초가 된다. 4가지 경력개념은 다음과 같다.

- 선형 - 조직위계에서 더 큰 책임과 권위를 갖는 직위로의 상향이동에 의한 발전, 권력 및 성취 욕구에 의해서 동기화된다. 변동시간라인, 이것은 "경력"의 전통적 관점이었다.
- 전문형 - 직업에 대한 헌신, 전문성 내에서 지식과 기술을 확립하

는데 역점을 둔다. 전통적 위계구조에서 상향이동은 거의 없다. 도제에서 마스터(master)로, 역량과 안정성의 욕구에 의해서 동기화된다. 중세 길드구조에 뿌리를 두고 있다.

- 나선형 - 관련 직업, 학제, 혹은 전문성에 따라서 주기적(7년에서 10년) 이동을 통한 일생의 발전, 이동을 하기 전에 특정 영역에서 매우 높은 수준의 역량을 달성하기 위해 충분한 시간이 필요하다. 창의성과 개인적 성장에 대한 동인을 가지고 있다.
- 일시형(임시) - 발전을 위해 각기 다른 혹은 관련이 없는 직무 혹은 분야를 자주(3년에서 5년) 이동한다. 비전통적임, 다양성과 독립성에 대한 동인을 가지고 있다.

브루소와 그의 연구자들은 이러한 네 가지 개념들이 다양한 개념 형성을 위하여 조합될 수 있다고 주장하였다. 그들은 경력관리에 대한 전통적 모델은 선형 혹은 전문형 개념을 갖는 사람들에게 유리하지만, 지금처럼 일의 세계가 변화무쌍하게 변하고 있는 상황에서는 일시형 혹은 나선형 개념을 갖는 사람들이 유리하다고 보았다. 조직과 개인에 대한 도전은 다원적 양식이라고 부르는 경력관리를 실시하는 것인데, 결국 이것은 조직의 전략 및 경력문화를 개인의 경력개념과 조화시키는 것이다.

제 3 절 경력개발에서의 쟁점

조직의 경력개발 프로그램을 구성하거나 수정할 경우 몇 가지 다른 쟁점들을 고려해야만 한다. 여기에는 경력동기육성, 경력 고원기, 여성과 경력개발, 해고, 조직축소와 경력, 이중 경력 부부 등이 포함되어 있다. 이들 쟁점들 각각을 살펴보면 다음과 같다.

1. 경력동기 육성

경력동기를 개발한다는 것은 효과적인 경력관리의 중요한 목표이다. 런던에 따르면, 경력동기는 사람들이 자신의 경력을 선택하는 방법, 자신들의 경력을 보는 방법, 경력에서 얼마나 열심히 노력을 기울이느냐 혹은 그 경력에 얼마나 오랫동안 머물 것인가 등에 영향을 미친다. 런던은 경력동기를 세 가지 단면으로 집단화된 일련의 특성들로 보고 있다. 즉 경력 탄성, 경력 통찰, 경력 정체성 등이다.

표 2.5 경력동기의 세 단면에 대한 정의

1. **경력 탄성** : 사람들이 자신들의 일에 영향을 미치는 경력 장벽 혹은 장애에 저항하는 정도를 말한다. 이것은 자신감, 성취욕구, 위험감수 의지, 독립적으로 행동하고 적절하게 협력할 줄 아는 능력으로 구성되어 있다.
2. **경력 통찰** : 사람들이 자신과 자신의 경력에 관해서 현실을 인식하는 정도를 의미한다. 이러한 인식이 자신의 경력목표와 어떻게 연관되는지에 대해서 깨달아야 한다. 이러한 것으로는 경력목표를 개발하기 그리고 자신과 환경에 대한 지식을 획득하기 등을 들 수 있다.
3. **경력 정체성** : 사람들이 자신들의 일을 통해서 스스로를 규정하는 정도를 말한다. 이러한 것으로는 직무, 조직 및 직업에서의 관여 그리고 경력목표의 방향(예, 조직 내에서의 승진에 대하여) 등을 들 수 있다.

사람들은 이들 유목들 중 각각에서 자신의 직위에 따라 고, 중, 저 수준의 경력동기를 가질 수 있다. 예를 들어, 높은 경력동기를 갖는 사람은 장애와 실패에 직면해서도 경력목표를 지속적으로 추구할 것이고 (경력 탄성), 현실적인 경력목표를 설정하고 추구할 것이며(경력 통찰), 자신의 일에 깊이 관여를 하고 공격적으로 경력목표를 추구해 갈 것이다(경력 정체성).

경력동기는 부분적으로는 개인의 생애 경험에 의해서 결정되는 반면에, 경력활동과 실무는 개인의 경력동기를 개발하는데 도움을 준다. 예를 들어, 자기-인식 워크북과 개인일지는 경력통찰을 확립하기 위하여 사용될 수 있다. 경력동기는 자신의 경력에 대한 의사결정 및 몰입에 영향을 미칠 수 있기 때문에, 조직에서는 이러한 동기를 향상시키기 위하여 경력개발 활동들을 제공하는 것이 유리할 것이다. 표 2.6은 이것을 어떻게 달성할 수 있는가에 대한 몇 가지 제안을 제공한다.

표 2.6 경력동기를 증가시키기 위한 방법

1. 경력 탄성을 지지하기

a. 피드백과 긍정적 강화를 통하여 종업원의 자신감을 확립하라.
b. 성취기회를 만들어 주어라.
c. 혁신에 대해서는 보상을 하고 실패의 두려움을 감소시킴으로써 모험을 감행할 수 있는 환경을 만들어라.
d. 대인간의 관심을 보여주고 집단 응집성과 협력적 작업관계를 권장하라.

2. 경력 통찰을 향상시키기

a. 종업원들에게 자신들의 목표를 설정하도록 권장하라.
b. 종업원들에게 자신들의 경력목표를 달성하는 것과 관련된 정보를 공급하라.
c. 정기적인 수행 피드백을 제공하라.

3. 경력 정체성을 확립시키기

a. 직무도전과 직업적 성장을 통하여 일에 대한 관여를 권장하라.
b. 리더십 직위 및 승진 잠재력과 같은 경력개발 기회를 제공하라.
c. 직업적 인정과 재정적 보너스를 통하여 확실한 수행(성과)에 대해서 보상을 하라.

경력동기는 조직규모축소와 일시해고 때문에 일자리를 잃어버린 근로자들이 직면하게 되는 쟁점에 역점을 둘 경우에 중요하다. 런던은 이러한 근로자들을 재배치하고자 할 때 경력동기의 문제에 치중하게 되면 보다 효과적일 것이라고 지적하였다. 특히 그 방법들이 일자리를 얻고자 하는 실직 근로자들을 도와 주려는 정부 및 지역사회 프로그램인 경우, 대체 종업원에 대한 재훈련, 노사 공동의 재훈련 프로그램 혹은 내부 유관 작업집단인 경우 효과적이다. 런던은 관리자들과 중역들이 대체종업원들을 성공적으로 재배치하기 위한 경력동기문제에 어떻게 역점을 두어야 할지, 그리고 조직에서는 나이든 근로자들의 경력동기를 어떻게 지원할 수 있는지에 대해서 경력개발 활동에 근거하여 다양한 제안을 내놓았다.

2. 경력 고원기

관리직의 수가 현저하게 줄어드는 대부분의 피라미드 조직구조는 대체로 어느 시점에 이르면 개인의 경력은 더 이상 조직의 상층으로 이동할 수 없게 된다는 것을 의미한다. 게다가, 경력발전은 계속해서 위로 올라가는 여행이 아니라 이동의 시기와 안정성의 시기가 포함되어 있는 여행일 가능성이 높다. 이러한 요인들은 경력고원이라고 부르는 현상에 기여한다. 경력고원은 더 이상의 위계적 승진의 가능성이 매우 낮은 경력의 한 지점으로 정의되어 왔다. 경력고원에 관한 초기의 저서에서는 이것이 많은 종업원들(특히 경력성장을 바라는 종업원들)에게 스트레스, 좌절, 실패, 및 죄책감을 수반하는 외상적 경험이라는 사실을 제안하였다. 보다 최근의 저서에서는 고원이 "변화, 과도기, 재평가 및 반성의 시기"로도 볼 수 있다고 보았다.

경력고원에 관한 실증적 연구는 혼재되어 있다. 즉 어떤 연구에서는 고원기의 몇 가지 부정적 결과를 확인한 반면, 어떤 자료에서는 고원기에 있는 종업원들이 행복하고 생산적일 수 있다고 제안하고 있다. 이렇게 결과가 혼란스러운 이유에 대해서 적어도 두 가지로 설명할 수 있다. 첫째, 펠드맨과 와이츠는 고원을 유도하는 요인들이 고원의 결과에도 영향을 미친다고 주장하였다. 예를 들어, 종업원들이 승진할 수 있는 기술과 능력이 부족하기 때문에 고원기에 접어들었다면, 이들은 빈약한 성과와 불충분한 직무 태도를 보일 가능성이 있다. 그렇지 않고, 고원이 자신이 부과한 제약이나 혹은 낮은 성장욕구 때문에 발생한 것이라면, 종업원은 계속해서 직무를 잘 수행하고 긍정적 직무태도를 가질 것이다.

한편 죠지아 챠오는 경력고원의 결과에 관한 혼재된 결과에 대해서 두 번째 설명을 제시하였다. 이 설명은 개념을 측정하는 방법에 초점을

맞추었다. 연구에서는 경력고원을 조작적으로 이분법적(고원기 대 고원기가 아닌 것)으로 정의하는 경향이 있고, 개인이 고원기에 도달했는지의 여부를 나타내기 위하여 근무년한(예, 마지막 승진이후 경과한 년수)을 사용하고 있다. 챠오는 이분법적으로 고원을 보는 것은 개인이 점차 자신의 경력이 고원에 도달했다는 사실을 자각하게 되고 각기 다른 수준의 자각이 다른 결과를 이끌 수도 있다는 사실을 도외시하게 된다는 점을 관찰하였다. 그리고 보다 중요한 것으로 챠오는 경력고원을 정의하는데 결정적인 것은 고원기에 도달했다는 개인의 지각이라고 주장하였다. 그 이유는 경력발전에 대한 개인의 지각이 그가 경력에 관해서 어떻게 생각하는지 그리고 경력에 어떻게 대응할지를 결정할 것이기 때문이다. 결국 그녀는 경력 고원에 대한 지속적인 측정치는 전통적인 근무연한 접근법보다 고원기에 이르게 되는 결과를 더 잘 설명할 수 있을 것이라고 가정하였다. 챠오는 고원에 대한 지각 측정치를 개발함으로써 이 가설을 검증하였고 지각이 직무연한보다 4가지 결과(만족과 경력계획을 포함해서)에서 더 많은 변량을 설명한다는 사실을 발견하였다. 그녀는 또한 고원의 부정적 효과는 종업원의 경력 초기 동안에 더 악화된다는 사실을 확인하였다. 유사한 결과가 다른 연구자들에 의해서도 보고되었다.

이들을 함께 고려해 보면, 이와 같은 결과들은 경력고원이 이전에 생각했던 것보다 훨씬 복잡하다는 것을 제안한다. 이러한 결과들은 경력관리 및 개발에 대한 실무에 두 가지 의의를 제안한다. 인적자원개발전문가들은 ① 종업원들이 자신들의 경력이 정지되어 있는 정도를 지각함으로써 고원에 이르렀는지를 사정하고 고원의 이유를 확인하려고 시도해야 하며, ② 고원의 원인에 따라서 종업원의 문제점들을 해결하기 위한 활동들을 구성해야 한다.

게다가, 조직위계가 평평해진다는 사실을 가정한다면, 일부 고원은 불가피하고, 조직에서는 종업원의 동기와 효율성을 유지하기 위한 방법을 찾는 것이 더욱 중요하다. 에팅톤은 관리자들이 직무와 삶에 대해서 효율적인 직무 수행과 만족을 보여줌으로써 성공적으로 고원에 이를 수 있다는 사실을 발견하였으며, 그녀는 조직에서는 성공적 대 비성공적 고원을 촉진하는 인적자원개발 실무에 참여해야 한다고 주장하였다. 경력개발의 영역에서, 에팅톤은 직무상에서 성장할 수 있는 기회를 확장하거나, 수평 혹은 하향 경력이동에 대한 장애를 제거하거나 종업원들이 새로운 도전을 확인하거나 준비하도록 도와주는 것과 같은 경력개발 실무를 제안하였다.

3. 여성과 경력개발

대학을 막 졸업한 젊은 여성이 지금부터 10년 후에 무엇을 하고 있을까? 직장에 다니고 있을까? 아니면 결혼해서 아이를 낳아 그 아이를 키우는 데 여념이 없을까? 만일 취업을 했다면, 자신의 직업에 전념하리라고 생각하는가? 아니면 다른 일 때문에 직장을 포기할 것인가?

자녀를 둔 여성 MBA를 대상으로 한 연구에서는 그들이 직장 생활을 계속할 것인지 아니면 그만둘 것인지의 여부에 영향을 미치는 가족 및 직장 문제를 확인하였다(Rosin & Korabik, 1990, 1991). 자녀 양육과 같은 가족 의무는 시간제 일을 하는 어머니들에게 대단히 중요한 것 같다. 이들 여성들의 경우, 적절한 아동 양육 장치 혹은 자녀가 방과 후에 여성이 집에 있을 수 있는 변형 근로제 등과 같은 것들은 그 직무를 받아들이느냐 혹은 가정에 계속 남아 있을 것인가의 차이를 형성한다. 이와는 대조적으로, 전일제 근무를 하겠다고 결심한 어머니들은 자녀 양육의 문제들을 해결하였다.

이들 여성들에게 가장 중요한 직장문제는 성별(gender)과 관련이 있다. 여성이 직면한 문제에 대해서 지원을 해주지 않고 외면만 하는 근무환경, 조직의 정책들, 그리고 직업적 발전 기회의 부족 등은 전임제 근무를 하는 여성들에게 대단히 중요한 것 같다(Silverstein, 2001). 특히, 전문직 여성들은 두 가지 이유 때문에 자신들의 직무를 포기한다.

첫째, 전문직 여성들이 직업적으로 성장하기 위하여, 개인적 발전을 위하여 그리고 자신들의 일에서 만족을 성취하기 위하여 타인들과 서로 협력하여 일을 할 필요가 있음에도, 그들이 일하고 있는 기업은 모순된 가치를 유지하고 있다고 느낀다. 기업에서는 기계처럼 일하기, 개별적으로 보상하기, 자기 - 능력 및 개별적 기여에 더 많은 가치를 두고 또한 여성이 추구하는 관계성, 상호 의지 및 협력에 가치를 두기보다는 유형의 결과, 경쟁 및 합리성 등을 강조한다. 둘째, 여성들은 직장에서 단절되어 있다는 느낌을 갖는다. 그들은 자신들의 동료, 고객 그리고 부서원들과 단절되어 있다고 느끼고, 일에서 의미를 별로 찾지 못하고 소외감을 느꼈다. 경력중기를 지나면서, 여성들은 일에서 만족, 성장 및 발전을 달성하기 위하여, 그리고 그들이 성공에 핵심적인 것으로 간주한 관계 지향적 기술에 대해서 보상을 받기 위하여, 그들은 직장 생활을 그만둘 필요가 있다고 결론 내렸다. 분명히, 여성들은 직업적 발전과 개인적 만족을 가로막는 문제에 중점을 두며 그 장벽이 어떤 것인지를 살핀다.

이러한 장벽은 여성들이 일을 중도에 포기하는 주요 이유이다. 여성들은 적당하고 믿을 수 있는 아동 양육시설을 찾을 수 없거나 혹은 자녀를 키우는데 많은 부담을 느끼기 때문에, 아이가 클 동안 가정에 머문다. 중간에 일을 잠시 멈춤으로 인해서 여성들은 경력의 연속성을 유지하지 못하여 상위직급으로 승진할 수 있는 기회와 필요한 기술 습득 기회를 잃게 된다. 일부 여성들은 자유의지로 이러한 선택을 하지만, 대부분의 여성들은 어쩔 수 없이 이렇게 할 수밖에 없다.

4. 해고

경기가 호황을 누릴 때는 기업이 팽창하고 판매고가 증가하면 일자리가 풍부해져서 실업이 감소하게 된다. 그러나 불황기를 맞이하여 경제난이 초래되면 기업은 변화된 현실여건에 적응하고 살아남기 위하여 구조조정을 통한 인원감축을 실시하게 된다. 이 과정에서 일부 종업원들은 감축대상이 되어 정신적으로나 물질적으로 심각한 타격을 받는 해고를 맞이하게 된다.

조직의 관점에서 보면 해고는 잉여의 봉급 근로자들을 줄이는 것으로 볼 수 있다. 해고 이후에 경제가 활성화되고 조직의 규모가 확대되어 인적자원에 대한 요구가 증가하면 해고된 종업원의 일부 혹은 전부가 복직될 수도 있다. 그러나 조직의 생산품이나 서비스의 요구가 증가하지 않으면 해고는 지속되며, 공식적으로 종업원들과 회사와의 관계는 끊어지게 된다. 보통 해고는 조직의 제조 및 생산부서에서 일하는 생산직 근로자에게서 빈번히 일어난다.

보통 생산부서의 종업원들이 우선적으로 해고되지만 사무직이나 고위 기술직, 고위 관리자라고 해서 예외는 아니다. 보통 이러한 수준에서의 해고는 조직이 매우 심각한 재정적인 곤경에 처했을 때 허용된다. 일반적으로 기업의 임원들은 관리자와 간부급 직원을 모집하고 이들의 기술과 능력을 개발시키는 데 회사에서 상당한 시간과 경비를 들였기 때문에 이들의 해고를 피하려고 노력한다. 그러나 생존이란 현실에 처하게 되면, 관리자라고 해도 선택의 여지는 없다. 보통 상위수준에 있는 종업원들을 해고할 때 가장 중요한 판단 기준은 작업성과이다. 물론 다른 기준으로 연공서열, 연령, 부양가족 그리고 정치적 고려와 같은 것들이 포함되기도 한다.

경제난이 가중되면 기업에서는 상당수 종업원들을 해고해야 할 상황에 처하게 된다. 많은 일자리가 일시적으로 혹은 영구적으로 없어질 수밖에 없는 상황에서 해고문제는 실직 근로자들과 그 지역사회가 직면하게 되는 경제적 어려움을 줄여주기 위하여 신중하고도 체계적으로 다루어져야 한다. 기업에서 실직기간동안 종업원들을 지원하는 것은 그 기업이 근로자들에 대한 조직차원의 진정한 관심을 반영하는 것이고, 지역사회에 대한 사회적 책임을 다하는 것이다.

5. 조직축소와 경력

몇몇 회사와 산업에서는 주기적으로 기구축소를 겪는다. 예를 들어, 일부 유통업체에서는 성수기 때는 직원을 대량으로 고용하고, 성수기 이후에는 조직을 축소한다. 그러나 조직축소라는 단어는 전형적으로 미국에서 1990년대 초 경제적으로 어려웠던 기간 동안에 시작된 활동들을 의미한다. 이 시기에 미국 내의 많은 조직과 산업에서는 직무와 종업원의 총 수를 줄이려고 시도하였다. 일반적으로 조직축소는 부정적인 것으로 간주되지만(사회는 성장을 번영과 활력으로 연상하고 반면에 쇠퇴는 쇠약으로 연상하는 경향이 있다), 조직과 종업원들에게 또 다른 경력 기회를 제공하기도 한다.

조직에서는 여러 가지 이유 때문에 조직 축소 활동을 벌인다. 노동비용의 감축은 자산의 축적으로 이어질 수 있다. 사업라인의 생존 혹은 단위운영을 위해서 조직의 구조를 조정하는 것은 결국 조직축소의 결과일 수도 있다. 내부단위 공급자 혹은 관리자층의 감축에 기인한 재원배정의 변화 또한 조직 차원의 조직축소 결과일 수도 있다. 조직축소 이후에 나타나는 조직 차원의 문제는 경력 관리 기회를 제공하기도 한다. 생존자들은 죄책감을 느끼며, 작업자들은 경영진에 대해서 더 낮은 신뢰감을 갖게 되고, 일하려는 동기가 현저히 떨어진다. 이들은 두려움을 느낄 수도 있고 다른 종업원들을 불신하며 조직 참여와 몰입 수준을 낮추게 된다. 결근율이 더 높아지고 갈등 발생률 또한 높으며, 종업원들 사이에서 희생양이 관찰되기도 한다.

조직에서는 이와 같은 문제를 새로운 경력 경로와 경력층을 개발함으로써 상쇄시킬 수 있다. 직무는 일시 해고된 작업자가 하던 일을 다른 작업자가 맡아서 하게 된다는 사실을 보장하기 위하여 재설계된다. 여기에 관계된 종업원들이 보다 도전적인 일을 맡게 된다는 사실은 경력개발의 취지와도 맞는다. 몇몇 근로자들이 가외의 기술과 책임을 얻는 것처럼 직무도 확대될 수 있다. 관리자들은 부하직원들이 처리하는 업무의 세부사항을 익힐 수 있기 때문에 다른 직무들도 심화될 수 있다. 경력 경로가 이러한 변화를 인정할 만큼 새롭게 변한다면, 작업자들에게 있어 "쫓겨난다"라는 느낌은 줄어들 것이고 사기와 몰입은 강화될 수도 있다.

조직 차원의 규정과 직명세가 명백한 경력 경로화를 통하여 표현될 경우, 생존자들에게 안정성과 연속감을 제공해 준다. 교차훈련(cross-training)과 직무분담은 성장, 안전감 및 연속성에 대한 기회를 제공한다. 몇몇 회사에서는 생존자들의 업무부담 증가를 보상하기 위하여 생존자들에게 임금 인상을 제안하기도 한다. 어떤 회사에서는 해고 근로자들의 수를 줄이고 생존자들의 죄책감을 줄이기 위해 생존자들에게 임금 삭감을 제안하기도 한다. 관료주의에서는 잔여영역을 보호하고, 조직 효율성 감소를 막기 위하여 규칙과 규정을 늘리는 경향도 있다. 좋은 경력 경로는 이와 같은 혼란 중 일부를 감소시킬 수 있다. 궁극적으로 신규고용이 필요할 때, 이들은 종종 대체 근로자들보다 더 많은 비용이 들고 감원된 종업원들에 비해서 기술 수준이 낮을 수 있다. 또한 조직 축소를 감행한 조직에서는 종업원들이 고용안정에 대해서 불안감을 가지며, 사기도 저하될 수 있다는 사실을 인정해야만 한다.

6. 이중-경력 부부

오늘날 자녀를 두고 있는 가정들의 경우 부모 모두가 일을 하는 가정들이 점차 증가하고 있는 추세이다. 사실, 미국의 경우 이중 - 경력 부부들은 전체 노동력의 45%를 구성하고 있다. 우리의 경우도 예외는 아니어서 한국여성개발원(2003)이 통계청 통계 연보를 분석한 결과 전체 가구 중 35.8%가 맞벌이 가구인 것으로 밝혀졌다.

이중 경력 부부들이란 어느 한 쪽의 취업 목적이 단순히 금전적 요구에 의해서가 아니라 자신의 전공 및 역량을 살려 직업 활동에 몰입하는 사람들을 일컫는다. 이러한 이중 경력-부부들은 대부분 일 및 가족과 관련된 책임을 처리해야 하는 문제에 직면한다. 더욱이 일에서의 역할과 가정에서의 역할이 맞부딪히면서 여러 가지 부정적인 결과가 초래되고 스트레스를 가중시킨다. 이것은 만일 가족구성원으로서의 종업원의 역할을 고려하지 못한다면, 특히 이러한 역할이 업무 역할과 갈등을 빚을 경우 경력 계획과 경력 개발이 무의미할 수도 있음을 의미한다. 그러하면 어떻게 해야 하는가?

여러 연구에서는 이중-경력 부부들이 가족에 대한 자신의 책임을 성공적으로 관리하려면, 그들(그리고 그들의 관리자들)은 유연해져야 한다는 사실을 지적하고 있다. 그들은 자신의 양쪽 역할에 대하여 공평하게 전념해야 한다. 또한 계획, 목표 설정 및 문제해결 등을 통해서 자신들의 경력을 관리할 수 있는 역량을 개발해야 한다.

조직적 관점에서, 이중-경력 부부에 대한 성공적인 관리를 위해서는 변형 근로제, 기업-지원 아동 양육 같은 제도나 프로그램들이 필요하다. 이러한 것들은 역량이 뛰어난 종업원이 승진제안을 거절했다거나 재배치를 거부했다하더라도 가까운 장래에 기업으로부터 다시 그 제안을 받을 수 있도록 해준다. 또한 그 종업원이 조직의 한 분야에서 전문성을 확보하여 기업에 기여할 수 있도록 해준다. 몇몇 기업들은 다른 기업들보다도 일-가족 문제에 대해서 더 많은 관심을 가지고 적극적으로 해결책을 모색하려하고 있다. 기업들은 일과 가족문제가 기업의 현안으로 등장할 때 이러한 은전을 베풀 가능성이 높다.

그러나 가족 친화적인 정책에 관한 다양한 언급에도 불구하고 주간 근무만을 시행하는 기업들의 11%만이 아동 돌봄을 제공하고, 반면에 또 다른 20%는 재원만을 제공한다. 또한 기업의 1% 이하만이 일하는 부모들을 위해 정규 근무시간 외에도 아동 돌봄을 제공하고 있다. 서비스에 대한 요구는 아직까지 더 커지지 못하고 있는 실정이다. 그렇다면 왜 고용주-지지의 아동 돌봄이 지속적으로 확대되어야 하는 이유는 무얼까? 그 이유는 다음과 같다.

- 현재 이중-경력 부부들은 노동력의 대다수를 구성하고 있다.
- 아동 돌봄 시설이 절대적으로 필요한 한 부모 가정의 수가 증가하고 있다.
- 점점 더 많은 경력 지향적 여성들이 모성과 직업적 목표를 달성할 수 있도록 자신들의 생활을 조정하고 있다.

고용주의 후원에 의존하는 돌봄은 더 이상 현장의 혹은 현장 근처의 아동 돌봄 센터에 국한하지 않는다. 그 개념은 노인 돌봄, 세대간 돌봄, 질병에 걸린 아동 돌봄 그리고 학령기 아동을 위한 프로그램(방과후, 휴일 프로그램 포함)을 포함하는 것으로 확대되었다.

가족들에게 이러한 혜택을 제공하는 것은 직접 혜택을 받지 못하는 사람들뿐만 아니라 정책의 직접적 수혜자들이 이전 보다 훨씬 더 직장 일에 전념할 수 있도록 해주고, 결국 이것은 생산성 향상으로 이어질 수 있다. 그러나 두 가지 다른 연구에서 나온 교훈은 분명하다. 보육 시설이나 변형 근로제가 여성 관리자들의 회사를 떠나지 못하도록 잡아둘 수 있을 것이라고 기대하지 말라는 것이다. 그들은 적절한 경력 성장기회를 갖지 못하거나 직무만족을 얻지 못하면, 기업에 헌신하지도 않고 미련 없이 떠날 수도 있다는 것이다.

이중-경력 부부들을 관리한다는 것은 조직적인 관점에 뿐만 아니라 개인적인 관점에서도 어려운 문제이다. 그러나 현재 상황이 장기적 추세로 계속 이어질 것이라면, 확실한 것은 더 이상 이 문제를 미루지 말고 사회나 기업에서 적극적인 대책을 강구해야 할 것이다.

제3장

직업 선택

자연적 존재이면서 사회적 존재이기도 한 우리 인간은 직업을 통해서 개인적 욕구뿐만 아니라 사회적 욕구를 충족시켜 나간다. 즉 인간은 직업을 매개체로 하여 자신의 삶을 완성해 간다고 볼 수 있다. 대부분의 사람들은 어떤 직업에서든 적어도 30년 이상을 종사하게 되는 데 주당 평균 40시간을 일한다고 보았을 때 결국 우리는 직장에서 약 6만 3천 시간 이상을 보낸다고 볼 수 있다. 우리의 직업적 활동은 우리의 삶에서 핵심적인 부분을 차지하고 있으며 우리가 직업생활을 어떻게 보내느냐는 결국 우리의 삶의 질을 좌우한다고 할 수 있다.

대부분의 사람들은 청소년기를 장래의 직업적 활동을 위한 준비기간으로 보내고, 성인이 되고 난 후에는 은퇴할 때까지 직업적 활동을 계속하면서 삶을 영위하고, 직업이 부여한 사회적 역할을 수행하며, 자신의 이상과 자아를 실현하려고 노력하게 된다. 직업에서 은퇴한 후에도 우리는 근로기간 중 적립한 연금을 받아 생활을 하며 살아가게 된다고 본다면, 사람들은 평생을 직업과 불가분의 관계를 맺고 살아가는 것이다. 따라서 직업은 우리들에게 있어서 가장 삶의 한 과정이고 삶의 현장이라고 할 수 있을 것이다.

제1절 일과 직업의 의미

일 혹은 직업을 완벽하게 정의할 수는 없으나 대체로 "성인들이 경제적 소득과 관련해서 수행하고 있는 일상적인 생산적 활동"이라고 볼 수 있을 것이다. 그러나 직업은 단순한 생계 수단을 위한 생산 활동을 의미할 뿐만 아니라 사회적 역할 분담 및 자아의 실현까지도 포함하고 있다.

1. 일의 의미

스터드 터켈은 일이란 일용할 양식뿐만 아니라 일상의 의미를 찾는 것이고, 생계를 위한 금전적 보상뿐만 아니라 인정받고자 하는 것이고, 조용히 지내기보다는 깜짝 놀랄 만한 것을 찾는 것이라고 주장하였다. 간단히 말해서 월요일부터 금요일까지 시키는 대로 죽어지내는 것이 아니라 활기차게 삶을 영위하는 것이다.

어떤 사람들에게 일이란 특권, 사회적 인정의 근원이고 스스로 가치 있는 존재임을 느끼게 해주는 것이다. 반면 어떤 사람들에게 일은 열정과 창의적 노력의 근원이고 일을 통해서 삶의 중요한 의미를 느끼기도 한다. 그러나 대부분의 경우에 일의 주요 목적은 생계비를 버는 것이다. 물론 이것은 돈이 직업에서 얻는 유일한 보상이라는 것을 의미하는 건 아니다. 일을 통해서 우리는 우정 혹은 동료애, 권력을 행사할 수 있는 기회, 자신이 유용한 존재임을 자각하는 것도 중요하다. 대부분의 사람들이 일에서 얻는 의미라고 하는 것은 생활에 필요한 것들을 교환할 수 있는 돈과 개인적 성장 가능성일 것이다.

개인이 가지는 직업의 종류는 일에서 의미를 이끌어 내려는 사람들의 욕구에 영향을 미치지 못하는 것 같다. 달리 말하면, 일에서 의미를 찾는 것과 개인이 몸담고 있는 직업의 종류와는 관련성이 없는 것 같다. 직업이 매우 단순한 반복 작업으로 이루어져 있다 하더라도, 혹은 정리해고가 집중적으로 이루어지고 있는 사양산업에서조차도, 사람들은 그들이 하고 있는 일에서 보다 큰 개인적인 의미를 찾는다. 최근에 모 방송사에서 방영되고 있는 생활 속의 달인이라는 프로그램을 보면 이러한 예들을 찾아볼 수 있다. 일부 직무의 경우 단순 반복 작업과 더불어 자동화로 인하여 신규 고용이 거의 이루어지지 못하고 있는 상황에서 그 직무를 오랫동안 해온 출연자들이 자신의 일을 사랑하고 일에 대한 자긍심을 보여 주는 것은 일의 의미를 다시 한 번 생각하게 한다. 사람들이 자신들의 일에서 취하는 이러한 특정 의미는 직업에 따라 다양하고 사회화에 의해 영향을 받기도 한다.

사람들은 자신들의 일에서 어떤 의미를 찾고자 하는가? 한 연구자가 이 문제에 대하여 연구를 실시한 결과, 연구에 참여한 조사 대상자들의 다양한 배경에도 불구하고 4가지 공통 의미를 확인할 수 있었다(Lips-Wiersma, 2000). 그것은 바로 자신을 개발하고 자기 발전을 이루는 것, 다른 사람들과의 협동, 자신을 표현하는 것, 그리고 타인을 위해 봉사하는 것 등이었다. 이러한 모든 의미를 달성할 수 있기까지 사람들은 직장을 개인적 충족(완성)의 장으로 생각한다. 또한 이러한 의미들은 직업전환을 이해하기 위한 틀을 제공하기도 한다. 즉 사람마다 일에서 어디에다 의미를 두느냐에 따라 그의 새로운 직업 선택에 영향을 미칠 것으로 생각된다.

사람들이 일에서 이끌어내는 다양한 의미를 가정한다면, 직업은 분명히 개인이 갖는 정체감의 핵심요소이다(Whitbourne, 1996). 이것은 성인이 자신을 사회적으로 소개할 때 분명하게 드러난다. 사람들은 자신에 관해서 이야기해 달라고 요청을 받게 되면, 그들은 항상 삶을 영위해 나가기 위해서 자신이 무엇을 하고 있는지에 관한 정보를 제공한다. 직업은 여러 가지 방식으로 여러분의 삶에 영향을 미치며 종종 여러분이 어디에 살 것인지, 어떤 친구를 사귈 것인지, 심지어 어떤 종류의 옷을 입을 것인지에 대해서도 영향을 준다. 간단히 말해서, 일은 삶의 모든 영역에 걸쳐 관련이 있다. 따라서 일은 중요한 사회적 역할이며, 성인기의 삶 혹은 인생 전반에 걸쳐 영향을 미친다. 직업도 성인기의 다른 중요한 역할(예, 애정관계)을 보완하는 중요한 축이다.

다른 한편으로 직업은 인간발달의 일부이다. 어린 아동들은, 그들의 잠정적 역할에서 일을 위한 사회적 준비과정의 중간에 있다. 어른들은 아이들에게 항상 다음과 같이 질문한다. "너는 커서 무엇이 되고 싶니?" 특히 고등학교와 대학에서의 학교 교과과정은 특정 직업에 종사하도록 준비하는 데 그 방향이 맞춰져 있다. 대학생들은 그들이 일에서 얻게 될 것이라고 믿는 일의 의미에 대한 관점을 형성한다. 핸스(2000)는 이러한 신념을 사회적 영향을 성취하기 위하여 일하기, 개인적 완성을 달성하기 위하여 일하기, 그리고 경제적 현실에 기인해서 일하기 등의 세 가지 주요 유목으로 조직화하였다. 이들 유목들은 성인들이 보고하는 실제적인 의미의 일하기를 매우 잘 반영하고 있다.

일은 사람들에게 의미를 제공함에 있어서 핵심역할을 하기 때문에, 중요한 의문은 사람들이 어떻게 직업을 선택하는가 하는 것이다. 사람들은 어떻게 그리고 왜 그들이 지금 종사하고 있는 직업을 선택한 것인가?

2. 직업의 의미

1) 생계적 의미로서 직업

직업이 갖는 생계적 의미란 사람들은 직업을 통해서 일을 할 기회를 갖고 자신이 제공한 노동의 대가로 임금을 받아서 자신과 가족의 경제생활을 영위한다는 것이다. 즉 직업의 경제적 의미는 보상으로 주어지는 임금에서 찾을 수 있는데, 인간이 직업을 갖는 동기 중의 하나는 바로 노동의 대가 즉 임금을 얻는 소득의 측면이라고 할 수 있다. 이것은 직업이 생계유지를 위한 보수 획득을 목적으로 하는 지속적인 인간 활동의 경우를 의미하는 것이기도 하다.

2) 사회적 역할분담 및 인정으로 직업

과거 사회에서는 신분에 따라 역할 분담이 이루어졌으나, 현대 사회에서는 직업에 따라 역할 분담이 이루어지고 있다. 따라서 직업을 갖는다는 것은 현대사회의 복잡하고 분업화된 구조 속에서 세분화된 기능 중의 어느 하나를 맡아서 그 역할을 수행해 나가는 것이라고 볼 수 있다. 이것은 직업이 사회적 역할 분담, 즉 직업은 단순히 물질적 보상을 얻기 위한 수단에 불과한 것이 아니라, 적극적으로 사회적 역할을 맡고 그것을 수행함으로써 사회에 기여하는 것을 의미한다.

한편 우리는 자신이 맡은 사회적 역할을 성실히 수행하였을 때 사회적 지위도 높아지고 사람들로부터 능력도 인정받게 되는 데, 이런 측면에서 본다면 직업은 우리들에게 타인들로부터 인정받고 싶어하는 욕구를 충족시켜 주는 장이 되기도 한다.

3) 자아실현으로서 직업

사람은 태어나서 성장하는 과정에서 각기 다른 심리적 및 물리적 환경에 노출되면서 저마다의 재능과 적성 및 성격을 형성하고 발전시켜 나간다. 이러한 측면에서 본다면, 직업은 앞서 언급한 생계적 수단과 사회적 역할분담 이외에 각 개인이 가지고 있는 재능과 적성을 마음껏 발휘할 수 있는 기회를 제공하는 장이 되어야만 진정한 의미를 갖게 될 것이다.

사람은 직업을 통해서 자신이 가지고 있는 잠재력과 재능을 발휘하여 자신의 이상을 실현하고자 한다. 즉 직업은 개인의 자아실현의 매개체인 동시에 장이다. 자신이 가지고 있는 욕구를 충족시키고 자신의 이상이나 자아를 직업을 통하여 실현함으로써 인격의 완성을 도모하는 것이다. 모든 사람은 직업을 갖는다. 자기가 좋아하든 싫어하든 결국 자신의 직업을 통해서 경제생활을 영위하고 사회활동에 참여하며, 나아가서는 자신의 이상도 실현하고자 한다.

3. 직업적 기대

사람들이 특정 직업에서 하고 싶어 하는 일에 관한 의견 형성은 그들이 학교에서 배운 내용, 그들의 부모, 또래, 다른 어른들 그리고 언론매체로부터 보고 들은 내용에 기초하고 있다. 사람들은 이렇게 되었으면 좋겠다라는 기대와 그것이 이루어지길 바라는 시기에 관한 기대를 가지고 있다. 레빈슨과 그의 동료들은 성인 발달에 대한 이론 내에서 이들 기대들을 설정하였다. 이들은 성인기 동안의 주요 인생과업이라는 측면에서 연구대상으로 참여한 사람들 사이에 상당한 유사성을 발견할 수 있었다. 두드러진 역할을 수행하는 자신의 경력과 더불어 꿈을 형성하는 것이 젊은 성인들의 주요과제 중의 하나이다.

성인기 전반을 통해서, 사람들은 계속해서 자신들의 직업적 기대를 다듬고 수정해 나간다. 이러한 과정을 통해서 꿈을 달성하려고 노력하고, 꿈이 얼마나 이루어졌는지를 점검해보고, 필요하다면 꿈을 포기하거나 바꾸기도 하는 것이다. 어떤 경우에, 꿈을 수정한다는 것은 관심이나 흥미가 변했거나 혹은 그 꿈이 현실적으로 적합하지 않음을 깨달은 결과로 나타난다. 또한 어떤 경우에는 실패가 꿈의 변화를 유도하기도 한다. 예를 들어, 계열별 모집 대학에서 산업심리학을 전공하고 싶었으나 주요과목의 성적이 저조하여 전공을 바꾸어야 하는 경우가 여기에 해당한다고 볼 수 있다. 다른 원인을 더 들어 보자면, 나이, 성차별, 기회부족, 기술의 퇴화 그리고 흥미변화 등을 들 수 있다. 어떤 경우에, 개인의 최초 직업 선택이 단순히 비현실적이었을 수도 있다. 때때로 몇 가지 목표 수정은 이루어져야 하며 이것은 불가피한 것이기도 하다. 과거에 최선의 선택이라고 믿었던 것이 종종 지금에 와서야 잘못된 선택이었음이 드러나기도 하며, 이것은 많은 사람들이 겪는 사건이다.

일부 연구자들(Rindfuss, Cooksey & Sutterlin, 1999)은 고등학교 졸업 후 첫 7년 동안에 갖는 직업적 기대의 안정성을 조사하였는데, 그 결과 직업과 관련된 기대는 30세까지 유지되었다. 이들은 10대 후반과 20대 초반에 직업적 기대가 매우 불안정하다는 사실을 확인하였다. 심지어 직업적 기대를 25세 이후에 측정했을 때, 조사 대상자들 중 반 이하가 실제로 자신들의 기대를 성취하였다. 그들이 자신들의 기대를 성취하지 못했을 때, 30세에 이르러 일의 역할은 성별에 따라 다르게 나타난다. 남자들은 더 높은 관리직의 직업으로 이동하는 경향이 있는 반면에 여성들은 더 낮은 직업으로 가거나 노동군에서 떠나는 경향이 있다.

우리들 대부분은 학교에서 현실세계로 들어가는 전환기 동안에 가장 급격한 동요를 경험한다. 현실충격이 시작되고, 모든 일은 우리가 기대했던 방식대로 일어나지 않는 것 같다. 현실충격은 모든 사람들에게 닥친다. 꿈의 환상은 모든 것이 한꺼번에 사라지는 것이 아니라 수많은 현실 경험을 통해서 개인을 땅위에 내려놓는 긴 여정이다. 이와 같은 피드백은 개인의 직업적 발달과 자아-개념에서 점차 중요한 역할을 한다. 예를 들어, 자신들이 동종업계에서 남자들과 비교해서 똑같은 월급을 받을 것이라고 생각했던 여성들은 임금인상 비율도 적고 승진기회도 더 적다는 사실을 알게 되면, 현실이 남녀에게 평등하지 못하다는 사실에 대해서 점차 분노감을 느낄 것이다.

제 2 절 직업선택의 과정

여러 학자들은 사람들이 경력 안(option)에 관한 정보를 어떻게 분석하고 구체적인 결정에 이르는지를 조사하여, 세 가지 공통적인 결과를 도출해 내었다. 첫째, 경력의사결정은 대학에서 시작하는 것이 아니라 훨씬 더 어렸을 적에 시작을 하며 몇 년간에 걸쳐서 이루어진다는 것이다. 계속해서, 경력에 관한 개인적 생각은 일반적인 개념에서 그리고 모호한 아이디어에서부터 시작하여 보다 구체적인 정보수집으로 이어진다. 둘째, 사람들은 자신들의 욕구와 능력 그리고 각기 다른 경력들이 요구하는 자격요건과 주어지는 기회사이의 적합도 혹은 조화를 추구한다는 것이다. 개인은 자신이 즐기고 유능함을 느낄 수 있는 직업을 선택하려고 한다. 셋째, 사람들은 더 나이가 들어감에 따라 그리고 실질적인 직업선택결정이 더 가까워짐에 따라, 그들은 점차 "현실요인들"을 자각하기 시작한다. 여기서 현실 요인이라 함은 직업세계에 들어갈 가능성 그리고 들어갔을 경우의 성공가능성을 말한다. 지금부터 직업선택의사결정 요소들 각각을 보다 자세하게 살펴보고자 한다.

1. 직업선택의 단계모델

비록 사람들이 자신의 자아개념과 어울리거나 자아개념을 실행해 줄 수 있는 직업을 선택한다고는 하지만, 한 사람의 직업 선택이 단일 시점에서 이루어지는 것만은 아니다. 예를 들어, 고등학교 1학년 때에는 약사가 되고자 마음먹지는 않았으나, 고등학교 2학년 때에는 약대를 가고자 결심할 수도 있다.

직업의 선택은 시간의 흐름에 따라 진화하는 발달의 과정으로 간주될 수 있다. 우선, 특정 직업을 갖겠다는 결심은 실제로 일생의 많은 부분을 거치면서 나타나는 일련의 결정이다. 약사가 되고자 마음을 먹고서, 초등학교 5학년 때 과학박람회에 참여하고, 중학교에 가서는 심화된 수학프로그램에 참여하며, 고등학교에서는 화학 반에 등록하고 약대에 지원하고자 결심할 수도 있다. 많은 교육 및 직업 결정과 활동은 결국 직업 선택으로 나타난다.

수퍼와 그의 동료들이 지적하였듯이, 개인의 자아개념은 오랜 기간에 걸쳐 형성되고 명확해지고 변화된다. 재능이 드러나고 흥미와 가치가 형성되기까지는 많은 시간과 경험이 필요하다. 일의 세계를 배우는

데도 많은 시간이 필요하다. 잘못된 정보는 여러 가지 직업과 직무를 접하고 배우게 되면서 정확한 지각력이 생기게 된다. 아동기, 청소년기, 성인기, 장년기의 사람들은 새로운 정보를 활용하게 되면서 잠재적인 직업을 찾거나 이를 무시할 수도 있다.

표 3.1　수퍼의 직업발달 과정

단계	연령	주요 사건과 변화
성장기	0-14	일반적으로 신체와 정신이 성장하는 시기
직업전기	0- 3	직업에 대한 흥미나 관심이 없음
환상기	4-10	환상에 기초하여 직업에 대한 생각을 함
흥미기	11-12	좋고 싫음에 근거해서 직업에 대한 생각을 함
능력기	13-14	자신의 능력에 근거해서 직업에 대한 생각을 함
탐색기	15-24	일에 대한 탐색
잠재기	15-17	욕구, 흥미, 능력, 가치관 및 기회가 잠재적인 직업 결정의 근거가 됨
전환기	18-21	현실을 염두에 두고 직업을 행각하고 행동함
시행기	22-24	최초의 직업관여가 이루어지고 직업세계에 처음으로 진입함
확립기	25-44	영구적인 직업세계에 들어가고자 함
이행기	25-30	불만족스러운 선택으로 인한 직업변화의 시기
안정기	31-44	정해진 직업분야에서 안정되게 일을 하는 시기
유지기	45-65	선택한 직업분야에서 지속적으로 일을 함
쇠퇴기	65+	직장을 떠나는데 대한 적응
감속기	65-70	직업활동이 쇠퇴하는 시기
은퇴기	71+	직업활동의 정지

이러한 이유로, 직업선택이란 계속 전개되고, 점진적이며, 진화하는 과정으로 보는 것이 적절할 것이다. 비록 여러 연구자들이 직업선택의 발달적 속성을 이해하는 데 많은 공헌을 했지만, 여기서는 수퍼와 그의 동료들에게 초점을 맞추었다. 수퍼(1963)는 개인의 자아개념이 직업적 조건으로 형성되고 변환되며, 직업 결정으로 이행될 수 있는 일련의 발달적 단계를 거쳐서 발전한다고 제안하였다.

수퍼는 사람이 직업경력 발달과 관련된 다섯 단계를 거친다고 제안하였다. 즉 성장기, 탐색기, 확립기, 유지기, 쇠퇴기 등이다. 직업을 선택하려는 욕구는 인생의 주기 전반에 걸쳐 나타난다. 마찬가지로, 직업 선택과 관련된 정보를 탐색하고 사적인 통찰을 얻는 것은 다양한 직업 경력 단계에서 일어날 수 있다.

사람들은 탐색기를 거치면서 자신과 일의 세계에 대해서 배운다. 수퍼(1957)는 어린이는 집에서, 학교에서, 그리고 아르바이트의 경험을 통해 탐색을 한다고 지적하였다. 집에서, 아이들은 부모, 형제자매, 혹은 다른 친척이나 친구를 관찰하고 그들과 상호작용 한다. 아이들은 역할 모델을 발전시키고 자신에게 중요한 사람들을 동일시한다. 그들은 다른 사람들이 무엇을 하는지를 관찰하고, 가정 내에서 자신들의 과제를 수행하고 자신들이 좋아하는 것이 무엇인지, 어떤 점에서 뛰어난지, 그리고 자신이 누구인지에 관해서 배운다. 인생이 시작되는 아동기에 자아개념이 형성되기 시작하고, 가정이라는 보호막 내에서도 자신이 수행해야 할 역할이 나타난다.

사람은 또한 교육 경험을 통해 자신에 대해 배운다. 교실의 안팎에서 이들은 자신에 관해서 통찰을 얻는 기회를 갖는다. 정규 수업이나, 수업 외의 활동에 참여함으로써, 또래 학생이나 교사와의 토론을 통해서 자아개념과 세계관을 형성한다. 예를 들어, 중학교에서 학급선거를 통해 반장을 해본 여학생은 놀랍게도 자신이 선거 운동에서 경쟁을 즐기고 반장으로 당선되었을 때의 권력과 지위를 좋아한다는 사실을 깨달을 수 있다. 따라서 그 선거 결과, 여학생은 검사가 되기로 결심할 수도 있다. 그 여학생의 직업 선호도에 대한 안정성은 잠시뿐일 수도 있고 내일이면 사회사업가를 원할 수도 있지만 중요한 것은 그의 일상경험이 직업관을 변화시킨다는 것이다.

시간제 근무와 임시 취업 역시 현실세계를 검증할 수 있는 큰 기회이다. 여자 종업원으로서, 사무원으로서, 판매원으로서, 수리공으로서, 자신의 재능과 흥미를 시험할 수 있을 뿐만 아니라 가정 바깥의 일의 세계가 어떠한 것인지를 배울 수 있다.

그래서 아동기와 청소년기는 성숙해질 수 있는 시간을 제공한다. 우리의 자아개념은 더욱 안정적이며, 더욱 명확하고 더욱 현실적이 되어 간다. 이와 같은 접근은 에릭슨의 생애 발달 모델과 유사하다. 여기서 어린이와 청소년은 유능성을 발전시키고, 현실을 시험하며 자아 정체감의 보다 확실한 의미를 발달시켜야 하는 과업에 직면하게 된다.

성인은 생애주기의 후반기까지 계속해서 개인적 통찰을 얻는다. 지속적으로 자신의 경력목표와 관련해서 자기 자신과 성취한 업적을 재평가하고자 한다. 기대와 현실 사이의 불일치는 경력 목표의 변화나 직업 선호의 변화를 불러일으킬 수도 있다. 한 업무를 그만두고 다른 직업을 선택함으로써 중년기의 변화를 모색하려는 결정은 그의 작업 환경에 대한 불만족과 고용안정에 대한 더 큰 욕구 때문에 나타난다.

인생의 역할에서 나타나는 변천과 변화는 직업 선택에 영향을 미칠 수 있다. 직장에 다니다가 임신을 해서 아이를 출산할 경우 아이들을 돌볼 사람이 없어서 사표를 내는 것은 생활에서의 역할변화에서 기인한 것이다. 마지막으로, 조직적 활동 역시 한 개인의 직업 분야에서의 변화를 강요할 수도 있다. 감량경영, 인수합병, 기업의 부도, 사업의 실패는 새로운 경력 목표를 세우거나 그와 관련된 직업을 선택하도록 영향을 미친다.

수퍼의 직업적 발달에 대한 상세한 기술은 개인의 강점과 약점, 직업의식의 향상, 적절한 계획, 그리고 직업경력과 관련된 의사결정에서의 자신감에 대해서 점진적인 통찰을 제공한다. 이는 이러한 성취가 자동적으로 이루어진다는 것을 의미하는 것은 아니다. 어떤 사람들은 다른 사람들보다 시간적으로나 현실적으로 혹은 자신감이라는 형태로 직업 선호성을 명확히 하고 이를 이행하는 것처럼 보인다. 두말할 것도 없이, 사람들은 정보를 수집하고 통찰을 발전시키며 결정을 수립하고 이행하려는 능력과 의지에서 상당한 차이를 보이는데 이러한 활동들은 개인의 경력관리에 매우 중요하다. 직업적 과제는 점진적인 형태로 순차적으로 나타나지만 누구도 그것을 달성하기란 쉽지가 않다.

2. 직업경력 선택의 적합도 모델

사람들이 어떻게 자신들의 욕구와 능력 그리고 경력요구 기회 사이의 조화를 달성하는가에 관해서 가장 잘 알려진 연구는 홀랜드(Holland)의 연구 결과일 것이다. 홀랜드는 6가지 성격 유형 즉 현실적, 예술적, 탐구적, 사회적, 기업가적 및 전통적 유형을 확인하였고 각 성격 유형이 어떤 직업에 가장 잘 끌리는가를 보여주었다.

표 3.2 홀랜드의 6가지 성격유형

유형	특성
현실적 유형	억세며 강인하고 실제적임. 사람들보다는 사물을 취급하기를 선호함. 기계 분야에 관심을 보임. 농업, 자연, 모험, 군대, 기계와 같은 직무에 잘 어울림.
탐구적 유형	과학적, 분석적, 과제지향적임. 추상적인 문제를 선호하고, 행동하기보다는 문제에 대해 철저히 생각하고 모호한 상황을 즐김. 이에 상응하는 직무로는 과학, 수학, 의학, 의료서비스 분야가 있음.
예술적 유형	창의적인 자기-표현을 즐기고, 고도로 구조화된 상황을 싫어함. 감각적, 정서적, 독립적, 독창적인 성향을 가짐. 어울리는 직무로는 음악/드라마 예술, 저술분야.
사회적 유형	타인의 복지에 관심을 갖고, 타인을 계발하고 가르치는 것을 즐김. 집단 상황을 선호하고, 외향적, 사교적, 대중적, 교직, 사회사업, 체육분야, 상담. 종교활동 등의 분야가 어울림.
기업가적 유형	말하기를 좋아함. 판매와 지휘를 선호함. 정력적, 외향적, 모험심, 설득하기. 어울리는 직업은 연설, 법률/정치분야, 무역, 판매, 기업관리.
관습적 유형	질서정연하거나 수를 다루는 작업을 선호함. 대규모 조직과 안정성 및 신뢰성을 좋아함. 회계직, 사무직, 행정직 등이 어울림.

홀랜드의 모델에 관한 연구에서는 각 성격 유형의 사람들이 특정 직

무에 끌린다는 점을 제안하고 있다. 이러한 결과가 가능한 이유는 무엇일까? 첫째, 사람들은 직무의무가 자신들의 기호와 일치하는 직무를 찾고자 한다는 것이다. 예술가적 성격들은 수학자나 생물학자와 같은 직무를 피하고자 한다. 그 이유는 이들 직업들이 자기-표현 혹은 정서의 표현을 거의 허용하지 않기 때문이다. 반대로 탐구적 성격들은 위와 같은 이유 때문에 수학과 과학 직무에 더 끌린다고 본다. 둘째, 사람들은 그들의 동료 작업자들이 가지고 있는 것과 유사한 흥미 및 가치관을 보유하고 있을 것이라고 생각되는 직무에 더 끌릴 것이다. 탐구적 성격들은 예술가와 음악가들의 정서주의에 의해서 흥미를 잃게 되겠지만, 보다 말이 없는 생물학자나 수학자들과 함께 있으면 훨씬 더 편안해 할 것이다.

홀랜드 모델에 관한 후속 연구에서는 사적 지향성과 직업 간의 적합도 획득에 대한 장기적인 영향을 제안하고 있다. 사람들이 자신들의 성격과 일치하는 경력을 선택할 때, 그들은 자신의 직업선택에 만족할 가능성이 더 높으며 직업을 바꾸려 하지 않는다는 것이다. 자신의 사적 지향성에 적합한 직무를 갖는 사람들은 자신이 하고 있는 일의 속성에 의해 활기를 띨 가능성이 더 높고 일에서 혹은 자신의 동료들에 대해서도 더 만족할 가능성이 크다.

3. 직업선택의 현실요인들

직업선택과정의 대부분은 우리의 삶과 함께 우리가 실제로 하기를 원하는 것을 찾는 것으로 구성되어 있는 반면에, 효율적인 경력 선택의 사결정은 현실세계에서의 노동시장에 대한 중요한 평가를 내포하고 있다. 내 능력을 감안해서 볼 때, 내가 이 직업에 진입해서 취직할 가능성은 얼마인가? 내가 선택한 이 직업 경력이 나의 개인적 목표를 달성하는데 현실적으로 도움을 줄 것인가? 내가 이 직업에 들어갈 수 있다 하더라도, 이 직업에서 성공할 가능성은 있는가?

유인가-도구성-기대(VIE) 이론이라고 부르는 영역의 연구자들은 이러한 의문을 조사하였다. 이들은 개인이 어떤 직업에 들어갈 가능성을 어떻게 사정하는지(기대), 개인이 특정 직업이 자신의 개인적 목표를 달성하는데 도움이 될 것인지의 여부를 어떻게 사정하는지(도구성), 그리고 개인이 부수입이나 고용안정과 같은 다양한 경력결과의 중요성에 대하여 어떻게 가중치를 부여하는지(유인가)를 조사하였다. 이들 이론의 내용과 연계시켜보면, 사람들은 직업을 얻을 가능성이 높고, 직업을 통해서 개인적 목표를 달성할 수 있고 보다 중요한 것을 얻을 수 있다면 그 직업을 선택할 것이라는 것이다. 대부분의 직업 선택상황에서는 중요한 "현실원칙"이 작용한다. 사람들이 그 직업 세계에 들어갈 수 있다고 기대하지 못한다면 혹은 그 직업에 들어가더라도 업무를 잘 수행할 수 없을 것이라고 생각한다면, 그 분야에 들어가고 싶은 마음은 생기지 않을 것이다.

제3절 직업 선택의 영향요인

사람들의 정체성은 그들이 하는 일의 속성에 의해 결정되기 때문에, 일의 역할이 중요하다는 것은 그리 놀랄 일이 아니다. 성인들은 누군가를 처음 만나면 "안녕하십니까?"라는 인사말 뒤, 그에 대해서 좀더 확실히 알고자 "지금 하시고 계신 일을 무엇입니까?"라는 질문을 한다. 그가 하고 있는 일에 대한 답변은 그 사람의 직업뿐 아니라 사회경제적 지위, 생활양식, 성격, 흥미 및 적성에 대한 정보까지도 담고 있다.

인생을 살아가면서 성인기에 접어들어 가장 중요한 결정 중의 하나는 직업을 선택하는 일일 것이다. 이 결정은 대단히 중요하다. 직업선택으로 취업여부, 재정안정의 여부, 행복여부 등이 결정될 수 있다. 기술이 급속도로 발전하고 대부분의 분야에 들어가는 데에 많은 교육과 훈련이 요구되면서 과거보다 직업분야에 대한 신중한 선택이 훨씬 더 중요해졌다. 성공적인 직업선택을 위하여 기본적으로 고려해야 할 사항이 두 가지가 있다. 첫째, 자신의 개인적 특성을 분명히 파악할 필요가 있다. 둘째, 미래의 직업에 대한 현실적 정보가 필요하다. 여기서 중요한 것은 개인적 특성과 잘 부합하는 직업을 선택하는 것이다.

그림 3.1에서 제안하는 것처럼, 6가지 주요 요인들은 개인이 갖고자 하는 직업 선택에 영향을 미친다고 볼 수 있다.

그림 3.1 직업선택에 영향을 미치는 요인들

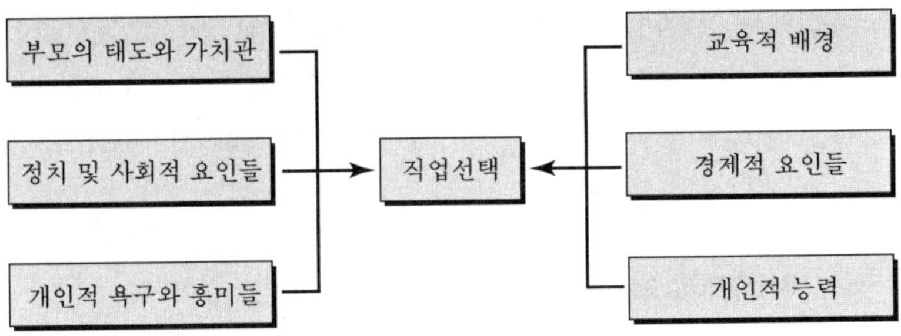

이들 6가지 요인들로는 부모의 태도와 가치관, 교육적 배경, 경제적 요인, 정치 및 사회적 요인들, 개인적 능력 그리고 개인적 욕구와 흥미들을 들 수 있다. 이들 요인들 각각을 좀더 심도 있게 살펴보기로 하자.

1) 부모의 태도와 가치관

부모는 자녀들의 직업 경력 선택에 두 가지 방식으로 영향을 미치는 것으로 알려져 있다. 첫째, 부모는 아동의 경력 포부 수준에 영향을 미칠 수 있다. 그들은 청소년들에게 학교에서 남보다 뛰어날 것을 강요하고 높은 목표를 세우라고 밀어붙일 수도 있으나, 반면에 자유방임적 태도로 일관할 경우 청소년 자녀들의 야망을 꺾을 수도 있다. 사실 연구결과들을 보면 부모의 직업수준과 아동의 직업 포부 수준 간에 강력한 관계가 있음을 시사하고 있다. 대부분의 사람들은 자신들의 부모와 유사한 직업이나 부모보다 높은 지위 수준에서 경력을 마치는 것 같다.

둘째, 부모들 경력 안(案)에 관한 중요한 정보원이다. 예를 들어, 연구 결과 나타난 증거들을 보면, 상위계층의 아이들은 더 가난한 부모의 자녀들보다 고연봉 직업 기회에 관해서 훨씬 많은 정보를 제공받는 것으로 나타났다.

2) 교육적 배경

교육적 성취(학력)는 젊은 사람들에게 경력 안을 시작하거나 끝내는데 중요한 역할을 한다. 많은 양의 공식적인 교육을 받지 않고서도 사업에서 성공할 수는 있지만, 시간이 지날수록 그 가능성은 점차로 적어지고 있다. 법률이나 의학과 같은 고연봉 전문직으로의 진입은 대학 학위 없이는 불가능해졌고, 심지어 일부 직업들은 석사학위 이상의 학력을 요구하기도 한다.

3) 경제적 요인들

일반적인 경제 사정 역시 직업선택에 중요한 영향을 미치기도 한다. 경기 후퇴 동안에, 학생들은 교사나 간호직과 같이 언제든지 일자리를 얻을 수 있을 것으로 보이는 분야에 몰릴 가능성이 높다. 우리 사회에서 IMF 이후 고용안정이 보장되는 공무원, 교사가 인기가 높았던 것을 상기해 보라. 경제가 활성화되어 호황을 누리고 노동시장에서 많은 인력을 필요로 하게 되면 학생들은 더 많은 위험을 감수할 가능성이 높다. 예를 들어, 어떤 학생은 기꺼이 박사학위 과정에 진학하거나 혹은 인류학이나 언어학과 같은 취업이 쉽지 않은 비전통적인 분야에 지원할 가능성도 있다.

개인의 재정적 요인도 경력선택 결정에 영향을 미친다. 직업마다 각기 다른 양의 재정 준비금을 요구한다. 수입이 거의 없는 학생들은 재정적으로 어려움을 겪는다면 하급 공무원이나 제2외국어 교사와 같은 경력을 추구할 가능성은 낮다. 우리 상황에서도 부자 집의 자녀라 하더라도 예외는 아닌 듯싶다. 더 많은 부를 축적하고 지키기 위해서 고소득의 전문직을 원하거나 권력 지향적 직업 경력을 선택할 가능성이 높을 것으로 보인다.

4) 정치적 및 사회적요인들

정치적 및 사회적 요인들은 젊은 사람들의 포부뿐만 아니라 추구하고자하는 경력의 유형에도 영향을 미친다. 경제적으로 어려웠고 정치적으로 불안정했으며 지금의 노인세대가 노동의 주력 층이었던 1960- 70년대 주요 인기 직업은 교사와 은행원이었다. 상대적으로 고용안정이 보장되고 수입이 많았던 탓에 젊은 인재들이 많이 몰렸었다. 그러나 80년대와 90년대 들어서면서 경제적 안정과 더불어 산업이 발전하고 경제호황을 누리면서 대기업 혹은 금융계통의 임직원, 주식중계인 혹은 회계사 같은 직종이 인기를 누렸다. 물론 전통적 강세를 보인 의사나 변호사직은 시대적 상황과 관계없이 여전히 최고의 인기직종이다. 그런 와중에 직업 선택 문제를 진지하게 고민해본 기회를 가져다 준 사건이 IMF 외환관리체제이다. 이 사건을 통하여 우리는 어느 기업도 개인의 고용안정을 보장해주지 않으며, 평생 일할 직장보다도 평생 업으로 삼을 평생 직업을 가져야 한다는 사실을 깨닫게 되었다. 또한 직업 선택의 기준도 많이 바뀌었다. 부모의 정리해고를 목격한 사람들은 직업선택의 최우선 조건으로 고용안정을 꼽기도 하였으며, 한 가지 직업이 아닌 두 가지 직업을 갖는 투 잡스(two jobs)족도 생겼다. 아울러 인터넷과 IT산업의 성장과 이들이 몰고 온 부의 판도 변화는 젊은이들에게 많은 영향들을 미치기도 하였다.

5) 개인적 능력

상대적으로 어린 나이에서조차도, 아동들은 자신의 장점과 단점을 인식하기 시작한다. 나이가 더 들어감에 따라, 아이들은 자신의 특별한 능력을 활용할 수 있는 기회를 제공하는 경력을 찾는다, 초기 아동기와 청소년기의 경험은 아이들에게 어떤 활동을 좋아하고 어떤 활동은 피하도록 유도한다. 예를 들어, 부모가 아이들이 어렸을 때 수학 퍼즐을 푸는 것을 권장하면, 아이들은 나이를 먹으면서 수학적 수행을 즐길 가능성이 더 높다. 이와는 대조적으로, 부모 자신이 수학에 서툴고 자녀들에게 "수학 불안"을 전달하면, 아이들도 수학적 기술을 요구하는 활동들을 피할 가능성이 높다. 아이들이 청소년과 성인 초기로 성숙해감에 따라, 그들은 자신들의 특별한 기술과 능력에 대해 보상을 해주는 직업을 선택하려 한다. 언어적 기술이 뛰어난 사람들은 심리학이나 드라마와 같이 이들 능력을 드러낼 수 있는 전공을 찾을 가능성이 높다. 수량적 기술이 뛰어난 사람들은 공학이나 과학을 전공할 가능성이 높은 것이다.

6) 개인적 욕구와 흥미들

사람들이 자신들의 특별한 능력을 발휘할 수 있는 직무에 끌리듯이, 사람들은 자신들의 욕구와 흥미를 충족시킬 수 있는 경력을 추구한다. 예를 들어, 아동기 동안에 강력하게 발전된 사회적 접촉에 대한 욕망은 경력 선택에도 영향을 미친다. 사람들은 자신들의 부모가 아동기 동안에 그들에게 세심하게 신경을 썼다면 그들이 선호하는 직업은 "사람-지향적"일 가능성이 더 높다. 부모를 무시하거나 거부하는 사람들은 자신들의 경력 선택에서 사람-지향적일 가능성이 더 적은 경향이 있다. 사람-지향적인 사람들은 자연과학이나 기술적 직무보다 사회과학 지식 및 사업적 접촉과 관련이 있는 직업에 마음이 끌릴 가능성이 더 많다.

홀랜드의 연구에서도 성격과 경력 선택 간에 강력한 연관성이 있음을 제안하고 있다. 홀랜드는 사람들은 자신의 욕구 및 흥미와 일치하는 작업환경에 더 끌린다고 주장하였다. 예를 들어. "예술적" 성격을 갖는 사람들은 비구조화되고 창의적인 활동을 더 좋아하고 수많은 질서와 구조를 요구하는 활동을 피하려든다. 이러한 예술적 성격들은 회계나 재무보다는 음악과 드라마에 끌릴 가능성이 훨씬 높다.

제 4 절 직업선택 결정을 향상시키기

어떤 직업경력을 선택할 것인가에 관한 개인의 결정에는 합리적 및 감정적 의사결정 측면이 존재한다. 개인의 실질적 직무 선택은 그의 능력이나 목표에 대한 현실적인 지각에 의해 영향을 받을 뿐만 아니라 의사결정을 내리는 동안에 경험하게 되는 불안과 혼란에 의해서도 영향을 받는다. 직무선택에 대한 의사결정을 향상시킬 수 있는 방법으로는 다음과 같은 것들이 있다.

1. 직무관련 정보의 탐색

취업 응시자들은 많은 시간과 에너지를 직무관련 정보를 찾는데 할애하고 있다. 그러나 대부분의 사람들은 어떤 회사에서 일을 할 것인가를 평가할 때보다 어떤 노트북을 살 것인가 아니면 어떤 스테레오를 살 것인가를 탐색하는 데 더 많은 시간을 보내고 있는 것 같다. 취업 응시자들은 취업안내 책자, 교수, 실무자, 친구 등 다양한 방법을 활용하여 정보를 찾아야만 한다. 게다가 적어도 구직의 초기 단계에서, 사람들은 나는 결코 자신이 살던 곳을 떠나지 않겠다 혹은 영업사원은 하지 않겠다와 같은 잘못된 고정관념에 의해서 자신을 구속하지 말고 여러 분야의 선택 안에 관한 정보를 찾아야만 한다.

2. 부정적인 자료의 탐색

취업응시자는 그들의 직무 선택 안에 관한 긍정적 자료뿐만 아니라 부정적 자료도 살펴볼 필요가 있다. 구직자는 종종 방어적 회피를 사용한다. 즉 그들은 잠재적 직업에 관한 부정적 정보를 듣는 것을 회피하거나 무시한다. 왜냐하면 이런 정보는 불안감을 유발하기 때문이다. 그러나 의사결정의 위험성을 무시한다고 해서 그 결정이 덜 위험하다는 것은 아니다. 이는 단지 결산일을 연기하는 것일 뿐이다. 취업 응시자는 임금, 지리적 위치, 고용안정 등의 관련기준을 근거로 대안의 장·단점을 체계적으로 평가해야만 한다. 직무 탐색이 거의 이루어졌을 때 자신들이 염두에 두고 있는 여러 가지 측면의 직무에 관해 모르는 것이 진정 좋은 결과를 의미하지는 않는다.

3. 상담자에게 도움청하기

취업응시자는 직업상담원, 친구 그리고 선생님 같은 명망 있는 인물의 도움을 받을 수 있다. 이들은 의사결정 기간동안에 구직자의 불안을 완화시켜 준다기보다는 이를 직접 대면하도록 이끌어준다. 다양한 경력에 대한 자가진단 평가 도구는 자신들의 장점, 약점 및 경력 선호성에 대하여 보다 나은 대책을 강구하는데 도움을 줄 수 있다. 그러나 자기평가는 경력개발에 대하여 좋은 출발점을 제공하지만 반면에 자기통찰과 내관에 지나치게 의존하는 것은 나쁜 의사결정을 내리게 할 수 있다. 사람들은 자신을 긍정적 측면에서 보려 하나 반대로 정말로 중요한 문제에 대해서는 격론을 벌이려 하지 않는다. 객관적인 제 3자는 구직자들이 역점을 두어야 할 문제, 합리화 혹은 잘못된 희망, 그리고 각 직무선택의 진정한 결과가 무엇인지에 대해서 과감히 직면하도록 격려한다. 이와 같은 대면은 "나는 네가 그것을 할 수 있다고 자신 한다"라는 전통적인 상담보다는 불편하겠지만 장기적인 측면에서 보다 나은 의사결정을 내릴 수 있도록 해준다.

4. 학교-기업 연계성을 향상시키기

조직은 직무선택 의사결정 과정에서 개인에게 도움을 줄 수 있다. 조직에서 취업응시자가 직무선택 결정을 내릴 수 있는 보다 정확한 정보를 제공하는 한 가지 방법은 대학과 기업간의 연계를 강화하는 것이다. 고용주는 대학의 취업 상담자들에게 다양한 직업에서 직무 시장이 직무 지원자들에게 무엇을 원하고 있는지에 관한 보다 정확한 정보를 제공할 수 있다. 기업은 학교방문, 과단위 프로젝트, 초청연사 등을 통해서 학생들이 실무진과 접촉할 수 있는 기회도 제공할 수 있다. 이런 활동은 학생들에게 그들이 원하는 유형의 직무를 얻기 위하여 어떤 기술을 습득해야만 하는가에 관한 유용한 정보를 제공해 줄 수 있다.

기업에서는 더 나은 대학-조직 연계활동으로부터 많은 것을 얻을 수 있다. 대학은 회사에게 면접과 신입사원 선발노력의 효율성에 관한 유용한 피드백을 제공할 수 있다. 방학기간이나 시간제 인턴사원 프로그램을 통해서, 회사는 지속적으로 입사에 관심을 보이는 학생들을 직접 관찰할 수 있는 기회를 갖게 된다. 이런 상호간의 교환은 학생 입장에서는 더 효율적인 직무탐색을 할 수 있고 회사 입장에서는 보다 효율적인 선발결정을 내릴 수 있게 된다.

5. 현실적인 직무내람 제공

조직에서 취업응시자의 의사결정을 증진시키는데 도움을 줄 수 있는 또 다른 방법은 현실적인 직무내람을 통해서 이루어질 수 있다. 입사과정은 종종 회사에서 신입사원에게 어떤 일을 해야 할 것인지에 관한 현실적인 정보를 주지 못하기 때문에 실패로 끝나기도 한다. 예를 들어 하버드 비즈니스 스쿨에서 실시한 모집에 관한 주요 연구를 보면, 모집자들은 학생들에게 앞으로 일하게 될 직무에 관해서 균형 있는 설명보다는 장미빛 설명으로 일관한다는 사실을 밝혀냈다.

비현실적인 직무내람의 부정적인 결과는 세 가지가 있다. 첫째, 비현실적인 직무내람을 받은 사람은 처음 몇 달 동안 직무 수행에 관해서 더욱더 불안을 느끼고 결국 이러한 불안감이 성과에 악영향을 미칠 수 있다는 것이다. 둘째, 비현실적인 직무내람을 제공하는 것은 결국 신입 사원들에게 자신의 소질과 맞지 않거나 추진력을 발휘할 수 없는 직무를 받아들이게끔 한다. 셋째, 기분이 상한 신규 종업원들 사이에서 더 높은 이직률을 야기시킨다는 일관된 증거도 있다.

현실적인 직무내람을 제공한다는 것은 사용자들이 모든 작업집단의 성격에 대한 부정적인 측면을 알려줌으로써 미리 불만을 터트리도록 해야 한다는 것을 의미하지는 않는다. 현실적인 직무내람을 제공하는 것이 의미하는 바는 앞으로 일하게 될 직무에 대해서 보다 균형 있는 설명을 제공하자는 것이다. 조직의 입장에서 보다 솔직한 설명은 실질적으로 개인의 의사결정을 증진시킬 수 있으며, 조직의 모집능력을 손상시키지 않고서 그렇게 할 수 있다.

제4장

직업탐색과 입사

일단 직업분야를 선택한 후 다음 단계는 직장을 찾는 일이다. 이러한 탐색기는 사람들이 학교에서 일터로 자리를 옮기게 되는 20대 중반에 끝나게 된다. 조직의 관점에서, 이 단계는 고용 이전에 일어나는 것이기 때문에 적어도 관련이 있다고 본다. 물론 무관할 수도 있다. 탐색기는 자신의 경력에 관한 많은 기대가 발달하는 시기이고, 이들 중의 대부분은 비현실적일 수도 있다. 이와 같은 기대는 여러 해 동안 휴지기 상태로 남아 있을 수 있고, 입사 후 나중에 갑자기 나타나 종업원 자신과 사용자 모두를 좌절시킬 수 있다.

성공적인 경력탐색 전략을 위해서는 여러 가지 잠재적인 분야에 대한 자신의 적성, 흥미를 살펴보고 정보수집도 이루어져야 한다. 대학생의 인턴십과 산학 협동프로그램들은 이러한 의미에서 매우 뛰어난 도구들이다. 종업원이나 관리자들의 입장에서는 장래에 동료가 될 사람들을 직접 볼 수 있고 예비 사원 입장에서는 실무를 접해볼 수 있는 기회를 제공받는 것이다. 몇몇 성공적인 인턴십은 직무 제공 방법이기도 하다. 경력-단계 관점에서 인턴십이 예비사원들에게 죽을 때까지 그 일을 할 수 있다는 사실을 깨닫게 해준다면 매우 성공적인 것이다. 탐색단계에서 예비사원들은 일에 대한 자신의 태도와 지배적인 사회적 관계양상을 형성하게 된다. 그러므로 탐색은 일을 위한 준비기라고 할 수 있다.

따라서 지금부터는 직업 탐색자가 자신이 일할 만한 직장을 평가하고 선택하는 과정과 기업에서 구직자를 선발하는 과정에 대해서 살펴보고자 한다. 경력발달 과정상 탐색기의 최종 결과인 입사는 개인이 외부로부터 조직 내로 그 경계를 넘어서는 과정이다. 이러한 과정은 기업, 학교, 군대와 같은 기관으로의 이동을 의미한다. 입사과정은 두 가지 활동이 동시에 일어난다. 그 중 한 가지는 개인이 어떤 직업이 자신의 직업경력 욕구와 가치를 가장 잘 충족시킬 수 있는지를 결정하기 위해 조직을 평가하는 것이고, 또 다른 한 가지는 조직은 회사에서 가장 성공할 가능성이 높은 후보자를 선발할 수 있도록 후보자의 역량을 평가하는 것이다. 후보자는 어떤 조직을 생각할 것인가에 대해 결정을 내리면 되고, 조직도 어떤 직무후보를 뽑을 것인가를 결정하면 된다. 입사의 궁극적인 목표는 개인과 조직의 조화를 획득하는 것이다. 개인의 욕구와 조직의 보상 혹은 강화가 조화를 이루어야 하는 것처럼 지원자의 능력과 직무의 요건 및 요구는 반드시 일치되어야 한다.

제 1 절 직업세계에 대한 이해

1. 직업과 사회적 지위

모든 사람들이 다 평등한 것 같지는 않다. 사람들은 타인을 소개받을 때 그 사람의 직업을 통해서 그의 사회 경제적 지위를 추론하곤 한다. 특정 직업의 경우 우리 사회 구성원들이 선망하는 직업으로서 부, 명예, 권력을 상징하기도 한다. 한편으로 직업에서 갖는 지위는 개인의 지적

능력이나 성취와도 관련이 있는 것으로 보고 있다. 우리는 직업의 사회적 지위를 일반적으로 다섯 가지 수준에서 나누어 볼 수 있다. 즉 일용직 근로자(marginal worker), 생산직 근로자(blue-color worker), 여성근로자(pink-color worker), 사무직 근로자(white-color worker), 관리직과 전문직(executive and professional)으로 나누어 볼 수 있다. 이 중에서 어떤 직업을 갖는가 하는 것이 개인의 생활양식, 복지 및 사회적 인정에 영향을 미친다. 각 직업 수준의 특징들을 살펴보면 다음과 같다.

일용직 근로자(marginal worker)는 간간이 일을 하면서 회사와 계약을 맺어서 장기간을 일을 하지는 않는다. 새벽 인력 시장을 통해서 혹은 단기 취업안내소를 통해서 일을 소개받는다. 일용직의 불안정한 지위는 기술 및 다른 능력의 부족, 차별대우, 신체적 핸디캡 등과 같은 요인들에 기인한다. 불안정한 고용상황은 결혼생활의 불만족과 더불어 삶의 제반 측면에 부정적인 영향을 미치기도 한다.

생산직 직업(blue-color occupation)은 고등학교 졸업이라는 공식적인 교육을 요구하지 않으며, 지적인 기술보다는 육체적인 기술을 사용하는 일이다. 육체 노동자의 직업은 조립라인에서 제품을 조립하는 단순 작업부터 복잡한 기술과 숙련을 요구하는 일에 이르기까지 다양하다. 일반적으로 조립라인에서 단순반복 작업을 하는 경우 직무내용의 변화는 거의 없다. 일반적으로 보다 나은 임금, 고용안정, 실직 등의 결과로 직장을 이동하게 된다. 이들 근로자들이 부딪히는 문제는 감독자와 중상계층의 전문직 종사자에 의해 무시를 당하는 것이며, 직장에서 열등감을 경험하기도 한다.

여성적 직업(pink-color worker)은 기본적으로 대부분의 일들이 여성들에 의해 이루어진다. 이러한 직업으로는 사무원과 경리, 은행창구 직원, 접수원 같은 직업을 들 수 있다. 전형적으로 이러한 직업들은 높은 임금을 지불하지 않는다. 비록 남자들이 은행원과 같은 일부 여성직에 종사한다하더라도 승진하기 전에 잠시 거쳐 가는 자리쯤으로 생각한다

사무직 직업(white-color worker)은 공장이나 실외에서 일하기보다는 사무실에서 일한다. 비록 이들에게 요구하는 기술이 생산직 직업에서 필요한 기술보다 지적인 것으로 생각되나 그렇다고 해서 사무직이 생산직 보다 항상 높은 임금을 받는 것은 아니다. 하지만 이들은 생산직 보다 높은 지위를 얻는다. 사무직은 대부분 고등학교 이상의 정규교육을 요구하고, 더 나은 지위와 고용안정을 보장받기위해 더 많은 시간과 노력을 기울여 자기 개발에 힘써야 한다.

관리직과 전문직(executive and professional)은 최고의 교육뿐만 아니라 최상의 지위도 누린다. 이들은 자신의 직업발달을 조절하며 다른 근로자들이 얻을 수 없는 보상을 누릴 수 있는 최적의 위치에 있다. 관리직과 전문직간의 차이는 봉급에 있기보다는 얼마나 높이 그리고 얼마나 빨리 승진하느냐에 있다.

2. 직업세계에 대한 전망

일이란 다른 사람들에게 가치 있는 어떤 것을 생산하는 활동이다. 어떤 사람들에게 일은 단지 생활비를 버는 수단이지만, 다른 사람들에게는 일이 자신의 존재를 확인시켜주고 의미를 찾는 삶의 양식이기도 하다. 두 유형의 근로자들 모두에게 일의 본질은 극적으로 변화하고 있다. 직장의 경향이 미래의 직업전망에 영향을 줄 수 있기 때문에 현재 나타나고 있는 중요한 다섯 가지 경향을 살펴보면 다음과 같다.

1. 과학기술이 일의 본질을 변화시키고 있다. 한 예로 컴퓨터를 들 수 있다. 컴퓨터는 사람들이 수행하는 많은 직무들을 자동화시키는 데 이용되어 일부 근로자들의 수요를 감축시켰다. 그러나 컴퓨터 기술은 종업원들의 재택근무와 더불어 출장 중 혹은 여행 중에 다른 사람들과의 의사소통을 가능케 하였다.

2. 새로운 직업태도가 요구된다. 예전의 근로자들은 고용안정을 기대할 수 있었다. 그러나 오늘날의 근로자들은 회사에서 자신의 가치를

인정해야 고용안정을 보장받을 수 있는 상황이 되어 버렸다. 이는 근로자들이 직무를 수행하고 직업을 정하는데 보다 적극적인 역할자가 되어야 함을 의미한다. 따라서 근로자들은 가치있는 다양한 기술을 개발하고, 생산적인 근로자가 되어야 하며, 취업하고자 하는 회사에 대해서 자신을 마케팅 해야 한다. 새로운 작업환경에서 직장성공의 열쇠는 자기 관리, 최신의 지식과 기술, 유연성 및 기동력이다.

3. **평생학습이 필수적이다.** 오늘날의 직무들은 급속히 변화하여 직무 기술의 주기가 짧아진 관계로 평생학습과 훈련이 종업원들에게 필수적이 되었다. "학습하는 법"을 아는 근로자들은 급속히 변화는 사회 및 직장과 보조를 맞출 수 있게 되어 높은 평가를 받게 되겠지만, 그렇지 못한 사람들은 뒤쳐질 것이다.

4. **비정규직이 증가하고 있다.** 기업들은 변화하는 경제환경에 대처하고 경쟁력을 갖추기 위하여 인력감축과 구조조정을 실시하고 있다. 기업들은 많은 수의 영구직무나 정규직을 없애고 아웃소싱을 통해서 혹은 파견근로와 같은 형태를 통해 비정규직 근로자들을 활용하고 있다. 이것은 기업의 입장에서는 노동인력 축소를 통한 인건비 절감과 함께, 급변하는 시장에 조직이 발 빠르게 대응할 수 있도록 해준다. 그러나 비정규직 근로자들의 대다수는 생존을 위해서 다중 업무, 저임금, 변칙적 일정, 복지혜택기회 박탈 그리고 재계약 등에 대한 높은 불안감 등으로 악전고투하고 있다.

5. **대부분의 직업이 서비스 부문에 있다.** 대부분의 선진 국가들은 제조업, 즉 제품생산에서 서비스업으로 전환하고 있다. 과거의 직업은 제조업, 건설업, 농업 그리고 광업이었으나, 차후 직업판도에서 주류를 이루는 것은 의료, 교육, 사회복지, 금융, 통신, 영업, 보험, 부동산 그리고 도소매와 같은 서비스를 제공하는 산업일 것으로 전망하고 있다.

3. 구직 시 필수 정보

직업에 대한 서면 자료들을 살펴보고 사람들과 면담을 할 때, 어떤 종류의 정보를 찾아야 하는가? 이 질문에 대한 답변은 대체로 개인의 흥미, 가치관 및 욕구 등에 달려 있다. 그러나 몇 가지는 사실상 누구에게나 중요하다. 따라서 직업선택 과정에서 알아야 할 주요 사항들을 보면 다음과 같다.

- 일의 속성 : 매일 같이 무엇을 해야 하고 무엇을 책임져야 하는가?
- 작업조건 : 작업환경이 좋은가 열악한가, 한가한가 아니면 분주한가?
- 지원자격 : 그 직업에 들어가기 위해 필요한 학력과 훈련의 정도는?
- 잠정 소득 : 초봉은? 성과급은? 평균 연봉은?
- 잠정지위 : 이 직업의 사회적 지위는 어느 정도인가? 이 지위가 개인적으로 만족스러운가?
- 발전가능성 : 승진과 발전을 위한 기회는?
- 내적 직무만족 : 이 직업을 통해서 보수 이외에 만족을 이끌어 낼 수 있는 것은 무엇인가?
- 미래 전망 : 이 직업분야가 앞으로도 전도가 유망한가?

많은 대학 졸업자들이 미취업 상태에 있다. 미취업은 자신의 기술, 능력 및 훈련을 완전히 활용하지 못하는 직업이라도 갖게 만든다. 더욱이 지금의 추세로 본다면 이 문제가 바로 해소될 것 같지는 않다. 특히 장기간 지속된 취업대란으로 인하여 과거에는 고등학교 학력으로도 충분 했던 일들 중 상당부분이 대학 졸업자로 채워지고 있는 것이 현실이다. 한편 학사학위를 가진 사람들이 얻을 수 있는 직업은 낮은 교육수준을 요구하는 직업보다 보수가 더 높은 것이 사실이다. 보수가 높은 이러한 직업은 같은 대학 졸업자라고 하더라도 뛰어난 역량을 지닌 사람들 차지가 되고, 이러한 역량을 갖추지 못한 대학 졸업자들은 종종 고교 수준의 직업에서 은퇴를 맞이할 수도 있다.

4. 직업세계에 대한 기대와 현실

직무 지원자들은 조직이 가치 있는 결과를 제공할 능력이 있느냐에 관한 기대를 발전시킨다. 이러한 기대는 우리에게 다양한 직무 기회에 접근하게 하거나 혹은 직무기회로부터 멀어지게끔 유도한다. 어떤 직무가 개인에게 매력적이냐 하는 문제는 직무가 도전적인 작업, 흥미 있는 과업할당, 그리고 만족스런 임금과 같은 바람직한 결과물을 제공할 것이라는 기대에 기초하고 있다. 이것이 정확한지 그렇지 않은지는 알 수 없지만 이러한 기대는 분명히 조직에서 개인이 선택하는 직무에 강한 영향을 미치게 된다. 그러나 흥미 있는 작업, 승진의 기회, 재정적 안정 등과 같은 직무기대는 지원자들이 실제로 신규 종업원으로 조직에 들어갈 경우 현실화되지 않을 수도 있다.

신규 종업원들은 직무와 조직의 현실이 그들이 이전에 생각했던 기대를 만족시켜 주지 못하게 되면, 현실에 대해 환멸, 실망, 불만족과 같은 "현실에 대한 충격"을 경험하게 된다. 신입사원이 직면하는 현실에 입각해서 직무 탐색자들이 직무를 탐색하면서 가지게 되는 몇몇 전형적인 기대들이 표 4.1에 제시되어 있다. 표 4.1은 모든 지원자들이 이런 기대를 가지거나, 모든 신입사원들이 똑같은 현실을 경험한다는 것을 시사하는 것은 아니다. 그러나 대개의 경우 상식적인 기대와 일상의 직무경험 간의 격차를 경험하게 된다. 기대가 비현실적인 것으로 밝혀졌을 때 어떤 일이 생길까? 비현실적인 기대를 가진 지원자들은 그들이 직무현실에 직면했을 때 불만족을 경험하게 되고, 궁극적으로는 조직을 떠나고자 결심한다고 알려져 왔다. 따라서 기업에서는 직무 탐색자들이 조직에 대해 비현실적 기대를 갖지 않도록 힘써야 한다.

표 4.1 신입사원의 기대와 경험의 비교

기 대	경험
1. 내가 내 일을 어떻게 처리할 것인가를 결정할 때 많은 재량권을 가질 것이다.	1. 우리 상사는 내가 무슨 일을 해야 하고 그 일을 어떻게 처리해야 할지에 대해 나의 상사가 더 많은 결정을 한다.
2. 대부분의 나의 프로젝트들은 흥미롭고 의미 있는 걸 거야!	2. 내가 하는 일은 사소하고, 평범한 과업들이 끝없이 계속된다.
3. 나는 내 직속 상사로부터 유익하고 건설적인 피드백을 받게 될 거야!	3. 나는 내가 어떻게 일을 하고 있는지를 모르겠어!
4. 내가 얼마나 일을 잘하느냐에 따라서 승진과 임금인상이 결정 될 거야!	4. 승진이나 임금인상은 드물고, 이런 것들은 나의 수행과 아무런 관련이 없는 것처럼 보여!
5. 나는 조직에 기여하기 위하여 최신의 기술과 기법들은 적용할 수 있을 거야!	5. 예전의 방법이 고루하고 비효율적임에도 불구하고 사람들은 나의 제안에 거부감을 가지고 있어!
6. 어려움 없이 나의 일과 가족에 대한 책임을 조화롭게 할 수 있을 거야!	6. 나는 나의 일과 가족에 대한 책임 때문에 종종 갈등을 느끼고 있어!

출처: J.H Greenhaus & G.A Gallanan(1994). *Caree Management*. The Dryden Press, Harcourt Barce College Publishers. p. 135.

제2절 모집과 선발

조직에서는 조직 입사과정동안 두 가지 주요 과업을 수행해야 한다. 첫째, 조직은 지원자 풀에서 자격이 있는 후보자와 재능 있는 후보자를 끌어들여야 한다. 그리고 그 지원자들이 계속해서 조직에 흥미를 갖도록 해야 한다. 둘째, 조직은 지원자들을 정확하게 평가하고 조직에서 성공할 가능성이 있는 지원자들에게 직무를 제의해야 해야 한다.

1. 모집 : 직무 지원자 유인

모집활동은 장래에 조직 구성원이 될 잠재적 근로자들에 대한 조직의 첫 접촉으로 고용관리의 출발점이다. 다수의 사람들이 조직에 대한 정보를 얻고자 하며, 그들이 조직을 위해 일을 할 것인지의 여부를 결정하는 것은 모집을 통해서 이루어진다. 계획적으로 잘 관리되고 있는 모집활동은 우수한 지원자를 유인하지만 그렇지 않은 경우에는 조직에 적합한 인재를 끌어들일 수 없게 된다. 즉 우수한 지원자들이 조직에 관한 정보를 얻지 못하면, 어떠한 관심이나 지원도 없으므로 조직성원으로 선발할 기회조차 없는 것이다.

따라서 모집이란 자격을 갖춘 사람들에게 고용기회를 제공하고, 기업에 대해 긍정적인 이미지를 심어주며, 필요한 기업정보를 제공함으로써 자신이 지닌 자격요건과 비교할 수 있게 해준다. 이처럼 모집은 장래에 종업원으로 선발될 후보자 집단을 기업으로 유인하는 과정으로, 인력수급계획에 포함되어 있는 앞으로 필요한 노동력의 수, 종류 및 장소, 시기를 기초로 하여 가장 효과적인 방법에 의해 조직의 안팎에서 유능한 인재를 끌어들일 수 있도록 해야 한다.

1) 모집 요건과 목표

모집은 마치 기업에서 장래의 종업원을 탐색하는 일방적인 과정인 것처럼 다루어진다. 그러나 사실은 조직에서 장래의 종업원을 물색하는 것과 마찬가지로 장래의 종업원들 역시 조직을 탐색하고 면밀히 검토한다. 조직의 관점에서 모집성공 그리고 지원자의 관점에서 직무탐색 성공은 모두가 아슬아슬하게 접촉시기에 따라 좌우된다. 만일 조직모집과 지원자 직무탐색의 시점이 동시에 일어난다면 구직과 구인을 결합시키는 조건은 무르익는다.

그러나 조직과 지원자가 실제로 만나기 위해서는 다음의 세 가지 조건이 충족되어야 한다. 즉 공통의 의사소통 매체가 있어야 하며(가령, 경제신문에 기업광고를 구직자가 읽는 경우), 구직자 자신의 개인적 특성과 조직에서 규정한 직무조건이 일치하는지의 여부를 확인해야 하며, 구직자가 그 직무에 지원하도록 동기화되어야 한다. 따라서 기업에서 이루어지는 포괄적인 모집계획 노력에서는 이 문제를 염두에 두어야 한다.

2) 모집노력의 제한요인

이상적인 모집활동은 채용공고가 나갔을 때 이를 수용할 많은 자질 있는 지원자들에게 충분히 영향을 미칠 것이다. 반면에 현실이 무시되어서는 안 된다. 가령 자질 있는 지원자 집단에 '최상의' 후보자들이 포함되지 않을 수도 있다. 이와 같이 모집 노력을 제한하는 요인들은 조직에서 선택한 후보자들을 모집하고 선발하는데 제약을 가한다. 그렇다면 이러한 제한 요인들에는 어떠한 것들이 살펴보기고 하자.

(1) **조직의 이미지** : 기업에서 필요로 하는 지원자들이 기업 자체에 대해서 관심을 보이지 않을 수도 있다. 따라서 조직의 이미지가 잠재적인 제한 요인으로 고려되기도 한다. 만일 기업의 이미지가 부정적으로 지각된다면, 많은 지원자들을 끌어들일 수 있는 가능성은 줄어들 것이다. 또한 모든 지원자들이 대기업에만 매력을 느끼는 것은 아니다. 사실상 어떤 기업의 이미지는 비관적이다. 일부 기업의 경우 지역사회 발전을 저해하는 산업 활동을 하고 있다는 평판을 받는 경우가 많다. 즉, 환경오염과 저질의 상품, 불안전한 작업조건, 종업원의 요구를 묵살하는 내부 규정을 두고 있다는 평가를 받는다. 이러한 평판은 결국 뛰어난 인재를 불러들 기회를 감소시킨다.

(2) **직무 자체의 매력** : 만일 충원되어야 할 일자리가 관심을 끌만한 요소가 없는 것이라면 역량을 갖춘 사람들을 모집하기가 어려울 것이다. 최근 들어 취업난은 가중되는데 생산 현장에서는 근로자를 찾지 못해 공장에서 일부 기계들은 가동을 중단하고 있다고 한다. 이러한 현상

은 이들 직업들이 일 자체가 단순하고 반복적이며, 보수가 낮고 승진잠재력도 없음으로 해서 더 이상 젊은 사람들에게는 매력이 없기 때문이다. 이에 반해 서비스직에는 많은 사람들이 몰리고 있다. 그만큼 서비스직에 더 매력을 느끼고 있는 것이 현실이다. 그러나 국가에서는 취업을 위해 생산직 훈련만을 확대 강화하고 있는데, 이러한 현상은 별로 바람직하지 못하다. 현 직업세계에서 서비스직의 확대는 발전한 나라들의 대세이기 때문에 서비스직에 대한 훈련과 교육도 풍부하게 이루어져야 한다. 직무 자체에 대한 매력이 떨어지면 사람들은 경제적인 불경기가 지속되는 동안에도 이러한 일자리를 회피하려 할 것이다.

(3) **조직 내부의 정책** : '가능한 한 내부 승진 장려'와 같은 기업 내부의 정책은 기업 내부의 인사에게 공석에 대하여 우선권을 부여할 것이다. 이러한 정책에 따르게 되면 일반적으로 하위직 신입사원을 제외한 다른 모든 직위가 그 조직의 위계 내에서 채워질 것이라는 점은 분명해 보인다. 그러나 이러한 정책이 일단 고용된 사람들에게는 유리하지만, 다른 한편으로는 지원자의 수를 감소시킬 수 있다.

(4) **제도의 영향력** : 모집과정에서 정부시책의 영향력이 간과되어서는 안될 것이다. 최근 들어 고용주는 사원선발 시 신체조건, 성별, 또는 종교적 배경(특정 종교와 밀접한 관련이 있는 일부 학교들은 예외)과 같은 직무와 관련이 없는 요인들에 근거해서 개인들을 선발할 수 없다는 규정이 법률로 제정되기에 이르렀고, 한편으로 일정 규모 이상의 사업장에서는 일정 비율의 장애인 고용을 의무화하도록 법으로 규정하고 있다. 따라서 이러한 제도적 영향은 모집자격요건을 제한하는 효과를 갖는다.

(5) **모집비용** : 조직의 모집노력은 비용이 많이 든다. 장시간에 걸쳐 충원할 인재를 지속적으로 찾는 다는 것은 예산상의 제약 때문에 불가능해지는 경우가 많다. 마찬가지로 기업이 다양한 모집원(sources)을 고려할 때는 항상 효율성을 염두에 두어야 한다. 즉, 모집 비용은 '투자'에 대한 최고의 수익이 실현되는 선에서 책정된다. 불행하게도 제한된

재원 때문에 비용이 우선되어야 한다. 따라서 이러한 비용제약은 기업의 모집노력을 제한 할 수 있다.

3) 모집방법

(1) **내부모집** : 많은 대규모 조직들은 가장 낮은 직급 이외의 직위에 대해 조직 내부에서 직원을 발탁하려고 한다. 이것은 자발적으로 지원하였거나 조직의 인적자원관리 시스템을 통하여 확인하였거나 혹은 동료 종업원들이 추천하는 등의 내부 탐색과정을 통하여 이루어질 수 있다. 이와 같은 내부로부터의 승진은 몇 가지 장점을 갖는다. ▲좋은 홍보수단이 된다, ▲사기를 진작한다, ▲야망이 있는 유능한 종업원을 격려한다, ▲대상자의 성과에 대한 정보를 이미 가지고 있기 때문에 선발이 적절하게 이루어질 공산이 크다, ▲외부 모집보다 비용이 적게 든다, ▲내부적으로 조직을 이미 아는 사람들 선택할 수 있다, ▲신중히 계획하면, 내부로부터의 승진은 중간관리자와 최고수준의 관리자를 개발하기위한 훈련장치로 작용할 수 있다. 그러나 내부 자원을 활용하는 데에는 몇 가지 단점이 있을 수 있다. 외부에서 우수한 지원자들을 활용할 수 있을 때, 단순히 내부에 있다는 이유로 외부자에 비해 역량이 떨어지는 내부 인력을 활용하게 되면 조직의 기능이 저하될 것이다. 또한 내부 탐색은 선발되지 못한 사람들의 사기를 떨어트릴 뿐만 아니라 승진을 목전에 두고서 경쟁후보자들끼리 내분을 유발할 수도 있다. 그러나 이미 그 조직에 고용되어있는 종업원들과는 대조적으로 외부로부터 온 사람은 모집자가 외부인의 결점을 알지 못하기 때문에 매력적인 것처럼 보일 수도 있다.

내부 모집에 주로 사용되는 방법으로는 직무게시와 직무공고 제도를 들 수 있다. 직무게시는 회사의 직원들에게 새로운 직무기회가 개방되어 있다는 사실을 알리는 절차이며, 직무공고 제도는 필요한 자격 요건을 갖추고 있다고 여겨지는 구성원들에게 게시된 직무에 응모하도록 허가해 주는 제도이다.

(2) **종업원 추천과 연고채용**: 특정 직무를 효과적으로 수행할 수 있는 사람을 찾는 최고의 자원 중 하나는 현 종업원으로부터 추천을 받는 것이다. 종업원 추천은 피추천자가 앞으로 수행하게 될 직무에 관해서 보다 정확한 정보를 그에게 전달하기 때문에 비현실적인 기대를 줄이며, 그 직무에 오래 재직할 수 있도록 하는데 도움이 된다. 또한 종업원 추천은 충원하기 어려운 직무에 능력있는 종업원을 배치하는 훌륭한 수단이다. 가령 조직이 특별한 기술을 가진 컴퓨터 프로그래머, 엔지니어, 혹은 인적성 검사 개발 전문가를 필요로 한다면 조직은 종업원들에게 도움을 청해서 필요한 인재를 채용하기도 한다.

그러나 종업원 추천에도 몇 가지 부정적인 특징들이 있다. 그 중 한 가지는 추천인이 우정과 직무수행 능력을 혼동할 수도 있다는 것이다. 또 다른 부작용은 차별적 인적구성 문제이다. 만일 특정 계층의 인력이 그 직무를 주로 점유하고 있을 경우, 종업원들이 그 직무에 자신과 같은 계층의 아는 사람들을 추천하고, 결국 그들이 고용된다면 특정 계층의 인적자원들로만 조직인력이 구성될 것이다. 그럼에도 불구하고 종업원 추천이 지니는 장점으로 인하여 지금도 많은 기업에서 이를 활용하고 있다.

또 다른 방법은 전에 근무한 적이 있는 종업원을 고용하는 방법이다. 회사의 인사담당 부서에는 과거의 모든 종업원들에 대한 인사기록카드가 비치되어 있는데 이것을 살펴보면 회사의 사정에 의해 일시 해고된 전 종업원이나 개인사정으로 사직한 종업원들에 관한 기록이 있다. 필요에 따라 회사는 이들에게 재취업 의사를 타진하고 이들이 원한다면 취업의 기회를 주는 것이다. 이 방법은 적은 경비로 직무에 익숙한 종업원을 쉽게 구할 수 있으며, 또한 회사로서는 다른 외부인보다 이들에게 우선적으로 취업기회를 주어야 한다는 도의적 책임도 이행하게 되는 것이다. 그러나 직위와 보수 결정에 문제점이 있다.

(3) **외부 모집**: 내부적으로 후보자를 찾을 뿐만 아니라, 기업 외부에 모집노력을 개방하는 것이 조직의 관례가 되어 있다. 이러한 노력에

는 광고, 직업소개소, 인턴제도, 헤드헌터, 대학, 자발적 지원 같은 것들이 포함된다.

광고 조직에서 결원이 있다는 것을 일반에게 알리고자 할 때, 가장 대중적으로 사용되는 방법이 광고이다. 이는 라디오, 신문, 업계 간행물, 기타 광고매체 등을 통해서 공식적으로 모집내용을 알리는 것으로 광고 메시지의 내용을 꾸미는데 있어서 회사의 이미지를 잘 담을 수 있고 수행될 업무의 특성이나 기업의 내용, 기타 경력, 직무 이동 가능성 등을 알릴 수 있도록 유의할 필요가 있다.

직업소개소 직업소개소는 사용자를 위해 모집과 선발기능을 대행하는 동시에 직장을 구하려는 개인에게 취업기회를 찾도록 도움을 주는 조직이다. 이른 크게 비영리적으로 운영되는 공공 소개소와 수수료에 의해 운영되는 사설 소개소로 나뉜다. 사설 직업소개소는 일반적으로 사무직 선발에 적합하고 수수료는 이용자가 지불한다. 이에 반해 공공 직업소개소는 수수료의 부담 없이 생산직 대상의 모집에 주로 활용되며, 근래에는 전문직, 기술직, 관리직 모집에도 활용되고 있는 추세이다.

인턴제도 인턴제도는 대학의 졸업 예정자들을 졸업 전에 회사로 초청하여 일시적으로 업무를 맡기고 그것이 계기가 되어 학생과 기업이 취업으로 연계될 수 있는 방법을 강구하는 제도이다. 이것은 부분 시간제나 여름, 겨울 방학을 이용하여 실시될 수 있는데 이론과 실무를 같이 배울 수 있는 좋은 기회를 제공한다. 인턴제도를 통해 기업은 사전에 학생의 자격 여부를 판단할 수 있고, 학생은 기업에 대한 적합성 여부를 판단하며 또한 교육기관의 교과내용과 실무와의 차이를 줄 일 수 있다는 장점이 있다.

헤드 헌터 헤드 헌터는 기업을 대신하여 각지를 돌아다니면서 잠재적인 인재를 찾아내어 이들의 풀을 확보하고 한편으로는 기업, 제품, 기업구조, 각종 정책, 직무 등과 관련하여 기업을 소개하고 가능한 지원자를 면접한다. 면접은 주로 지원자의 적성, 지능, 판단력, 성숙도, 리더십 기능, 동기부여 정도를 파악하기 위하여 실시된다. 이 방법은 갑

자기 종업원을 모집해야 한다거나 혹은 다른 방법에 의해서는 필요한 사람을 구할 수 없는 경우에 주로 사용된다.

고등학교와 대학 모든 수준의 교육기관은 최근의 졸업자들을 모집할 수 있는 기회를 조직에 제공한다. 대부분의 교육기관들은 장래의 경영주가 자격을 심사하고 졸업생을 면접할 수 있는 직업소개 서비스를 제공한다. 그 직무에 대해 요구되는 교육수준이 고졸이거나 특정한 직업훈련 수준이거나 혹은 학사, 석사, 박사 학위를 요구하건 간에 교육기관은 조직의 견습직에 대해 종업원을 공급하는 훌륭한 원천이다.

자발적 지원 기업이 특별한 모집활동을 하지 않았음에도 불구하고 노동시장에서의 좋은 기업이미지로 인하여 전화, 편지, 이메일, 혹은 방문을 통해 그 조직에 들어오기를 희망하는 사람들이 있다. 지원자들이 이메일이나 전화를 통해서 지원을 했든 또는 직업 찾아와서 인사담당자와 접촉을 했든지간에 자발적 지원은 장래의 지원자 자원을 구성한다. 이러한 자원은 지원자들을 비축할 수 있는 훌륭한 공급원이 될 수 있다.

4) 현실적 직무내람 제공

현실적 직무내람(RJP)은 모집 대상자들에게 직무와 조직에 관한 완벽한 정보를 제공하는 것을 말한다. 현실적 직무내람은 상식처럼 보이지만, 이것은 실제로 전통적인 방법과는 대조적인 입장을 취한다. 전통적인 방법은 '끈끈이 접근방식'이라고 부르기도 하는데, 이때 조직에서는 직무의 긍적적 측면과 부정적인 측면을 선택적으로 제시함으로써 지원자들을 끌어들이고자 한다. 전통적인 접근을 채택한 대부분의 기업에서는 긍정적인 측면만을 부각시키고 부정적인 측면은 경시하거나 언급조차 하지 않는다. 그러나 현실적 직무내람을 도입한 조직에서는 모집 대상자들에게 긍정적 및 부정적 정보 모두를 솔직하게 제공한다. 그러므로 만일 직무가 장기간의 연장근무와 잦은 출장이 요구된다면, 이러한 정보를 감추거나 얼버무리기보다는 오히려 공개하려 모집 혹은 입사 과정에서 이에 대한 논의가 이루어지도록 한다.

현실적 직무내람의 목표는 신입자의 만족과 몰입을 증가시키고, 그들이 조직에 남게 될 가능성을 증가시키는 것이다. 현실적 직무내람 과정의 모델은 상호 연관된 4가지 기제를 제안하고 있다. 그 4가지 기제는 백신, 자기-선발, 대처 및 개인적 몰입인데 구체적으로 설명하면 다음과 같다.

1. **비현실적으로 높은 기대에 대한 백신효과** : 외부 사람에게 정확한 정보를 제공하는 것은 그 사람들에게 질병에 대비하여 백신을 주사하는 것과 비슷하다. 모집 대상자들은 직무의 현실에 따라서 자신들의 기대에 적응하도록 도와주는 정보를 제공받는다. 예를 들어, 전형적인 현장근무나 주말 근무에 대한 현실적인 측면에서의 설명은 지원자들이 주어진 직무에서 자신들에게 요구하는 모든 사항을 이해하는데 도움을 줄 것이다.

2. **자기-선발** : 현실적 기대들은 모집 대상자들에게 직무와 조직이 그들 자신의 욕구와 부합되는지의 여부를 결정할 수 있도록 해준다. 이들이 양립할 수 없다면, 모집 대상자들은 제안된 직위를 거절할 가능성이 있다. 따라서 조직은 직무에 불만족하거나 떠날 가능성이 있는 사람들을 고용하는 것을 피할 수 있다. 이것은 분명히, 조직의 입장에서 지원자들이 사전에 고용과정에서 자신들을 배제시켜 버림으로써 적절한 자격을 갖추고 있다고 생각되는 지원자 풀(pool)에서 원하는 역량을 갖춘 종업원을 선발할 수 있을 것이다.

3. **대처효과** : 현실적 기대는 신입자들에게 자신들의 역할에 대해서 분명한 아이디어를 발전시켜 나가도록 도와준다. 결국 이것은 자신들의 직무를 효과적으로 수행하기 위한 대처전략을 개발할 수 있도록 해준다.

4. **개인적 몰입** : 현실적 조망에 기초한 회사에 입사하고자 마음을 먹은 모집 대상자들은 자신의 선택에 대하여 보다 강력한 개인적 몰입을 발달시킬 가능성이 높다. 이것은 직무 만족을 증가시키고 조직에 남으려는 장기간의 몰입을 촉진한다.

현실적 직무내람이 모집 과정 동안에 제공이 된다 하더라도, 다른 인적자원 개발접근 방식들과 동일한 목표와 기법들을 공유하고 있다는 점에서 인적자원개발(HRD) 개입으로 간주될 수 있다. 사회화과정은 실제로 종업원들이 공식적으로 조직에 들어오기 전에 시작하고, 현실적 직무내람은 사회화의 최초단계 즉, 예기적 사회화에 역점을 두고 있다. 특히 이 단계에서 현실적 직무내람은 비현실적인 기대 혹은 인상을 조정하고 정확한 기대를 강화하는 기능을 한다.

2. 종업원 평가와 선발

일단 가능성과 잠재력을 지닌 직무 지원자들을 끌어들이고 실제로 이들을 모집하게 되면, 조직에서의 다음 단계는 마지막 평가와 선발이다. 이 절은 조직에서 종업원들을 평가하고 선발하는 과정에 대하여 언급하고자 한다.

모집을 통해서 종업원을 선발하고자 할 경우 조직에서는 먼저 개인의 지식, 기술 및 능력과 직무의 구체적인 요구조건들 간의 조화를 획득하도록 노력해야 한다. 동시에 조직은 선호하는 작업 환경에 대한 개인적 소망을 회사 내의 서로 다른 문화와 풍토에 맞출 수 있도록 해야 한다. 조직에서는 이상적으로 개인과 조직이 잘 짝을 이루거나 조화가 달성되도록 해주는 선발기제를 사용해야 한다. 이런 의미에서 직무와 관련된 능력이나 적성을 갖춘 사람이 선발되고, 따라서 입사가 확정된 사람은 특정 직무의 도전뿐만 아니라 조직의 문화적 환경과 업무에 적합할 수 있다.

조직에서 종업원을 모집하고 선발할 때 개인-조직의 적합도를 달성하기 위한 네 가지 단계가 필요하다. 첫 번째 단계에서 조직은 직무 성공을 결정하는 데 중요한 요소들과 조직의 구체적인 특징들을 확인하기 위해 전반적인 작업 환경을 평가해야 한다. 두 번째 단계에서, 조직은 구체적인 직무에 적합한 개인의 유형을 추론한다. 기업에서는 보다 정확하게 직무의 내용 및 맥락 모두와 부합할 수 있는 지식, 기술, 능력, 및 개인적 특징들을 결정해야 한다(Bowen, Ledford, & Nathan, 1991).

세 번째 단계는 조직과 개인이 적합한지를 평가할 수 있는 프로그램을 활용해야 한다. 조직의 경우 적합도 평가는 가상 작업, 구조화된 직무 면접, 사전 작업 경험, 인지능력 검사, 신원조회, 교육, 성격검사 등과 같이 매우 다양한 형태로 이루어질 수 있다(Wanous, 1992). 비록 이들을 활용하는데 대한 문제가 일부 영역에서 비판을 받아왔지만 인지능력 검사나 성격검사는 종업원 선발에서 널리 보급되어 활용되고 있다. 작업 환경 혹은 직무와 어울리지 않는 사람을 고용하거나 선발했을 경우에 드는 비용을 감안한다면, 조직에서는 적절한 적합도를 보다 확실히 보장하는 방안으로 성격검사를 포함한 모든 가용 수단을 사용해야 한다. 개인의 경우, 조직에 대한 적합성 여부의 평가는 가상 작업, 직무 면접, 현장 방문, 비공식적 접촉을 포함하는 등의 다양한 방법으로 이루어질 수 있다. 앞서 언급한 바와 같이, 현실적 모집은 개인이 미래의 업무지위를 평가해 볼 수 있는 강력한 도구가 될 수 있다.

종업원 선발에서 개인-조직 적합도를 달성하기 위한 네 번째 단계는 일단 고용된 종업원에 대한 강화(reinforcement)이다. 특히, 조직에서는 오리엔테이션, 훈련, 조언과 같은 프로그램을 제공해야 하고, 개인과 조직 간의 관계성에 대한 상징적 속성을 강조하는 다른 지지적 결연도 제공해야 한다. 이런 방식으로 개인은 회사에 대해 자신이 가치 있고 인정받는 구성원이라는 느낌을 갖게 될 것이다.

전반적으로, 개인의 능력과 특징들을 직무 및 작업 환경과 일치시키는 선발을 통해 조직은 이직률 저하와 노동력의 생산성 향상이라는 관점에서 긍정적인 결과를 얻을 수 있다. 따라서 적절한 개인-환경 적합도를 확보할 수 있는 선발방법을 활용하고자 하는 것은 조직(그리고 개인)의 가장 큰 관심사이다.

3. 선발 프로그램의 개발

인사담당자는 직무 지원자를 대상으로 최종적인 고용여부를 결정하기 전까지 상당히 많은 일을 수행하여야 한다. 이러한 일은 우선 선발 프로그램을 개발하는 것이고 개발한 프로그램의 타당성은 선발과정의 효율성에 많은 영향을 미치게 된다. 따라서 선발 프로그램의 개발에 노력을 기울이지 않는다면 선발의 효용성은 저하될 것이다.

이러한 선발 프로그램의 개발은 몇 가지 단계를 거쳐서 이루어지게 된다. 먼저 직무를 분석하고, 직무수행 측정치와 관련된 정보를 확인한다. 이어서 작업자의 특성을 확인하고 평가도구를 개발하며 마지막으로 도구에 대한 타당화 절차를 거친다. 이들 단계는 그림 4.1과 같다. 이들 단계를 보다 구체적으로 살펴보면 다음과 같다.

그림 4.1 선발프로그램 개발과정

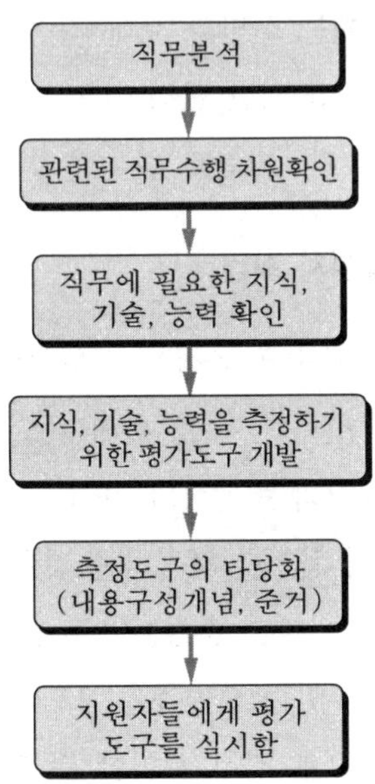

1) 직무분석

선발 프로그램의 목적이 조직 내에서 특정 직무를 가장 잘 수행할 수 있는 사람을 확인하는 것이기 때문에 선발 프로그램 개발에서 첫 번째 단계가 직무에 대한 정보를 수집하는 것임은 당연하다. 직무 분석이란 어떤 조직 내에 있는 특정 직무에 대한 정보를 수집하는 것이다. 구체적으로 이러한 정보로는 그 직무의 특성이라고 할 수 있는 직무과제나 활동, 재화와 용역, 장비, 원료, 사람 및 작업환경(작업조건, 작업 내의 위험요인, 작업계획) 같은 것들이 있다. 이와 같은 정보는 선발뿐만 아니라 임금, 훈련, 수행평가 및 경력개발 등과 같은 모든 인적자원 관리활동의 근간이 된다.

선발을 위하여 직무분석을 실시하는 목적은 두 가지로 볼 수 있다. 첫째는 특정 직무에 지원하는 지원자들에게 그 직무의 기본 특성과 직무 수행에서 요구되는 능력과 자질이 무엇인지를 확인하는 것이다. 이와 같은 정보를 지원자들에게 제공해야 지원자들의 부적절한 기대를 줄일 수 있다. 둘째는 선발과 보다 직접적인 관련이 있는 것으로 선발 프로그램을 개발하기 위한 목적이다. 직무 분석을 통해서 얻어진 정보는 각 개발단계의 기초자료로 활용될 수 있다.

2) 직무수행 측정치 확인

선발 프로그램의 주요 목적은 직무에서 성공할 가능성이 있는 지원자들을 찾아내는 것이다. 이를 위해서는 직무수행의 주요 측면에 대해서 실제 작업자들간의 수행상의 차이를 측정해 낼 수 있어야 한다. 이러한 작업자들간의 차이를 측정하는 것은 비교적 쉬워 보인다. 즉 종업원이 얼마나 많은 성과를 올렸는지를 알아보면 된다. 그러나 직무수행에 영향을 미칠 수 있는 요인들은 조직 내에 수없이 많이 존재하며 또한 수행성과를 눈으로 직접 확인할 수 없는 경우도 있기 때문에 수행결과를 측정한다는 것은 생각만큼 쉽지가 않다. 예를 들어 기계나 조립

공정에 의해서 작업속도가 일정하게 유지되는 경우에는 종업원이 독자적으로 더 많이 혹은 더 적게 생산할 기회가 부여되지 않는다. 이러한 경우에 수집될 수 있는 수행평가에 대한 정보는 직속상관의 수행평가에 의존할 수밖에 없다. 종종 회사에 지각이나 결근을 하지 않는 것 혹은 회사에서 제공한 집중 심화훈련을 성공적으로 끝마치는 것이 직무수행에 중요한 경우도 있다. 따라서 좀더 예측력을 갖춘 양호한 선발프로그램을 개발하기 위해서는 성공적인 직무수행의 구성요소를 확인하여야 한다.

3) 작업자 특성의 확인

직무 분석을 통하여 얻은 정보와 직무수행에 대한 자료를 수집한 후에 인사담당자는 특정 직무를 성공적으로 수행하기 위하여 작업자가 보유하고 있어야 하는 지식, 기술, 능력 그리고 그밖에 다른 특성들을 확인하여야 한다. 이러한 지식이나 기술 혹은 능력 등은 지원자를 평가하는 기본적 특성들이다. 필요한 특성을 확인한다는 것은 결코 쉬운 일이 아니다. 대부분의 경우에 인사 담당자는 자신의 판단에 의존하려 하는데 그것보다는 직무 분석결과를 토대로 보다 객관적으로 특정 직무에 필요한 지원자의 요구조건이나 작업자의 속성 및 특성을 확인하여야 한다.

4) 평가도구의 개발

직무수행에 요구되는 지식, 기술 및 능력을 확인한 후에 지원자에 대한 정보를 수집하기 위하여 적절한 선발도구를 찾아내거나 제작할 필요가 있다. 주로 선발에서 사용되는 도구들로는 ① 입사원서, 이력서 및 추천서 양식 ② 선발면접 ③ 정신 및 능력검사 ④ 성격척도 ⑤ 작업표본이나 모의상황 평가 등이 있다. 지원자들을 선발하기 위하여 사용하고자 하는 도구를 선정하는 데는 두 가지 원칙이 지켜져야 한다. 첫째, 선발도구는 이미 확인된 지식, 기술 및 능력을 측정할 수 있어야 한다는 것이다. 이는 매우 단순한 것처럼 보이지만 실제로 아주 복잡하고 어려울 때가 많다. 조직마다 여러 가지 지원서 양식, 성격척도, 리더십 질문지를 활용하고 있다. 이들 선발도구 중 어떤 것을 선택할 지는 일단 검사구성 원리를 고려하고 이어서 직무에 필요한 지식, 기술 및 능력과 검사에 의해서 측정되는 지식, 기술 및 능력이 유사한지를 고려해서 결정하여야 한다.

둘째 원칙은 측정도구가 지원자들을 변별할 수 있는 능력을 갖추고 있어야 한다는 것이다. 선발의 기본 가정은 지원자들이 직무수행에 필요한 지식, 기술 및 능력상에서 차이를 보일 것이라는 점이다. 평가도구의 목적은 바로 이러한 개인간의 차이를 측정하는 것이다. 선발이 이루진 후에 현장에 투입되었을 때 직무에 성공할 가능성 있는 지원자와 그렇지 못한 지원자를 구별해야 한다. 그러나 비슷한 능력을 지니고 있는 많은 사람들 가운데서 소수의 인원을 선발한다는 것은 결코 쉬운 일이 아니다. 미래의 경력목표에 대해서 질문을 주로 하는 면접, 자신의 장단점에 대한 지원자의 평가, 의도적으로 자신의 반응을 왜곡할 수 있는 일부 성격검사들, 간단한 수리검사나 사무적성검사 등을 이용할 경우 발생할 수 있는 변별력 저하 등의 문제가 나타날 수도 있다. 따라서 인사담당자들은 검사가 어떻게 구성되어 있는가에 대한 지식과 직무분석에 대한 정보를 가지고 있어야 하며 또한 직무수행분석을 통해서 선발도구 상에서 제기될 수 있는 변별력 저하문제에 대하여 대처할 수 있어야 한다.

선발 프로그램 개발의 마지막 단계는 중요하다고 생각하는 작업자의 특성이 실제로 성공적인 직무수행과 관련이 있는지를 확인하는 타당화 과정이다. 선발도구가 타당하다면 이를 사용한 조직에 유용해야만 한다. 만일 선발도구가 타당성이 떨어진다면 가능한 빠른 시간 내에 다른 선발도구를 찾거나 개발하는 것이 바람직하다.

5) 타당화 절차

선발과정을 타당화하는 방법에는 여러 가지가 있다. 예를 들어 경험적 타당화에서는 두 가지 유형의 자료가 수집된다. 하나는 모집단을 가장 잘 대표할 수 있는 표본들을 대상으로 얻은 선발도구에서의 점수들이고 다른 하나는 이 표본이 직무의 핵심 측면에 대해서 얼마나 잘 수행하고 있는지를 나타내는 측정치이다. 결국 타당화의 목적은 선발도구에서 얻어진 자료들이 과연 직무수행과 관련이 있느냐를 입증하는 것이다.

상관분석과 같은 방법을 사용한 통계적 자료분석을 통해서 선발도구의 타당성을 입증할 수 있다. 경험적 타당화에서는 선발도구상의 점수와 직무수행 측정치상의 점수간의 상관계수를 계산하기 때문에, 이와 같은 정보는 선발프로그램의 유용성을 평가하는데 활용될 수 있다.

경험적 타당화 이외에 내용타당화 혹은 구성개념 타당화를 사용할 수도 있다. 어떤 유형의 타당화 절차를 거치든지 간에, 타당화 과정은 선발도구를 통해서 수집된 정보가 직무수행에 대한 지표가 될 수 있다는 사실을 입증한 후에야 완결된다. 직무분석에서 시작하여 타당화에 이르는 선발 프로그램 개발단계를 거쳐야만 비로소 선발도구의 유용성을 장담할 수 있다.

5. 선발도구

1) 면접

면접은 고용을 필요로 하는 특정 직무에 대한 지원자들의 적합성을 평가하기 위하여 직접 대면기회를 갖는 것이다. 이 과정에서 면접원은 지원자에 대한 추가 정보를 얻게 되고, 지원자들도 조직체에 대해 자신이 생각하고 있는 직무에 대해 더 많은 정보를 입수할 수 있는 기회를 갖게 된다.

면접의 목적은 두 가지로 나누어 볼 수 있는데, 하나는 관련이 있는 자료를 수집하는 것이고, 다른 하나는 수집된 자료를 평가하고 지원자에 대한 선발 여부를 결정하는 것이다. 면접에서 얻어진 정보의 속성과 정보의 양은 면접의 유형, 그리고 지원자와 면접자의 특성에 따라 다르다. 면접의 종류는 매우 체계적으로 구조를 갖춘 구조화된 면접에서 그렇지 않은 자유면접까지 여러 가지 유형이 있다.

구조화된 면접에서는 면접원이 똑같은 방식으로 이미 결정된 질문을 모든 지원자들에게 하게 된다. 이 때 면접원은 각 질문에 대한 응답을 기록한다. 반면 자유면접에서는 면접원이 이전의 질문에 대한 지원자의 응답을 기초로 하여 자유롭게 면접을 진행해 나간다. 면접자는 지원자의 응답을 듣고 지원자의 자격여부를 타진한다. 이론상 각 지원자는 똑같은 질문을 받지 않는다. 그러나 실제로 대부분의 면접은 구조화 면접과 자유면접 반반씩을 사용하는 반구조화 면접 형태를 갖추고 있다. 즉 면접과정에서 지원자들에게 미리 질문할 사항은 일부 정해져 있지만 면접 중간에 면접자는 상황에 따라 자유롭게 몇 가지 질문을 할 수 있도록 되어 있다.

또한 면접은 면접원의 수나 이루어지는 면접의 횟수에 따라 달라질 수 있다. 대부분의 경우 한 사람의 지원자와 한 사람의 면접이 대면을 하고 한 면접원이 지원서를 평가하고 결정을 내린다. 다른 유형으로는 몇 명의 면접원들이 각각의 지원자를 면접하는 것이다. 이때 결정은 면접원 각각의 의견을 수렴하여 이루어지게 된다.

필기시험과는 달리 면접은 역동적인 선발방법이다. 면접원은 지원자의 행동에 영향을 미칠 수 있다. 지원자는 면접원에게 깊은 인상을 심어주고 유리한 결정을 내리도록 하기 위하여 어떤 방식으로든 영향을 미치려고 노력한다. 반면에 면접원도 지원자에게 영향을 미칠 수 있다. 면접원은 알게 모르게 '옳아', '동의하네', '내 생각은 다른데'와 같은 말을 함으로써 지원자의 반응을 변화시킬 수 있다. 면접원의 비언어적인 반응 즉 하품, 미소, 인상을 찌푸림, 고개를 끄덕임 등도 지원자의 행동에 영향을 미칠 수 있다. 더욱이 면접원의 행동이 면접결과에 영향을 미칠 수도 있다. 그래서 면접이 진행되는 동안 면접원 자신의 행동이 지원자의 고용여부에 결정적인 요인이 될 수 있다. 경험이 풍부한 면접원은 면접의 결과에 미치는 자신의 행동을 최소화하기 위해서 표준화된 면접방식을 학습해야만 한다.

2) 심리검사

심리검사란 개인의 행동표본을 조직적이면서 일관성 있게 측정하는 도구이다. 검사를 실시함으로써 업무에 필요한 적성, 지능, 능력, 성격, 체력 등을 조사하여 자격요건을 갖춘 지원자를 선발하게 된다. 검사는 어떻게 운영되고 실시되느냐에 따라 속도검사와 능력검사, 개별검사와 집단검사, 지필검사와 실기검사 등으로 분류된다.

먼저 속도검사는 주어진 시간 내에 얼마나 문항들을 해결하는가를 측정하는 검사로, 비교적 쉬운 문항으로 구성되고 검사결과는 배정된 시간 내에 응답한 문항의 수로 계산된다. 이와는 달리 능력검사는 상당히 어려운 질문 문항으로 구성되어 있어서 정답을 찾아내기가 쉽지 않고 일반적으로 모든 문제를 해결하는데 상당한 시간이 요구된다. 결과는 정확하게 응답한 문항 수를 계산하여 산출된다.

개별검사는 1회에 한 명을 대상으로 실시되는 검사로 많은 시간이 요구된다. 이에 반해 집단검사는 한 번에 여러 명을 대상으로 동시에 검사가 실시되게 된다. 교육장면과 산업조직에서 사용되는 대부분의 검사는 집단검사이다.

지필검사는 산업조직과 교육장면에서 가장 보편적으로 사용되는 검사유형으로 검사를 실시할 때 어떤 대상이나 장비의 물리적인 조작을 요구하지 않고 검사지와 필기도구만이 이용된다. 지필검사의 질문항목은 선택형 문제이거나 간단한 대답을 요구하는 쉬운 형태로 구성되어 있다. 이에 반해 실기검사에서 개인은 어떤 물건이나 장비를 조작하여야 한다. 검사점수는 그 도구를 조작할 수 있는 개인의 능력을 측정한 것이다. 타이핑 속도검사는 손가락의 기민성을 측정하는 실기검사의 한 예이다.

한편 심리검사는 측정하고자 하는 내용에 따라 정신능력, 흥미, 적성, 운동능력 및 성격검사 등이 있다. 일반적으로 지능검사로 잘 알려진 **정신능력검사**의 문항은 대체로 맞춤법, 읽기, 수리력과 같은 교육적 내용과 관련이 있다. **흥미검사**는 산업체의 인사선발뿐만 아니라 직업지도와 진로상담에서도 중요하게 사용된다. **적성검사**는 사무적성과 기계적성 운동능력검사로 나누어 볼 수 있는데, 사무적성검사는 일차적으로 지각속도와 정확도에 관심을 두고 사무직 종업원의 성공을 예측하는데 유용하게 사용되고 있다. 반면에 기계적성검사에서는 기계추리와 공간관계에 대한 내용을 주로 다루고 있다. 운동능력검사는 근육운동의 협응이나 손가락의 기민성, 정확한 눈과 손의 협응과 같이 고도의 기술을 요하는 직종에 대해서 실시된다. **성격검사**는 개인이 직무에서 요구하는 태도나 성격적 특징을 보유하고 있는지를 확인하기 위하여 실시된다.

선발을 목적으로 심리검사를 사용하는 경우 이들 검사들은 선발절차에 도움을 줄 수 있으며, 객관적인 측정방법인 동시에 다른 선발방법들보다 검사의 효과를 평가하기가 용이하다. 심리검사는 실제 직무성과를 예측하는 것보다 훈련프로그램의 성공여부를 더 잘 예측하는 것으로 알려져 있다.

3) 작업표본

작업표본은 비교적 새롭고 실질적인 접근방법으로 인정되고 있다. 작업표본은 지원자들이 입사한다고 가정했을 때 수행해야 할 직무내용 중 대표적인 과제를 발췌하여 이것을 한정된 시간 내에 처리하도록 축소시켜 고안한 다음, 지원자로 하여금 과제를 해결하여 자신의 능력을 입증하도록 하는 방법이다. 즉, 미래의 성공여부에 대한 예측은 현재 또는 과거의 성공여부로 결정된다는 것이다.

이러한 작업표본 검사는 기계적인 작업 또는 물건의 조립과 같은 생산직 직무에 특히 유용하며, 미숙련 종업원을 고용할 때보다는 숙련된 종업원을 고용할 때 적합한 것으로 밝혀졌다.

4) 상황연습

상황연습은 작업표본의 반대 영역인 사무직 선발에 유용한 방법이다. 이 방법은 관리업무를 수행할 사람과 전문적인 성격을 띤 직무를 수행할 사람을 선발하는데 주로 사용된다. 상황연습의 두 가지 좋은 예로는 **자료제시검사**(In Basket Test)와 **리더 없는 집단토의**(Leaderless Group Discussion)를 들 수 있다. **자료제시검사**의 내용은 지원자의 즉각적인 주의와 반응을 요하는 것으로 신중히 작성된 문서, 메모, 중요한 보고서 등으로 구성되어 있다. 지원자는 검사를 받는 동안 자신이 직면하게 되는 문제를 해결하기 위하여 적절한 행동을 취하면 된다. 관찰자는 지원자가 얼마나 많은 일을 수행했고 문제를 얼마나 효율적으로 해결했는가를 평가한다. 이에 반해 **리더 없는 집단토의**는 사회자 또는 지명된 리더없이 2 - 8명의 지원자가 집단으로 직무와 관련된 토의에 참석한다. 토의에 참가한 지원자들의 행동을 관찰한 다음, 개인의 탁월함이나 집단목표의 촉진, 사회적 바람직성과 같은 요인에 대해서 각각 지원자를 평가하게 된다.

5) 동료평가

감독자가 종업원을 평가한 것보다 동일 수준의 종업원 각자가 서로를 평가하는 것이 더 정확하다고 보는 것이 동료에 의한 평가의 기본원리이다. 동료평가기법은 특정 직무에 대해 지원한 사람들이 서로를 어느 정도 알 수 있을 만큼 시간이 경과한 후에 실시하는 것이 바람직하며, 어떤 사람을 기업에 입사시킬 때보다는 기존 종업원들을 대상으로 승진을 위한 잠재력을 평가할 때 더 유용하다. 이 기법은 군대에서 장교로서의 성공 가능성이 있는지를 예측하는데 주로 사용되어 왔으며,

산업장면에서는 훈련후의 가능성을 예측하는 방법으로 사용되어 왔다.

제 3 절 입사대비 활동

원하는 직업을 얻기 위해서는 무엇보다도 잘 조직화되고 철저하며 체계적인 구직활동이 필요하다. 되는대로 선택한 몇 개의 회사에 서둘러 작성한 이력서를 보내는 것은 헛수고일 뿐이다. 효과적인 구직방법은 많은 시간과 신중한 계획을 요한다.

찾고 있는 직업이 어느 유형이든 간에 성공적인 구직에는 일반적인 요소들이 있다. 먼저 일하고 싶은 분야와 더불어 가고 싶은 회사나 기관을 선정해야 한다. 그리고 나서 입사원서와 이력서(자기소개서 포함)를 작성해야 한다. 이력서 작성시 가고자 하는 기업이나 기관이 자신에게 관심을 갖도록 해야 하며, 서류면접에서 통과하면 인적성 검사에 대비해야 한다. 인적성 검사 통과자들에게는 최종적으로 면접의 기회가 부여되는데 효과적인 면접을 위해 면접기술들을 익혀놓을 필요가 있다.

1. 일하고 싶은 직장 찾기

우선 어떤 유형의 조직이 자신의 욕구와 가잘 맞는지를 결정할 필요가 있다. 대기업에서 일하기를 원하는가, 아니면, 정부기관, 병원, 중소기업, 벤처기업, 학교 같은 기관에서 일하기를 원하는가? 만약 적절한 작업환경을 선택하고자 한다면, 다양한 직종과 그 직종의 특성들에 대한 정보 수집이 필요하다. 아울러 자신이 그 직무들을 수행할 수 있는 지식과 기술 및 역량을 갖추고 있는지에 대한 정확한 판단도 요구된다. 일 단 한 분야를 결정했다면, 목표로 하는 특정 회사를 정할 필요가 있다.

2. 입사지원서 및 이력서 작성하기

각 기업에서 제공하는 입사지원서를 확보하여 기업에서 요구하는 사항들을 기입한다. 이어서 이력서와 자기소개서를 작성하여야 하는데, 구직 전략이 어떤 것이든 간에 훌륭한 이력서 및 자기소개서는 아주 중요한 요소이다. 이들 지원서류들의 목적은 직장을 얻는 것이라기보다는 인적성 검사 혹은 면접을 받을 수 있는 기회를 얻기 위한 것이다. 그러기 위해서 자신은 그 직무 혹은 직책에서 요구하는 최소한의 기술과 역량을 갖추고 있고, 실무를 효율적으로 해낼 수 있으며, 그 회사에 기여할 부분이 많다는 것을 지원 서류를 통해서 알려야 한다. 이들 지원서류를 작성해가는 과정에서 주의할 것은 겉만 번지르르하거나 허위 사실을 포함시키는 일이 없어야 하며, 특히 철자나 문법에 실수가 없어야 한다.

3. 인·적성 검사 대비하기

취업 과정에서 과거와 달라진 추세 중에 하나는 일부 중소업체를 제외하고 대부분의 기업들이 인·적성 검사를 실시한다는 것이다. 공기업도 예외가 아니어서 자체 개발하거나 외부 의뢰를 통하여 실시하고, 공무원들의 경우 일정 직급 이상의 경우에는 공직적격성 검사를 실시하고 있다. 인·적성 검사는 크게 두 부분으로 나뉜다. 하나는 개인의 기초 직무 능력과 특정 직무에서 요구하는 능력을 보유하고 있는가를 평가하는 것으로 이를 적성검사라고 부른다. 다른 하나는 그 직무 혹은 기업에서 요구하는 성향과 태도를 보유하고 있는지, 그리고 정서적으로 안정되어 있는지를 보는 것으로 성격검사 혹은 인성검사라고 부르는 부분이다.

이들 검사에 대한 대비책은 따로 있는 것은 아니나, 지원자들이 주의해야 할 사항들이 있다. 인성 검사에서는 지원자들이 기업에 자신을 너무 잘 보이려고 과장해서 반응하거나 허위로 반응하는 경우 이를 탐지해내는 문항들이 포함되어 있기 때문에 솔직하게 응답하는 것이 최선의 방법임을 인식해야 한다. 한편 적성 검사는 언어, 수리 추리, 한자 이해, 공간지각 논리적 사고 등 다양한 방면에서 기본적인 지적 능력들을 평가한다. 따라서 4학년이 되어서 별도로 준비하는 시간을 가져도 되겠지만 학창시절 동안 두뇌를 녹슬지 않게 한다는 생각으로 평상시에 가볍게 문제를 풀어보는 것도 도움이 될 것이다.

4. 면접에 대비하기

인 · 적성 검사를 통과하게 되면, 기업에서는 지원자들에게 개별적으로 면접을 볼 대상자가 되었음을 알려준다. 채용과정에서 가장 결정적인 단계가 바로 면접이다. 면접을 치르는 이유는 대부분의 경영자나 인사담당자들이 자신들이 채용하려는 사람을 직접 만나보고 싶은 욕구 때문이다. 그들은 지원자의 '사람 됨됨이'를 눈으로 확인하고 싶은 것이다. 이 심사 과정은 한 번 이상의 공식적 면접이 포함되어 있다.

이러한 면접에 대비하기 위해서는 비언어적 의사소통기술과 인상관리 전략 기술 같은 것들을 연마해야 한다. 바람직한 인상을 형성하기 위해서는 자신감 있고, 열정적이며, 야망이 있다는 인상을 주어야 한다. 품행은 어느 정도 격식 있고 정중해야 하며, 농담은 피하는 것이 좋다. 무엇보다도 면접관이 요구하는 것 이상으로 정보를 제공해서는 안 되고 특히 부정적인 정보는 피해야 한다.

효과적인 면접기술을 개발하기 위해서는 연습이 필요하다. 원하지 않는 직업이더라도 연습은 항상 득이 되기 때문에 많은 전문가들은 절대로 면접을 거절하지 말라고 제안한다. 사전 준비 역시 중요하다. 준비 없이 면접에 들어가지 말라. 들어가지 전에 회사에 대해 가능한 모든 것을 알아낸다. 예상 질문과 대답을 미리 준비하는 것도 좋은 방법이다.

제5장

직업경력 초기: 확립기와 성취기

앞장에서는 직업경력의 목표를 설정하고 직무와 조직을 선택하는 과정에 대해 살펴보았다. 새로운 직업에 종사하게 되면, 첫 번째 과제는 문자 그대로 입지를 확립하는 것이다. 이 단계에서는 배워야 할 것이 많다. 직장인이면 어느 누구든 날마다의 일상에 익숙해져야 하고 새롭게 할당된 업무를 숙달해야만 한다. 동료나 감독자로부터 자신의 존재를 인정받고 조직의 한 구성원으로 받아들여지는 것 또한 중요한 사항이다. 요컨대, 사람은 점점 능력이 있고, 생산적이며, 새로운 직업과 조직체에 대해 만족하기를 희망한다. 물론 능력과 생산성, 만족을 판단하는 데에는 수년이 소요된다. 직업경력 초기는 확립기와 성취기 두 단계로 나누어 볼 수 있다. 먼저 확립기 동안에 달성해야 할 주요 과제로는 적응하기, 의존하기, 학습하기, 능력검증, 불안정, 인정받기 등을 들 수 있다.

제 1 절 확립기

이 단계에서 주요과제는 직무를 선택하고 자신이 선택한 경력분야에서 하나의 조직을 선정하는 것이다. 사람들은 자신의 경력 가치를 충족시킬 수 있고 자신이 보유한 재능을 활용할 수 있는 직무를 선택하였을 때, 만족스러운 결과를 가져오게 된다. 불행하게도 많은 사람들은 자신의 직무를 선택할 때, 불완전하거나 비현실적인 정보에 기초해서 결정을 하게 된다. 이러한 사람들은 작업환경의 현실이 자신의 부풀려 있는 기대를 따라잡지 못할 때, 상당한 불만족과 환멸을 경험할 수도 있다.

일단 자신이 선택한 조직에 입사를 하게 되면 사람들은 자기 직무의 기술적인 측면을 숙달해야 할 뿐만 아니라 조직의 규범, 가치 및 기대를 학습해야만 한다. 이와 같은 경력 초기의 확립기에서 개인의 주요과제는 직무와 조직에 관해서 학습을 하고 조직을 위한 유능한 기여자로 받아들여지도록 하는 것이다. 달리 말하면 직업과 조직에서 자신을 위한 자리를 마련하는 것이다.

처음으로 조직에 들어가자마자 사람들은 몇 가지 도전에 직면하게 된다. 첫째, 신입사원은 적어도 조직에서 매우 중요하지만 별로 관심을 끌지 못하는 몇 가지 작업과제를 유능하게 수행하는 방법을 배워야만 한다. 동시에 신입사원은 공식적이거나 비공식적인 의사소통 채널을 활용하여 일을 완수하는 방법을 배워야 한다. 마지막으로 신입사원은 자신이 유능하고 잠재력을 지니고 있다는 사실을 보여주기 위하여 관리자들이 가까이서 지켜보고 있는 가운데 이러한 일들을 수행해야만 한다.

이와 같은 경력단계에서 신규종업원의 업무 중 대부분은 매우 일상적인 업무활동들이다. 따라서 신입사원이면 누구든지 이와 같은 자질구레한 업무에서 헤매지 말아야 하며, 문제에 대한 해결책을 모색하고자 할 때는 주도적이면서 혁신적인 모습을 보여주어야 한다. 신입사원들은 대체로 관리자들의 지시로 대규모 프로젝트 중 일부분만을 배정받게 되는데 이로 인해 많은 사람들은 좌절감을 느끼기도 한다. 이러한 반응을 이해하지 못하는 바는 아니지만, 부하직원의 위치를 너무나 빨리 벗어나려고 하는 사람들은 경력발달의 중요한 측면을 망각하고 있는 것이다. 즉 이들은 다른 사람들이 경험을 통해서 얻게 되는 소중한 것들을 배울 수 없게 되는 것이다. 보다 중요한 것은 만일 이들이 자신들이 준비하지도 않은 과제를 맡게 된다면, 신입사원들은 극복하기 어려운 평판 즉 보잘것없는 성과에 대한 평판을 감수해야 한다.

부하-상급자 관계와 배정받은 과제의 유형을 효과적으로 처리하려면 효율적인 경력을 확립하도록 도움을 주는 것이 중요하다. 이상적으로는 새로 채용한 직원들을 교육시키기 위하여 신입사원들을 조직을 잘 알고 있으며, 조직생활에서 성공적이었고 훈련을 잘 받은 선배사원에게 배정하는 것이다(Kram & Isabella, 1985). 선배사원은 신입사원을 후원하고 다른 사람들에게 이들의 수행에 관해서 이야기를 해줄 사람이다. 고참조언자는 신입사원에게 해야 할 일과 하지 말아야 할 일을 알려주며, 조직도와 오리엔테이션 소책자에서 찾아볼 수 없는 조직생활에 관한 충고를 해준다.

이 단계에서 사람들은 직무현실에 대한 적응, 조직에 대한 오리엔테이션 및 감독자와 조언을 주고받을 수 있는 관계를 설정하기 위하여 시간이 필요하다. 일상적인 업무를 성공적으로 완수하게 되면, 좀더 도전적인 업무를 남보다 빨리 배정받을 수 있게 된다. 만일 신입사원이 이 과정을 성공적으로 통과하게 되면, 이들의 경력목표는 보다 쉽게 도달될 수 있다.

1. 입사충격

학생에서 직장인으로의 변화는 대부분의 학생들에게 역동적인 전환과정이다. 많은 학생들에게 이러한 변화는 대단히 큰 충격으로 받아들인다. 학생 신분일 때의 환경과 완전고용인으로서 직장인의 환경은 대략 7가지 측면, 즉 상사, 피드백, 시간의 범위, 의사결정 범위, 변화의 속도, 승진, 과제 속성에 따라서 다르다(Kotter, 1973). 이러한 환경의 차이에 적응하는 것은 신입사원에게 현실세계에 대한 불안감을 일으키는 원인이 된다.

1) 상사

학생들은 4명 내지 5명 정도의 교수를 모시고 있다. 이들 교수들은 6개월마다 바뀌며 때로는 학생들이 선택하기도 한다. 이와는 달리 직장인들은 종종 1년 동안 한 명의 상사만을 모시며, 상사를 선택하는 결정권은 거의 갖지 못한다. 따라서 신입사원들은 직장생활에서 실수로 자신들의 상사를 학교에서 교수를 대하듯이 행동하다가 불행한 결과를 초래하기도 한다.

2) 피드백

학생들은 학교에서 미리 제시된 교과과정을 통해서 자신들이 기대한 내용을 배우고 난 후, 양적 수행에 대한 평가는 대부분 1년 단위로 이루지게 된다. 이에 비해서 직장인들은 봉급인상이나 승진 이외에는 상사로부터 어떤 구체적인 피드백을 받는 일이 거의 없다. 신입사원들은 너무 막연한 상태에서 일을 하고 있다고 느끼며, 구체적인 피드백을 받지 못해서 업무수행에 어려움이 있다고 불만을 토로하는 것은 직장생활에서 흔히 있는 일이다.

3) 시간의 범위

학생일 때는 한두 시간 길어야 3시간의 간격으로 수업을 받으며 주 단위로 매주 수업이 반복되는 시간편성을 가지며, 한 학기는 6개월로 정해져 있다. 이에 반해 직장의 종업원은 그 시간주기가 매우 짧을 수도 있고, 길 수도 있다. 즉 특정상품을 생산할 때 한두 시간이 걸리기도 하지만 장기적인 계획을 가지고 실행하는 업무도 있다. 이러한 학생시절의 시간범위에서 종업원으로서의 시간주기의 변화는 기업에 갓 입사한 사원들에게 혼란을 야기시킬 수 있다.

4) 의사결정범위

학생들은 학교생활을 통하여 매일 여러 가지 중요한 의사결정을 하고 있다. 그러나 회사에 처음 입사한 사원들은 대부분 자신들의 직무에서 중요하다고 판단되는 의사결정을 내릴 기회가 거의 없다. 따라서 자신이 도태되거나 무시되는 듯한 느낌을 경험하게 된다.

5) 변화의 속도

학생들은 학교생활을 통하여 참신하고 창의적인 사고를 하도록 격려받기 때문에, 종종 현실세계를 신속하게 변화시킬 수 있을 것이라는 비현실적인 기대를 발달시키게 된다. 그러나 조직은 서서히 움직이고 기술적 혹은 사업상의 신중한 판단을 통해서라기보다는 회사의 정책에 근거해서 변화가 이루어진다.

6) 승진

직장생활을 통해서 이루어지는 승진과는 다르겠지만, 학생들은 이수해야 할 학점을 따게 되면 12개월(1년)마다 학년이 올라가는 환경 속에서 생활하고 있다. 이러한 학생들에게 조직체의 위계에서 빠르게 진급하지 못한다는 사실은 매우 큰 좌절이 아닐 수 없다. 또한 학창시절을 통하여 본인의 노력 여부가 진급에 가장 큰 영향을 미쳤음을 인식하고 있는 사람들은 조직에서의 이동 혹은 승진이 행운이나 정치적 플레이 혹은 친인척관계에 의해서 이루어질 수도 있다는 사실에 크게 좌절하기도 한다.

7) 과제의 속성

교수들은 학생들에게 몇 가지 특정 방법이나 현재 가르치고 있는 이론을 적용하여 단시간 내에 해결할 수 있는 과제를 배정한다. 이러한 과정은 많은 교육적 근거들을 통해서 볼 때 효과적인 것으로 간주된다. 그러나 직장에서는 종종 신입사원들에게 그들이 가지고 있는 지식을 총동원해도 쉽고 깔끔하게 해결할 수 없거나, 상당히 많은 시간이 요구되는 업무를 배정하기 때문에 신입사원들은 심한 좌절감에 직면하기도 한다.

직장생활 초기에 경험하게 되는 이와 같은 충격은 경력초기의 신입사원들에게 자기 확신감의 혼란을 초래하게 된다. 여러 연구결과에 의하면, 대학졸업자들은 자신의 성공능력에 대해서 불안감을 가지고 있으며 자신들의 경력선택이 올바른가에 대한 확신감을 갖지 못하는 것으로 밝혀졌다. 따라서 조직에서는 신입사원들이 자신의 직업 및 경력선택에 대해서 확신감을 가지고 새로운 환경에 적응할 수 있도록 도움을 줄 수 있는 방안을 모색해야 할 것이다.

2. 종업원 오리엔테이션

1) 오리엔테이션 프로그램

종업원 오리엔테이션 프로그램들은 신규 종업원들에게 앞으로 하게 될 직무, 그들의 감독자와 동료들 그리고 조직을 소개하기 위해서 계획된 것이다. 전형적으로 오리엔테이션 프로그램들은 신입사원이 회사에 들어오겠다고 마음을 굳힌 후에 시작된다. 통상 일을 처음 시작하는 날에 실시가 된다. 한 조사연구에 의하면 신입사원들이 자신들의 고용주 혹은 회사에 대해서 갖는 인상과 가장 오래 기억에 남는 인상들 중의 하나는 그들이 입사 첫날에 어떻게 환영을 받았고 어떤 대우를 받았느냐 하는 것이었다. 그러나 일차적으로 사회화의 예기적 단계에 영향을 미치는 현실적 직무 내람과 다르게, 종업원 오리엔테이션 프로그램들은 사회화의 대면 단계에 초점을 맞추고 있다. 대면 단계라 함은 바로 신입사원들이 그 직무와 조직에서의 생활이 실제로 같은지를 발견하는 기간이다.

일반적으로 인용된 오리엔테이션 프로그램들의 목적은 다음과 같다.

- 신입사원들의 스트레스와 불안을 줄여라.
- 시작비용을 줄여라.
- 이직을 줄여라.
- 신입사원들이 효율적으로 일할 수 있게 하는데 소요되는 시간을 줄여라.
- 신입사원들이 조직의 가치관, 문화 및 기대를 학습하도록 도와주어라.
- 신입사원이 작업집단과 그의 기준에 적응하도록 도와주어라.
- 긍적적 태도의 발전을 격려하라.

조직의 규모와 관계없이 거의 모든 조직에서 오리엔테이션 프로그램들을 운영하고 있다.

2) 오리엔테이션 프로그램의 내용

일반적으로 오리엔테이션 프로그램들은 구체적인 직무정보 뿐만 아니라 기업에 관한 전반적인 정보도 제공한다. 기업정보에는 회사의 전체 이미지, 핵심 정책과 절차, 임무, 회사의 목표와 전략뿐만 아니라 보상, 복리후생, 안전과 재해예방, 노사관계 및 시설 등에 관한 정보도 포함되어 있다. 구체적인 직무 정보에는 부서 혹은 작업집단의 기능, 직무의무와 책임, 정책, 규칙, 절차들, 부서 방문, 그리고 부서원에 대한 소개 등이 포함되어 있다.

조직 사회화의 속성을 고려한다면, 조직에서 신규 종업원들에게 직무기대를 분명하게 전달하는 것이 중요하다. 직무책임, 과업, 보고 라인, 설명 의무 및 성과 표준과 같은 내용들도 설명해야 한다. 아쉬운 것은 현장에서 너무 자주 직무 기술서를 이와 같은 정보를 전달하게 위한 수단으로 보고 있다는 점이다. 그러나 중요한 직무내용들은 이러한 기술서에서 빠뜨릴 수 있다. 작업규칙, 작업조건, 그리고 동료, 고객과의 관계 등, 이 모든 것들은 기대를 확립하는데 중요한 역할을 하고, 반드시 설명하고 넘어가야 할 사항들이다.

신규 종업원들에게 기업의 임무, 목표, 구조 및 제품 등에 대한 전반적인 설명을 제공해야 한다. 이와 같은 쟁점들은 매우 중요하다. 조직의 임무 서술은 기초적인 가치관과 산업계 및 사회에서의 조직의 입지를 강화시키는 작용을 한다. 임무의 중요성을 이해한 종업원은 기업의 임무와 일치하는 방향으로 행동할 가능성이 높다. 몇몇 조직에서는 핵심 임무를 전달하기 위하여 기업강령을 사용하고 기업의 정책과 목표에서 이 부분을 강화하고 있다. 많은 조직에서는 이들 서술문들을 단순화하고 여러 공문서에 이 내용을 언급하고 있다.

보상과 복지후생 정책도 오리엔테이션 동안에 설명을 해 주어야 한다. 신입자들이 일하게 될 부서에 대한 오리엔테이션에서는 종업원들이 전체 부서 내에서 각기 다른 직무가 어떻게 조화를 이루는지 그리고 단위 혹은 부서가 더 큰 조직 내로 어떻게 조화를 이루는가를 이해할 수 있도록 해주어야 한다. 업무 흐름, 업무 조정 등등에 대한 내용도 설명해 주어야 한다. 마지막으로, 전원장치의 위치, 편의시설(식당, 매점, 화장실 등), 비상구 등과 같은 작업장의 여러 시설들도 설명해야 한다.

3) 오리엔테이션 활동

신입사원 오리엔테이션은 신입사원들에게 조직과 그들이 함께 일할 부서원들을 소개하는 활동이 포함되어 있다. 이것은 모집과 선발 단계 동안에 받은 정보를 확장하고 우리 모두가 새로운 일을 시작할 때 느끼는 최초의 불안을 줄이는데 도움을 준다. 예를 들어, 오리엔테이션 프로그램은 ① 새로운 구성원들이 조직의 목표, 역사, 철학, 절차 및 규칙들과 친숙해지도록 해야 하며, ② 근무시간, 임금 지불 절차, 초과근무 요구 및 회사의 후생복리 등과 같은 인적자원관리 정책을 전달하며, ③ 새 구성원의 직무에 대한 의무와 책임을 자세히 검토하도록 하며, ④ 조직의 여러 시설들을 돌아볼 수 있도록 하고, ⑤ 종업원에게 그의 관리자 및 동료 작업자들을 소개해야 한다.

신규 종업원들을 오리엔테이션시킬 책임은 누구에게 있는가? 이것은 주로 신입 사원의 감독자, HRM 담당자들 혹은 컴퓨터에 기반한 프로그램 등을 통해서 이루어질 수 있다. 대부분의 기업에서는 인적 자원 관리부서의 담당자들이 조직 전반의 정책이나 종업원 복지와 같은 문제에 대해서 설명할 책임이 있다. 소규모 기업에서는 신입사원을 관리할 감독자들이 주로 오리엔테이션 업무를 담당한다. 물론, 신입 사원의 오리엔테이션이 공식적이지 않을 수도 있다. 예를 들어, 대부분의 중소기업에서, 오리엔테이션은 신입사원을 감독자에게 데려가서 함께 일할 사람들을 소개하고, 일할 자리를 정해준 다음 재빨리 회사 시설을 둘러보는 것을 의미하기도 한다.

신입 사원 오리엔테이션은 더욱더 많은 내용들이 필요하다고 본다. 예를 들어, 오늘날의 역동적인 조직에서, 신입사원들은 조직의 문화를 이해해야만 한다. 조직 문화란 무엇을 의미하는가? 조직 문화란 조직 구성원들이 공유하는 의미 체계를 말한다. 어느 사회에서나 각 구성원들이 동료 구성원들과 외부인에 대해서 어떻게 행동해야 하는지에 관한 행동 강령이 있는 것과 마찬가지로 조직에서도 그들의 구성원들의 행동 방법을 지배하는 문화들을 가지고 있다. 모든 조직은 계속해서 이야기, 의식, 중요한 상징 및 언어들을 발전시켜 나간다. 이와 같이 공유된 가치들은 종업원들이 무엇을 보는지 그리고 그들이 자신들의 세계에 어떻게 반응하는지를 결정한다. 조직의 문화에 적절하게 사회화 되어온 종업원은 일을 완수하는 방법, 중요하게 여겨야 할 것 그리고 어떤 작업-관련 행동이나 관점이 수용될지 혹은 바람직한지의 여부를 학습하게 된다.

4) 오리엔테이션과 역할

효과적인 오리엔테이션 경험의 가장 중요한 요소들 중의 하나는 신입자들과 감독자, 동료작업자 및 다른 조직 구성원들 사이의 빈번한 상호작용이다. 이러한 상호작용은 사회화가 일어나는 일차적인 수단이다. 그 이유는 신입사원들에게 조직 생활에 필요한 정보의 대부분을 제공할 수 있는 사람들은 내부자들이기 때문이다. 대면 단계 동안에 사회화의 비율은 이와 같은 상호작용들의 빈도에 좌우된다. 상호작용이 많으면 많을수록, 신입사원은 더 빨리 사회화된다. 일반적으로 신규 종업원들은 동료들, 감독자 그리고 고참 근로자들과의 상호작용이 자신들의 사회화에서 가장 유용했다고 평가하였다. 더욱이 이들 상호작용들은 신입사원들의 태도(직무만족, 조직 몰입 등)와 상관이 있었다. 대조적으로 공식 오리엔테이션 프로그램들은 어느 정도 도움이 되는 것으로 간주하였고, 조직 몰입과도 약간의 상관이 있는 것으로 밝혀졌다. 신입사원들은 보다 능동적인 정부 추구자이고, 감독자와 동료 작업자들로부터 얻은 정보를 가치 있게 여기는 것으로 알려져 있다. 따라서 신입사원에 대한 오리엔테이션에서는 이들이 감독자나 동료 작업자들과 빈번한 접촉을 가질 수 있도록 배려해야 한다.

3. 조직 사회화

새로운 직무를 시작한다는 것은 스트레스가 될 수 있다. 신입사원들은 종종 잘 알지 못하는 사람들에 의해 둘러싸인 친숙하지 않은 작업환경에서 일하고 있는 자신을 발견한다. 새로운 직위에서 성공을 거두기 위하여 신입사원은 다른 사람들과 친근한 관계를 확립하고 새로운 행동, 사실들, 절차, 기대 및 가치를 배워야 한다.

새로운 조직에 대한 적응과정을 조직 사회화라고 부른다. 사회하는 복잡하고 장기적인 과정이다. 신입사원들이 직무에서 자신들에게 기대하는 것과 이들이 다른 조직구성원들에 의해서 수용되려면 어떤 식으로 행동해야 하는지를 이해하는 데는 몇 주에서 몇 달이 걸릴 수도 있다. 신규 종업원의 성공적인 사회화는 개인과 조직 모두에게 대단히 중요하다.

1) 사회화 : 내부자가 되어가는 과정

조직사회화는 개인이 조직의 역할을 떠맡는데 필요한 사회적 지시과 기술을 습득하는 과정으로 정의된다. 이러한 과정의 순수한 결과는 조직 구성원들에 의해서 외부자의 신분으로 간주되었던 누군가가 생산적이고 구성원들이 인정하는 내부자로 전환된다는 것을 의미한다. 이것은 분명 새로 고용된 사람들에게 적용할 수 있는 것이지만 반면에, 전근이 되거나 승진된 종업원들에게도 해당될 수 있다. 신규 종업원들과는 달리, 전근을 한 사람과 승진한 사람들은 더 큰 조직에 대한 내부자로서 조직의 목표와 가치를 이해하면서 자신들의 사회화를 시작한다. 이들은 아직까지 새로 고용된 사람들처럼, 그들이 소속하게 될 집단의 외부자이며, 새로운 동료들로부터 수용을 얻어내며 스스로 새로운 역할을 확립해야 하는 도전에 직면하게 된다.

2) 사회화의 내용

조직사회화는 신입자들이 조직 내부자로서 받아들여질 수 있는 다양한 정보와 행동을 학습해야 한다는 점에서 학습과정으로 간주될 수 있다. 피셔는 사회화 학습의 내용을 다섯 가지 유목으로 나누었다.

(1) 예비 학습 - 학습이 필요하고, 무엇을 배울 것인가, 그리고 누구에게 배울 것인가를 발견하는 것.

(2) 조직에 관한 학습 - 조직의 목표, 가치, 및 정책을 학습하는 것
(3) 작업 집단에서 기능 학습 - 집단 내에서 가치, 규범, 역할 및 우정을 학습하는 것
(4) 직무수행방법 학습 - 특정 직무에 필요한 기술과 지식 학습하기
(5) 개인 학습 - 자아-정체성, 기대, 자기 이미지 및 동기들을 포함해서 직무 및 조직과 관련된 경험에서 학습하기

피셔에 따르면, 이들 내용영역 각각을 학습하는 신입자들은 항상 태도 및 행동변화를 겪는다. 관련된 관점은 펠드멘이 제공한 것인데, 그는 사회화는 동시에 일어나는 세 가지 학습과정으로 구성되어 있고 각 과정은 각기 다른 유형의 내용을 학습하는데 초점을 맞추고 있다고 주장하였다. 그 과정에는 적절한 역할 행동들을 요구하고, 작업 기술과 능력을 개발하며, 작업집단의 규범과 자치들에 적응해 나가는 것들이 포함되어 있다. 펠드멘은 사회화가 다수의 과정으로 구성되어 있다는 사실을 인정한다는 것은 사회화 연구 및 실무를 위한 유용한 틀을 제공한다고 주장하였다.

마지막으로 챠오와 그의 동료들은 조직사회화를 위한 6가지 차원을 제안하기 위하여 선행 이론과 연구에 의존하였다. 그 여섯 가지 차원이란 수행 효율성, 정치, 언어, 사람들, 조직의 목표와 가치, 그리고 역사이다. 그들은 이들 6가지 차원을 측정하기 위하여 34개 문항으로 구성된 질문지를 개발하였다. 챠오 등은 질문지를 검증하고 자신들의 유형론을 지지한다는 사실을 밝혀냈다. 또한 그들은 종단적 연구도 실시하여 여섯 가지 차원 각각이 엔지니어와 관리자의 표본에서 경력의 효율성과 관련이 있음을 보고하였다.

함께 고려해 본다면, 이들 유목화 도식은 신입자들이 종종 어려운 도전에 직면함을 분명히 해준다. 각기 다른 내용영역을 학습한다는 것은 종종 다른 기제를 요구한다. 그러므로 조직에서는 성공적인 사회화 동안에 일어나야 하는 학습을 촉진시키기 위하여 다양한 접근법을 사용해야만 한다.

3) 사회화 과정의 단계 모델들

조직사회화에 관해서 저술한 많은 이론가들은 사회화 과정에 포함된 계층 혹은 단계들을 기술하는 **단계 모델**을 사용하여 그 과정을 기술하였다. 조직 사회화에 대한 3가지 단계 모델들이 표 5.1에 제시되어 있다. 여기에서는 펠드멘이 개발한 3단계 모델에 역점을 두어 설명하고자 한다.

표 5.1 조직사회화에 대한 3가지 단계 모델들

▸ 펠드멘의 모델

1단계: 예기적 사회화 – "들어가기" 현실적인 기대 설정하기, 신입자와 어울리는 상대 결정하기
2단계: 조절 – "길들이기" 직무에 입문하기, 대인관계 확립하기, 역할 명확화, 자신과 조직수행평가간의 조화
3단계: 역할관리 – "정착하기" 일터 밖에서의 자신의 생활흥미와 조직요구간의 적합도 정도, 작업장에서 갈등해결하기

▸ 샤인의 사회화 모델

1단계: 진입 정확한 정보 탐색, 상호 설정의 풍토, 양 당사자에 의한 잘못된 기대 창조, 부정확한 정보는 직무선택을 위한 기초이다.
2단계: 사회화 일반적 현실 수용하기, 변화에 대한 저항을 극복하기, 조직풍토와 개인의 욕구간의 조화, 신입자 수행에 대한 조직의 평가, 너무 많은 구조 혹은 모호성에 대처하기.
3단계: 상호수용 조직수용의 신호, 신입자 수용의 신호, 조직에 대한 몰입, 일에 대한 몰입.

▶ **워너스의 사회에 대한 통합적 접근**

1 단계 : **조직적 현실을 직면하고 수용하기** 기대 확인 및 미확인, 개인의 가치와 조직 풍토 간의 갈등, 보상받거나 처벌받는 행동들 발견하기

2 단계 : **역할 명확성을 성취하기** 직무 과제에 입문, 대인관계 역할의 정의, 변화에 대한 저항 극복하기, 자신과 조직수행평가 간의 조화, 구조와 모호성 극복하기

3 단계 : **조직의 맥락 내에서 자리 잡기** 조직의 욕구와 일치하는 행동을 학습하기, 일과 일 이외의 흥미간의 갈등을 해결하기, 직무도전은 작업몰입을 유도한다. 새로운 대인관계, 새로운 가치관 및 변경한 자기-이미지

4 단계 : **성공적인 사회화에 대한 이정표를 탐지하기** 조직 의존성과 몰입, 높은 일반적 직무만족, 상호수용의 감정, 직무관여와 내재적 동기의 증가

출처 : J. P. Wanous, A. E. Reichers and S. D. Malik(1984). Organizational socialization and group development toward an integrative perspective. *Academy of Management Review, 9*, 647.에서 일부 발췌.

첫 번째 단계인 **예기적 사회화**는 개인이 조직에 들어가기 앞서 시작된다. 이 단계에서, 개인은 조직에서의 멤버십이 어떤 것인지에 관한 인상을 형성한다. 조직에 관한 정보는 헛소문, 일화, 광고, 미디어, 모집 안내문 및 인터넷 등과 같은 다양한 출처를 통해서 이용할 수 있다. 예를 들어 각 기업의 이미지 광고나 캠페인은 이들 조직 내에서의 생활에 관한 메시지를 전달해 준다. 미디어 역시 조직에 대한 평판을 형성하는 데 중요한 역할을 한다. 예를 들어 마이크로소프트에 대한 보고서와 광고는 이 조직이 조직에 헌신하는 종업원은 오랫동안 일할 수 있는 지적으로 자극적인 회사라는 메시지를 전달한다. 다른 한편으로, 최근에 마이크로소프트에 대한 미국 정부의 독점규제에 관한 사례는 결국 이 회사에 대해서 상당히 부정적인 평판을 초래하기도 하였다.

이러한 인상은 결국 개인의 행동에 영향을 미칠 수도 있는 기대에 영향을 미친다. 직무를 찾고자 할 때, 즉 구직과정에서 사람들의 기대는 이들을 한 조직으로 끌어당기거나 다른 조직을 거부하게 하며, 자신이 최초로 일하고자 선택한 조직에 남으려는 결정에 영향을 미친다. 앞서 언급하였듯이, 관리자들이 정확한 정보를 제공하고 부정확한 기대를 수정할 수 있도록 도와주는 것이 중요하다. 그 이유는 이러한 활동들이

수행, 만족 및 임기에 대해서 잠재적인 부정적 결과를 피할 수 있도록 해주기 때문이다.

또한 예기 사회화단계 동안에, 개인은 자신들의 기술, 능력, 욕구 및 가치관이 조직에서 요구하거나 선호한다고 생각하는 것과 필적하는 정도를 조사해야 할 것이다. 이들 판단은 그들이 조직에 들어갈지의 여부와 이들이 조직구성원들과 어떻게 상호작용 할지에 입각해서 그들의 행동에 영향을 미칠 수 있다.

사회화 과정의 대면단계는 모집자가 조직에 가입하고자 공식적인 약속을 했을 때 시작한다. 공식적 약속은 고용계약에 서명을 한다는 것을 의미하거나 혹은 단순히 고용 혹은 멤버십의 제공을 수용한다는 것을 의미한다. 이 시점에서, 개인은 조직을 외부 환경과 분리시키는 포괄적 영역을 비교 검토해 보고 조직이 실제로 원하는 것이 무엇인지를 발견하기 시작한다. 이 단계 동안에, 사전고용 기대가 확인되거나 혹은 기각되기도 한다. 이것은 몇 가지 불쾌한 뜻하지 않은 놀라움으로 이러질 수 있다. 조직에 입사한 종업원은, 관리직 직급으로의 승진이 신속하게 이루어질 것이라는 인상을 받았을 경우, 승진이 기대했던 것보다 느리고 승진대상 수도 적다는 사실을 깨닫게 되면 크게 실망할 것 것이다. 이 단계 동안에, 신입사원들은 라이프스타일과 일간의 갈등을 관리해야 하고, 작업 집단 내에서 역할갈등을 해결해야하며, 자신의 역할을 규정하고 명확히 해야 하며, 작업집단과 직무의 역동성과 친숙해져야하고, 직무에서 요구하는 과제를 학습하고 수행해야만 한다.

이 단계에서 세 번째이자 마지막 단계는 **변화와 습득**이라고 부른다. 이 단계는 신규 종업원들이 집단의 규준과 가치를 수용하고, 그들이 수행해야 할 과제를 숙달하며, 여러 가지 역할 갈등과 과부담을 해결했을 때 나타난다. 이 단계를 성공적으로 완수한 종업원들은 만족하고, 직무에 내적으로 동기화되고 관여되며, 자신들의 직무를 믿을 만하게 수행하며, 조직에 오랫동안 몸담게 된다.

사회화는 진공(백지)상태에서 발생하는 것이 아니라는 사실을 인정하는 것이 중요하다. 그 과정은 집단 내의 발달과 역동성에 의해서 영향을 받으며, 뿐만 아니라 현장 학습, 경력개발, 및 생애 발달에 의해서도 영향을 받는다. 더욱이, 사회화는 양방적이라는 사실을 분명히 할 필요가 있다. 사회화 과정동안에 발생하는 사건들은 신입사원뿐만 아니라 조직 내부 구성원들도 변화시킨다.

4. 사회화 과정 관리

입사초기가 개인의 직업경력을 발달시키는데 매우 중요한 시기임에도 불구하고 대부분의 조직에서는 종업원들에 대한 사회화 과정을 등한시하고 있다. 그러나 신입사원들이 직장 생활을 긍정적으로 하기 위해서는 사회화 과정은 매우 중요하기 때문에 조직에서는 신입사원들이 출발점에서부터 성공적인 사회화를 이룰 수 있는 조건을 마련해줄 필요가 있다. 조직에서 조직 사회화 프로그램을 더욱 효과적으로 사용할 수 있는 전략들을 요약해서 제시하면 다음과 같다.

표 5.2 효과적인 조직사회화 프로그램

1. 첫 번째 직무에서 도전적인 문제를 제공하라.
2. 필요한 훈련을 제공하라.
3. 시기적절하게 그리고 신뢰로운 피드백을 제공하라.
4. 오리엔테이션 프로그램을 다소 느슨하게 설계하라.
5. 사기가 높고 지지적인 상사가 있는 부서에 수습사원을 배치하라.
6. 조직규범에 대해 지나친 순종을 요구하지 말라.

1) 도전적인 직무제공

신입사원들이 도전적인 직무를 배정받게 되면 이들은 업무를 잘 수행하기 위하여 동기화되고, 조직 참여도가 높아지게 된다. 또한 길고 고된 업무를 견뎌낼 수 있는 능력도 키우게 된다. 한편 신입사원들이 처음 배정받은 직무가 중요하지 않거나 사소한 것이라면, 이들은 지루해하고, 좌절하고, 조바심을 갖게 된다. 이러한 이유 때문에 조직에서는 처음부터 신입사원들에게 자신들의 기술을 활용할 수 있고 곧이어 합리적으로 새로운 기술을 개발할 수 있는 직무를 제공해야 한다.

2) 필요한 훈련제공

신입사원들에게 기초적인 기술을 가르치고 직무를 적절히 수행할 수 있는 방법을 가르치는 간단하고 구조화된 훈련프로그램이 필요하다. 만약 훈련시간이 너무 길면, 신입사원들은 자신들이 단순히 학교로 다시 돌아간 느낌을 받게 된다. 이때 신입사원들은 업무를 시작하고 현장실무교육을 받게 된다. 이들은 현재 일을 잘 수행하고 있는지 그리고 무엇을 변화시켜야 하는지에 대해서 훈련 담당자와 감독자로부터 지도와 피드백을 받는다. 이 때 어떤 결점이든 체계적이고 구조화된 추가훈련을 통해서 도움을 받을 수 있다. 조직에서는 신입사원들이 스스로 포기하거나 지쳐버리지 않도록 유의해야 한다.

3) 시기적절한 피드백 제공

신입사원 자신과 조직에서 바라보는 자신의 장래에 대한 평가는 수습기간 중 첫 번째 직무수행에 대한 평가에 의해서 대단히 큰 영향을 받는다. 이러한 초기평가는 현재까지의 수행에 대한 피드백을 제공하는 것일 뿐만 아니라 훈련을 통한 자신의 노력이 조직에 참여할 수 있는지의 여부를 평가하는 계기가 되기도 한다. 첫 번째 피드백이 너무 늦게 주어진다면 높은 직무수행을 보인 사람들은 확인을 위해 불필요하게 기다려야 한다. 신입사원들은 자신들의 직무에서 첫 몇 달 이내에 수행에 관한 포괄적인 피드백을 받아야 한다.

4) 오리엔테이션 프로그램은 다소 느슨하게

오리엔테이션 프로그램 역시 회사에 대한 소개나 조직에 대한 충성심을 높이기 위해 사용된다. 사실 이러한 프로그램들 중 몇 가지는 너무 회사 찬양 일색이고 일방적인 주입식이어서 신입사원들이 지나치게 혹사당하고 있다고 생각되어진다.

오리엔테이션은 이러한 내용 대신 이들이 즉시 원하고 필요로 하는 구체적인 정보를 제공하는 방식으로 구성되어야 한다. 즉, 급료 지불 명세표, 훈련 프로그램, 배정받을 업무, 자신들이 생산할 상품이나 일할 부서에 관한 정보를 제공한다. 신입사원들은 한꺼번에 많은 정보를 수용해야 하기 때문에 당장에 불필요한 항목에 대해서는 다음 기회에 전달하는 것이 좋다. 더욱이 오리엔테이션 프로그램의 분위기는 불안을 조성하기보다는 다소 느슨하게 이완시킬 수 있는 것이어야 한다.

5) 사기가 높고 지지적인 상사가 속한 부서에 신입사원 배정

사회화 과정에서 상사가 마음만 먹는다면 실제로 더욱더 부드럽게 신입사원들을 대할 수 있다. 그러므로 특히 중요한 것은 신입사원들에게 매우 지지적이고 유익한 감독자를 배정하는 것이다. 이들은 신입사원들에게 학교생활에서 직장생활로의 효과적인 전환을 어떻게 할 수 있는가에 대해 가장 잘 지도할 수 있다.

신입사원들이 배치되면 작업집단 역시 이들의 사회화 촉진에 영향을 줄 수 있다. 만약 신입사원이 사기가 높은 부서에 배치된다면 그 부서의 사람들과 더 쉽게 친해질 수 있을 것이다. 그러나 신입사원이 사기가 저하된 부서에 배치된다면, 효과적인 사회화에 지장을 초래할 것이다. 이들이 사기가 낮은 부서에 배치되면 이들은 조직에 대해 더욱더 부정적이고 냉소적인 태도를 지닐 것이다.

6) 규범에 대한 지나친 순종요구는 금물

신입사원들에게 규범에 대한 지나친 순종을 강요하는 것은 효과적인 사회화 전략이 아니다. 우선 신입사원들에게 조직의 사업방식에 대해 신선한 전망을 갖고, 조직의 기능을 개선시키려는 강한 욕구를 갖게 해야 한다. 신입사원들에게 엄격하게 순종하기를 강요하게 되면 조직에 대한 열정은 식어버릴 수 있다. 새로운 아이디어라든가 훌륭한 제안은 종종 자유분방한 종업원들에게서 나온다는 점을 감안해 보면 조직에서는 다소 융통성을 가짐으로써 신입사원들에 대한 사회화를 더욱 효과적으로 진행시킬 수 있을 것이다.

5. 신입사원에게 필요한 것

조직 사회화 과정을 거치면서, 신입사원들이 성공적으로 조직에 적응하기 위하여 필요한 것은 무엇인가? 이러한 질문에 답을 구할 수 있는 좋은 방법은 내부 직원들이 가지고 있는 것과 신입사원들이 부족한 것을 비교하는 것이다. 내부자들은 전형적으로 조직 집단에서 자신들의 역할, 조직의 규범과 가치관, 업무를 효율적으로 수행하는데 필요한 지식 기술 능력(KSA)과 경험들에 대한 분명한 생각을 가지고 있고, 이들은 조직에 남아 있도록 선택되었다는 점에서 자신들의 역할, 작업집단 및 조직에 잘 적응해 왔다. 더욱이 내부자들은 세 가지 핵심적 요소들을 보유하고 있다.

(1) **정확한 기대** 내부자들은 자신들이 만나는 상황에 대해서 무엇을 기대해야 할지를 알고 있다. 따라서 그러한 상황에 직면 했을 때 덜 놀라게 된다. 신입사원의 기대는 조직의 현실과 다를 가능성이 높다.

(2) **지식기반** 놀라운 일이 발생 하였을 때, 내부자들은 그 사건을 보다 정확하게 인식하는 지식기반(역사와 그 상황에서의 경험을 통해서)을 가지고 있다. 신입사원들은 일반적으로 이러한 지식이 부족하다.

(3) **다른 내부자들** 내부자들은 조직 사건에 대한 자신들의 판단과 해석을 비교할 수 있는 동료들이 있다. 신입사원들은 그들이 신뢰할 수 있고 조직사건을 해석하는데 도움을 줄 수 있는 내부자들과의 관계를 아직까지 발전시키지 못하고 있다.

내부자들은 신입사원들 보다 조직사건들에 의해서 당혹스러워하는 비율이 적으며, 그들은 조직사건을 보다 정확하게 해석하는데 유용한 수단을 가지고 있다. 신입사원들은 부적절하거나 역기능적 해석을 할 가능성이 더 높은데, 이것은 잠재적으로 불안을 유도하고, 내부자들과 다른 행동과 신념들을 유도한다. 예를 들어, 한 공장에서 감독자가 교대 근무에 늦은 종업원에게 고함을 지르고 징계에 회부하겠다고 위협을 가하고 있다고 가정해 보자. 감독자는 이러한 식으로 규칙 위반 사례를 다룰 수도 있고, 이러한 위협을 실행에 옮긴 적이 거의 없을 수도 있다. 따라서 내부자들은 이 사건을 자신의 상사가 한바탕 야단법석을 떠는 일상정도로 해석하고 교대근무에 들어간다. 그러나 내막을 모르는 신입사원은 이 에피소드를 다르게 해석하고 교대근무 지각에 대하여 걱정을 하고 회사 규정 전반에 대하여 근심을 할 것이다.

그러므로 신입사원들이 직무를 효과적으로 수행하는데 필요한 지식 기술 및 능력과 경험을 발전시켜 나갈 수 있도록 도움을 주어야 할 뿐만 아니라, 조직의 기대, 역할, 규범 및 가치관에 관한 명확한 정보를 보유할 수 있도록 해주어야 한다. 신입사원들은 조직 내에서의 사건들을 해석하는데 도움이 필요하며 진정으로 자신들의 지식과 판단을 공유할 의향이 있는 내부자의 배려도 필요하다. 게다가 신입사원들은 조직에 관한 정확한 기대를 형성할 때, 일에서 그리고 개인적 삶 모두에서 새로운 역할에 대처할 수 있는 방법을 찾고자 할 때 도움이 필요할 것이다.

6. 첫 직무의 영향

경력 초기에 대한 대부분의 연구들은 신입 사원에게 배정된 첫 번째 직무에 초점을 맞추고 있다. 최초의 직무도전이 경력 후기의 성공과 경력 보유에 미치는 긍정적 영향은 다양한 상황에서 여러 번에 걸쳐 확인되었다. 엔지니어들 사이에서 초기의 도전적인 업무배정은 엔지니어 경력 전반에 걸쳐 역량과 성과의 유지뿐만 아니라 뛰어난 최초의 성과와도 관련이 있었다. 달리 말하면 최초의 도전적인 직무배정은 경력 위축 가능에 대한 대비책이다.

첫 감독자의 특성은 대단히 중요하다. 감독자는 개인적으로 든든해야 한다. 신규 종업원의 훈련, 포부 및 열정 때문에 스트레스를 받지 않아야 하며, 회사의 규준과 가치관을 체계적으로 전달할 수 있어야 한다. 그 이상으로 감독자는 신입사원이 회사에 적응할 수 있도록 코치, 피드백 제공자, 훈련자, 역할모델 및 보호자의 역할도 수행할 수 있어야 한다.

종업원이 나중에 자신의 경력에서 더 높은 직위에 오를 수 있을지의 여부에 영향을 미치는 또 다른 변수는 바로 최초의 포부이다. 일반적으로 더 큰 포부가 더 많은 성과로 이어진다고 보기 때문에 종업원들에게 목표를 높게 잡도록 권장해야 한다. 부모, 교사, 고용주 그리고 친구들은 소위 비현실적 포부를 무조건 단념하도록 요구해서는 안 된다.

7. 멘토링 관계 형성

취직을 해서 새로운 업무를 맡아서 이를 처리해야 하는데 아는 것은 거의 없고, 당신을 도와줄 사람도 없다고 생각해 보자. 얼마나 난감한 상황인가? 만일 이 업무를 해본 경험이 있는 누군가가 당신에게 이 업무를 할 수 있는 방법을 알려주고 업무처리를 도와준다면 일 혹은 직장에 대한 적응이 훨씬 수월해질 것이다. 직업 세계에 들어간다는 것은 상대적으로 개인이 받는 짧은 공식적 훈련 이상을 의미한다. 사실, 가장 중요한 정보의 대부분은 훈련 코스에서 가르쳐 주지 않는다. 대신에, 대부분의 사람들은 동료 작업자들에게서 가르침을 받고 업무처리 요령을 전수 받는다. 대부분의 경우에, 더 나이가 들고 경험이 풍부한 사람이 이 일을 위해 노력을 기울이게 되는데 그가 바로 멘토의 역할을 맡는 것이다. 멘토는 작업장에서 신입사원들을 가까이서 지켜보며 직무수행에 필요한 노하우를 알려지고 지도해 나가는 사람들이다.

멘토는 일종의 선생님이자, 후원자이며, 역할모델이고 상담자이다.

멘토는 젊은 근로자가 업무나 직장의 풍토를 잘 모름으로 인해서 발생하는 불화를 피하도록 도와준다. 또한 그는 직장에서 일상의 활동을 지배하는 문서화되지 않은 규칙(예, 조립라인에서 너무 빨리 작업하지 말라)에 관한 소중한 정보들을 제공해 준다. 관계의 일부로서, 멘토는 자신의 부하가 다른 사람들로부터 주목을 받도록 해주며, 그는 자신의 감독자로부터 성과에 대해서 칭찬을 받는다. 따라서 직업적 성공은 종종 멘토 - 부하 관계의 질에 의해서 좌우되기도 한다.

멘토는 두 가지 기능을 이행하게 되는데, 그것은 부하에게 그가 직장에서 발전할 수 있는 기회를 제공하는 것과 그의 심리적 및 사회적 안녕을 촉진시키는 것이다(Kram, 1985). 크램(1985)은 멘토관계가 4가지 단계를 거쳐 발전한다고 주장하였다. 즉, 주도(멘토와 부하가 관계를 맺기 시작한다), 배양(멘토는 부하와 함께 작업을 한다), 결별(부하와 멘토가 함께 하는 시간이 적어진다), 재정의(멘토 - 부하 관계는 종결되거나 혹은 다른 형태의 관계로 전환된다)라는 과정을 거친다고 보고 있다. 여러 연구 결과를 통해서 대부분 이러한 발전 단계를 지니는 것으로 나타났으며, 신참자가 직장에서 멘토를 두었을 때의 장점도 확인되었다. 분명히, 부하는 멘토를 통해서 유형의 혜택을 받는 것은 분명한 것 같다.

그렇다면 멘토링 관계에서 멘토 자신이 얻는 것은 무엇인가? 앞서 에릭슨이나 레빈슨의 이론에서 일과 관련된 성인기의 중요한 측면들이 소개되었다. 나이 어린 종업원이 직무를 배우도록 돕는 것은 에릭슨의 이론에서 생산성(generativity)의 단계를 충족시켜 나가는 한 가지 방법이다. 생산성이라는 것은 중년기의 성인들이 자녀를 갖거나 2세들을 교육시키는 것과 같은 활동을 통해서 사회의 존속을 책임지려는 욕구를 반영한다. 직장 상황에서 생산성이란 대부분 멘토링을 통해서 표현된다. 특히, 멘토들은 그가 수년간에 걸쳐 습득한 지식과 경험을 부하 직원들에게 전수함으로써 회사 혹은 직업이 존속할 수 있다고 확신한다. 멘토가 부하를 도와준다는 것은 사회의 존속을 책임지려는 자신의 욕구를 충족시키는 것이고 무언가 가치 있는 것을 생산하고 성취하는 것이기도 하다.

사실 몇몇 연구자들은 남자들보다 여자들이 멘토를 더 필요로 한다고 주장하였다. 블레이크 - 비어드(2001)는 여성들이 가시적으로는 남자들과 대등하게 기업에 입사를 하지만 5, 6년이 지나면서 여성들의 경력은 동기들에 비해서 뒤처지기 시작한다고 지적하였다. 멘토와 짝을 지워주면, 여성들은 경력 향상 기회에 관해서 더 높은 기대를 갖는다. 멘토를 둔 여성 변호사들은 멘토가 없는 사람들에 비해서 법률 회사에서 수입이 더 많고, 승진도 더 잘하며 공평하게 대접을 받고 적응도 잘한다(Wallace, 2001). 그러나 여성들은 현실적으로 적절한 멘토를 찾는데 많은 시간이 걸리고 여러 가지 어려움을 겪는 것 같다. 연구결과를 보면 전문직 여성중의 1/3만이 젊었을 때 멘토를 발견한 것으로 밝혀졌다(Kittrell, 1998).

멘토를 찾지 못하는 한 가지 이유는 여성의 역할모델이 거의 없다는 데 있다. 특히 고위직에서 멘토링을 해 줄 여성의 수는 더더욱 적다. 많은 젊은 여성들이 남성 멘토와도 잘 지낼 수 있다고 말하지만, 연구자들은 남성멘토 - 여성부하 간의 관계가 자칫 성적인 측면으로 비화될 수 있음을 지적하고 있다. 심지어 어느 쪽에서건 성적 행동이 없었음에도 불구하고 의혹의 눈초리로 보거나 헛소문이 떠돌 수도 있다. 남자 멘토를 둔 여성 변호사가 여자 멘토를 둔 여성 변호사에 비해서 수입이 더 많다 하더라도, 같은 여자가 멘토를 해주는 여성 변호사들이 직업경력에 더 만족하고, 변호사 활동을 계속할 의향이 더 많으며, 더 많은 성취감을 느끼며, 일 - 가족 갈등도 더 적은 것으로 밝혀졌다(Wallace, 2001).

멘토를 두는 것이 개인의 직업 발전에 여러 가지 긍정적인 영향을 미침에도 불구하고, 명심해야 할 사항도 있다. 즉 무능한 멘토를 두는 것은 멘토를 두지 않는 것보다 더 나쁠 수 있다는 사실이다. 멘토링 프로그램은 멘토에 의해서 좌우된다고 해도 과언이 아니다. 결국, 전도유망한 부하들은 신중하게 멘토를 선택해야 하고, 멘토링 프로그램에서는 다양하고 깊이 있는 훈련을 제공하는 의욕있고 숙련된 사람을 멘토로 선발할 필요가 있다.

8. 확립기의 과업

이 기간 동안에 중점적으로 다루어져야 할 네 가지 일반적인 쟁점을 살펴보면 다음과 같다.

첫째, 종업원들은 계속해서 직무를 향상시켜야 한다. 만일 새로 할당된 업무나 승진이 승인되면, 종업원은 더 높은 수준의 복잡한 업무와 책임을 질 수 있는 자신의 능력을 계속해서 증명할 필요가 있다.

둘째, 종업원은 미래의 직업경력에 기반이 되는 전문영역(마케팅, 엔지니어링, 정보체계)에서의 적응능력을 개발해야만 한다. 기업에서는 관리자가 궁극적으로 일반적인 관리직으로 옮겨가기를 원하는지에 대해서는 개의치 않고 관리자들이 직업경력 초기에 전문가가 되기를 기대한다.

셋째, 종업원들은 경험이 적은 조직의 구성원으로서 보다 효율적으로 업무를 처리하는 방법을 끊임없이 배워야만 한다. 종업원들은 아직까지도 신입사원에 가까우며 따라서 자신들이 원하는 모든 자율성을 부여받지 못할 수도 있다. 즉 종업원들은 자신들의 지위를 올바르게 인식하여야 하고, 조직의 제약범위 내에서 효율적이면서도 혁신적으로 업무를 처리하는 방법을 계속해서 배워야 한다.

넷째, 종업원들은 현재의 직무 경험에 비춰보아 자신들의 재능과 가치 및 흥미를 재평가해야만 한다. 이미 선택한 직업에 대한 적절성과 조직 내에서의 기회를 재평가하는 시점에서는 충분한 정보가 필요하다. 경력 분야와 조직에 계속해서 남을 것인지 아니면 떠날 것인지에 대해서도 결정해야 한다.

제 2 절 성취기

성취기에 접어든 종업원은 조직생활을 통하여 여러 가지 새로운 변화를 경험하게 된다. 신입사원 시절의 일상적인 업무에서 벗어나 보다 도전적이고 특별한 업무를 배정받게 되고, 조직 내에서 부서 간 이동이나 승진을 경험하기도 한다. 또한 업무에 대한 지식과 기술이 축적되고, 타 조직 사람들과의 친분관계도 확대되면서 스카우트 제의를 받기도 한다. 이때 고위 관리자로 승진할 가능성이나 업적에 대한 피드백은 성공 혹은 실패감의 발달에 결정적인 영향을 미친다. 자신감과 조직에 대한 지식이 많아질수록, 사람들은 일을 완수할 수 있는 자신의 능력에 관해서 보다는 승진과 출세에 더 많은 관심을 보이게 된다. 실적이 높아짐에 따라 자신이 독자적으로 수행할 수 있는 프로젝트에 관심을 보이게 된다. 물론 이들은 혼자서 모든 업무를 처리할 수 있는 재량권은 없지만, 이제는 과제를 수행하면서 더 이상 감독을 받지 않으며 과제수행에 대한 특별한 방법을 전수 받지도 않는다.

이 때 이루어져야 할 중요한 개인적인 결정은 얼마나 전문성을 갖추는가이다. 한 영역 즉 품질관리, 회계, 구매에서 전문화가 이루어지게 되면 그 분야에 전문가가 되는 것이다. 물론 그것이 묵살될 잠재적인 위험도 있다. 다른 방법은 전문적인 기술을 개발하고 그것을 다양한 영역에 적용하는 것이다. 예를 들어 컴퓨터 전문가(프로그래머 혹은 시스템 분석가)는 자신의 기술을 마케팅, 회계, 인사관리, 제조 및 재정에 응용할 수 있다. 물론 여기서의 위험성은 팔방미인이 되거나 특기가 없는 사람으로 인식될 수도 있다는 점이다.

대부분의 사람들은 35세에 가까워지게 되면 20대 때보다 조직에 대하여 더 많은 몰입을 하게 된다. 고위 관리자들은 이러한 사실을 인정하고 가치 있고 유능한 종업원을 보유하기 위하여 특별한 우대조치를 취한다. 이와 같은 특별 우대조치로는 종업원들을 회사에 붙들어두기 위하여 사용하는 봉급, 회사의 특전(콘도이용권, 차량제공, 자녀 학자금 제공) 및 부가급부(주식매입선택권, 거치보상계획) 등이 있다. 대학을 막 졸업했을 때 추구했던 독립심은 지금은 회사에 대한 의존과 몰입감으로 대치된 것이다.

이 시기에 조직내에서 동료관계는 매우 중요한 의미를 갖는다. 어떤 사람은 고참조언자에게 지시와 충고를 구하기보다는 동료집단을 찾는다. 동료집단은 이 단계의 사람들에게 회사의 정책이나 불평등에 대한 불만 즉 임금인상이나 보너스 규모, 승진누락 등과 같은 불만을 털어놓을 수 있는 배출구를 제공한다. 고참조언자와의 관계에서 동료집단과의 관계로의 전환은 쉽지가 않다. 동료집단 구성원들은 기회가 닿을 때마다 자신들에게 유리하도록 타 집단 구성원들에게서 흠을 찾아내기도 한다. 예를 들어 승진 가능성이 있었던 어떤 사람이 승진 대상자 명단에서 누락되게 되면, 그 사람은 동료집단에게서 마음의 위로를 받고자 할 것이다. 그는 동료들이 자기 대신 승진한 사람이 적임자가 아니라는 사실에 동의하고 자신의 자존심을 북돋워 줄 수 있는 충고나 조언을 제공해 주길 희망한다. 그러나 동료들 중 어떤 사람들은 이와 같은 일이 자신에게 좀더 빨리 승진할 수 있는 기회를 열어주기 때문에 내심 반가워할 수도 있다. 일단 어느 누군가가 승진이라는 관문을 통과하게 되면, 승진대상이 될 가능성은 다시 감소하게 마련이다.

성취기 동안에, 일에서 중요한 결정을 내려야 할 경우 그로 인한 중압감은 종종 중요한 사적인 결정을 내려야 하는 스트레스로 인해 더욱 배가된다. 가령 승진이 개인의 사적인 생활과 가정생활에 영향을 미칠 수 있는 것과 같이(예를 들면, 재배치, 근무시간 연장, 출장기회 증가, 스트레스 증가), 일과 관련된 결정과 사적인 결정은 종종 서로 얽혀 있다. 조직에 계속해서 머물 것인지 혹은 특별 우대조치 때문에 조직에 더욱 더 연대감을 느끼게 될 것인지는 또 다른 문제이다. 대학 졸업자들은 자신의 경력 동안에 평균 4번 정도 직무를 바꾸게 된다. 이와 같은 직무변화들 중 대부분은 성취기 동안에 일어난다. 승진에 대한 잠재력이 실현되거나 실현되지 않음에 따라서 자존감과 미래의 승진가능성이 결정된다.

1. 성취기의 과제

일정수준의 자신감과 수용을 획득하게 되면, 초기 경력 단계의 그 다음 중요한 과제는 자신의 성취 수준과 고용주에 대한 기여수준을 향상시키는 것이다. 이 시점에서 몇 가지 의문이 제기된다. 자신의 현 업무영역에서 다른 부서로 옮겨야 하는가? 관리자의 역할을 맡을 준비가 되어 있는가? 현재 근무하고 있는 회사에서 다양한 선택 안(option)을 모색할 수 있는 기회가 충분한가? 이와 같은 몇 가지 의문점이 발생하게 된다. 이러한 초기 경력의 두 번째 단계는 시급한 것은 아니지만 전형적으로 성취와 업적에 관한 관심사를 반영한다.

경력초기 동안에 수용과 조화를 유지하려는 문제에 대한 관심은 수그러들고 성취와 권위를 찾으려는 노력이 나타나기 시작한다. 비록 안정과 수용이 성취욕을 자극할 수 있을 것 같지만 확립기에서 성취기로 넘어가는 것은 시간의 흐름에 따르는 것은 아니며, 갑자기 나타나는 것도 아니다. 성취기에는 다른 시기와 달리 성취 지향적인 목표를 수행하려는 욕구가 보다 강하게 나타난다.

성취기는 몇몇 연구자들에 의해서 상승기로 언급되기도 하는데, 이것은 종업원들이 상승기에 수직이동 즉, 승진의 욕구가 매우 강하기 때문인 것으로 생각된다. 성취기라는 용어는 여러 가지 다양한 형태의 수행업적을 망라하는 보다 포괄적인 개념이기 때문에 상승기라는 용어보다는 성취기라는 용어가 합당할 것 같다. 성취는 사람마다 매우 다양한 의미를 갖는다.

경력개발과 관리를 위해서는 경력포부와 경력유형의 변화를 이해하는 것이 중요하다. 성취나, 업적달성, 성공의 의미는 개인의 경력지향성에 따라 달라진다. 더군다나, 여러 연구에서는 경력 지향성과 직무 설정 간의 조화가 직무 만족과 경력 만족 그리고 조직몰입을 높게 하고 조직을 떠나고자 하는 의도를 낮추는 것으로 밝혀졌다(Igbaria, Greenhaus, & Parasuraman, 1991) 반면에, 부조화는 불만족과 작업 환경을 떠나려는 욕구들을 이끌어낸다. 여러 연구자들은 성취기 동안 대부분의 종업원들에게 해당되는 몇 가지 쟁점을 제안하였다.

표 5.3 성취기 동안의 과제

- 자신에게 할당된 업무에서 끊임없이 자신의 능력이 향상되었음을 증명하기
- 할당된 업무에서 부가적인 수준(가외)의 책임과 권위를 획득하기
- 전문화된 기능인으로 남을 것인가 아니면 일반관리직으로 이동할 것인가와 같이, 자신의 직업 및 조직에 기여할 수 있는 가장 적절한 유형을 결정하기
- 조직 내외의 기회를 평가하기
- 자신의 경력포부와 일치하는 장 · 단기 경력목표를 개발하기
- 자신의 경력 목표를 달성하기 위한 전략을 실행하기
- 환경변화에 유연하게 대처하며 적응하기

2. 직업전환

과거에 사람들은 대부분 아주 젊었을 때 직업을 선택하고 별일이 없는 한 한 직장에서 퇴직할 때까지 일을 하였다. 그러나 오늘날 대부분의 사람들은 평생직장 개념은 없어졌다고 생각한다. 또한 일생동안 한 가지 직업에 머물러 있으리라고 기대하지도 않는다. 직무를 바꾼다는 것은 당연한 것으로 받아들여지고 있다. 미국의 경우 성인들은 대체로 5～10번 정도 직장을 옮기는 것으로 밝혀졌다. 우리의 현실도 예외는 아니어서 IMF 체제 이후 직장을 옮기는 것은 자연스러운 현상으로 받아들이고 있다. 어떤 사람들은 직업 변화를 긍정적인 것으로 보고 있다.

예를 들어, 헤빙거스트(1982)는 이러한 유연성을 강력하게 옹호하고 있다. 그의 견해에 따르면, 직업 생활 주기에서 변화를 갖는다는 것은 최초 직업 선택에 대해서 갖는 환멸을 피하는데 도움을 줄 수도 있다는 것이다. 직업을 바꾼다는 것은 일에 대한 도전과 만족을 보장하는 한 가지 방법일 수 있다.

한 직업에 계속해서 남을 것인지 아니면 직업을 바꿀 것인지를 결정하는데 영향을 미치는 몇 가지 중요한 요인들이 있는 것으로 확인되었다. 개인이 그 직업을 좋아하는가와 같은 요인들은 본인이 주도해서 직업을 바꾸도록 유도한다. 예를 들어, 자신의 직업을 진정으로 좋아하는 사람들은 가외의 훈련을 자청해서 받거나 혹은 보다 나은 직무를 배정받는데 도움이 될 수 있는 신기술을 습득하려는 마음에 초과 근무도 기꺼이 수용한다. 어떤 사람들은 몸값을 올리기 위해서 훈련을 활용하기도 한다. 그러나 기술의 퇴화나, 경제적 추세와 같은 변수들도 직업을 바꾸도록 압력을 가하는 요인이다. 예를 들어, 계속되어온 로봇의 성능 개선은 공장의 설비 자동화를 앞당겨서 상당수의 근로자들이 직장을 잃게 되는 결과를 초래하였다. 다른 한편으로 기업에서는 경영 효율성과 이익 증진을 위하여 공장을 해외로 이전하기도 한다. 경기 후퇴는 대규모 정리 해고로 이어진다. 그러나 어쩔 수 없는 직업 변화는 이익을 가져다 줄 수 있다. 많은 성인들이 이러한 변화에 대비하여 자기-개발에 몰두하고, 다시 대학을 찾거나 평생교육기관을 찾기도 한다. 어떤 사람들은 이직 패키지의 일부로서 제공된 교육 혜택을 이용한다. 어떤 사람은 새로운 기술을 습득하기 위하여 기업에서 제공하는 교육기회를 활용하기도 한다.

3. 근로자를 훈련시키기

여러분이 특정 직무에 고용되었을 때, 기업에서는 직무를 수행하기 위하여 필요한 능력을 이미 보유하고 있다고 믿기 때문에 당신을 선발한 것이다. 대부분의 사람들은 직장생활을 통하여 자신들의 역량을 증명할 수 있어야 한다. 그렇다 하더라도, 직무수행에 필요한 기술들은 계속해서 변한다. 이러한 변화들은 신기술의 도입, 새로 맡겨진 책임, 승진 등에 기인할 수도 있다.

개인의 기술이 갱신되지 못하면, 그 결과는 실직으로 이어지거나 경력 고원기로 이어질 가능성이 높다(Froman, 1994). 경력고원은 조직 내에서 승진기회가 부족할 때 혹은 승진을 포기할 때 발생한다. 경력고원에 도달한 근로자들은 조직에 덜 헌신하고 회사를 떠날 가능성이 높다.

실직과 경력고원의 경우에, 재훈련은 그에 대한 적절한 대비책일 수도 있다. 미국의 경우 전체 근로자들의 거의 1/3이 매년 직무기술을 향상시키려는 목적으로 훈련 코스에 참여하고 있다(American Council on Education, 1997). 이러한 코스들의 한 가지 목표는 새로운 컴퓨터 기술과 같이 다양한 기술들을 개선하고 향상시키려는 것이다. 경력 중기에 접어들거나 나이든 근로자들의 경우, 재훈련은 자신의 직업에서 승진하는 방법, 혹은 새로운 경력 기회를 찾는 방법(예를 들어, 이력서 준비와 경력 상담)에 역점을 둔다. 한편, 기업에서는 경력 고원과 관련된 문제를 중점적으로 다루기 위하여 몇 가지 구체적인 단계를 취할 수 있다. 예를 들어, 직무배정 확장하기, 멘토링, 명확하게 규정된 경력경로, 그리고 신규 프로젝트 혹은 팀에 참여하는 것과 같은 긍정적 활동들은 결국 경력 고원기에 이른 종업원들 사이에서 더 높은 성과지각과 긍정적인 태도로 이어진다.

지역사회와 기술대학들 뿐만 아니라 대부분의 기업들은 다양한 분야에서 재훈련 프로그램을 제공하고 있다. 종업원의 개발을 촉진하려는 조직에서는 전형적으로 종업원의 기술을 개선하기 위하여 가정 내에서 실행할 수 있는 코스를 장려하고 있다. 그렇지 않으면 종업원들을 대학 혹은 대학원에 진학하도록 장려하여 이 과정을 성공적으로 마칠 경우 종업원들에게 수업료를 상환해주는 프로그램들을 제공하기도 한다. 학비를 우선 지원해주고 기업에서 요구하는 조건을 충족하지 못했을 경우 학비를 회수하는 경우도 있다.

경력 중기의 근로자들과 나이든 근로자들의 재훈련은 생애학습에 대한 필요성을 강조하고 있다. 기업들이 세계 경제의 도전에 대비하려 한다면, 종업원 개발 프로그램에 재훈련을 반드시 포함시켜야 한다. 이와 같은 프로그램들은 사람들이 자신이 선택한 직업에서 성장할 수 있는 가치를 제공하며 성공적인 직업전환을 이루도록 도와줄 것이다.

4. 종업원 개발

종업원 훈련과 종업원 개발은 구분할 필요가 있다. 훈련은 보다 현재 지향적이다. 훈련은 즉각적으로 직무를 수행하기 위하여 개인의 현 직무에 초점을 맞추고, 구체적인 기술과 능력을 배양하는데 역점을 둔다. 예를 들어, 당신이 대학 4년을 마치고, 직장에 뛰어들었고 마케팅 담당자가 되고자 했다고 가정해 보자. 마케팅 관련 학위를 보유하고 있음에도 불구하고, 당신은 몇 가지 훈련이 더 필요하다. 보다 구체적으로 당신은 회사의 정책과 실무, 상품정보, 그 외 적절한 판매 실무를 배워야 할 것이다. 정의에 의하면, 이것은 구체적인 직무 훈련이거나 혹은 현 직무에서 보다 효율적으로 일을 할 수 있도록 계획된 훈련이다.

다른 한편으로, 종업원 개발은 조직 내에서의 미래 직무에 역점을 두고 있다. 당신은 직무와 경력이 발전함에 따라 신기술과 능력이 필요할 것이다. 예를 들어, 당신이 판매부의 관리자가 된다면, 그 직무를 수행하기 위하여 필요한 기술은 상품을 팔기 위하여 사용되는 기술과는 사뭇 다를 수가 있다. 당신은 지금 판매 담당자들을 감독해야 하고, 광범위한 마케팅 지식과 커뮤니케이션 기술에서 종업원 성과를 평가하고 문제 종업원들을 징계하는 등의 특수한 관리 역량을 개발해야 한다. 종업원이 더 큰 책임을 맡는 직위로 올라감에 따라, 종업원 개발 노력은 미래를 준비하는 데 도움을 준다.

1) 종업원 개발 방법들

앞서 언급하였듯이, 종업원 개발은 보다 미래 지향적이고, 종업원에게 구체적인 직무훈련을 시키기보다는 교육에 더 많은 관심을 갖는 것이다. 교육이라는 측면에서 종업원 개발 활동은 견고한 추리과정을 습득하는 것을 의미한다. 즉 지식을 이해하고 해석하는 능력을 향상시키는 것이다. 단순히 사실을 전달하거나 운동 기술을 가르치는 것이 아니다. 따라서 개발은 종업원의 개인적 성장에 더 많은 역점을 둔다. 더 큰 책임을 지는 직위에 대비하는 성공적인 종업원들은 분석적이고, 인간관계 지향적이며, 개념적이고 전문화된 기술을 가지고 있다. 그들은 생각하고 이해한다. 훈련 그 자체만으로는 종업원들에게 인과관계를 이해하거나, 경험을 통합하거나, 관계를 시각화하거나 혹은 논리적으로 생각할 수 있는 능력을 키워 줄 수 없다. 결과적으로, 종업원 개발은 훈련과정이라기보다는 교육과정에 더 가깝다고 볼 수 있다.

종업원 개발의 한 가지 중요한 요소를 고려해보자. 수준에 관계없이 모든 종업원들을 개발할 수 있다. 역사적으로, 개발은 잠재적 인사관리를 위해 준비되었던 것이다. 경영관리와 관련된 구체적인 기술(계획하기, 조직하기, 통솔하기, 통제하기 및 의사 결정하기 등)을 훈련받는 것이 개인에게 중요하지만, 비관리직 종업원들도 이러한 기술이 필요하다는 사실을 인식해야 한다. 업무 팀의 활용, 감독 역할의 축소, 근로자들의 직무 목표 설정 참여 허용, 품질과 고객위주 경영 등은 우리가 종업원 개발을 보는 방식을 변화시켰다. 따라서 조직에서는 지금 새로운 종업원 기술, 지식 및 능력을 요구하고 있다. 앞으로 보게 되겠지만 일반적으로 종업원들을 개발하기 위하여 사용된 방법들이 미래의 관리 능력을 개발하기 위하여 사용된 방법들과 유사하다. 개인의 능력 개발은 대체로 현장에서 이루어진다. 지금부터 조직에서 널리 이용되는 세 가지 현장훈련 기법(직무순환, 직위보조 및 위원회 배정)과 현장 외 방법(강의 과정과 세미나, 시뮬레이션 훈련, 실외 훈련)을 살펴보고자 한다.

직무순환 : 직무순환이란 종업원들의 기술, 지식 및 능력을 확장시키려는 노력의 일환으로 조직에서 종업원들을 다양한 직위로 이동시키는 것을 말한다. 직무순환은 수평적인 것일 수도 있고 수직적인 것일 수도 있다. 수직적 순환은 종업원을 단지 새 직위에 승진시키는 것이다. 직무순환의 수평적 차원은 단기간의 측면이동으로 알려져 있는데 말 그대로 비슷한 직위에서 업무 혹은 역할을 새로 부여하는 것이다.

직무순환은 개인에게 기업운영 전반에 대한 경험을 쌓게 하고, 전문가에서 제너럴리스트(다방면의 경험이 있는 실무자)로 전환시키는 매우 우수한 방법이다. 개인의 경험을 증대시킬 뿐만 아니라 개인에게 새로운 직무에 전념하도록 허용함으로써, 오랜 반복된 업무에서 오는 권태감을 줄여주고 새로운 아이디어의 개발을 자극할 수 있다. 또한 이것은 감독자들이 종업원들에 대해서 보다 포괄적이고 신뢰할 만 한 평가를 할 수 있는 기회를 제공한다.

직위보좌 : 잠재력을 증명한 종업원들은 종종 조직의 각기 다른 영역에서 경험이 많거나 성공한 관리자 밑에서 일을 한다. 임원 혹은 고위 관리직 보좌역으로 일을 할 때, 혹은 특별위원회에 근무할 경우, 이들은 자신을 지원하고 교육하는 여러 사람들이 지켜보는 가운데 많은 의무사항을 수행한다. 그렇게 함으로써 이들 종업원들은 다양한 경영관리 활동들을 경험하고, 다음에 맡게 될 더 높은 수준의 책무를 수행하는데 필요한 훈련을 받는 것이다.

위원회 배정 : 위원회 배정을 통해서 종업원들은 의사결정을 공유하고, 다른 사람들을 지켜봄으로써 무엇인가를 배우며, 구체적인 조직문제를 탐구해볼 수 있는 기회를 갖는다. 종종 임시 위원회는 특별한 문제를 세밀히 조사하기 위하여, 대안책을 모색하기 위하여 그리고 해결책을 추진하는 태스크 포스의 기능을 한다. 이와 같은 임시 배정은 기업에서 종업원의 성장에 관심을 보이는 것이기도 하고 보상 차원에서 제공될 수 있다. 영구위원으로의 임명은 많은 조직 구성원들과 만날 수 있는 기회를 증가시키며, 그의 이해력을 확대하며, 성장기회를 제공하

고, 다른 위원회 구성원을 관찰함으로써 장점을 취할 기회도 제공한다.

위에서 살펴본 현장기법 이외에, 종업원들은 현장 외 개발을 통해서 이익을 얻을 수 있다. 가장 보편적으로 이용되는 수단 중 세 가지는 강의과정과 세미나, 시뮬레이션 및 실외훈련 등이다.

강의 과정과 세미나 : 전통적인 형태의 지도 방식에서는 공식적인 강의 과정과 세미나를 주로 운영한다. 이들은 개인이 지식을 습득하고 자신의 직업적 및 분석적 능력을 개발하는 데 도움을 준다. 많은 조직들은 이와 같은 지도방식을 사내에서, 외부업체를 통해서 혹은 양쪽 모두를 통해서 제공하기도 한다.

그러나 기술은 훈련 분야에서 중요한 변화와 개선을 가져왔다. 기업에서 한창 보여주고 있는 추세는 '원격 학습'을 통해서 강의과정과 세미나를 제공하는 것이다. 디지털화 된 컴퓨터 기술은 한 지역에서 광섬유 케이블을 통해서 다른 여러 지역으로 강의 내용을 동시에 전달할 수 있도록 하였다.

과거 10 여년 사이에, 조직구성원을 위한 강의과정과 세미나는 여러모로 확대되어 왔다. 어떤 사람들은 학위를 따기 위하여 대학 교실에 복귀하였고, 어떤 사람들은 평생교육 과정을 채택하였다. 양 방식 모두, 종업원들이 현재 혹은 앞으로 취업할 회사에 대해 자신의 몸값을 높이기 위한 노력의 일환으로 기술, 지식 및 능력을 향상시키려는 과정에서 나타난 현상들이다.

시뮬레이션 : 시뮬레이션은 일종의 훈련 기법이다. 종업원을 훈련시킬 때 실제적인 작업경험이 매우 중요하기 때문에, 시뮬레이션이 종업원 개발에 많은 각광을 받고 있는 것 같다. 가장 폭넓게 사용되는 시뮬레이션으로는 사례연구, 의사결정 게임 및 역할 플레이 등을 들 수 있다.

사례연구 분석을 통한 종업원 개발은 하버드 경영대학원에서 보급되었다. 조직의 실질적인 경험을 채택한다면, 이들 사례들은 가능한 한 정확하게 관리자들이 직면하는 현실적인 문제를 묘사해 낼 수 있을 것이다. 훈련생들은 문제를 결정하고, 원인을 분석하며, 대안책을 개발하고, 그들이 최상의 해결책이라고 믿는 방법을 선정하며, 이를 실행에 옮기기 위하여 사례들을 분석한다. 사례 연구들은 개인이 분석적 및 판단능력을 함양하는 기회를 제공할 뿐만 아니라 참가자들 사이에서 논의를 촉진하기도 한다. 또한 이것은 한정된 정보라는 제약 내에서 의사결정 능력을 향상시키는 매우 효과적인 방법인 것 같다.

모의 의사결정 게임과 역할-연기 훈련은 개인이 감독 행위와 관련된 문제들을 실제로 행하여 보는 것이다. 컴퓨터 프로그램 상에서 실행되는 시뮬레이션은 개인이 의사결정을 할 수 있는 기회를 제공하고, 그의 결정이 조직의 다른 단편에 미치는 여파를 목격할 수 있는 기회를 제공한다. 예를 들어, 항공사는 시뮬레이션이 매우 효율적이고 많은 비용을 절감할 수 있는 조종사 훈련수단임을 확인하였다. 특히 잠재적으로 위험한 상황에서 그 진가를 발휘하는 것으로 알려져 있다. 이것은 잘못된 결정이라 하더라도 학습자에게 더 이상의 나쁜 영향을 미치지 않으면서, 그 선택이 왜 좋은 선택이 아니었는지를 이해할 수 있도록 해준다. 역할 연기는 참여자들이 문제를 실연해보도록 하며, 실제로 사람들과 대면해서 그들을 대해보도록 해준다. 참여자들은 역할을 배정받고 그들이 실제로 관리직의 직무를 맡고 있는 것처럼 서로에 대해서 반응해 보도록 요구받는다.

시뮬레이션 훈련의 장점은 불행한 결과로 인한 고비용을 지불하지 않고서 관리자들이 직면하는 실제 상황과 유사한 환경을 만들어 낼 수 있다는데 있다. 물론, 단점들은 이와 같은 사실의 반대일 것이다. 직무상에서의 실질적 의사결정의 압력과 현실을 그대로 만들어내는데 어려움이 있으며, 종종 개인은 현실 생활의 경우 그들이 모의 훈련에서 보여주는 것과는 다르게 행동할 수 도 있다.

실외훈련 : 종업원 개발에서 한 가지 추세는 실외훈련의 활용이다. 이러한 훈련의 일차적인 초점은 훈련생들에게 공동작업의 중요성과 한 팀으로서 의견일치의 중요성을 가르치는 것이다. 실외훈련은 전형적으

로 몇 가지 주요 정서적 및 신체적 도전과 관련이 있다. 이것은 계곡에서 이루어지는 레프팅, 산악등반, 서바이벌 게임 등일 수 있다. 이러한 훈련의 목적은 자연이 종업원들에게 제시한 난관에 대해서 어떻게 대응하는지를 알아보는 것이다. 그들은 이러한 위험에 혼자서 직면할 수 있는가? 그들은 '흥분'하는가? 아니면 그들은 자신들의 목표를 달성함에 있어서 통제력을 행사하고 성공을 거두고 있는가? 현실을 보자면, 오늘날의 기업 환경은 종업원이 홀로 모든 것을 해결하거나 지탱하도록 놓아두지 않는다는 것이다. 이것은 서로가 긴밀하게 협력하여 업무를 수행하며, 신뢰관계를 구축하고, 집단의 한 구성원으로서 성공을 거두는 문제에 대한 중요성을 강화시켰다. 여러 기업에서는 매년 실외훈련을 위하여 많은 돈을 쏟아 붓고 있다.

5. 관리능력개발

1) 관리능력개발 프로그램

관리능력개발 프로그램을 위해 적절한 내용을 선정하는 것은 어떤 훈련기법을 사용할 것인가를 결정하는 것보다 더 중요하다. 달리 말하면, 가르칠 내용을 정하는 것이 그것을 가르칠 방법을 결정하는 것보다 더 중요하다는 것이다. 더욱이 강의법, 집단토의, 역할연기 혹은 몇 가지 다른 기법을 사용하려는 결정은 훈련 프로그램의 내용에 의해서 주로 결정되어야만 한다.

이전에는 관리능력개발 프로그램들은 매우 다양한 주제를 가르치기 위하여 사용되어 왔다. 관리의 기본적인 원리는 계획하고, 조직화하고, 동기화시키고, 통제하는 것으로 간주되었다. 관리능력개발 프로그램들은 전형적으로 이러한 관리 기능들을 기술하고 모든 관리자들이 학습해야 할 일반 원칙들을 제시하고자 하였다. 최근 들어, 이러한 관리원칙에 대한 보편적 적절성에 대하여 의문이 제기되었다. 따라서 모든 관리자들에게 적용되는 관리의 일반원칙이 있다고는 더 이상 믿지 않는다. 대신에 현재의 생각은 특정 상황에 적합한 특별한 관리의 원칙이 있다고 본다. 유관관리라고 부르는 이와 같은 관리의 분야에서는 관리자에게 적절한 행동은 관리자가 직면하는 상황에 의해 결정된다고 보고 있다. 관리자들은 다양한 상황에 직면할 수도 있기 때문에, 훈련 문제는 관리능력개발 프로그램에서 어떤 관리의 원칙을 가르칠 것인가와 관련이 있다.

2) 관리능력 프로그램의 요소

관리능력 개발 프로그램들은 인적자원개발(HRD) 프로그램과 같은 방식으로 구성될 필요가 있다. 즉, 욕구사정, 설계, 이행 및 평가 등의 과정을 거친다. 보다 구체적으로 프로그램 계획에 중요한 요소들을 소개하면 다음과 같다.

(1) 관리 능력 개발은 조직의 욕구와 개발 중인 사람들의 욕구에 부응하도록 조직의 전략 계획과 연계되어야만 한다.

(2) 조직 내에서 관리자들이 실제로 행하는 것과 이들이 관리직을 효율적으로 수행하는데 필요한 기술을 조사하는 등의 철저한 욕구 분석이 매우 중요하다.

(3) 프로그램 전반에 대하여 그리고 이들 구성요소들 각각(예 현장 경험, 교실훈련)에 대하여 구체적인 목표들을 확립해야 한다.

(4) 욕구사정에선 평가에 이르기까지 과정의 모든 국면에서 조직이 양질의 경영팀을 보유하는 것은 경영진의 책임이다.

(5) 공식적인 절차를 통해서 혹은 현장에서 다양한 개발 기회를 활용해야 한다.

(6) 프로그램은 개발 대상자들이 이러한 활동에 참여하도록 동기화시킬 수 있도록 설계해야 한다. 모든 수준에서 관리자들에게 부과된 매일 매일의 요구들은 개발 다음으로 미룰 수 있도록 해주어야 한다.

(7) 프로그램을 정기적으로 평가하고 변화가 필요할 경우 그것을 수행하고 향상시킬 수 있는 조치가 취해져야 한다.

이 리스트는 새로울 것이 없고 놀라울 것도 없지만, 대부분의 관리능력 개발 프로그램에서는 이를 잘 반영하지 못하고 있다.

3) 일반 대 특수 훈련

관리능력개발 프로그램에서 어떤 주제들을 가르칠 수 있고, 이들은 각 관리수준에 어떻게 적용할 수 있는가?

기술적 및 전문적 기술: 기술적 및 전문적 기술들은 일반적으로 각 조직마다 다르다. 특수한 기술 지식을 커버하는 조직의 특별 훈련 프로그램은 일반적으로 다른 조직에는 적용될 수 없을 것이다. 안전훈련이 기술 및 전문훈련의 한 예가 될 수 있을 것이다. 모든 조직에서는 몇 가지 형태의 안전훈련이 필요하지만, 한 회사를 대상으로 한 안전운영 절차를 기술하는 구체적인 훈련 프로그램은 또 다른 조직의 훈련 프로그램과 매우 다를 수도 있다. 전반적인 안전의식수준을 향상시키기 위하여 설계된 프로그램과 같이 몇 가지 안전훈련은 일반적인 것이지만, 대부분의 안전훈련에서는 특정 직무와 관련된 구체적인 정보를 포함시킬 필요가 있다.

대인관계: 인관계 기술은 일반적으로 모든 수준의 관리능력과 관련이 있다. 대인관계 기술에서 훈련 프로그램은 의사소통, 청취, 고충과 불만다루기 그리고 성과 평가하기 등과 같은 주제들을 망라한다.

개념적 및 행정적: 대부분의 개념적 및 행정적 기술들은 속성 상 일반적인 것으로 모든 관리자들, 특히 최고 수준의 관리자들과 관련이 있다. 예를 들어, 의사결정훈련은 어떠한 결정이 내려지는 과정을 설명할 수 있을 것이다: 문제를 확인하라, 대안 해결책을 확인하라, 대안을 평가하라, 최상의 대안을 선정하라. 이와 같은 의사결정 과정은 최고관리자들이 의사결정에 더 많은 시간을 소비할 수도 있지만 모든 관리자들에게 똑같이 중요하다. 마찬가지로 시간을 관리하는 훈련 프로그램들은

보편적 연관성을 갖는다. 모든 관리자들은 우선권 설정, 할 일에 대한 목록, 회의 혹인 모임을 계획하기, 의제 구성하기 등의 과정을 이해할 필요가 있다. 시간관리 및 문제해결에 관한 일반 원리가 구체적인 조직 문제에만 적용될 수 있다 하더라도, 그 원리는 다른 많은 관리 상황에서 보편적 적용성을 갖는다.

3) 리더를 위한 각기 다른 기술

유능한 혹은 양질의 관리자가 되기 위해 필요한 지식과 기술들이 모든 관리직에 똑같이 적용되는 것은 아니다. 관리직은 전통적으로 세 가지 주요 범주로 유목화될 수 있다. 즉 관리직은 최고 관리자들, 중간 관리자들, 일선 관리자들로 나누어 볼 수 있고, 이들 세 유목들은 우리가 흔히 관리직이라고 부르는 직책을 기술하기 위하여 자주 이용되었다. 한편 이들 세 수준의 관리는 리더십 과정과 태도 그리고 기술이라는 측면에서 매우 다르다. 최고 수준의 관리자들은 환경의 요구에 부합하기 위하여 조직 구조를 적응시켜야 하기 때문에 조직 전반에 대한 조망과 미래에 대한 비전을 가져야만 한다. 다른 한편으로 감독자들은 임무를 완수하기 위하여 기술적 지식을 보유하고 규정 및 절차에 대해서 이해를 하고 있어야 한다.

이들 두 수준 사이에, 중간관리자들은 양쪽 방법을 주시해야 하고 최고 관리자의 폭넓은 목표는 감독자가 이를 따르도록 구체적인 절차로 변환시켜야 한다.

관리기술들은 앞에서 살펴본 바와 같이 세 가지 차원으로 유목화될 수 있다. (1) 기술적 및 전문적 기술, (2) 대인관계 기술, (3) 개념적 및 행정적 기술. 기술적 및 전문적 기술은 특정 직무를 수행하기 위하여 필요한 기술이라고 할 수 있다. 즉, 기계운전 혹은 수리방법, 특별한 외형을 완성하거나 진행하는 방법, 컴퓨터 프로그램 작성방법, 예산준비방법 그리고 직접적으로 업무를 완수하는 데 관계되는 다른 구체적인 행위들도 여기에 포함된다. 대인관계 기술은 다른 사람들과 상호작용 할 수 있는 능력과 관련된 기술들이다. 즉 성과를 평가하는 방법, 정적 강화와 피드백을 제공하는 방법, 응집력 있는 팀을 구축하는 방법 등이 여기에 해당된다. 개념적 및 행정적 기술은 조직 기능화를 분석하는 것과 관련된 기술이다. 가령 기업 환경을 이해하기, 조직 내부의 문제들을 진단하기, 그리고 조직 문제를 교정하기 위하여 필요한 조치가 무엇인지를 결정하는 것 등이다.

이들 세 기술들은 모든 관리직에게 동등하게 요구되는 것은 아니다. 기술적 및 전문적 기술은 최고 집행자들 보다는 더 낮은 수준의 관리자들과 감독자들에게 훨씬 중요하다. 한편 개인적 및 행정적 기술들은 감독자들보다는 최고 관리자들에게 더 중요하다.

제6장

직업경력 중기 : 유지기

제 1 절　직업경력 중기

직업경력 중기는 대략 40~55세 사이의 15년 동안의 기간을 말하고 두 가지 주요 과제에 당면하게 된다. 직업경력 중기에 직면하게 되는 변화로는 직업적 포부 및 꿈과 관련된 자신의 성취감을 재평가하기, 자신의 인생에서 일의 중요성을 재검토하기, 그리고 중년기의 변화에 의해서 생성된 스트레스 대처방법 배우기 등이 있다. 직업경력 중기 동안에 생산성을 유지하기 위해서 종업원들은 자신의 기술을 갱신하고 통합하며, 이와 같은 기술을 발휘하기 위하여 충분한 자율성을 확보하고 신기술을 개발하도록 해야 한다.

1. 중년기의 변화와 경력전략

중년기는 여전히 미스테리이다. “빈 - 둥지 증후군”, “중년의 위기”

그리고 "갱년기"와 같은 중년의 심리적 특징에 관한 통념들은 과학적 근거가 거의 없다. 그럼에도 불구하고, 다음의 쟁점들은 35세에서 55세에 이르기까지 몇 가지 점에서 남성뿐만 아니라 여성들에게도 제기되는 것들이다.

- 나이가 들고 있다는 생각과 죽음에 대한 자각
- 노화와 관련된 신체 변화의 자각
- 얼마나 많은 경력 목표가 있어왔고 경력 목표를 달성할 수 있을 것인지를 아는 것
- 새로운 경력 목표에 대한 탐색
- 가족 관계의 현저한 변화
- 일 관계에서의 변화(초심자보다는 코치의 역할)
- 일에서 자꾸 뒤처지는 느낌
- 이직의 기회는 줄고 고용불안은 증가하고 있다는 생각

모든 사람들은 어느 한 시점에서 경력 전환을 경험한다. 그러나 이러한 전환이 한바탕의 위기일 필요는 없다. 핵심은 우울증, 침체된 결혼, 불만족스러운 경력과 같은 경고 신호를 인식하는 것이다. 충동적 행동을 억제하는 것은 중년기 위기가 가져올 수 있는 피해를 줄이는데 대단히 중요하다. 경력 발전이라는 측면에서 보면 중간 관리자로 올라가면서 이전 단계에 비해 승진은 훨씬 더 느려진다.

전통적으로 경력 성공은 높은 자리에 오르는 것으로 규정되어 온 반면에, 점점 더 많은 선도 기업들은 종업원들에게 고정 진로를 장려하고 그들이 수평 이동에서 보상과 행복을 발견할 수 있을 것이라고 확신하고 있다. 강의나 뉴스에서, 기업들은 종업원들에게 "고원기"는 생의 한 단면이며 개인적 실패의 척도가 아니라는 사실을 주지시키며, 더욱이 성공은 직무의 수평 통합에 의존한다는 사실을 납득시키려 하고 있다. 그러한 이동은 의미가 있는 것인가? 그렇다고 볼 수 있다. 만일 고원기에 이른 종업원을 핵심 사업으로 이동을 시키려면, 그에게 고객과 보다 가깝게 접촉할 수 있도록 해주거나 홀로 시장성을 확대할 수 있는 새

로운 기술을 가르쳐라. 아직까지 종업원에게 이러한 배려를 해주는 기업은 얼마 되지 않는다.

다른 한편에서는 기업구조 조정기 동안에 관리자층의 축소 정책으로 인하여 많은 기업에서 중간 관리자들의 수가 줄어들었음을 지적하고 있다. 따라서 이들 중견 관리자들의 직무는 이전보다 매우 중요해졌다. 중간-관리자들은 감독 업무에는 신경을 덜 쓰고 의사 결정에 더 큰 역점을 두어야 하는 상황에 이르렀다. 그러나 단순히 수평이동을 수용할 수 없는 사람들의 경우, 여전히 희망은 있다. 미국 노동 통계청에 따르면 2002년부터 2012년까지 미국 내에서 많은 기업들이 리더십과 기술적 지식을 갖춘 관리자(MBA 학위를 가진 엔지니어)들의 부족에 직면할 것이고, 경영학과 컴퓨터 문제에 대해 전문성을 갖춘 관리자들도 부족할 것이라고 전망하고 있다.

중년의 남성과 여성은 무엇을 할 수 있는가? 기술의 급격한 성장과 신지식의 발전은 중년기 성인에게 생존을 위해서 다양한 변화를 요구하고 있다. 30세인 성인은 어느 한 직장에 정착하기 전에 여러 번의 직무 혹은 경력을 바꿀 수 있으리라고 생각한다. 그러나 50세가 된 성인은 변화를 위해 한번의 기회밖에 없다고 보며 지금이 바로 변해야할 때라고 생각할 수도 있다.

살아가면서 이 시기를 거치는 누구나 문제에 봉착하는 것은 아니며, 물론 사람들이 전환과정을 거치지만, 어떤 사람들은 다른 사람들에 비해서 이 시기의 문제에 잘 대처하도록 준비되어 있기도 하다. 나이가 든 사람들일수록 자신의 일, 재정 및 결혼에 대해서는 더 잘 통제할 수 있다고 느끼지만 건강, 자녀문제, 성 생활에 대해서는 그렇지 못하다고 생각한다(Azar, 1996). 생애설계와 경력설계 실습은 종업원들에게 방황과 불안정에 맞서고, 자신의 가치관과 생애 목표들을 재검토하며, 새로운 목표를 설정하거나 혹은 구 목표에 다시 한 번 전념해 보도록 권장하는데 유용하다.

한 가지 전략은 젊은 종업원들을 개발하도록 경력중기 종업원을 훈련시키는 것이다. 즉 코치나 혹은 멘토로서 봉사하도록 하는 것이다. 양 당사자는 이러한 배치 하에서 성공할 수 있다. 경력중기 종업원은 스스로 신선함을 유지하고, 정력적이고, 시대에 뒤떨어지지 않게 되며, 반면에 젊은 종업원들은 인생에 대한 "큰 그림"을 볼 수 있는 방법을 배우고 나이든 선배 근로자의 경험으로부터 혜택을 얻을 수 있다. 경력중기의 중요한 심리적 욕구는 조직 혹은 직업에 대해 영구적으로 기여할 수 있는 무엇인가를 구축하는 것이다. 차세대 리더들에 대한 개발은 중요하고, 지속적으로 이루어져야 하며, 매우 만족스러운 기여 활동이다.

경력중기 문제에 대처할 수 있는 또 다른 전략은 퇴화를 처리하거나 예방하는 것이다. 문제를 처리하기 위하여, 몇몇 기업에서는 종업원들을 세미나, 워크샵, 대학과정에 보내거나 다른 형태의 "재정비"에 참여하도록 한다. 그러나 보다 나은 해결책은 첫 장소에서 발생하는 퇴화를 막는 것이다. 엔지니어를 대상으로 한 연구에서는 이것이 최초에 도전적인 직무를 통해서 이루어질 수 있다는 사실을 지적하고 있다. 또한 퇴화 예방은 직무배정, 프로젝트 혹은 직무에서의 주기적 변화, 빈번한 의사소통이 이루어지는 작업 풍토, 성과와 밀접히 연계된 보상, 그리고 참여적 리더십 스타일 등을 통해서도 이루어질 수 있다. 더욱이, 세 가지 개인적 특성들이 퇴화 방지와 관련이 있는 것으로 밝혀졌다. 그것은 바로 높은 지적능력, 높은 자기-동기 및 유연성 등이다.

실제로, 이 모든 것에 대해서 긍정적 측면이 존재할 수도 있다. 더 적어진 직무들을 두고서 경쟁이 치열해지기 때문에, 중년 관리자들은 자신들의 자질을 향상시켜야 한다. 기업에서 승진을 기다릴 생각이 없는 사람들은 기업가가 되거나 자신의 사업을 시작하기도 한다. 어떤 사람들은 단지 현 상태를 있는 그대로 받아들이기도 한다. 자신의 삶과 경력 목표에 재적응 하거나, 성취, 인정 및 개인적 성장에 대한 욕구를 충족시키려고 시도하기도 한다. AT&T사를 대상으로 한 연구에서는 이러한 명제를 지지하고 있다. 조사 시점까지 현업에서 근무한 지 20년이 된 관리자들을 면접하였다. 대부분은 오래 전에 자신들의 초기 꿈을 포기하였고, 많은 사람들은 그들이 첫 장소에서 그들의 포부가 얼마나 멋있는지에 대해서 기억조차 하지 못하였다. 적어도 표면적으로, 대부분의 사람들은 자신들의 경력 고원기를 수용하고 적응하였다. 중년기는 사실 몇몇 관리자들에게는 위기의 시기이지만 대부분이 그런 것은 아니다. 자신의 목표나 삶의 재평가 없이 중년기 삶을 거쳐 갈 수 있다. 그러나 이 시기 동안에 인생이나 경력에 대한 교정된 혹은 새로운 계획을 개발하는 것이 더 건강할 것이다.

2. 유지기의 경력 경로

유지기에 접어든다는 것은 여러 가지 개인적인 변화와도 관련이 있다. 신체적인 외양과 체력의 변화는 40세 이후에 보다 급속히 나타난다. 머리카락은 회색으로 변하기 시작하고 피부는 탄력을 잃고 주름이 늘어가며, 근력은 약화되어 간다. 이와 같은 유형의 변화뿐만 아니라 오늘날 관리자들의 35%가 중년의 위기를 경험한다고 한다. 중년의 위기는 개인의 행동에서 급격한 변화를 초래하고 보통 39-44세 사이에 나타난다. 개인의 꿈과 기대에 부응하지 못한 경력은 분노감, 슬픔, 좌절감 및 극심한 개인적인 문제를 유발한다. 이러한 위기를 경험하는 사람은 안정된 직장을 버리고 안정성이 떨어지는 새로운 직장을 찾거나, 가족 문제를 극복할 수 없게 되거나 혹은 이혼을 하게 된다.

유지기 동안에, 사람들은 세 가지 전형적인 경력 경로 즉 스타형, 견실한 시민형, 퇴출형 중의 하나를 맞이하게 된다. 맞이하게 될 경로는 첫 확립기와 성취기 동안 경력에서 취한 성과와 방향에 의해서 주로 좌우된다. 최고경영자에 의해서 인정을 받은 사람들은 스타형으로서 계속해서 승진을 거듭하고, 새로운 업무를 배정받으며, 더 큰 책임과 높은 직위를 배정받게 된다. 이들은 자신들이 꿈꾸어온 거의 모든 것들을 달성했다고 느낀다. 특별한 업무배정과 상급자로서 지속적으로 조언을 하는 역할은 스타형들에게 중요하다. 특별한 업무라고 하는 것은 회사를 대표하여 정부관리나 주요고객과 같은 조직외부의 사람들을 상대하는 것을 말한다.

대부분의 사람들은 견실한 시민형이다. 이들은 신뢰할 수 있으며, 성실히 업무를 수행한다. 그러나 이러저러한 이유 때문에 이들은 조직 내에서 승진할 기회를 거의 갖지 못한 사람들이다. 이들은 더 높은 직위로 승진하기 위하여 필요한 기술이 부족했을 수도 있고, 승진에 대한 욕심 혹은 회사에서 정치적인 게임을 실행하는데 필요한 대인관계기술이 부족했을 수도 있다. 그렇지 않으면, 이들은 회사차원에서 보면 현 직위에서 다른 직위로 직무를 옮기기에는 너무나 아까운 사람들일 수도 있다. 이와 같은 특성을 보유하고 있는 관리자들은 대부분의 조직에서 가장 큰 관리자 집단을 구성하고 있으며, 자신들이 맡은 일이나 목표는 거의 대부분 달성한다.

그 이유야 어찌되었든 이들은 경력 고원기에 도달하게 된다. 이 단계는 미래의 승진 가능성이 매우 낮은 수준이다. 고원기에 이른다는 것은 통상적으로 저성과를 의미하는 것은 아니다. 더 높은 수준의 직위에 걸맞는 자격을 갖춘 사람들이 많이 있기 때문에 고원기는 대부분의 직장인이라면 도달하게 되는 단계이다.

견실한 시민형은 여러 해 동안 똑같은 일을 반복해서 해야 할 수밖에 없다. 이러한 과정에서 이들은 인내심을 가지며, 실수에 대하여 과잉반응을 보이려 들지 않으며, 신입사원들이 실수를 통해서 무엇인가를 배울 수 있도록 도와준다. 한편 많은 사람들은 일 이외의 문제에 관심을 보인다. 즉 지역사회와 가족활동은 이 사람들에게는 매우 중요한 것이 된다.

퇴출형은 승진기회가 거의 없다. 이들에게는 종종 최고관리자들이 막다른 직위라고 명명한 직무가 주어진다. 이들 관리자들의 수행은 계속해서 하락하기 시작한다. 이들은 해고에 빌미가 될 실수를 범하려 하지 않으려고 노력한다. 또한 이들은 일에서 거의 관계성을 가지려고 하지 않는다. 이들은 조직에서 영향력이 거의 없기 때문에 조언을 하려는 시도도 실패하기 쉽다. 또한 도전적인 업무도 배정받지 못하고 임금인상도 최소한의 수준에 머문다. 이들은 의사결정의 핵심부에서 벗어난 직책을 수용함으로써 퇴직할 때까지 회사에 머물 수 있기를 희망한다.

요약하면 유지기는 대부분의 사람들이 자신의 경력진행을 되돌아보고 검토해 보는 시기이다. 스타형은 회사 내에서 승진을 거듭하고, 더욱 더 도전적이면서 중요한 과업을 배정받게 된다. 견실한 시민형은 자신의 경력에 만족하고 회사에 대한 충성심을 증명해 보이며, 다른 사람에 대한 조언자로서 봉직할 수 있다. 퇴출형은 조직의 주류에서 벗어난 의무만을 배정받는다.

제 2 절 경력 고원기

많은 중기경력 관리자들이 40대에 직업적으로 계속해서 성장을 하고 있다 하더라도, 다른 사람들은 자신이 경력 고원기라고 부르는 상황에 직면하고 있음을 깨닫게 된다. 경력 고원기는 종업원들이 더 이상 승진을 할 가능성이 없고 더 이상 책임있는 자리를 맡을 가능성이 없는 시점을 의미한다.

종업원들은 어느 경력단계에서건 고원기를 맞이할 수 있지만 여러 연구 결과를 통해서 보면 경력중기가 이와 같은 현상을 경험할 가능성이 가장 큰 시기인 것 같다. 예를 들어, 베이거(1981)는 종업원들이 경력 고원기에 접어드는 시점은 보통 다섯 번째 직무이며 일반적으로 40대 초반에 발생한다는 사실을 확인하였다. 경력 중기에 접어든 종업원들은 일에서 가장 낮은 경력성장 및 발달을 경험하며, 또한 종업원들이 중년기에 접어들면서 업무에 대해 가장 적은 관여를 보이는 것으로 알려져 있다. 경력이동양상과 관련해서 보면 경력 고원기는 40대 근로자들 사이에서 가장 흔히 나타나는 현상이라고 볼 수 있다.

최근까지 산업심리학 및 경영학 분야의 연구자들과 실무자들은 많은 종업원들이 중년이 되면서 불가피하게 경력 고원기에 도달하게 되고 게다가 고원기에 도달한 종업원들은 결국에 가서는 조직의 걸림돌이 될 것이라고 가정하였다. 그러나 이제는 경력 고원기 현상에 대해서 보다 충분히 이해해야 할 상황에 이르렀다. 고원기에 도달한 일부 종업원들은 사실 부정적인 직무태도를 갖고서 비효율적인 업무 수행자가 되지만, 고원기에 이른 다른 대다수의 종업원들은 매우 양심적으로 꾸준히 업무를 수행하고 자신들의 사용자에 대해서 긍정적인 태도를 유지하는 것으로 밝혀졌다. 더욱이 조직과 개인의 편에서 잘 마련된 경력계획을 통해서 경력 고원기를 피할 수 있고 부정적인 결과를 현저히 감소시킬 수 있다.

지금부터는 펠드맨과 와이츠(1986)가 개발한 경력 고원기 모델을 살펴보고자 한다. 이 모델에서는 6가지 유형의 경력 고원기를 확인하고 조직에서 고원기에 도달한 각기 다른 종업원 집단을 효과적으로 관리하기 위하여 사용할 수 있는 전략을 제안하였다. 이 틀은 중년의 종업원들이 겪는 경력 고원기를 이해하기 위하여 이용될 수 있지만, 다른 연령집단의 경력 고원기를 이해하기 위해서도 활용될 수 있다.

표 6.12 펠드맨과 와이츠의 경력고원기 모델

선 행 조 건	경력 고원기의 유형	관리상의 개입
고용시점에서 능력부족 훈련의 부족 수행에 대한 부정확한 지각	부적절한 기술과 능력	선발체계의 재분석 훈련 수행평가와 피드백 개선
낮은 수준의 성장욕구 강도 안정과 자율성의 경력중심축 스스로 부과한 경력제약	경력이동에 대한 낮은 욕구	수행과 태도가 침체되지 않는다는 조건하에 종업원을 적절히 보상하고 보유하라. 경력정보 시스템
기술자 양성의 부적 자율성의 결여 내담자 관계의 결여 중요한 직무배정 부족	내적으로 동기화된 직무의 결여	직무 확충 직무 확대
역할 모호성과 역할과중 일상의 상호작용의 마찰 불쾌한 조직풍토	스트레스와 탈진	직무배정의 변화 스트레스 관리 프로그램 (종업원 상담, 감독자 훈련, 건강 유지 등등)
낮은 임금 드문 승진 기회 부적절한 보상체계	외적 보상의 결여	현실적인 보상과 복지혜택 계획 승진정책 재평가 수행 평가체제 재사정 이직 권유
열악한 경제적 조건 기업전략의 유형 현 기업조건에 비해 과잉채용	느린 기업 성장	우수한 종업원 우대 떠나고자하는 무익한 종업원에게 유인가 제공 (전직알선서비스, 퇴직수당 등)

1. 경력고원기의 유형

1) 부적절한 기술과 능력

많은 종업원들은 승진을 한다거나 가중되는 책임을 떠맡기에 불충분한 혹은 부적절한 자질을 보유하고 있기 때문에 고원기에 도달하게 된다. 이들은 열악한 기술과 능력을 가지고 있기 때문에 조직에서 높은 직위로의 이동이 사실상 중단된다.

이러한 경력 고원기의 한 가지 원인은 부적절한 선발체계이다. 선발면접과 성격검사에 지나치게 의존하는 선발체계는 부적격 종업원을 대거 고용하는 문제를 유발할 수 있다. 이들 종업원들은 수행이 저조하고 도전적인 직무를 배정받을 가능성이 적다. 본질적으로 이들은 부정적인 경력 순환을 시작하는 것이다.

경력 고원의 두 번째 근원은 훈련의 부족이다. 관련 훈련의 무용성, 예를 들어 개인의 입장에서 그러한 훈련을 받는 것을 거절하는 경우는 여러 가지 잠재적인 직무기회를 위해서 요구되는 종업원의 기술 발달을 저해할 수 있다.

자신의 능력에 대한 부정확한 지각은 이러한 유형의 경력 고원을 조기에 맞이하도록 유도할 수 있다. 종업원들은 자신의 현재 수행과 미래의 승진 가능성에 관해서 피드백을 거의 받지 못하거나 일관성 없는 피드백을 받을 수도 있다. 더욱이 많은 종업원들은 특히 피드백이 부정적인 경우 자신들이 받는 피드백을 잘못 해석하기도 한다. 결과적으로 개인은 자신의 수행이 보장하는 것보다 더 오랫동안 자신의 직무나 조직에 머무를 수 있다. 이들은 앞으로 승진 가능성이 별로 없고 이제는 조직을 떠나야 한다는 사실을 파악조차 못할 수도 있다.

고원기에 도달한 이러한 종업원들을 다루기 위해서, 경영진에서는 선발체계의 결점을 보완하고, 훈련프로그램을 개선하며, 종업원들이 즉각적이고 정확한 수행 피드백을 얻을 수 있도록 신경써야 한다. 이러한 전략은 경력 고원기에 도달한 수행자들을 조기에 확인할 수 있도록 도움을 주기 때문에 이들의 경력이동은 영구적으로 멈추지 않게 될 것이다.

2) 낮은 경력 이동 욕구

개인의 기술과 능력이 보다 상위의 직급으로 이동할 만큼 충분하다 할지라도, 그가 승진이 가져다주는 보상을 가치 있게 여기지 않을 수도 있고 고속승진에 필요한 직업생활과 개인적 생활을 좋아하지 않을 수도 있다. 이러한 유형의 경력 고원기에 봉착하게 되는 한가지 선행조건은 낮은 수준의 경력욕구강도이다. 종종 자아실현의 욕구라고 부르는 높은 성장강도를 가진 사람들은 부단히 노력을 하고, 새로운 능력을 개발하며, 더욱 더 도전적인 업무를 배정받으려는 욕구가 강하다. 그러나 낮은 수준의 성장 욕구강도를 가진 사람들은 자신의 사회적 욕구를 만족시키기 위한 일과 관련된 노력을 포기한다.

샤인의 '경력 중심축'의 개념은 이러한 경력 고원기가 발생하는 두 번째 이유를 설명하고 있다. "안정성" 경력중심축을 갖는 사람들은 고용안정과 현재의 수입을 유지하기 위하여 자신이 몸담고 있는 회사에서 자신에게 요구하는 것들을 되도록이면 이행하려는 경향이 있다. 그러나 계속 전진하기 위해서 배를 바위에 부딪치는 것과 같은 위험은 피하려 든다. 경력 중심축으로 자율성을 갖는 사람들은 조직의 제약없이 자신의 기술적 혹은 기능적 능력을 추구하길 원한다. 이들은 자신의 라이프스타일을 추구하기 위하여 더 높은 지위와 수입을 기꺼이 포기한다.

이러한 유형의 경력 고원기에 대한 세 번째 선행조건은 스스로 부과하는 경력제약이다. 예를 들어, 같은 지역에 살고 있는 친척이나 친구들과 같은 지역사회의 유대와 주거지역의 적합성은 개인의 이동의지나 노력에 여러 가지 부정적인 영향을 미칠 수 있다. 맞벌이 부부의 출현 역시 경력이동에 장애물로 작용한다. 이러한 유형의 경력 고원기를 갖는 사람을 '견실한 시민형'이라고 부르기도 한다. 미래의 승진 가능성이 낮다 하더라도 이들의 현재 수행은 저하되지 않고 현상태를 꾸준히 유지한다. 그리고 이들 대부분은 자신의 현 위치에 매우 만족하고 있다. 결과적으로 조직에서는 수행이나 태도가 침체되지 않는다는 조건하에 이들 종업원들에게 적절히 보상하고 이들을 포용해야 할 것이다. 그러나 스스로 부과한 경력제약을 가지고 있는 종업원들의 경력경로는 자신의 직업경력에서 필요한 기술과 사회적 기술을 초기에 충분히 발전시킬 수 없기 때문에 고원기에 도달할 수도 있다.

3) 내적으로 동기화된 직무의 부족

조직상황에서 흔한 세 번째 유형의 경력 고원기는 일 자체의 특성과 주로 관련이 있다. 종업원들은 자신의 일이 지루하고 도전적이지 못하다는 사실을 알게 되면, 결국 자신의 직무에서 분발하려는 동기가 사라지게 된다. 예를 들어, 많은 관리직 직무에서 일하는 종업원들은 매일 폭넓고 다양한 기술을 사용할 수가 없다. 의사결정에 참여하는 동안 관리자들은 프로젝트를 처음부터 끝까지 맡을 수 없다. 대부분의 대규모 조직에서 관리자들이 프로젝트에 기여할 수 있는 부분은 작기 때문에 이들은 상대적으로 직무에서 별다른 경험을 하지 못한다.

이와 같이 고원기에 접어 든 종업원의 경우 내적 동기가 상대적으로 낮기 때문에, 이들의 수행은 단지 최소한의 수준에서 유지될 뿐이다. 종업원들은 자신의 직무를 유지하기 위하여 열심히 일하기는 하지만 특별한 그 어떤 노력도 기울이지 않는다.

직무확충과 직무확대는 이러한 고원기 종업원들을 다루기 위한 가장 적절한 경영개입이 될 수가 있다. 또한 이러한 종업원들을 위해 직무의 잠재성을 동기화시킬 수 있는 4가지 직무 설계원리들 즉, 종업원들이 수행하고 있는 과제들의 집합을 증가시키기, 종업원들에게 프로젝트의 일부를 완수해 볼 수 있는 기회를 제공하기, 종업원들과 고정고객 혹은 소비자들 간의 의사소통 고리를 확립하기, 종업원들에게 업무처리 방법에 대해 더 많은 권한을 부여하기 등을 제시할 수 있다.

4) 스트레스와 탈진

경력 고원기에 접어든 세 번째 유형의 종업원들은 직무에서의 저자극 때문에 고통을 받았지만, 네 번째 유형의 종업원들은 과잉자극 때문에 고통을 받는다. 자극화와 스트레스의 양이 너무 많거나 오래 계속되기 때문에 업무노력은 쇠퇴하고, 업무수행은 힘들어지고 직무태도는 더욱 부정적이 된다. 역할 모호성과 역할 과중은 이러한 경력 고원기의 주요 원인이다. 어떤 종업원들은 자신들의 직무 범위와 직무에 대한 책임이 불명확하게 규정되어 있어서 업무내용이나 업무처리방법을 파악하다가 지쳐 버린다. 다른 관리자들은 처리해야 할 일이 너무 많거나 일을 마무리 지을 시간이 너무 없다.

이러한 경력 고원기에 대한 두 번째 주요 선행조건은 직무와 관련된 대인관계의 속성이다. 사람들은 주위사람들과의 계속되는 불화와 일상생활 속에서 사소하면서 짜증스러운 사건인 해슬(hassles)에 의해서 탈진될 수 있다. 이와 같은 디스트레스(distress)는 종업원들이 접촉을 해야 하는 고객들이 디스트레스 상태에 있을 때 더욱 악화된다. 예를 들어, 이것은 남을 돕는 전문직종의 근로자들(예, 의료진, 사회사업가, 교육자 및 상담원)이 높은 수준의 스트레스와 탈진을 경험하는 한 가지 이유이다.

경력 고원기에 대한 세 번째 중요한 선행조건은 조직의 전반적인 풍토이다. 회사에서 매일 매일의 생활이 비우호적이고, 거리감이 있고 적대적일 경우, 종업원들은 계속해서 긴장을 늦출 수가 없고 자신의 진정한 관심사와 희망을 나타낼 수 없다.

스트레스와 탈진 때문에 고원기에 접어든 종업원들이 있는 조직에서는 이들을 위해서 두 가지 전략을 사용할 수 있다. 첫째, 조직에서는 이들 종업원이 다른 직무를 배정받을 수 있도록 순환시키는 것이다. 사회훈련프로그램, 안식일, 단기 특별 프로젝트, 혹은 새로운 직무배정 등이 있다. 둘째, 조직은 이들 고원기 종업원들이 직무스트레스를 효과적으로 처리할 수 있도록 도와줄 수 있다. 조직에서는 고원기 종업원들에게 스트레스 관리에 관한 워크숍, 이완훈련 및 시간관리를 제공하는 것에서부터 직업경력상담센터와 건강관리시설을 세우는 등의 방법으로 개입할 수 있다.

5) 외적보상의 부족

다섯 번째 유형의 경력고원기는 회사의 임금과 승진체계 문제에서부터 야기된다. 관리자들은 봉급과 승진이 직무수행을 기초로 하지 않고 공평하게 분배되지 않는다고 생각하게 되면, 이들은 직무에 관한 노력을 훨씬 적게 기울이게 된다. 결국, 직무수행은 감소하고 직무태도는 비뚤어지게 된다.

종업원들은 봉급을 자신들에 대한 경영진의 관심이 반영된 것으로 볼 뿐만 아니라 자신들의 경력에 대한 경영진의 앞으로의 의도를 보여주는 것으로 생각한다. 특히, 관리직의 경우 승진하고자 하는 욕심은 대단히 강하다. 승진을 위한 이런 욕구의 뿌리는 더 높은 수입을 얻으려는 욕망, 사회적 지위를 바라는 욕망, 심리적 성장을 위한 욕망, 그리고 과거의 노력을 인정받고 싶어하는 욕망 등과 관련이 있다.

종업원들이 스스로 가장 가치 있다고 여기는 보상의 분배가 불공평하다고 지각하면, 그들은 성공이나 출세에 관해서 보다 비관적인 시각을 갖거나 이들을 성취하려는 노력을 포기한다. 고원기 종업원들은 보다 높은 수준에서 업무를 수행할 수 있는 능력과 기술을 가지고 있지만, 업무에서 그 능력과 기술을 발휘하려 들지 않을 따름이다. 특별한 노력을 정당화하기에는 임금인상이 너무 작고 승진기회가 너무 적다.

이러한 유형의 경력고원을 다루기 위한 가장 적절한 개입은 보상과 복지혜택계획을 철저히 조사하여 수립하는 것이다. 예를 들어 기업에서는 신규고용을 위하여 시장의 요구에 응해야 하지만 좀더 오랫동안 재직한 종업원들에게 충분한 유인가를 제공하지 못할 수도 있다. 승진정책과 수행평가체계도 바꿀 필요가 있다. 조직은 일관된 승진정책을 가지고 있는가? 승진은 공개적으로 객관적 기준에 근거해서 이루어지는가? 수행평가측정은 신뢰롭고 타당한가?

이러한 유형의 고원기 종업원은 일반적으로 자신들의 불만족에 목청을 높이기 때문에 잠재적으로 종업원의 사기와 조직의 기능에 대해서 가장 파괴적인 영향을 미칠 수 있다. 이러한 이유 때문에 보상체계에서 존재할 수 있는 불공정을 바로 잡기 위하여 모든 노력을 기울여야 한다. 그러나 고원기 종업원들이 순응하지 못한다거나 보상체계를 인정하지 못하면, 조직에서는 이들 종업원들을 나가라고 권유하는 것이 현명할 것이다.

6) 느린 기업성장

느린 기업성장 때문에, 종업원들이 기업 내에서 승진할 기회가 거의 없거나, 확대된 사업을 다루기 위한 새로운 직책이 창출될 수도 없다. 그러므로 심지어 높은 성과를 내고 있는 종업원들의 이동이나 승진의 정체현상을 가져온다.

외부기업조건은 이러한 유형의 경력 고원기에 대해서 주요 선행조건이다. 국가경제가 어렵다면, 국제무역수지는 불리할 것이고, 기업의 상품시장은 취약하며, 기업은 느린 성장을 거듭할 가능성이 많다.

과잉채용이라는 현 사업조건 역시 이러한 유형의 경력 고원기에 대한 선행조건이 될 수 있다. 조직에서 인원을 과다하게 채용을 하게 되면, 자연탈락이나 일시해고를 통해 종업원의 수를 감소시키기 위하여 실시하는 인구통계의 조사에만 몇 달(심지어 몇 년)이 걸릴 수 있다. 승진에 관한 정상적인 제약은 더욱 악화된다.

이러한 유형의 경력 고원기 문제를 다루기 위하여, 조직에서는 두 가지 방안을 실시할 수 있다. 첫째, "스타형"이라고 부르는 사람들(현재 성과가 높아 승진가능성이 높은 사람들)에게 많은 보상을 해 주는 것이다. 조직에서는 기업조건이 변할 때까지 이들 종업원들을 붙잡아두기 위하여 이들에게 가능한 한 많은 재원(예를 들면 책임감의 증가, 직함, 칭찬과 재보증, 임금인상)을 제공한다. 둘째, 조직에서는 "무익한 존재"라고 부르는 사람들(수행이 저조해서 승진가능성이 없는)을 조직 밖으로 내보내고자 할 수 있다. 조직은 이들 종업원들에게 조기퇴직을 위한 재정적 유인가, 전직 알선 서비스 등을 제공할 수 있다.

2. 경력 고원기 관리

고원기에 도달한 종업원들이 더 이상의 승진기회를 바라지 않는다 할지라도, 경력중기에 도달한 종업원들 대부분에게는 고원기를 맞이한다는 것이 매우 좌절스러운 경험일 수 있다. 사실 지금까지는 주로 경력 고원기에 접어든 종업원들을 보다 효과적으로 다루기 위해서 조직에서 취할 수 있는 다양한 활동을 살펴보았지만, 개인이 경력 고원기를 피하기 위하여 혹은 고원기의 부정적인 결과를 경감시키기 위하여 취할 수 있는 단계도 있다.

샤인(1978)은 경력중기 관리자들이 경력 고원기를 피할 수 있는 한 가지 방법은 전문화된 기술적 직무에서 보다 일반적인 행정직 혹은 관리직으로 이동하는 것이다. 기술적/기능적 경력 중심축을 가지고 있는 사람들조차도 감독직을 수용하거나, 프로젝트 리더가 됨으로써, 젊은 종업원들에게 멘토가 됨으로써 혹은 직업 연합회나 장기계획에 참여함으로써 자신의 직업능력 영역 내에서 역할을 확대할 수 있다.

몇몇 경력중기 종업원들의 경우, 경력 고원기를 피하는 한 가지 방법은 자신에게 부과된 경력제약을 완화시키는 것이다. 예를 들면, 타 지역으로의 발령을 수용하거나 혹은 출장여행을 수용하는 등의 행동을 취하는 것이다. 산업이나 혹은 조직에 따라 직무변화에 관한 유연성을 허용하지 않는 것은 종업원들이 승진을 할 수 없다거나 더 이상의 책임을 맡을 수 없다는 것을 의미한다. 더욱이 이러한 것들이 배우자나 자녀들에게 반드시 부정적인 영향을 미치는 것만은 아니다. 사실 타 지역 발령이나 출장여행은 진부해지는 개인의 삶과 직업생활에 자극제가 될 수 있다.

경력중기 종업원들은 관리자들로부터 자신의 승진가능성과 기업의 미래경력계획에 관해서 보다 현실적인 피드백을 찾고자 한다. 종업원에게 실질적인 성장기회가 없을 것 같다면, 그는 경력기회가 더 많이 주어지고 봉급도 많이 받을 수 있는 직무를 찾아서 조직을 떠나야 한다. 마지막으로 경력중기 종업원들은 자신이 하고 있는 일이 전반적으로 싫증이 나고 계속해서 그로 인해서 스트레스를 받게 되면 새로운 업무 배정을 위해 로비를 해야 한다. 직무도전 혹은 동료들의 변화는 경력중기 종업원들에게 일에 대한 관심을 새롭게 북돋워준다.

제3절 멘토 관계

경력중기에서 가장 중요한 경력개발 경험 중의 하나는 멘토(mentor)가 되는 것이다. mentor라는 용어에 의할 것 같으면 이것은 조직 내에서 보다 젊은 사람들을 충고하고, 상담을 해주거나 도와주는 사람을 의미한다. 대부분의 조직에서는 경력중기의 관리자들에게 부하직원들과 조직 내의 전도유망한 젊은 종업원들의 재능을 개발시켜 주는 주요 책임을 맡아 주기를 기대하고 있다. 동시에 멘토링(mentoring)은 경력중기에 있는 종업원들에게 가족상황에서는 더 이상 충족될 수 없는 욕구인, 지도하고 가르치려는 욕구에 대한 분출구를 제공한다.

멘토 관계의 속성에 관한 세 가지 오개념이 있다. 첫째, 많은 사람들은 멘토를 인도적인 관점에서 타인을 책임지려는 인정 많고 도움이 되는 대부로 보고 있다. 분명히 이러한 멘토도 있는 반면에 대부분의 멘토들은 관계를 통해서 만족과 보상을 얻기를 원한다.

둘째, 멘토 관계에 대한 또다른 고정관념은 이 관계가 양 당사자에게 매우 긍정적인 경험이라는 것이다. 멘토 관계에 관여된 대다수의 종업원들에게 이것은 사실이다. 그러나 나이 든 사람이 멘토로서의 책임을 원치 않거나 그 의무를 책임지고 이행하지 않는 경우도 많다. 샤인(1978)은 "멘토"의 편에서 이와 같은 파괴적인 행동의 5가지 예를 제시하였다. 이를 구체적으로 살펴보면 ① 신입사원에게 환멸을 느끼도록 이들에게 일어날 수 있는 모든 나쁜 일을 이야기하기, ② 오정보나 부정확한 지침을 제공하기, ③ 사적인 협조나 정치적인 권력을 설정하기 위하여 관계를 이용하기, ④ 젊은 사람이 나이 든 사람을 책임지도록 의존적으로 행동하기, ⑤ 일종의 입회의례로서 신입사원을 억누르기 위하여 권력과 경험을 이용하기 등을 들 수 있다. 더욱이 다른 강력한 사적인 관계처럼 한쪽이 혹은 양 당사자가 상대편에 의해서 긴장을 느끼거나 진가를 평가받지 못할 경우 멘토 관계도 파국을 맞이할 수 있다.

멘토 관계에 대한 세 번째 공통된 이미지는 이것이 전적으로 일-중심적이라는 것이다. 멘토는 부하 직원에게 업무에 관한 정보와 기술을 제공하고 젊은 근로자는 그 보답으로 기술적 지지와 일에 기여하게 된다. 그러나 멘토 관계는 이와 같은 단순한 관계 이상으로 훨씬 더 복잡한 심리적 및 사회적 기능이 작용한다(Kram, 1985). 멘토와 젊은 종업원은 종종 서로에게 우정, 정서적지지, 수용의 느낌 등을 제공한다.

1. 멘토의 역할

샤인(1978)은 멘토가 담당해야 하는 다양한 역할을 제안하였다. 물론 멘토는 한 가지 이상의 역할을 할 수 있지만 멘토의 기능은 분명히 구분될 수 있다.

1) 선생님, 코치, 혹은 훈련자

멘토는 젊은 사람들에게 자신에게 배정된 직무를 빨리 그리고 효율적으로 완수할 수 있는 방법이나 조직의 정치적 풍토를 보다 효과적으로 이용할 수 있는 방법 등을 지도한다. 또한 멘토는 부하 직원에게 구체적인 직무 의무, 일반적인 직업인의 삶 혹은 조직 내에서의 경력기회 등에 관한 보다 상세하고 유용한 정보를 제공할 수 있다.

2) 긍정적인 역할 모델

때때로 멘토는 후배 근로자들에게 긍정적인 역할 모델로 활동할 수 있다. 멘토는 감탄, 존경, 경쟁의 대상으로 작용한다(Kram, 1985). 후배들은 멘토가 그의 아이디어를 실행하고, 최고 경영자를 조종하고, 업무 배정 및 업무문제에 접근하는 방법을 보고 배우며 또한 멘토가 지니고 있는 전문직업과 회사에 대한 태도 및 가치관을 관찰한다.

3) 재능의 개발자

멘토의 주요 업무기능은 젊은 근로자가 업무수행에서 자신의 능력을 최대한 발휘할 수 있도록 하는 것이다. 부하들이 자신이 맡은 업무에서 최소한의 능력만을 발휘하도록 내버려두는 대신에 멘토는 후배에게 도전적인 업무를 배정하여 그가 이것을 능동적으로 처리해 나가도록 독려해야 한다. 예를 들어 멘토 관계에 참여한 한 종업원은 다음과 같이 이야기하였다. "나는 내가 독려받고, 충고를 받으며 성장하고 있다는 생각이 든다. 멘토는 나에게 내가 보다 강해지고 회사에 보다 가치있는 존재가 될 수 있다는 자신감을 심어주었다."

4) 문호 개방자

멘토가 젊은 종업원들을 도와줄 수 있는 또 다른 방법은 젊은 종업원들이 멘토의 활동을 인식하지 못하는 경우라도 고위 경영진에 대해서 이들의 옹호자가 되어 주는 것이다. 멘토는 자신이 돌봐주고 있는 종업원이 승진을 한다거나 전근을 한다거나 바람직한 직무배정이 이루어지도록 관련부서 사람들에게 적극적으로 요구할 수 있다.

5) 보호자

멘토는 후배사원의 실수에 대해 혼내거나 비난할 수 있다. 때때로, 멘토는 젊은 근로자들이 그들의 직업경력에서 문제가 될 수 있는 직무배정, 정치적 상황, 혹은 잠재적으로 적대적인 관리자들로부터 벗어나도록 함으로써 이와 같은 역할을 수행한다.

6) 후원자

멘토의 또 다른 주요 업무기능은 후배사원이 최고 경영진에게 긍정적인 모습을 보여줄 수 있는 기회를 만들어 주는 것이다. 멘토는 영향력 있는 관리자들에게 자신의 부하직원에 관해서 긍정적인 이야기를 해 준다거나, 후배사원에게 공동으로 참여한 프로젝트의 성과에 대해서 칭찬을 함으로써 혹은 후배사원에게 중요한 회의에서 멘토인 자신을 대표할 것을 요청함으로써 이와 같은 일을 수행할 수 있다. 이러한 활동은 새로운 직무기회가 찾아왔을 때, 다른 사람들이 부하직원을 긍정적으로 기억할 수 있도록 배려하는 것이다(Kram, 1985).

7) 승진의 직접 공급자

어떤 경우에, 멘토는 자신이 승진기회를 얻게 되면 더 높은 직급으로 부하직원도 함께 자리를 옮겨줄 것을 고집한다. 따라서 부하직원은 멘토의 덕택으로 조직에서 한 단계 더 올라가게 된다.

8) 지지자/상담자

크램(1985)은 멘토는 중요한 심리적 및 사회적 기능을 수행한다는 제안하였다. 멘토는 젊은 종업원들에게 이들의 노력을 인정해 줌으로써 지지와 격려를 제공할 수 있다. 선배사원은 후배가 심리적으로나 정치적으로 안전한 환경에서 좌절과 불안을 배출하도록 함으로써 상담자로서의 역할을 수행할 수 있다. 또한 멘토는 공동 관심사, 공동 지각 및 사적인 신뢰감을 공유하는 친구로서의 기능도 수행할 수 있다.

2. 후배사원의 기능

멘토 관계에 관한 연구에서는 멘토들이 후배 종업원들과의 파트너 관계에서 어떤 식으로든 이익을 얻기를 희망한다고 제안하고 있다. 그렇다면 부하직원이 자신이 도움을 받은 대가로 자신의 멘토에게 제공할 수 있는 것은 무엇인가?

첫째, 젊은 종업원들은 기술적인 지지를 제공할 수 있고, 멘토가 관심을 가지고 있는 프로젝트에 참여해서 열심히 일할 수 있다. 후배는 이러한 프로젝트가 올바르게 수행되고 제시간에 끝날 수 있도록 자신에게 부과된 의무량을 초과해서 달성할 수 있다.

둘째, 후배 종업원은 충성스러운 추종자가 될 수 있다. 많은 선임 관리자들은 자신의 부하가 풍문을 통해서 비밀정보를 누설할 때, 혹은 타인들에게 자신들에 관한 부정적인 이야기를 말할 때, 격렬히 불평한다. 최소한 후배사원들은 멘토들에게 신의를 입증할 수 있어야 하고 이들에 관한 부정적인 정보원이 되어서는 안 된다. 또한 후배사원들은 중요한 정치적 쟁점에 관해서 자신들의 멘토를 지지할 수 있어야 한다.

셋째, 후배 종업원들은 자신들의 멘토에게 우정과 지지를 제공할 수 있다. 젊은 근로자들 입장에서 나이든 동료들이 자신들에게 동료애를 강조하고 상담을 청하는 것이 놀라울 일일 수도 있다. 많은 경력중기의 관리자들이 자신들의 자녀들로부터 소외되고 소원해지고 있음을 느낄 때, 이들은 개인적으로 구성원들 중 젊은 세대로부터 이해를 구하고 싶어한다.

넷째, 후배 종업원들은 자신들의 멘토들에게 레빈슨과 그의 동료들(1978)이 "생산성(generativity)"이라고 부르는 것의 의미를 제공할 수 있다. 전문직업 경력의 시기에서 대부분의 중년기 사람들이 이제는 더 이상 올라갈 수 없는 정점에 이르렀고 좋은 시절이 다 갔다라고 생각할 때, 후배사원들은 이들에게 다시 한번 필요한 존재이고 가치있는 사람임을 느끼게 해준다. 예를 들어, 크램(1983)의 연구에서 한 멘토는 다음과 같이 말하였다. "후배가 맡겨진 업무를 훌륭히 처리해 내고 그로 인해서 회사로부터 인정을 받는 것을 지켜본다는 것은 아들이 대학을 졸업하는 것을 보는 것과 같이 가장 기쁜 일이다". 따라서 멘토가 봉사하는 기능은 양 당사자의 사적인 욕구와 경력욕구에 의해서 달라질 수 있다. 예를 들어, 이미 고속승진을 한 젊은 사람은 지지자/상담자인 멘토를 찾을 수 있고, 반면에 입사동기들에 비해서 승진이 늦거나 실패했다고 생각하는 종업원은 후원자를 찾을 수도 있다. 유사하게, 일반적으로 기업의 정치를 혐오하는 선배사원은 보호자 역할을 피할 수 있지만, 긍정적 역할모델 혹은 재능 개발자로서 봉사할 수 있는 기회는 마다하지 않을 것이다.

두 번째, 선배관리자들과 만나거나 관계를 형성할 때 후배 종업원의 공격적인 성향은 멘토 자신의 주도성만큼이나 멘토 관계 발전에 중요한 역할을 한다(Kram, 1985). 대규모 관료 조직에서, 후배 종업원들은 보통 자신의 기능영역에서 직속 상관들 중에 멘토를 찾는다. 부서 간 업무 프로젝트가 많은 비공식으로 구조화된 조직의 경우, 후배 종업원들은 각기 다른 기능 영역과 보다 높은 직급에서 멘토를 찾을 가능성이 많다.

세 번째, 멘토들이 결국에 가서 하게 되는 역할과는 무관하게, 이들은 이와 같은 멘토 관계에서 어느 정도 서로 주고받는 호혜성을 기대한다. 그러나, 이들이 이러한 호혜성을 받지 못할 경우에는 좌절하거나 분노한다. 애를 썼지만, 성과가 없는 멘토 관계는 매우 고통스러울 수 있다. 이와 같은 실망을 피하는 한 가지 방법은 천천히 혹은 보다 점진적으로 관계를 진행시켜 나가는 것이다.

3. 멘토 관계의 단계

멘토-부하 관리는 몇 가지 단계를 거쳐서 발전해 나간다. 연구자들마다 각기 다른 방법으로 매 단계마다 명칭을 부여하고 있지만, 대부분은 멘토 관계에 4단계가 있다는 사실에 동의하고 있다. 더욱이 대부분의 연구자들은 멘토-부하의 결속은 이들이 관계를 맺기 시작한지 첫 4~5년에 걸쳐 친밀감이 형성되기 시작하고 그 이후에는 결속의 강도가 약해지는 경향이 있다고 보고 하였다. 크램(1985)이 제안한 멘토 관계의 단계를 4단계에 걸쳐 좀더 자세히 살펴보면 다음과 같다.

1) 1단계 : 주도

보통 멘토 관계의 첫 번째 국면은 6개월에서 12개월까지 지속된다. 후배 종업원은 그가 선배관리자들에 의해서 보살핌을 받고 존중받아야 한다는 사실을 주목하기 시작한다. 선배 관리자는 후배 사원이 잠재력이 있는 사람인지 아니면 함께 기쁜 마음으로 일할 수 있는 사람인지를 생각하기 시작한다. 두 사람이 점차 서로의 존재를 인식함에 따라, 이들은 자신들의 초기 인상을 확인하는 방식으로, 비공식적인 사회적 기회와 상호 업무배정을 찾으려고 애쓴다. 이와 같은 가외의 접촉이 긍정적이면, 멘토 관계는 설정되는 것이다.

2) 2단계 : 배양

멘토 관계의 두 번째 단계는 일반적으로 2년에서 5년까지 지속된다. 이 국면의 초기에, 선임 구성원은 업무를 가르치고 역할모델로서 봉사하고 후배의 재능을 개발하는데 주력한다. 이때까지는 주로 업무기능이라는 측면에 더 많은 관심을 쏟는다. 그러나 후배 종업원의 업무기술이 성장한 후에, 멘토는 부하의 사회적 및 심리적 욕구에 더 많은 신경을 쓰게 된다. 이 시점에서, 멘토는 기꺼이 지지자, 상담자 혹은 친구로서의 역할을 하고자 한다. 유사하게, 이 국면의 초기에 부하는 직무 수행 요령을 배우고 조직과 전문 직무에 관한 정보를 얻는 것에 관심을 둔다. 시간이 지나면서 후배 종업원은 이 관계에 관해서 보다 자신감을 갖게 되고 멘토와 사적인 문제에 관해서 이야기할 때도 좀더 편안한 마음으로 할 수 있게 된다.

여러 측면에서 이러한 국면은 멘토 관계의 정점이다. 이 국면은 양자 간에 가장 빈번한 상호작용이 이루어지는 시기이며, 양 당사자는 그들이 예상했던 것보다 훨씬 풍부한 관계를 발견하는 시기이기도 하다.

3) 3단계: 결별

4~5년이 지나면서 멘토 관계는 결별의 시기로 이동한다. 부하가 멘토와 물리적으로 멀리 떨어질 수밖에 없는 직무로 승진을 하게 되면서 이 관계는 소원해지기 시작한다. 젊은 종업원은 자율적이길 원하며, 멘토로부터 독립하고자 하는 욕구를 가지거나 혹은 멘토의 가치 및 태도와 일치하지 않는 경력이동을 생각하기 때문에 결별이 나타날 수도 있다.

이러한 단계의 멘토 관계는 혼란, 불안 및 상실감으로 드러난다. 그러나 이 시점에서 멘토와 부하의 결별은 궁극적으로 양 당사자에게 심리적으로 건강한 것이다. 부하는 그가 홀로 설 수 있고 성공할 수 있다는 사실을 배우고, 반면에 멘토는 그가 성공적으로 중요한 인재를 양성했다는 사실을 증명하게 된다.

4) 4단계: 재정

일반적으로 5년 후에 멘토 관계는 최종 국면인 재정의 단계로 접어든다. 비록 지금은 상호작용의 기회가 훨씬 감소되었다 할지라도 업무 관계와 우정은 계속된다. 선임 관리자는 젊은 부하직원의 경력에 관심을 가지는 동시에 보람을 느낀다. 한편 젊은 부하직원도 멘토에게 은혜를 입었다고 생각한다. 양 당사자는 자신들의 강력한 결속목적을 인정한다.

표 6.2 멘토관계의 국면

	정 의	전 환 점
주도	6개월에서 1년에 이르는 기간으로 관계를 시작하고 양쪽 관리자에게 중요성을 갖기 시작하는 시기	환상은 구체적 기대가 되어감. 기대가 충족됨 : 고참 관리자는 코칭, 도전적인 업무, 가시성 등을 제공한다; 후배관리자는 기술적 보좌, 존경 및 코우치를 받고 싶어 하는 욕구 등을 보여준다. 업무와 관련해서 상호 작용하는 기회를 갖는다.
배양	2년에서 5년에 이르는 기간, 제공된 경력의 범위와 심리 사회적 기능은 최대한으로 확대된다.	양 당사자들은 서로의 관계를 통해서 이들을 얻는다. 의미 있고 보다 빈번한 상호작용기회가 증가한다. 정서적 결속이 깊어지고 친밀감은 증가한다.
결별	구조적 역할 관계와 그 관계를 통한 정서적 경험에서 중요한 변화를 겪은 후 6개월 내지 2년에 이르는 기간	부하 관리자는 더 이상 안내를 원치 않고 오히려 보다 자율적으로 일할 기회를 원한다. 고참 관리자는 중년의 위기에 직면하고 멘토링 기능에 신경 쓸 겨를이 별로 없다. 직무 순환 혹은 승진은 지속적 상호작용을 위한 기회를 제한하고; 경력과 심리사회적 기능들을 더 이상 제공하지 않는다. 기회차단은 긍정적 상호작용을 파괴하는 분노와 적대감을 유발한다.
재정의	별거 국면 후의 정해지지 않은 기간으로, 관계가 종결되거나 혹은 중요한 다른 인물에 대해 책임을 맡는 시기이다. 한편으로 동료와 같은 우정을 쌓아가는 시기이다.	결별의 스트레스는 감소하고, 새로운 관계를 형성한다. 이전 형태와 같은 멘토 관계는 더 이상 필요치 않다. 분노감은 감소하고, 환대와 감사의 마음이 증가한다. 동료로서의 지위를 획득한다.

여기서 멘토 관계가 약 5년 동안 지속된다는 점을 주목할 필요가 있다. 그러므로 개인은 자신의 직업경력과 관련하여 각기 다른 단계에서 여러 명의 멘토를 만나게 될 것이다. 반면에 선임 종업원들은 여러 명의 부하직원을 두게 될 것이다. 한 후배 사원에게 한 명의 완벽한 멘토를 붙여주고자 하는 시도는 상당한 실망감과 환멸을 유발할 수도 있다.

더욱이, 종업원들은 각기 다른 직업 경력 단계에서 매우 다른 발달 욕구를 가지고 있기 때문에 서로가 완벽하게 어울리는 멘토와 부하를 찾는다는 것은 비현실적일 뿐만 아니라 비생산적이다(Kram, 1983).

4. 멘토 관계 관리

멘토 관계는 경력중기의 종업원들과 이들의 부하직원들에게 개인적인 만족과 직업적 성공의 주요 원인이 될 수 있다. 그렇다고 상호 이익관계를 반드시 발전시켜야 한다는 것은 아니다. 멘토와 부하직원은 건전한 멘토 관계에 대한 잠재적인 장벽을 자각할 필요가 있다. 따라서 본 절에서는 적절한 경력개발 파트너를 찾기 위해 그리고 가치 있는 멘토 관계를 유지하기 위하여 사용할 수 있는 몇 가지 전략을 살펴보고자 한다.

1) 파트너 선정하기

멘토나 혹은 부하를 찾는다는 관점에서, 종업원들은 경력도움과 개인적 성장이라는 양 측면에 입각해서 자신들이 이러한 관계에서 얻고자 희망하는 것이 무엇인가를 신중하게 살펴볼 필요가 있다. 젊은 종업원들은 자신들의 직업경력에 도움이 될 것으로 판단되는 멘토에게만 집착하는 경향을 보이는데 그들은 추후에 멘토가 자신의 사회적 욕구를 충족시켜줄 수 없음을 발견하게 된다. 이러한 똑같은 딜레마를 멘토들도 직면하게 된다. 이들은 대인관계에서 기쁨을 발견할 수 있는 후배사원을 찾지만 그러나 그는 실망만 안겨주는 업무 파트너일 수도 있다. 따라서 멘토 관계에서 최초 국면은 잠재적인 동료의 속성을 충분히 탐색할 수 있을 만큼 오랫동안 유지되어야 한다.

멘토와 부하 간에 적어도 8~12년의 실질적인 차이가 있어야 한다. 차이가 너무 크면(15년 이상) 종업원들은 부모나 자녀처럼 반응할 것이고, 멘토 관계의 제 측면들이 상실될 우려가 있다. 반대로, 연령차가

6년 이하이면, 참여자들은 서로 동료로서 관계를 맺을 가능성이 높고 멘토링 활동은 최소한의 수준에 머물 것이라고 보았다. 더욱이, 연령차가 너무 작을 경우 멘토들은 실제로 후배사원을 도와주기 위한 업무적 통찰과 정서적 조망을 갖지 못할 수도 있다.

멘토 관계는 멘토들이 스스로 어느 정도 지속적인 경력성장을 경험하고 있을 때, 가장 생산적일 가능성이 높다. 나이 든 종업원들은 일로 인해서 활기를 띠게 되고, 후배사원에게 자신의 열정과 자극을 전달하게 된다. 그러나 멘토 자신의 경력이 정체되면, 그는 후배 파트너에게 환멸감과 냉소주의를 전달할 수도 있다. 이러한 경우 멘토는 열정과 격려의 원천이라기보다는 소외와 혼란의 근원이 될 수 있다.

2) 파트너관계를 유지하기

앞서 살펴보았듯이, 멘토 관계는 교환상황이다. 각 당사자는 이 관계에 대해서 업무상으로 기여를 해야 하고, 사회적으로 지지를 해주어야 한다. 이러한 관계가 유지되기 위해서는 일방적이어서는 안 되고, 멘토와 부하직원 사이에 원활한 상호작용이 필요하다.

게다가, 다른 강력한 사회적 관계와 마찬가지로 멘토 관계는 어느 정도 양가감정이 관여된다. 부하는 도움과 상담을 받는다는 사실에 환호하지만 한편으로는 조직에 자발적인 기여자가 되기를 희망한다. 멘토는 젊은 종업원에게 긍지를 갖지만, 부하직원을 개발시켜 그가 뛰어난 직무성과를 보이게 되면 궁극적으로 부하직원과의 결별이 빨라질 수도 있다는 사실을 알고 있다. 양 당사자들은 멘토 관계가 단계마다 이동을 할 때 자신들의 생각이나 감정에 관해서 솔직하게 의논할 필요가 있다. 그래야만 이 관계가 단절되지 않고 생산적으로 발전해 나갈 수가 있다.

여성들은 멘토와 부하직원 중 어느 역할이든 남성들과 멘토 관계를 형성하는데 어려움이 많다. 두 개인간의 심리적 거리를 유지해야 하는 성적 친근감과 관련된 불편함이 존재한다. 이성끼리의 멘토 관계는 공개적인 조사상황에 직면할 수 있다. 만일 성적인 문제에 대한 소문이라도 있게 되면 파트너들의 신뢰성과 능력에 의문이 제기될 수도 있다. 동료들은 그 관계에 대해서 회의적이고, 분개하며 질투를 할 수도 있다. 이와 같은 곤란한 문제들 중 일부는 여성들이 관리직으로 더욱 더 많이 유입되고, 남·여 업무관계에 대한 그릇된 고정관념이 깨짐에 따라 점차로 줄어들고 있다.

마지막으로 멘토들은 경력중기의 종업원이나 20대 사람들에게 경력개발을 도와줄 수 있는 유일한 원천은 아니다. 동료들은 멘토나 부하직원이 충족시킬 수 있는 욕구의 일부를 충족시켜 줄 수 있다. 이들은 경력전략과 목표에 관해서 의논할 수 있는 사람이며, 조직의 비밀을 공유할 수 있는 사람이며, 비슷한 연령대와 가족관계에서 발생할 수 있는 감정 및 정서적 문제를 의논할 수 있는 사람이며, 직장 밖에서 친구로 대할 수 있는 사람이다. 업무상황에서 멘토나 부하만 유용한 존재가 아니라 동료도 그 사이에서 가치 있는 경력개발원일 수 있다.

제4절 유지기 동안의 개인과제

경력중기에서 자기-평가는 대단히 중요하다. 자신의 가치관, 흥미 및 재능을 탐색하는 것 이외에, 중년기에 관한 자신의 솔직한 감정과 일, 가족 및 자기-발전 중에서 무엇을 가장 우선시할 것인지를 이해하는 것이 핵심이다. 베이비 붐 세대가 직면한 경력쟁점에 대한 연구에서, 홀과 리히터(1990)는 사람들이 자신의 경력을 관리할 때 보다 적극적인 역할 즉, 경력관리에 대한 변화무쌍한 접근법을 취할 것을 권하고 있다. 특히 사람들은 자신들의 흥미, 가치관 및 기술이 자신이 설정한 목표 및 계획과 맥을 같이 하는지의 여부를 판단하기 위하여 주기적인 자기-평가와 재평가를 실시해야 한다. 이와 같은 자각은 개인에게 시간이 지남에 따라 주어지게 되는 기회를 더 잘 인식하고 활용할 수 있도록 해준다(Hall & Richter, 1990). 조직에서 이와 같은 재평가를 자극하기 위한 기제를 제공하지 못하면, 이 때 종업원은 공식적인 경력개발 프로그램에 참여함으로써 혹은 동료, 친구, 가족 구성원 혹은 상담자들과의 논의를 통해서 주도성을 가져야 한다.

대안을 조사하는 과정에는 일과 가정환경에 대한 탐색이 포함되어 있다. 일 영역에서, 개인의 현 직무는 승진 가능성이 있는지에 대해서 조사되어야 하고 승진 가능성이 없는 이동기회도 탐색해 보아야 한다. 앞서 논의하였듯이, 여러 가지 다양한 직업과 조직을 탐색하여야 한다. 더욱이 배우자 혹은 아이들과의 관계도 조사하고 재평가할 필요가 있다.

경력변화를 생각하고 있는 경력중기 종업원들은 자신의 동기와 흥미를 이해할 필요가 있을 뿐만 아니라 경력을 바꾸었을 때의 결과를 예상하고 검토해야만 한다. 예를 들어, 경력중기변화를 모색하고 있는 종업원은 적어도 다음과 같은 내용을 고려해야 한다고 제안하였다. ① 그 변화가 가족 구성원에게 미치는 영향, ② 현 조직에서의 동료들과 친구들과의 관계에 미칠 영향, ③ 경력이동(전환)의 결과로서 지역사회에서 지위하락의 가능성, ④ 새로운 분야에서 명성을 쌓을 수 있는 시기인가, ⑤ 당분간(1년 정도) 심리적 우울증을 경험할 가능성. 경력중기 변화자들은 이러한 문제에 대해서 가족 구성원, 친구 및 동료들과 광범위하게 이야기를 나눌 필요가 있다.

경력중기 동안에 목표설정과정은 목표 그 자체가 위계적인 승진과는 관련이 없지만 다른 단계와 근본적으로 차이가 있는 것도 아니다. 그 중에서도 특히 중요한 것은 특정 직위에 구속되지 않는 개념적인 목표의 설정이다. 자신의 개념적인 목표를 이해하고 현 직위에서 그 목표를 만족시킬 수 있는 가능성을 면밀히 검토해 보면 성공을 거둘 수 있다.

경력전략 혹은 경력활동계획은 목표와 결부되어야 하고, 그 실행가능성이 검증되어야 한다. 전략의 개발은 목표에 대한 자각, 다른 사람들과 이러한 목표에 대해서 의논하려는 의지, 그리고 관찰, 경청 및 분석에 대한 재능이 요구된다. 경력중기의 사람들을 위한 기술-확립 연수에 참여하는 것은 본 장에서 제기된 여러 가지 문제를 다루기 위한 보다 능동적이고, 현실적인 전략 수립에 도움이 된다. 가장 중요한 것은 누구든지 어떤 시기에서든 자신의 경력개발과정에 영향을 미칠 수 있다는 확신이 있어야 한다는 점이다.

중년기 관리자들 사이에서의 경력동기를 논한 하워드와 브레이(1980)는 "대부분의 중년기 근로자들에게, 기업의 현실은 내심 경력계획이 의미 없고 관료주의적인 시간 보내기 활동으로 보이게끔 현혹하고 있다"고 경고하였다. 경력계획의 초점이 위계적 승진의 달성이라면, 이들 연구자들의 염려는 큰 장점을 갖는다. 그러나 만일 경력관리를 "경력을 최고의 위치에 올려놓는 것"보다 더 포괄적으로 정의한다면 그리고 경력관리를 개인과 그의 작업(일)생활간의 적합도를 개선하기 위해서 계획한 과정으로 본다면, 경력중기동안의 경력관리는 개인경력의 구제와 조직의 인적자원의 효율적인 활용에 필수 불가결한 요소이다.

제7장

직업경력 후기 : 쇠퇴기

제 1 절 직업경력 후기

현대의 의료기술과 경제발전으로 인해서 우리나라도 평균수명이 과거에 비해서 월등히 높아졌고, 이에 따라 고령인구가 점차 증가하는 추세에 있다. 이러한 현실에서 이제는 나이 든 근로자들을 더 이상 무시할 수만은 없는 상황에 이르렀다. 세계적인 경제성장과 출생률의 저하로 인해서 구미 선진국의 총 노동인구는 매년 감소하고 있는 실정이다. 우리도 예외는 아니어서 미래에는 근로자 부족사태를 겪게 될 것이 자명한 현실에서 노동력을 안정적이고 지속적으로 공급하기 위해서는 나이든 근로자들에게 관심을 가져야 할 것이다.

종업원 개개인의 관점에서 경력후기 동안에 세 가지 발달욕구가 두드러지게 나타난다. 소수의 후기 경력 종업원들은 조직에서 최고참의 리더십 역할을 준비해야만 한다. 그러나 대부분의 경우, 경력후기의 일차적인 과제는 생산성을 유지하면서 효과적으로 퇴직을 준비하는 것이다.

1. 경력후기의 쟁점 : 경력 개발 관점

나이든 종업원들에 대한 주요 경력 쟁점을 고찰해 보면, 두 가지 공통된 주제가 등장한다. 첫째, 후기 경력 이동은 실질적으로 장기간의 계획을 요구한다는 것이다. 상급경영진 혹은 퇴직으로의 전환을 위해서 준비해야할 기간은 몇 개월 혹은 심지어 몇 년이 걸리기도 한다. 둘째, 후기 경력 전환은 점진적으로 이행을 할 때 가장 성공적이다. 최고 관리직으로의 계승은 여러 가지 책임 있는 직위를 맡기면서 그 책임 범위를 조금씩 늘려가는 것이 좋다. 종업원의 강등은 책임을 점차 줄여나가고 재정적 보상도 약간씩 줄여 나감으로서 효과적으로 이행될 수 있다. 노동력에서 빠져야할 은퇴국면에서는 업무에서 점진적으로 손을 떼고 휴가기간을 장기간 잡음으로써 자연스럽게 퇴직을 맞이할 수 있다.

후기경력전환을 보다 효율적으로 관리하기 위하여 조직과 개인이 할 수 있는 활동은 무엇인지 간략하게 살펴보도록 하자.

1) 조직의 관점

경력후기 종업원들을 둔 조직에서 일차적으로 해야 할 일은 현장에서 이들 종업원들의 성과를 신뢰롭고 타당하게 모니터 하는 것이다. 많은 관리자들은 나이든 종업원의 수행에 관해서 객관적 자료에 의해서 지지되지 않은 편견을 가지고 있다. 나이든 근로자들은 많은 관리자들이 믿고 있는 것보다 조직 내에서 보다 효율적으로 그리고 보다 장기간에 걸쳐 일을 하고 성과를 낼 수 있다. 특히 최근의 연령차별과 관련된 문제에 대한 사회적 관심에 비추어, 기업에서는 나이든 근로자들에 관한 주요 인사 결정시 정확하고 근거 있는 자료들을 사용해야 할 것이다.

둘째, 조직에서는 나이든 근로자들을 위한 보다 응집된 인력 계획을 준비할 필요가 있다. 대부분의 조직은 젊은 사람들의 경력이동과 고속승진 종업원들을 계획하는데 상당히 많은 노력을 기울이고, 반면에 조직들은 종종 나이든 근로자들에 대한 계획에 실패하는데, 특히 최고관리직에 이르지 못하는 노년의 근로자들에 대한 배려는 거의 없다. 나이든 근로자들은 경력 후기에 이르러 회사에 기여할 수 있는 직무 배정과 훈련을 받지 못한 관계로 나이가 많다는 이유로 불필요하게 경력고원기에 직면하거나 퇴물로 취급받기도 한다.

조직에서 나이든 종업원들을 관리하기 위한 세 번째 주요과제는 최고 관리자 대상자 가리기, 예비조사 및 선발을 위한 합리적인 정책과 절차들을 만드는 것이다.

넷째, 조직에서는 조기퇴직과 사전-퇴직 프로그램 참여에 대해서 긍정적인 유인가를 창출하는 데 역점을 두고, 가능하면 사람들을 강제적으로 내보내서는 안된다. 퇴진이 승-패를 가리는 전쟁터가 되어서는 안된다는 것이다. 올바른 분위기가 조성되고 적절한 재정적 인센티브가 주어질 수 있다면, 조직과 개인 모두에게 이득을 가져다 줄 수 있다. 나이든 근로자들에 대한 나쁜 처우는 결국 기업에게도 해가 되어 돌아올 수 있다. 젊은 근로자들은 자신들이 그 기업에서 성장해감에 따라 나중에 어떤 대우를 받게 될 것인가를 인식하게 된다는 점이다.

2) 개인의 관점

경력후기 종업원들에게 지금까지 성취해온 것에 대한 자긍심과 미래에 관한 낙관성 만큼 중요한 것은 없다. 때때로 나이든 근로자들은 회한과 상실감으로 경력초기 및 중기를 되돌아본다. 이러한 조망은 그들을 우울하게 만들기도 하고 그의 주변사람들이 그에게 연민을 느끼게도 하며 그들을 무시하게도 한다. 더욱이 나이든 근로자들은 종종 자신이 여전히 힘이 있고 아직도 건재하다는 것을 보여주려고 쓸데없이 너무 많은 에너지를 낭비하기도 한다. 일자리를 놓치지 않으려고 젊은 근로자들과 무리한 경쟁을 하기도 한다. 이러한 무리한 경쟁대신에 비록 일이 덜 도전적이고 매력이 덜 끌린다 하더라도, 하루하루를 무의미하게 보내는 것보다는 전향적인 자세로서 주어진 상황에 적응하고 전념하는 태도가 필요하다. 이러한 태도는 나이든 근로자들이 자신에 관해서 긍정적인 시각을 갖도록 해주고 이후 삶에 대한 적응력도 보여준다.

종업원들이 나이가 들어감에 따라, 그들은 자신들의 최상의 사회적 지지원이 상사나 부하직원이라기보다는 동료나 배우자라는 사실을 깨닫기 시작한다. 다음으로 젊은 세대인 경력중기 종업원들이 나이든 근로자 집단의 지지원이 될 수 있으리라고 기대하는 것은 비현실적이다. 나이든 근로자들은 주요 업무가 점차 줄어들고 노동력에서 곧 빠져야 할 상황임에 비해 경력 중기의 종업원들은 여러 가지 책임이 부여되고 자기-평가와 더불어 주요 변화를 따라잡기에도 벅찬 것이 현실이다.

경력 후기의 결정은 근로자 본인뿐만 아니라 배우자에게도 중요한 영향을 미친다. 이와 같은 이유 때문에, 다양한 쟁점에 관해서 퇴직에 대비한 장기 계획에 부부가 참여토록 하는 것이 특히 중요하다. 그 쟁점이라 함은 재정, 여가, 주거지 바꾸기 등등이다. 더욱이 노동력에서 은퇴로의 전환은 삶에서 중요한 사건이기 때문에, 퇴직과정을 자연스럽게 받아들이기 위해서는 일상에서의 점진적인 변화가 필요하다. 부부는 주말이나 휴가기간을 점차로 더 길게 잡음으로써, 남은 시간에 새 거주지를 방문함으로써 변화된 자신들의 삶에 한 걸음씩 다가감으로서 노년기의 삶에 잘 적응해 나갈 수 있을 것이다.

2. 경력후기 근로자 관리하기

"일은 삶이다"는 시대를 초월해서 철학자들이 강조한 말이다. 오늘날 건강과 의료의 향상 및 발전은 사람들의 수명을 높여 놓았다. 특히 20세기를 지나면서 수명은 과거 시대에 비해 놀라울 정도로 증가하였다. 그 결과 한창 일 할 수 있는 신체조건과 건강을 유지하고 있음에도 정년 때문에 어쩔 수 없이 퇴직을 해야 하는 나이든 근로자들이 많아지고 있다. 법적으로 특정 연령대의 강제 퇴직은 사회적으로 중요한 문제로 부각되었다. 기업의 중견 관리자라면 당신은 인구통계학적 추세에 입각해서 무엇을 기대할 수 있는가? 우리나라는 OECD국가들 중에서도 그 유래를 찾아볼 수 없을 정도로 빠르게 고령화가 진행되고, 2026년에는 전체 인구 중 1/5 이상을 노인인구가 차지할 것으로 보고 있다.

노인인구는 2000년에 이미 7.3%로 이미 고령화사회에 접어들었으며, 2005년에는 9.1%, 2019년에는 14.4% 그리고 2026년에는 그 비율이 무려 20%를 넘어 초고령화사회에 진입할 것으로 전망되고 있다(통계청, 2005).

이와 병행하여 평균수명도 계속 늘어나 2010년에는 남자 75.5세, 여자 82.2세로 예측되며 2020년에 우리 국민의 평균수명도 80세를 넘어 80.7세(여자 84.1세, 남자 77.5세)에 이를 것으로 전망하고 있다.

간단히 말하자면 젊은 근로자들은 점점 적어지고 나이든 근로자들은 더 많아지리라고 예상할 수 있다. 특히 6·25 전쟁 후 베이비 붐 세대인 40대와 50대가 60세가 되는 시점에서 노년층의 인구비는 급격히 증가할 것으로 보인다.

1) 나이든 근로자들에 관한 통념 대 사실

연령에 대한 고정 관념은 불행하게도 50세 이상 근로자들의 지속적인 성장과 발전의 장애물로 인식되어왔다. 한 조사에 의하면 임원들 중 82%는 오늘날 일터에서 매우 심각한 문제로 연령과 관련된 편파를 뽑았다. 연령에 대한 눈에 보이지 않는 선입견이 나이든 근로자들의 직업생활을 어렵게 만들고 있다. 다음은 연령에 관한 몇 가지 공통적 통념과 사실을 적어놓은 것이다.

통념 : 나이든 근로자들은 젊은 근로자들보다 생산성이 떨어진다.

사실 : 39,000명을 대상으로 연구한 결과(McEvoy & Cascio, 1989)에 의하면, 전문직과 비전문직 직무 모두에서, 연령과 직무수행은 일반적으로 관련이 없는 것으로 밝혀졌다. 노화와 기능능력간의 관계 그리

고 직무 수행에 대한 노화의 영향에 대한 문제는 복잡한 양상을 띄고 있다. 압도적으로 많은 증거들은 단순히 연령 증가에 따라 능력이나 성과가 줄어든다는 단순 개념을 반박하고 있다. 노화가 성과에 미치는 영향은 기능상의 변화량과 시기라는 측면에서 개인마다 큰 차이를 보이면서 어떤 사람들은 쇠퇴하지만 반면에 어떤 사람들은 오히려 안정되거나 성장하는 것으로 나타났다(Czaja, 1995).

통념 : 나이든 근로자들을 직무에 투입하기 위하여 준비시키는데 더 많은 비용이 든다.

사실 : 연구에서는 언어, 수리 및 추리력과 같은 정신 능력은 70세까지도 안정적인 상태로 남아있음을 보여주고 있다(Wellner, 2002). 따라서 교육 훈련비용에서 차이가 없을 것으로 기대해 볼 수 있다.

통념 : 나이든 근로자들은 연령과 관련된 허약함과 평균 이상의 질병율 때문에 더 자주 결근을 한다.

사실 : 누적된 연구결과를 통해서 보면, 나이든 근로자들은 적어도 질병이 없는 상황에서는 결근을 더 적게 하지만, 결근을 할 경우 그 기간은 더 긴 경향은 있다(Martocchio, 1989).

통념 : 나이든 근로자들은 일터에서 매우 높은 비율의 사고를 당한다.

사실 : 한 조사 결과(Boureau of National Affairs, 1987)에 의하면, 연령이 55세 이상인 근로자들은 연구 당시 모든 작업장에서 전체 노동집단 중 13.6%를 차지하고 있었지만 이들이 상해 비율의 단지 9.7%만을 차지하였다. 이 자료는 건강한 근로자들만을 고려해 볼 때 한층 더 관심을 끈다. 23세부터 75세까지의 건강한 근로자들 사이에서, 연령은 일터에서의 사고 및 질병 증가와 연관이 없었다. 이것은 나이든 근로자들이 직무상에서 경험이 더 많기 때문인 것으로 볼 수 있다. 그러나 경험의 길이와 관계없이, 젊은 근로자들일수록 사고율이 더 높은 것으로 밝혀졌다.

통념 : 나이든 근로자들은 다른 근로자들과 보조를 잘 맞추지 못한

다.

사실 : 중소업체 소유주들은 나이든 종업원들이 업무에서 안정적이고 다른 종업원들과의 관계가 원만하다는 사실에 동의하고 있다. 사실 50세 이상의 근로자들의 책임감과 일관된 직무 수행은 젊은 근로자들에게 긍정적인 역할 모델을 제공한다(Grossman, 2003).

통념 : 나이든 근로자들을 고용함으로써 얻는 여러 가지 지원 및 혜택보다는 건강 보호 연금으로 인한 지출이 더 크다.

사실 : 사실이다. 나이든 근로자들이 아플 경우, 그 질병은 종종 만성적이고 잦은 진료와 입원으로 이어질 수 있다. 그러나 나이든 근로자들의 건강관리 비용 지출은 젊거나 자녀를 둔 기혼 근로자들보다 더 적다. 이러한 비용을 삭감하기 위하여, 일부 나이든 근로자들은 자신들의 근로시간의 80%에 대하여 봉급의 60%를 받는 것에 자발적으로 동의하고 있다(Wellner, 2002).

통념 : 나이든 근로자들은 그들이 수행하게 될 업무 유형이 고착되어 있다.

사실 : 직무 지원자들을 대상으로 한 조사에 의하면, 배치 상담자들은 50세 이하인 지원자들의 55%, 50에서 59세까지의 63% 그리고 60세 이상의 78%가 근무업종을 바꾸었음을 발견하였다. 많은 나이든 근로자들은 자신들이 근무했던 구 산업에서 재취업을 하는데 어려움을 겪고 있다.

통념 : 당신은 나이든 근로자를 훈련시킬 수 없다

사실 : 연령 그 자체는 훈련의 중요한 쟁점이 되고 있다. 노년학자들은 사람들이 나이가 들어가면서 각기 다르게 학습한다는 사실을 강조하고 있다. 특히 나이든 근로자들의 경우, 속도를 강조하지 않는 비위협적인 훈련 환경을 제공하고, 젊은 근로자들과의 불리한 비교를 하지 않는 것이 중요하다. 나이든 근로자들에게 기술 - 개발 과제를 숙달하도록 허용함으로써, 수행을 잘하는 비슷한 연령대의 모델을 관찰하도록 함으로써, 그리고 언어적 확신, 충분한 시간, 사생활 등을 제공함으로

써, 자신감을 북돋워줄 수 있다.

통념: 나이든 근로자들은 자주 방해를 받으면 일을 잘하지 못한다.

사실: 젊은 사람들도 그렇다.

3. 연령차별

50세를 넘긴 장년기에 접어든 근로자들은 고용과 관련하여 몇 가지 특별한 문제에 부딪힌다. 전체적으로 실직의 가능성이 많은 것은 아니지만, 다른 직무를 찾는데 50세 이하의 사람들보다 더 많은 어려움을 겪는다. 이것은 실업상태의 장년층 근로자들이 현실적인 경제적 어려움에 처하면서 다른 일자리를 찾는데 어려움을 겪게 됨을 의미한다.

나이든 근로자들이 고용시장에서 경험하게 되는 두 가지 주요 장애는 연령차별과 노동시장의 장벽이다. 첫 째는 나이 때문에 어떤 직무에 취업하지 못하고 그것이 다른 사람에게 넘어가는 것이다. 둘째는 나이든 근로자들이 직면하는 고용문제로 젊은 사람들에 비해 상대적으로 취업기회를 거의 갖지 못하는 것이다.

연령차별은 몇 가지 방식으로 일어난다. 예를 들면, 고용주들은 특정한 신체적 수행이나 정신적인 수행을 채용조건으로 내세우고, 나이든 근로자들이 이러한 수행능력이 없다고 주장한다. 다른 한편으로 고용주는 나이든 근로자들을 내보내기 위하여 대량감원을 실시하는데 정리해고 혹은 강제퇴직방법을 동원하기도 한다. 종종 감독자들은 승진이나 진급을 위한 성과평가 그리고 종업원들이 추가 훈련을 받을 수 있는지의 여부를 결정할 때 연령을 그 기준으로 삼기도 한다.

나이든 근로자들은 부당한 배치, 자신들의 직무에 주부사원을 배치하는 것, 노인에 대한 사회적 무관심, 시간제 고용기회의 부족, 재취업 등과 같은 여러 가지 노동시장의 장애물에 직면해야 한다. 과거에 나이든 근로자들은 연공서열에 따라 해고나 이와 유사한 문제로부터 보호를 받았다. 연공서열은 승진에서 우선적으로 기회가 부여되었고, 경기가 나빠져 회사의 사정이 악화되어 일시해고를 당했다하더라도 경기가 회복되면 일차적으로 복직되는 특전을 의미하였다. 대부분의 고참근로자들이 나이가 많은 경향이 있기 때문에 연공서열은 나이든 근로자들을 위한 보호장치였다. 그러나 노동조합의 결속력이 약화되고, 쟁의 발생시 법원 혹은 노동부가 고용주의 편을 들어주는 경향이 증가하면서 장기근속자의 보호장치는 점차 약해지고 있다(Gersuny, 1987).

4. 노년의 근로자와 인적자원관리

분명히 나이든 모든 근로자들이 전통적인 고정 관념에 부합하지 않는 것처럼, 모델이 되는 종업원들도 아니다. 현재 증가하고 있는 이들 근로자들의 문제를 어떻게 접근해야 할까?

인적 관리 차원에서 우리는 미래의 노동 시장이 다음과 같을 것이라고 예상하고 있다. 나이든 근로자들에 대한 수요와 공급은 계속해서 확대될 것이다. 이러한 추세를 활용하기 위하여, 한 가지 접근법은 퇴직을 하게 될 사람들을 대상으로 근로자들을 모집하는 것이다. 퇴직보다는 직무에 더 끌리도록 하고, 대체가 필요하게 될 종업원들을 잡아 두도록 하는 것이다.

다음의 예에서 입증하듯, 일부 기업에서 이것을 실시하고 있다. 기업에서는 퇴직자들이 경험이 많고, 믿을 만하고 동기화 된 작업 집단으로 매우 가치있는 인적 자원임을 인식하기 시작하였다. 사실, 일부 여행사들의 경우 퇴직자들은 여행시즌이 다가오면 회사를 위해 한시적으로 취업을 하고 회사는 세제 혜택을 받는다. 퇴직자들은 타이피스트, 자료-기입 오퍼레이터, 시스템 분석가, 보험 업무 담당자 및 회계원 등과 같은 다양한 직무에 채워진다. 한 달에 최대 40시간의 일을 할 경우, 퇴직자들은 직무 명세서에 입각해서 임금 범위의 중간 정도를 받는다. 표준주노동 시간의 반을 넘기게 되면, 그들은 연금혜택을 못 받을 위험도 있다. 그럼에도 불구하고, 퇴직자들은 일반적으로 이 프로그램을 좋아하는데, 그것은 이들이 퇴직으로 인해서 일을 하지 않았을 때 보다 더 나은 신체, 정신건강 및 재정을 유지할 수 있기 때문이었다(Wang, 2000).

두 번째 접근법은 나이든 근로자들의 욕구를 조사하고, 이러한 욕구에 순응하기 위하여 HRM 실무와 정책을 실행하는 것이다.

(1) 종업원들이 왜 퇴직을 하고, 왜 조직에 계속해서 머물려 하는지에 관한 기록을 작성하고 보유하라.
(2) 유연한 작업 패턴과 작업 안을 이해하라. 예를 들어, 나이든 근로자들은(다른 많은 종업원들이 직장에 나오기 싫어하는) 월요일과 금요일에만 일을 하거나 휴일 전과 후에 일을 할 수도 있다.
(3) 가능하다면, 노인 근로자의 신체적 능력에 맞도록 직무들을 재설계하라.
(4) 보다 광범위한 수준에서, 다양한 경력 단계를 감안하여 근로자들의 신체적 능력을 고려한 경력경로를 개발하라.
(5) 기술적 및 관리적 기술을 위해 재훈련 기회를 제공하라. 나이든 근로자들의 2/3는 더 많은 훈련과 리더십 개발 기회를 원한다. 불행히도 HR 임원들의 2/3는 자신들의 회사가 기술을 향상시키기 위한 유인책으로 그러한 훈련을 나이든 근로자들에게 제공하지 않고 있다고 말하였다.
(6) 나이든 근로자들의 고용 결정에 영향을 미치는 기반으로서 성과관리 체계의 적합성을 조사하라. 연령차별 소송을 피하기 위하여, 직무 수행이 떨어지거나 비효율적 었음을 입증하는 증거자료를 제시할 수 있어야 한다.
(7) "나이든 근로자들에 관한 통념 대 사실"에 관한 절에서 제시된 고무적인 결과에도 불구하고, 여전히 나이든 근로자들에 대한 태도가 전반적으로 개선되지 않고 있는 것 같다. 고용주들이 종업원들에게서 가장 바람직한 것으로 여겨지는 특성들인 유연성, 변화에 대한 적응력, 독자적 판단을 행사할 수 있는 역량과 의지

등은 일반적으로 나이든 근로자들과는 연관성이 없다.

나이든 근로자들은 자신들의 가장 큰 문제점이 자신들의 기술을 하향 평가하는 사용자들에 의한 차별이라고 말한다. 그들은 자신들이 완고하지 않고, 소심하지도 약하지도 않다는 사실을 몇몇 고객들에게 언급해야 하는 것이 아니라 감독자들과 동료 작업자들에게 확신을 시켜야 한다고 말한다. 이러한 추세를 변화시키기 위하여, 근로자들과 관리자들은 나이든 근로자들에 관한 통념을 신봉하지 않기 위해 그들에 관한 사실들을 정확히 알 필요가 있다.

제2절 퇴 직

사람은 일정한 연령이 되면, 계속해서 일할 수 있는 능력이나 일을 계속하려는 개인의 의사와는 관계없이 연금을 받는 조건으로 유급 고용에서 물러나야 한다는 개념은 비교적 최근 들어 생겨난 것이다. 경제질서가 그 기능을 발휘하는 데 있어 생산활동에 크게 기여하지 못하는 것으로 판단되는 경제적으로 비생산적 역할을 하고 있는 사람들이 많이 생겨나면서 현대 산업사회는 이들에 대한 대책의 일환으로 퇴직이란 제도를 만들어 냈다. 퇴직이란 명백하게 경제적으로 잘 규정된 생산적인 역할로부터 경제적으로 다소 모호하고 애매한 비생산적인 역할로의 전환을 뜻한다.

오늘날과 같은 직업중심 사회에서 퇴직은 대부분의 사람들이 경험하고 비교적 예측이 가능한 주요 생활사건이 되고 있다. 산업사회에서는 일반적으로 연령에 의한 퇴직을 편의상 노년기의 시작으로 보고 있으므로, 퇴직은 생활주기상의 한 단계로서 중년기와 노년기를 가르는 분기점이 되는 주요 생활사건이자 사회적 역할의 변화를 초래하는 계기가 되고 있다. 우리나라에서 퇴직과 관련된 문제들이 사회적 관심을 끌기 시작한 것은 1980년대 들어서부터라고 보고 있다. 이는 노인인구 중 비경제 활동인구가 차지하는 비율이 높을 뿐만 아니라 절대적으로 비경제 활동의 규모가 커진 것이 주요 배경요인중의 하나로 보고 있다.

지난 10여 년 동안 60세 이상 노인인구의 유업활동참가율(전체노인인구 대비 취업 참가 노인인구의 백분비)은 1980년 31.3%에서 1990년 28.3%로 감소하였다. 통계청 고령자 통계조사자료에 의하면 2005년도에 65세 이상 인구의 경제활동 참가율은 29.8%인 것으로 나타났다. 더욱이 노인인구의 수는 1980년 약 227만 명에서 1990년에는 약 332만 명으로 46.4%가 증가하였는데 2020년에는 927만 명으로 전체 인구의 17.7%를 차지할 전망이다(경제기획원, 1982; 통계청, 1993)

이와 같이 60세 이상 노인 인구의 수가 증가하는 인구고령화 현상이 심화되고 있는 상황에서 노인인구의 경제활동 감소를 가져오는 퇴직은 노인 개인뿐만 아니라 사회와 국가경제에도 심각한 사회적 문제를 야기할 것으로 생각된다. 미국은 현재 정년 제도를 대부분 폐지하여 연령으로 인한 강제퇴직을 당하는 사람은 거의 없으며, 62세 이후의 어느 시기에 선택적으로 퇴직을 하게 하는 임의적 혹은 자발적 퇴직을 규정하고 있어 퇴직을 앞두고 있는 퇴직자들이 퇴직에 대하여 긍정적인 태도를 지니고 퇴직 후 적응의 관건이 되는 퇴직생활계획을 잘 수립하는 것으로 알려져 있다. 그러나 우리나라는 보편적인 정년이 만 55세로 규정되어 있어 서구에 비해 상당히 이른 편이며, 이 시기는 생애 과정상 심각한 발달적 위기인 중년이자 가족 생활주기 상에서도 자녀의 교육비, 결혼 등으로 가계의 지출이 가장 많은 시기에 해당되므로 현실적으로 중년기 직장 남성이 개인이 퇴직 전부터 퇴직에 대한 대책을 마련하는 것은 매우 어려운 실정이다.

일과 마찬가지로 퇴직도 모든 사람에게 똑같은 의미로 사용되지는 않는다. 어떤 사람들에게 있어서 퇴직은 인생의 목표가 실현된 시기이거나 가장 행복한 생활일 수 있으나, 어떤 사람들에게는 좌절과 슬픔을 안겨다 주는 시기일 수 있다. 이들은 생각지도 않았던 혹은 마음의 준비를 하지 않았던 일이 자신에게 발생한 것과 같은 충격과 놀라움으로 퇴직을 받아들일 것이다.

1. 퇴직결정

근로자가 퇴직하는 것은 곧 고용관계 혹은 취업관계가 끝나는 것을 의미하는데, 퇴직에는 세 가지유형이 있다. **임의퇴직**: 본인의 자유의사에 의해서 퇴직을 하는 것, **자연퇴직**: 연금수급연한이 되어 퇴직을 하는 것, **정년퇴직** 혹은 **강제퇴직**: 능력과 관계없이 일정한 연령에 도달하면 당연히 퇴직을 하는 것. 정년퇴직의 경우는 퇴직 시기를 어떻게 정하느냐에 따라 다시 4가지 유형으로 구분되기도 한다. ① 일률적인 정년제(근로자 모두에게 일률적으로 정해져 있는 경우), ② 남녀별로 정해져 있는 경우, ③ 직종별로 그 연한이 다르게 정해져 있는 경우, ④ 직제별과 계급별 그리고 자격별로 정해져 있는 경우 등이다.

퇴직연령의 선택 혹은 퇴직결정은 종업원이 이용할 수 있는 퇴직제도, 퇴직과 관련된 연금, 인플레이션 추세, 개인의 재정적 관여, 직무만족 수준, 자신의 건강상태에 대한 지각, 노동시장 조건, 사회적인 퇴직 규준 등과 같은 많은 요인에 의해 영향을 받는다. 따라서 퇴직에 관한 결정은 개인적인 사정뿐만 아니라 경제적, 사회적 맥락에 의해서도 영향을 받는다고 볼 수 있다. 대부분의 근로자들에게 퇴직결정의 가장 중요한 요인은 건강상태와 퇴직 시 확보하게 되는 수입인 것으로 보고되고 있다. 일반적으로, 자신의 건강이 상대적으로 나쁘거나 퇴직 수입이 적당하다고 지각하는 사람들은 특히 자신의 직무에 불만족하거나, 자신의 직무에서 요구하는 것들을 효율적으로 처리할 수 없다고 생각할 경우 퇴직을 결심할 가능성이 높다(Schmitt & McCune, 1981).

조기에 퇴직한 근로자들은 직무가 자신에게 최소한의 기술만을 요구하고, 자율성과 책임감을 발휘할 수 있는 기회가 적으며, 고된 육체적 노동을 요구하는 상대적으로 낮은 지위의 직업에 종사하는 것으로 나타났다. 조기 퇴직자들은 숙련이 덜 되거나 숙련되지 않은 근로자들인 경향이 있으며, 특히 고용조건이 열악한 산업에서 일하는 것으로 나타났다. 특히 조기 퇴직자들을 대상으로 한 연구에서 사무직 근로자들에 비해 육체노동자들은 수적인 과잉으로 인해 조기에 퇴직할 가능성이 더 많으며, 퇴직 후에는 상당히 낮은 수준의 수입을 유지한다. 우리나라의 경우 IMF체제를 겪으면서 경제사정이 악화되고 기업여건이 급격히 변화하면서 비교적 근무여건이 좋았던 직종에서도 구조조정의 여파로 조기 퇴직자들의 수가 증가하는 경향도 보이고 있다.

한편 건강상의 이유로 조기에 퇴직한 근로자들을 보면 미국의 경우 백인 근로자들 중 40%, 흑인 근로자들 중 50%로 추산되며, 이들에게 있어 수입의 감소는 상당히 심각한 문제였다. 반면에, 자영업자, 관리자, 고학력과 높은 지위를 가진 전문직 근로자, 주요 부서에서 일하는 사람들은 조기에 퇴직할 가능성이 적은 것으로 나타났으며, 정년을 넘어서까지 계속해서 일하는 경향이 많았다. 아마도 자신들의 일에 대한 높은 만족으로 인해, 나이든 근로자들 특히 정년이 임박한 근로자들은 퇴직 후에 수입감소가 없음에도 불구하고 젊은 근로자들에 비해 조기에 퇴직하는 것을 꺼리는 것으로 나타났다.

여러 연구에서 어떤 요인들이 근로자들의 퇴직결정에 영향을 미치는지를 조사한 결과, 사람들이 다음과 같은 상황이면 퇴직할 가능성이 적다는 사실을 확인하였다. "경제적 어려움에 직면했을 때", "인플레이션 비율이 높을 때", "강한 직업윤리를 가지고 있을 때", "현 직무에 만족을 느낄 때", "퇴직은 곧 사망선고라고 믿고 있을 때", "퇴직은 삶의 질을 떨어트린다고 생각할 때" 등이다. 이와는 대조적으로 나이 든 근로자들일수록 건강이 나쁘다든가, 연금으로 생활할 만하다든가 현 직무에 불만족 한다든지, 직무의 기술적 요구와 스트레스를 감당해낼 수 없다고 느끼면 조기에 퇴직할 가능성이 많다는 사실도 밝혀졌다.

다른 연구에서도 이와 유사한 결과를 발견하였다. 예를 들어 바필드(1970)의 연구에서는 재정안정(혹은 재정불안정)은 퇴직 결정의 가장 좋은 단일 예측 요인임이 입증되었다. 폴맨과 존슨(1979)은 특히 생산직 근로자들 사이에서 퇴직결정은 직무에 관한 자극결여 및 지루함과 관련이 있었고, 재정 안정과 직무만족변인이 퇴직결정을 가장 유의미하게 예측하였다는 사실도 확인되었다.

퇴직 결정은 다음과 같은 두 단계로 이루어지게 된다. 첫째, 근로자들은 재정적인 관점에서 퇴직의 가능성을 검토한다. 예를 들어, 연금의 크기, 저축 규모, 인플레이션 압박감에 대한 추측 등을 고려하여 퇴직을 결심한다. 그 다음 근로자들은 현재의 삶의 질과 퇴직 후 예상되는 삶을 비교하게 된다. 자신의 현 직무와 삶에 만족하고 퇴직 후에도 그와 같은 일상적인 삶의 질을 그대로 유지할 수 있다고 판단되면 퇴직을 기꺼이 수용하려 들 것이다. 그러나 현재의 삶과 직무에 불만족하거나 퇴직 후에도 삶의 질이 개선될 기미가 보이지 않거나 오히려 악화될 우려가 있다고 생각되면 퇴직에 대해 많은 불안감을 갖게 될 것이다.

2. 퇴직 결정에 영향을 미치는 요인

1) 임금

임금과 퇴직 결정간의 관계는 불분명하다. 일반적으로 임금이 높은 사람은 저축을 더 많이 할 수 있고, 높은 연금급여를 획득할 가능성이 높다. 따라서 임금이 낮은 사람에 비해서 재정적인 측면에서 볼 때 안정적이라고 할 수 있을 것이다. 이러한 안정된 재정상황은 그 자체만으로도 퇴직결정 가능성을 증가시킬 수 있다. 그러나 다른 한편으로 높은 임금을 받았던 사람들은 퇴직 후에도 퇴직전과 유사한 수준의 소비를 원할 수 있기 때문에 소득을 계속 유지되기를 바라는 마음에서 퇴직을 유보할 수 있다.

2) 연금

공적 연금과 사적 연금은 노인들에게 비노동 소득을 제공함으로써 이들의 노동공급에 부적인 영향을 미치는 것으로 알려져 있다. 더욱이 이들 연금은 통상적으로 강제퇴직을 조건으로 지급되기 때문에 노인들이 수급자가 되기 위해서는 경제활동참가로부터 완전히 혹은 부분적으로 물러나야만 하는 것이 일반적이다. 그러나 사회보장 및 기업연금의 절대액과 퇴직연령간의 관계를 조사한 결과를 보면 연금액이 클수록 퇴직연령이 낮아지는 경향이 있다.

3) 자산 및 자산소득

자산이나 자산소득이 많을수록 여가를 비롯해서 더 많은 재화를 살 수 있다는 점에서 자산소득은 순수한 소득효과를 통해 퇴직결정에 영향을 미친다. 자산보유액이 높을수록 퇴직률이 증가하는 경향이 있다. 특히 자산소득이 퇴직결정에 미치는 영향은 노동을 제약하는 건강여부에 따라 달라질 수 있음을 보여주었다. 노동관련 제약조건이 없는 건강한 사람들에게는 사회보장과 기업연금이 경제활동참가에 가장 결정적인 영향을 미치지만, 반면에 건강과 관련해서 제약조건이 있는 사람들에게 있어서는 자산소득이 보다 큰 영향을 미쳤다.

4) 건강

건강악화는 조기퇴직의 사유로서 사회적으로 정당한 것으로 인정되는 경향이 있다. 따라서 근로활동을 중단한 다른 사유(예, 여가활동)가 있음에도 불구하고 사회적으로 수용되는 건강악화를 퇴직이유로 제시하게 된다. 특히 건강상의 문제가 없고 다른 사람보다 건강이 좋다고 응답한 사람들도 퇴직 결정의 주요 동기를 건강에 두는 사람들이 많다는 사실을 확인하였다. 퇴직과 관련된 대부분의 연구에서는 건강을 조기퇴직의 주요 요인으로 보고 있다. 건강에 대한 주관적 평가와 조기퇴직계획 간에는 높은 상관을 보이는데 건강이 나쁘다고 응답한 사람들에게서 조기퇴직을 계획하고 있는 비율이 상대적으로 높다고 볼 수 있다. 65세 이전의 조기퇴직은 주로 건강악화에서 비롯된 것이며 특히 재산이 없는 집단에 있어서는 건강악화가 조기퇴직의 가장 중요한 결정요인이다. 연금과 같은 사회보장 기대액은 퇴직에 영향을 미치지만 비노동 소득이 높은 사람들에 대한 영향은 미미한 반면, 건강은 소득에 관계없이 퇴직에 유의미한 영향을 미친다고 보고되고 있다.

5) 직업

직업과 관련해서 퇴직에 영향을 미칠 수 있는 변인들로는 직업적 지위, 직종, 직업안정도, 직무특성 등 다양하다. 이러한 직업과 관련된 다양한 특성들이 퇴직결정에 직·간접적으로 영향을 미칠 수 있다. 직위와 관련해서 보면, 종업원의 직위가 더 높을수록 퇴직할 가능성이 적다는 것이다. 높은 직위에 있는 사람들일수록 자신이 하고 있는 일에 더 몰입하고 직무만족도 높기 때문에 이들 요인들이 자신의 직무를 떠나기 어렵게 만든다는 것이다. 한편, 더 낮은 수준의 직위나 직무는 신체적으로 더 힘들고 개인의 건강을 위협할 수도 있다. 따라서 이들 직무에 근무하고 있는 대다수 사람들은 힘든 신체적 요구를 쫒아갈 수 없거나 일과 관련된 건강문제 때문에 더 일찍 퇴직할 것으로 기대된다 (Hardy, 1985).

고위직 종사자, 자영업자들은 다른 직종의 종사자들에 비해 상대적으로 늦게까지 경제활동에 참가하는 경향이 높다. 또한 전문직, 관리직, 기술직 종사자들은 비감독직 종사자들에 비해 퇴직을 늦게 하는 경향이 있는 것으로 밝혀졌다. 자영업자 및 전문직 종사자들에게서 퇴직 연령이 높게 보고되는 이유로는 이들이 육체노동자들에 비해 노동시간, 노동강도 등과 관련된 노동계획에 있어 보다 유연성을 발휘할 수 있음으로써 사회보장의 소득조사를 회피할 여지가 많고 따라서 그만큼 계속해서 노동에 참여할 수 있는 매력이 증가하기 때문이라고 볼 수 있다.

직업적 지위는 교육수준이나 임금수준과도 관련성이 높다. 따라서 직업과 관련된 요인들이 교육, 건강, 소득 등의 다른 요인과 밀접한 관계를 맺고서 퇴직결정에 직·간접적으로 영향을 미친다는 사실을 간과해서는 안 된다.

6) 산업유형

일반적으로 연령계층에 따른 고령근로자의 산업별 종사비율이 현저하게 줄어든 산업은 그렇지 않은 산업에 비해 근로자들을 조기에 퇴직시키는 경향이 있다. 산업별 연령분포를 통해서 보면 광업, 건설업 부문에 종사하는 고령 근로자들은 비교적 이른 시기에 퇴직을 하는 반면, 도·소매업, 금융보험업 및 부동산, 서비스 부문에 종사하는 고령 근로자들은 보다 늦게 퇴직하는 경향이 있는 것으로 알려져 있다.

7) 일에 대한 태도

개인의 퇴직 결정은 경제적 자원이나 노동능력과 같은 비교적 객관적 요인 등에 의해서 뿐만 아니라 직무만족이나 일에 대한 몰입과 같은 주관적 심리적 요인에 의해서도 영향을 받을 수 있다. 일반적으로 자신의 직무에 만족하지 못할수록 퇴직 후 여가를 고대할수록 또는 사용자나 동료로부터 퇴직압력을 지각할수록 퇴직가능성이 높아진다. 퇴직확률은 여가와 소득에 대한 상대적 선호도에 따라 차이를 보이는데 퇴직을 행복한 상태로 간주할수록 즉 여가에 대한 선호도가 높을수록 퇴직을 선택하는 경향이 높다.

3. 퇴직의 영향

1) 퇴직자의 문제

퇴직을 얼마나 잘 준비하였느냐와 상관없이, 사람들은 자신이 오랫동안 몸담아 왔던 일의 세계, 즉 직업세계를 떠날 때는 어느 정도의 "퇴출 충격(exit shock)"을 경험하게 된다(Show & Grubbs, 1981). 30~40년 동안의 자신의 삶의 대부분에 영향을 미쳐왔던 일상적인 일과 습관이 퇴직을 맞이한 이 시점에서는 아무런 의미가 없고 부적절하기까지 하다.

퇴직자들이 직면하는 일차적인 문제는 사회적 접촉의 결여이다. 많은 사람들은 비록 그들이 친한 친구는 아니었다 하더라도, 동료나 부하직원들과 매일 매일 부딪쳤던 시절을 그리워한다. 어떤 사람들은 한 집단의 일부였다는 느낌을 그리워하고 동료나 내담자가 평가해 준 자기가치를 생각해 보기도 한다. 퇴직 근로자들이 겪게 되는 두 번째 문제는 성취감 결여이다. 잘 규정된 목표를 달성한 10년 후에 대부분의 나이든 사람들은 더 이상 달성해야 할 중요한 것이 아무것도 없다는 목적 상실감을 보고하였다. 셋째, 대부분의 퇴직 근로자들, 특히 관리자들은 그들이 행사했던 권력과 영향력을 그리워한다. 더 이상 인정을 해주거나 지침을 내려주어야 할 부하직원은 없다. 일은 그들이 없어도 잘 진행된다. 일 친구들은 더욱 더 멀어지는 것 같고 퇴직자는 이제 더 이상 조직의 활력소가 아니다. 퇴직자들이 겪는 네 번째 문제는 부부간의 갈등문제이다. 놀랍게도 많은 퇴직 근로자들과 이들의 배우자들이 퇴직 후에 이들이 직면한 적응문제를 이야기하고 있다. 이러한 문제는 특히 남자가 주 수입원이었고 아내는 가사를 돌보는 가정에서 특히 심각하다.

2) 퇴직자 유형

퇴직자들의 경우 이러한 문제와 스트레스를 피하기 위해서는 적절한 마음의 준비가 필요하다. 퇴직자들은 5가지 유형으로 분류할 수 있는데, ① **성숙형**(mature personality)은 큰 어려움 없이 늙어 가는 자신의 삶을 받아들인다. 또한 퇴직 후에도 과거에 대한 후회나 미래에 대한 두려움이 없이 일상 및 사회활동을 적극적으로 해나간다. ② **은둔형**(rocking chair personality)은 무거운 책임에서 벗어나 조용한 생활을 하게 된 것을 감사하게 생각한다. 조용하고 차분한 삶을 살고 싶었던 내면의 욕구를 충족하는 것이다. ③ **무장형**(armed personality)은 심리적 소외와 불안감을 없애기 위해 퇴직 후에도 다른 사회활동과 기능을 유지하려고 노력한다. 계속 무언가 일을 벌여 자신의 능력이 퇴보하는 것을 막고자 한다. ④ **분노형**(angry men)은 인생의 목표를 달성하지 못한 것에 비통해하는 유형이다. 이들은 실패의 원인을 불행한 시대나 부모형제, 사회 등 외부조건의 탓으로 돌리면서 퇴직 후 초라해진 자신의 모습을 인정하지 않으려 한다. ⑤ **자학형**(self-hater personality)은 분노형과 마찬가지로 자신의 삶이 실패한데 대하여 비통해 하지만 그 원인을 '자기 탓'으로 돌리면서 자신을 책망하는 유형이다. 굳이 나눈다면 성숙형이 가장 이상적인 적응방식이고, 은둔형과 무장형은 비교적 잘 적응하는 경우이며, 분노형과 자학형은 적응에 곤란을 겪는 유형이라고 볼 수 있을 것이다. 물론 이런 유형은 어느 날 갑자기 나타나는 것이 아니라 일생을 통한 성격형성과정의 결과로 자연스럽게 나타나는 것이다. 그러나 퇴직을 앞둔 직장인이라면 과연 자신이 어떤 유형인지 혹은 어떤 유형이 될 가능성 높은지를 한 번쯤 짚어보는 것도 좋을 듯 싶다.

3) 퇴직의 영향과 결과

퇴직에 관한 문헌 중 대부분은 개인의 직무상실에 대한 적응문제에 역점을 두고 있다. 퇴직에 관한 이론들은 퇴직이 개인에게 미치는 영향과 퇴직생활에 대한 차후의 적응을 설명하도록 돕기 위해 제안되어 왔지만, 이 '퇴직 이론들' 중 상당수가 일반적인 노화이론과 인간발달 이론에서부터 생겨난 것이다. 이 이론들 중 대표적인 것으로는 다음과 같다. ① 사람들은 퇴직 후에도 그들이 퇴직 전에 했던 것처럼 행동을 유지한다는 지속성(continuity) 이론, ② 퇴직자들이 자신들의 욕구를 충족시키기 위해서 여전히 활동하려고 노력한다고 주장하는 활동성(activity) 이론, ③ 퇴직이 사람들로 하여금 그들의 사회적 관심을 감소시키고 사회로부터 물러나도록 유도한다고 주장하는 이탈(disengagement) 이론, ④ 퇴직이 격렬한 적응을 필요로 하는 위기라고 주장하는 위기(crisis) 이론 등이 있다.

이러한 제안들에 대한 흥미 있는 사실은 이들 제안에서 퇴직을 설명하기 위하여 사회 재적응 평가척도를 폭넓게 이용하고 있다는 것이다. 여기서는 일반적으로 퇴직을 많은 스트레스를 유발하는 생활 사건으로 보고 있다. 그러나 이들 연구에서는 퇴직이 별개의 변인으로써 고려되지 않고 척도 중 일부는 사람들이 이 사건을 경험한 적이 있는지 혹은 없는지와 관계없이 사건의 영향을 서열화함으로써 개발되었기 때문에 퇴직이 많은 스트레스를 유발한다고 결론내리기에는 주의가 요망된다(Matthews, Brown, Davis, & Denton, 1982). 사실상, 매츄스 등은 300명의 퇴직자들(퇴직한지 1년에서 5년까지)을 대상으로 실증적 연구를 실시하였는데 그 결과를 보면 퇴직은 생각보다 심각한 영향을 미치지 못하였으며, 결혼, 자식이나 손자의 출생, 건강 문제, 주요한 상을 타는 것, 커다란 체중 변화 등과 같은 많은 다른 생활 사건들에 비해 개인의 생활에 거의 영향을 미치지 않는 것으로 나타났다. 물론 사람들에 따라 퇴직이 삶에 미치는 영향은 다양할 수도 있다. 남성은 여성보다 퇴직을 중요한 사건으로써 지각할 가능성이 더 높다. 나중에 퇴직한 사람들이 일찍 퇴직한 사람들보다 퇴직을 중요한 사건으로 지각할 가능성이 더 많은데, 이것은 아마도 퇴직의 최초 충격이 시간이 경과함에 따라 완화되고, 퇴직자가 자신의 새로운 역할에 적응하게 됨을 시사하는 것이다.

아마도 퇴직의 가장 분명한 영향은 수입 감소일 것이다. 노화에 관한 미상원 특별위원회의 보고에 의하면, 퇴직은 1/2에서 2/3까지의 수입 감소로 이어지고 결국 많은 퇴직자들이 저수입층으로 전락하게 되는 것으로 밝혀졌다.

퇴직이 건강에 미치는 영향은 퇴직과 관련된 문헌에서 흥미를 자아내는 영역이다. 질병으로 인해서 퇴직을 준비하거나 직장을 떠난 후에 곧바로 사망한 나이든 근로자들에 대한 고정관념은 퇴직이 건강결과에 부정적으로 영향을 미칠 것이라는 신념에 일조를 하였다. 그러나 일반적인 신념과는 달리, 반대로 과거의 실증적 연구에서는 일관되게 퇴직이 건강에 부정적인 영향을 미친다는 사실을 보여주지 못하고 있다. 310명의 이스라엘 근로자들을 대상으로 한 커머(1985)의 연구에서는 조사대상자들이 퇴직 후에 건강상에서 별다른 변화가 없었던 것으로 나타났다. 한편 에커트 등(1983)도 내과의사의 건강평가를 사용하여 229명의 남성퇴직자의 건강변화와 일을 계속하고 있는 비슷한 연령대의 동료 409명들의 건강변화를 비교하였는데, 그 결과 신체적 건강변화에서 퇴직자와 현직 근로자들 간의 차이는 없는 것으로 나타났다.

4. 퇴직에 대한 적응

1) 퇴직 준비

연구증거를 통해서 보면 퇴직 전에 상담을 받은 사람들이 퇴직준비를 잘 하고 퇴직을 즐길 가능성이 높다는 사실을 확인할 수 있다. 예를 들어 한 연구에 의하면, 회사의 상담 프로그램에 참여한 종업원들 중 71%가 퇴직에 대해서 만족감을 표시하였고, 상담을 받지 않는 쪽에서는 62%만이 만족하였다. 더욱이, 종업원들이 50대 후반에 이와 같은 상담을 받을 경우, 유익한 효과는 한층 더 커졌다. 59세 전에 퇴직에 관해서 생각하기 시작한 근로자들 중의 반 이상은 자신들의 퇴직에 대해서 매우 만족하였으며, 반면에 64세 이후에 퇴직에 관해서 생각하기 시작한 사람들은 18%만이 만족하였다(Lundgren, 1965).

이와 같은 이유 때문에, 양질의 프로그램이 되려면 참여자들의 목표와 조직의 목표를 잘 조합하여야 한다. 조직의 관점에서, 명예퇴직이나 조기 퇴직 규정 등에 관한 사실적인 정보를 종업원들에게 제공하는 것이 중요하다. 조직에서는 대체인력의 효율적인 확보를 위해 종업원들의 퇴직 계획에 관한 시기적절한 정보를 얻을 수 있는 방법으로 퇴직 전 워크숍을 이용할 수 있다. 개인의 관점에서 이러한 프로그램들은 퇴직에 따른 현실적인 재정계획을 수립할 수 있도록 해준다. 마지막으로 대부분의 종업원들은 퇴직 후에 시간관리, 여가활동, 만족스러운 부부관계 및 사회적 관계 유지하기 등과 같은 자신들의 라이프-스타일을 탐색할 수 있는 기회를 가져야 한다.

2) 퇴직 후 사회적응과정

퇴직생활을 하나의 과정으로 파악하면 퇴직자의 퇴직 후 사회적응과정을 여섯 단계로 나누어 볼 수 있다.

① **퇴직 전 단계**(preretirement srage): 퇴직을 멀리 앞두고 있는 시점에서는 퇴직을 미래의 언젠가 일어날 막연한 사건으로 지각하고 있고 이에 대한 구체적인 생각을 하지 않는다. 그러나 퇴직이 가까워지는 근접단계에서는 정해진 퇴직 일자를 의식하고 자신의 태도를 나타낸다. 근접단계에서는 두 가지 현상이 나타나는데 대부분의 경우 '곧 그만 둘 사람의 태도(short-timer's attitude)'를 보이거나, 퇴직 후의 생활에 대한 환상에 빠지게 된다. 환상은 앞으로 닥쳐올 생활을 현실성 있게 반영한 것일 수도 있다. 현실적인 환상은 퇴직생활로의 전이를 수월하게 해주지만 비현실적인 환상은 퇴직생활로의 전이를 어렵게 만들고 많은 환멸을 경험하게 되는 결과를 초래할 수 있다.

② **밀월 단계**(honeymoon stage): 퇴직자가 의무적이고 시간 제약

적인 직업 활동에서 벗어나 어느 정도 도취된 단계를 맞이한다. 이 단계에서는 그 동안 하고 싶어도 시간이 없어서 못했던 일을 하고 싶어하고, 우선 관심을 갖고 있던 쉬운 일부터 하면서 여가활동에 대부분의 시간을 소비하게 된다. 이 단계에서는 상당한 경제적 지출이 요구되므로 경제적 사정이 좋지 않은 사람들은 밀월의 단계를 갖지 못할 수도 있다. 밀월단계는 경제적 사정에 따라 수 주일에서 수년간 계속될 수 있으나 대부분의 사람들은 곧 밀월단계를 벗어나 안정 단계로 들어가게 된다.

③ **환멸 단계**(disengagement stage): 밀월단계를 벗어난 상당수의 사람들은 안정적인 적응의 단계에 들어가지 못하고 생활이 침체되고 환멸을 느끼거나 우울한 상태에 빠지게 된다. 얼마나 많은 사람들이 이러한 상태에 빠지게 되는지는 알려진 바 없으나 한 연구에 의하면 미국의 경우 퇴직자중 10% 이하가 이러한 상태에 있다고 한다.

④ **재지향 단계**(reorientation stage): 환멸을 느끼는 대부분의 사람들은 자신들의 재정상태, 한계성, 어떤 특정한 일의 실천가능성 등을 검토하고 비교적 정확히 현실을 인식하게 된다. 멀어졌던 인간관계를 새로이 하여 이전과는 다르게 자기 주위와의 관계 속에서 자신을 정립하기 시작하며, 이렇게 함으로써 일상적인 퇴직생활구조와 유형을 발전시켜 나간다.

⑤ **안정단계**(stability stage): 퇴직자가 변화를 일상적으로 잘 처리할 수 있는 기준을 확립하였을 때 안정단계에 들어가게 된다. 이 단계에 도달한 사람들은 자신들의 생활에 대한 예측이 가능해지고 일상적인 것이 되어서 변화를 편리하게 처리할 수 있게 된다. 많은 사람들은 밀월의 단계를 어느 정도 거친 후에 바로 이러한 단계로 들어오게 된다. 이러한 안정단계는 퇴직에 대한 적응이 이루어진 일반적인 현상으로 볼 수 있으며 퇴직생활 단계 중 가장 오랫동안 지속되는 단계가 된다.

⑥ **종결단계**(termination stage): 이 단계는 여러 가지 이유로 퇴직

자의 역할이 중단되는 단계이다. 어떤 사람들은 재취업을 함으로써 퇴직자의 역할이 중단되지만 대부분의 경우에는 질병이나 장애 등으로 퇴직자의 역할이 중단된다. 질병이나 장애로 지금까지의 퇴직자의 역할은 환자 또는 장애자의 역할로 바뀌게 되고 이에 따라 독립성이 상실되고 의존성이 계속 증가하게 된다.

3) 퇴직에 대한 만족

연구자들은 사람들이 자신의 퇴직에 대해서 얼마나 만족하는지를 탐색하기 시작하였다. 특히, 건강, 이전 직업에 대한 감정, 자아 존중감과 낙관주의의 수준 등과 같은 변인들은 사람들이 퇴직 후에 자신의 삶을 즐길 수 있을지 그렇지 못한지에 영향을 미친다. 예상할 수 있는 바와 같이 본인 또는 배우자의 건강이 좋지 못할 경우 사람들은 자신들의 퇴직을 수용할 가능성이 적었으며, 사실 질병에 의해서 야기된 정서적 디스트레스(distress) 이외에 건강문제는 주요 재정적 근심을 더 악화시킨다. 퇴직 전에 자신과 자신의 삶에 관해서 긍정적으로 생각하는 사람들은 계속해서 퇴직에 관해서 긍정적인 태도를 지닌다. 자기-가치를 느끼고 자신의 환경을 통제할 수 있다고 생각하는 사람들은 일이 없을 때조차도 자신과 자신의 삶에 관해서 낙관적인 생각을 갖고 살아간다.

제 3 절 쇠퇴기 동안의 개인과제

적극적인 경력 관리는 초기의 개발기간 못지않게 경력후기 동안에도 중요하다. 경력중기의 종업원들을 대상으로 했던 제안은 경력후기의 종업원들에게도 적용할 수 있다. 더욱이, 연령에 대한 고정관념을 가정한다면, 보다 도전적이고 책임 있는 업무배정 혹은 수평이동 기회를 획득하기 위해서는 많은 장애가 있을 수 있다. 그러므로 자신의 현 경력욕구에 대한 자각과 적극적인 경력전략은 경력후기 동안에 개인-조직 적합도를 확보하기 위하여 필요하다.

다른 많은 직업경력 상의 쟁점과 마찬가지로 퇴직 계획은 사용자가 공식적인 프로그램을 제공하건 그렇지 않건 간에 종업원에 의해서 실행되어야 한다. 자진 퇴직자들에게는 자신의 재정자산과 지출을 선호하는 라이프-스타일, 그리고 사회적 및 심리적 욕구에 관한 관련정보를 모으도록 권하고 있다. 재정적, 사회적 및 개인적 목표의 발전과 활동단계의 확인은 이러한 계획과정을 완성하도록 한다. 퇴직 계획은 경력의 초기 사건에 대해서와 마찬가지로 많은 관심과 주의가 필요하다.

피츠제럴드(1988)는 퇴직을 준비하고 있는 사람들은 자신에게 다음과 같은 기본적인 질문을 해보라고 권하고 있다. - 어떻게 살아갈 것인가?, 진정 나는 무엇에 관심을 갖고 있는가?, 가치있는 것은 무엇인가? 이러한 형태로 흥미와 가치를 면밀히 조사함으로써 퇴직을 앞 둔 종업원들은 사전에 그들이 이루고자 하는 것과 퇴직을 맞이해서 그들이 누리고자 하는 삶에 관한 보다 분명한 청사진을 얻을 수 있다.

제8장

직무 스트레스와 대처전략

현대의 급격한 기술혁신과 정보통신의 발달은 산업사회에서 정보화 사회로의 변화를 초래하였으며, 그 결과 기업조직도 이러한 변화에 적응하기 위하여 기술이 고도화되고 직무내용을 다양화하는 한편 그 구성원들에게 빠른 적응과 새로운 분야의 지식을 단기간에 습득하도록 요구하며 적자생존의 논리를 강요하고 있다. 이러한 기술 및 직무환경의 변화는 조직과 개인 모두에게 엄청난 스트레스를 주고 있다. 이러한 맥락에서 언론매체에 자주 등장하는 "과로사"라는 용어가 낯설지 않고 40대 사망률이 세계 1위라는 보도를 접하게 된 것은 결국 우리나라의 중간관리자들이 과도한 스트레스에 심각하게 노출되어 있음을 시사하는 것이다.

스트레스는 결국 개인의 건강에 심각한 영향을 미쳐 그 당사자뿐만 아니라 가족 및 조직에 고통과 손실을 가져오게 된다. 조직 내에서 직무와 관련한 스트레스가 종업원이나 관리자들에게 정신적, 신체적으로 심각한 영향을 미칠 뿐만 아니라 조직의 생산성과 효율성에도 역기능으로 작용하고 있음은 여러 증거를 통해 밝혀지고 있다.

과도한 스트레스는 종업원에게 신체적, 심리적 피해를 끼치게 되며 이로 말미암아 종업원의 결근율과 이직률을 증가시키며 결국 조직의 효율성에 저해요소로 작용하며, 미국의 경우 스트레스로 인한 경제적 총 손실은 GNP의 10%를 상회한다고 보고되었다. 우리나라의 경우 직무 스트레스로 인한 손실을 계산한 통계치는 없으나 스트레스로 인한 근로자의 결근, 이직, 의료비 증가, 생산성 저하, 이직으로 인한 교육비용 등을 고려하면 그 비용은 막대할 것으로 추정된다.

특히 미국의 경우 근로자들의 스트레스로 인한 피해보상요구가 1980년도에 5%에서 1989년도에 15%로 계속해서 증가하고 있는 추세에 있으며, 피해보상을 청구한 종업원의 반 이상이 30-39세의 중간 관리층인 것으로 밝혀졌다. 우리나라도 과거에 비해 스트레스로 인한 직업병 및 산업재해 판정이 현저히 증가하고 있는 추세에 있는데, 이러한 현실을 감안하여 기업에서는 종업원들을 보호하고 조직 경쟁력 제고와 "근로생활의 질"을 개선하고자 하는 노력의 일환으로 인적자원관리 차원에서 보다 적극적으로 스트레스 예방과 대처전략 수립에 관심을 가져야 할 것이다.

제 1 절 직무스트레스의 본질

1. 직무스트레스의 정의

직무스트레스는 여러 학문분야의 학자들에 의해 연구되어 왔다. 내과의사, 정신과의사 및 산업심리학자들 모두는 직무스트레스의 원인과 그의 증후를 연구해 왔고 여러 가지 다양한 방법으로 그 용어를 정의하고자 하였다. 셀리에(1976)는 스트레스란 신체에 가해진 어떤 외부자극에 대하여 신체가 수행하는 일반적이고도 비구체적인 반응이라고 정의하고 있다. 조직 내에서 특히 직무와 관련된 스트레스를 직무스트레스라고 하는데 프렌치 등(1974)은 직무스트레스를 한 개인의 능력이나 기술과 직무요구간의 불일치 혹은 한 개인이 요구하는 것과 직무환경에서 제공되는 것 간의 불일치라고 하였으며, 비어와 뉴맨(1978)은 직무관련 요소들이 작업자와 상호작용하여 한 개인의 심신이 정상적인 기능에서 이탈할 수밖에 없게끔 심리적 생리적 상황을 변화시키는 조건이라고 정의하였다.

이러한 관점에서 볼 때 직무스트레스는 조직특성과 개인속성이 관여되고 있는 것으로서, 환경-개인(environment-person)의 측면에서 잠재적인 스트레스원(source of stress)과 개인의 속성간의 상호작용인 것으로 파악되고 있다. 따라서 환경의 요소가 한 개인의 능력과 그가 가진 자원을 초과하거나 개인이 요구하는 것을 환경이 마련해 주지 못할 때 종업원은 스트레스 상황하에 놓이게 된다고 볼 수 있다.

2. 스트레스의 이원적 속성

직무스트레스의 중요한 특성은 이것이 부정적일 수도 있고 긍정적일 수도 있다는 사실이다. 어떤 새로운 작업상황은 우리들에게 위협적이고 불안을 야기할 수 있지만 다른 상황은 긍정적인 도전과 열정을 제공하기도 한다. 셀리에(1976)는 스트레스라는 단어가 스트레스에 대한 반응과 동의어로도 보기 때문에 항상 부정적인 의미를 내포하는 것으로 보고 있지만, 스트레스 반응은 사람이 살아 있다는 것을 보여주는 것으로 무조건 나쁜 것만도 아니며 이것을 피할 수도 없다는 사실을 강조하였다.

버나드(1968)같은 학자는 스트레스를 그 효과에 따라 긍정적 결과를 가져오는 순기능적 스트레스(Eustress)와 부정적 결과를 가져오는 역기능적 스트레스(Distress)로 구분하였다. 역기능적 스트레스는 고통스럽고 불쾌하며 부정적인 사건으로 인해 우리의 에너지가 소모되고 질병에 취약하게 만드는 괴로움, 고통, 근심이다. 이에 반해 순기능적 스트레스는 흥미있고 즐거우며 우리에게 활력을 주는 유쾌한 변화 혹은 요구로 인해 긍정적이며 건설적인 스트레스 반응을 보이는 것이다. 예를 들어, 관리자들은 대부분 극심한 시간 제약 하에서 주요 업무를 수행해야 할 때, 매번 부정적 스트레스를 경험한다. 이들은 마감시간 내에 자신들의 일을 마쳐야 하는데 대해 심한 긴장과 신경과민을 느끼게 된다. 한편 결혼이나 승진 혹은 준비된 휴가를 가는 것 등은 우리에게 재적응을 요구하는 사건들이지만 이들은 긍정적이고 건설적인 스트레스 반응을 유도하여 자존심을 고양시키거나 많은 것들을 성취하게끔 해준다. 유쾌한 사건이든 불유쾌한 사건이든 이와 같은 경험들 사이에서 공통요소는 이들이 일종의 적응 에너지를 요구한다는 점이다.

3. 스트레스의 불가피성

직무스트레스의 정의에서 스트레스는 거의 모든 사람들에게 불가피한 것이라고 제안하고 있다. 대부분의 사람들은 끊임없이 스트레스를 유발하는 생활상황과 직무상황에 살고 있다. 일상생활에서 벌어지는 간단한 사건들도 스트레스를 유발할 수 있다. 약속장소에 가는 도중 차가 고장이 난다든가, 동사무소에 볼 일이 있어서 찾아갔지만 도착해 보니 이미 5분이 지나버려 문이 닫혀 있는 경우를 들 수 있다. 업무를 처리하는 과정에서 사람들은 중요한 전화통화를 잊어버리거나 혹은 그들이 필요한 사람과 연락이 닿지 않기도 하고, 다른 사람들이 자신에게 무엇을 기대하는지를 정확하게 이해하지 못할 수도 있다. 사람들은 경우에 따라서 해야 할 일이 너무 많거나 너무 적은 경우도 있다. 따라서 스트레스가 없는 생활이나 직무를 상상하기란 불가능하다. 그리고 스트레스가 없는 삶이 대단히 행복할 것이라는 점도 확실치가 않다. 사실 갤럽의 여론조사를 인용해 보면, 조사대상의 10% 미만이 스트레스가 적은 직무라면 보다 행복했을 것이라고 생각했다. 이 조사연구에서 관리자들의 거의 60%가 직무스트레스에 의해 오히려 원기가 되살아남을 느꼈다고 보고하였다.

스트레스가 우리의 신체에 누적되듯이 스트레스는 조직에도 누적된다. 높은 수준에서 스트레스는 조직 풍토를 파괴하고, 조직의 수행을 낮추며, 조직의 효율성을 약화시킨다. 그렇다면 오늘날 조직 내에 만연되어 있는 스트레스 요인에는 어떠한 것들이 있는가?

제 2 절 직무스트레스의 발생원인

개인은 자신의 작업환경에서 새롭거나 위협적인 요인에 직면하게 될 때, 스트레스를 경험하게 된다. 물론 개인마다 스트레스를 경험하는 정도의 차이가 있겠지만 종업원들에게 체계적으로 직무스트레스를 유발하는 몇 가지 측면들이 존재한다. 이들 주요 스트레스원으로는 물리적 환경, 직무-관련 요인, 조직-관련 요인 등을 들 수 있다.

1. 물리적 환경

1) 조 명

빛의 밝기가 적정수준보다 어두울 때, 작업의 질이 떨어진다는 것은 상식으로 통한다. 특히 책을 읽을 때라든지, 아주 정밀한 작업을 수행할 때, 계속해서 부적합한 조명을 받으면 작업의 질뿐만 아니라 시력에 장애를 가져오게 된다. 이러한 사실을 알고 있음에도 불구하고 사람들은 25룩스(Lux)의 불빛 아래서 책을 읽으려고 애를 쓰고, 산업체에서는 더 낮은 조명 아래서 근로자들이 일을 하고 있다.

대부분의 작업장은 20-40촉광의 밝기를 요구하지만, 특히 섬세하고 정교한 작업(예 :시계수리, 전자부품조립)을 수행할 때는 더 밝은 조명이 필요하다. 부적합한 조명과 현란한 조명은 과제가 너무 어렵거나 시간이 많이 소요되는 경우 눈의 긴장, 시력손상, 두통, 시각피로, 긴장 및 좌절을 가져올 수 있다. 조명이 적절치 못하면 작업을 더욱 어렵게 하고 눈의 피로와 두통을 일으키게 되며, 이는 스트레스와 관련된 문제를 유발하게 한다.

2) 소 음

소음은 현대생활에서 광범위하게 느껴지는 불편요인이다. 집에서 분주한 거리에서 그리고 사무실과 공장에서 우리는 여러 종류의 소음공해에 시달리고 있다. 소음을 측정하는 기본 단위는 데시벨(decible, dB)인데, 이것은 기술적인 용어로 말해서 소리의 압력정도를 측정한 것이다. 심리학적으로 데시벨이란 주관적인 혹은 지각된 소리의 강도를 측정한 것이다.

반복적으로 장기간에 걸쳐 나타나는 과도한 소음(약 80데시벨)은 스트레스를 야기하며, 소음이 과도하다 하더라도 기대할 수 있는 상황보다 예측할 수 없거나 기대하지 않는 상황에서 더 많은 스트레스를 유발한다. 또한 어떤 수준이상의 소리의 크기는 청각에 손상을 준다고 알려져 있다. 예를 들면, 80데시벨이 넘는 곳에서 장기간 일을 하는 사람은 얼마 후 청각에 장애를 일으키게 되며 100-125데시벨에서는 잠시만 있어도 일시적인 청각장애 현상이 나타난다.

물론 사람들은 이러한 소음에 적절히 적응할 수 있지만 이러한 적응과정에서 그만큼 에너지를 소모하게 된다. 소음에 관한 수많은 연구결과에 의하면 소음이 스트레스의 원인이 된다는 사실 이외에 작업수행과 생리적 변화에도 영향을 미친다는 사실이 밝혀졌다. 특히 소음에 노출되면 사람들은 피로, 두통, 신경과민 및 집중력저하를 보이고, 도움주기 행동의 감소나 공격행동의 증가와 같은 사회적 행동에도 영향을 받는 것으로 알려져 있다. 시끄러운 소음은 과제가 창의적이든 일상적이든 과제의 난이도에 관계없이 작업을 방해하게 된다.

3) 열

극단적으로 높은 온도는 심리적 · 생리적 측면에서 많은 영향을 미치는데 특히 생리적으로 혈류량과 심장 박동률을 증가시키고 보다 많은 산소량을 요구하기 때문에 쉽게 피로해지게 만든다. 한편 열로 인한 피해는 단지 고온 때문만은 아니다. 열에는 기온, 습도 및 공기순환의 세 가지 변인이 있다. 사람들은 온도와 습도가 높고 공기의 순환이 부족할 때 가장 불쾌감을 느낀다. 어떤 연구에 의하면 습도가 가장 불쾌한 변인이 될 수 있다고 하였다.

열 스트레스는 실외에서 작업하는 사람들뿐만 아니라 용광로, 보일러, 드라이어 기타 열제조 장비를 가지고 일하는 사람들에게도 문제가 된다. 열 스트레스는 작업생산성을 크게 감소시키고 근로자의 활력을 저하시키는데 이것은 신체가 열에 의해서 무리하게 혹사당하기 때문이다.

4) 사회적 밀도

"사회적 밀도"란 어떤 공간 내에서의 사람들의 객관적인 숫자를 말한다. 밀도는 평방미터당 인원수로 측정될 수 있다. 즉 사업장내의 사람의 수로 생각하면 될 것이다. 사회적 밀도가 너무 높거나 낮을 경우 스트레스의 원인이 될 수 있다. 사회적 밀도에 의해 야기된 스트레스의 양과 강도에는 개인차가 있지만 일반적으로 사회적 밀도가 너무 높아지게 되면 작업자는 작업을 할 적당한 장소를 잃게 되어 생산량은 떨어지고 작업에 대한 만족감도 감소하게 된다. 또한 이러한 밀집된 조건에서 일하는 사람들은 생리적으로 혈압이 상승하게 된다. 사람들은 작업할 때 개인의 작업장소에 대해 소유의식을 갖게 되며 낯선 작업장에서는 스트레스를 경험한다. 각 개인은 공간 불편대(zone of space discomfort)를 가지고 있다. 특히 여성은 타인이 옆에 있을 때 가장 싫어하고 남자들은 맞은편에 있을 때 가장 스트레스를 많이 느낀다.

2. 직무-관련요인

주요 직무스트레스원은 조직에서의 개인의 역할이다. 역할이란 단순히 조직에서 타인들이 개인이나 개인의 직무에 대해서 갖게 되는 기대에 집합이라고 할 수 있다. 감독자, 동료, 고객, 소비자, 공급자, 및 조사자들이 모든 사람들은 정해진 예측 가능한 방법으로 행동하도록 기대된다. 종종 관리자가 종업원들에 대해서 가지는 기대가 불명확하거나, 갈등에 처해 있거나 대인관계가 원만하지 못한 경우 혹은 감독자가 종업원에게 한정된 시간 내에 많은 일을 하도록 요구한다면 이들은 직무와 관련해서 많은 스트레스를 경험하게 될 것이다.

1) 역할 모호성

종업원들은 조직에서 그들의 직무를 수행하기 위해서는 자신들이 무슨 일을 해야 하고 하지 말아야 할지 그리고 그들의 직무의 범위와 책임소재와 같은 직무대상을 알 필요가 있다. 여러 가지 불명확한 직무규정이나 혹은 직무기대가 주위에 존재할 때 사람들은 역할 모호성을 경험한다. 역할 모호성은 기대되는 역할 행동에 대한 정보가 부족하고 불명확할 때, 역할 기대를 충족시키기 위해 수행할 행동에 대한 정보가 불명확하거나 혼돈될 때, 그리고 역할 행동의 결과가 불확실할 때 나타난다. 특히 역할 모호성은 관리직, 전문직 등의 직급에서 현저하게 나타나는 역할 스트레스라고 볼 수 있는데, 관리자들은 부하직원들이 과업을 달성하는데 있어 자신에게 무엇을 기대하는지 명확히 모를 때 혹은 특정 기대를 해결하는데 관련된 개인적인 손실이나 이익을 알지 못할 경우 이와 같은 스트레스를 경험하게 된다.

이러한 역할 모호성은 직장에서 처음으로 맡겨진 직무, 승진, 전근, 회사의 구조변화, 인수합병 등에 의해서 야기된다. 특히 최근에 중견기업이나 대기업들 사이에 인수합병이 증가추세에 있음으로써 더욱 더 많은 종업원들이 역할모호성으로 인한 직무스트레스를 경험하고 있다. 두 회사가 합병될 때 종업원들은 종종 어떤 직무의무를 누가 수행해야 할지를 잘 모르게 된다. 종업원들은 그들이 다른 사람들의 일을 중복해서 하는 게 아닌가 생각하게 되고 그들이 자신들의 문제를 누구에게 보고해야 될지에 관해서 확신을 갖지 못하게 된다. 이 모든 역할 모호성은 종업원들에게 불안을 유발하는 요인이 되고 결과적으로 그들은 직무스트레스를 경험하게 된다.

2) 역할갈등

종업원들은 조직에서 상이한 집단의 사람들이 자신에게 여러 가지 다양한 기대를 갖고 있으며 게다가 그들은 이러한 모든 기대를 충족시켜 줄 수 없다는 사실을 알고 있다. 이러한 역할과 연합된 기대의 불일치를 역할갈등이라고 부른다. 역할갈등은 직무과정, 자원, 규칙, 정책 등의 문제로 타 종업원과 불균형관계를 유지할 때 생기기도 하며, 한편으로 직무요구가 종업원의 개인적 수준, 가치 및 직무요건 등과 불일치하거나 직무가 개인의 도덕성, 가치관과 상반되는 행동을 요구할 때도 생겨난다. 조직에서의 역할 갈등에는 두 가지 일반적인 유형이 있다.

첫 번째 유형은 **발송자간**(intersender)역할 갈등으로 두개의 상이한 집단이 개인에 대해서 상반되거나 혹은 일관성이 없는 기대를 갖는 것을 말한다. 예를 들면 공장에서 생산부장은 제품의 생산을 최대한 늘리라고 독려하지만 품질부장은 생산과정에서 제품의 불량을 최대한 줄이라고 요구받는 현장 관리자의 경우이다. 현장 관리자가 양쪽 목표를 동시에 달성하기란 어렵다.

두 번째 유형은 **발송자내**(intrasender)역할 갈등으로 한 집단이 또 하나의 상반되거나 혹은 일관성 없는 기대를 가질 때 나타낸다. 항공관제사의 처지가 이러한 역할 갈등의 좋은 예이다. 항공 관제사는 항공관리부로부터 모든 항공기가 적절한 공간을 확보하도록 명령을 받는다. 그럼에도 불구하고, 관제탑의 감독자들은 항공 관제사에게 모든 규칙대로 따른다면 항공기의 왕래가 너무 번잡해지기 때문에 이들 규칙 중의 일부는 무시하라고 강요한다. 그러나 사고가 발생하거나 다행히 위험상황을 벗어났다 할지라도 관제사는 그 규칙을 위반하였다고 하여 같은 감독자로부터 질책과 더불어 교육을 받게 된다. 항공 관제사들은 그들의 상사로부터 일관성 없는 메시지(규칙을 따르라, 규칙을 무시하라)를 받고 결과적으로 엄청난 스트레스를 경험하게 된다. 미국 시카고의 오헤어 공항에서만도 이러한 문제로 인해서 1년에 평균 7명의 관제사들이 급성고혈압으로 쓰러지는 것으로 밝혀졌다.

이러한 역할 갈등은 조직에서 완전히 제거할 수 없겠지만 조직의 기본적인 구성단위를 개인으로 보기보다는 역할 구성단위, 즉 역할수행과 관련된 사람들의 상호의존성·기대·협동이라는 관점에서 파악할 때 어느 정도 통제할 수 있다.

3) 역할과다

역할과다란 조직 구성원들이 시간과 능력이 허용하는 그 이상을 달성하도록 요구받고 있다고 지각하는 상황이다. 이러한 역할과다는 두 가지로 분류되고 있다. 주어진 시간 동안에 수행해 낼 수 있는 작업량 이상을 하도록 역할이 요구되는 것을 양적 역할과다라고 말하고, 자신의 능력, 재능, 지식의 한계를 넘어선 역할이 요구되는 경우를 질적 역할과다라고 한다. 기존 연구에 의하면 양적인 과다와 질적인 과다 모두 높은 수준의 불안과 우울증을 유발하는 주요 스트레스원이고 특히 양적인 역할 과다는 불충분한 작업동기, 자존심 저하, 결근, 도피음주 등을 유발하는 주요 스트레스원인 것으로 알려져 있다. 시간적인 압박 하에서 일을 한다는 것은 특히 많은 스트레스를 경험하는 상황이다. 사람들은 마감시간 직전에 할 일이 많을 때 불안하다. 시간이 다함에 따라 비참한 생각이 든다.

이러한 역할과다는 직무기술서가 분명치 않은 관리직이나 전문직에서 더욱더 많이 나타난다. 또한 어떤 사람들은 다른 직원들이 부탁한 것을 잘 거절하지 못함으로 인해서 이러한 형태의 스트레스가 더욱 심화되기도 한다. 이 경우 거절하지 못하는 이유를 보면 성취욕이 매우 높거나 아니면 거절할 경우 이 문제로 인해서 상사에게 잘못 보여 승진에 지장을 받지나 않을까 하는 우려에서이다. 더구나 맡겨진 일을 무리 없이 잘 해내는 경우 이것이 부탁한 사람의 기대를 강화시켜 주기 때문에 더욱더 많은 일이 그의 몫이 된다. 그러다 보면 점점 일에 몰리게 되고 직장일이 가정에 까지 옮겨지는 사태가 발생하여 못다 한 일 때문에 불안해하며 해야 할 일을 하지 못하고 있다는 강박관념에 사로잡히게 된다.

4) 역할과소와 능력미발휘

종업원들은 종종 너무나 많은 사람들의 기대에 반응해야 함으로 인해서 스트레스를 경험한다. 그러나 몇몇 직무나 작업자에게는 스트레스가 역할과소나 능력미발휘에서 온다. 역할과소는 종업원들이 그들의 직무에서 너무 할 일이 없거나 일의 변화가 거의 없는 상황이며 능력미발휘는 자기 능력이하의 일을 해야 하는 경우이다. 다른 매장은 손님들로 북적이는데 손님이 없어 온 종일 하는 일 없이 서 있어야 하는 판매원 그리고 일의 변화 없이 따분하게 같은 동작을 반복해야 하는 어셈블리 라인의 작업자들이 바로 역할과소를 경험하게 된다.

한편 능력미발휘는 능력이하의 일을 하는 것으로 대학팀을 우승으로 이끌었던 운동선수가 프로팀에 가서 후보 선수로 기운 없이 벤치에 앉아있는 경우라든가, 대학에서 우등생이었던 여학생이 직장에서 자신의 능력을 발휘하지 못한 채 복사를 한다거나 서류를 정리하는 등의 잔심부름을 해야 하는 경우, 혹은 40년 동안 책임 있는 관리직에 있었거나 직장생활을 하던 사람이 퇴직을 하고나서 할 일을 찾지 못하는 경우이다.

아이러니하게도 역할과소는 역할과다와 같은 동일한 문제를 야기할 수 있다. 즉, 자존심이 낮아지거나 신경질적인 증상과 불평의 빈도가 증가하며 건강에 관한 문제가 많아지게 된다. 역할과소중의 가장 부정적인 결과 중의 하나가 피동성이다. 역할과소를 갖는 작업자들은 그들이 생리적으로 그리고 심리적으로 녹초가 됨을 느낀다고 보고하고 있다. 그리고 이들은 일을 하지 않을 때조차도 사회적 활동이나 혹은 신체운동에 거의 관심을 보이지 않게 된다.

3. 조직-관련요인

1) 조직의 구조

조직구조의 위계적 속성자체도 스트레스 유발요인인 것으로 주목받고 있다. 의사결정 과정에서의 참여부족, 효과적인 상담과 의사소통의 결여, 불공정한 행동제약, 사무실의 역학관계 및 소속감 결여 등은 조직과 관련된 잠재적인 스트레스 요인이다. 조직구조 문제에 있어서 스트레스를 느끼는 정도는 관리자들이 의사결정 과정에서 갖게 되는 재량권에 따라 다르다. 작업에서 요구가 증가하더라도 이를 수행하는 관리자의 의사결정의 폭이 증가하기만 한다면 특별한 스트레스를 경험하지 않는다. 그러나 이러한 의사결정의 허용범위가 적거나 거의 없으면 작업에 대한 높은 요구와 책임감에 대한 압박감을 참아낼 수 없게 되어 버린다.

그러므로 시간의 제약을 받고 행동의 자유가 거의 없으며 계속해서 상사와 명확한 의사결정을 해야 하는 요구를 받게 될 때 관리자는 특히 많은 스트레스를 느끼게 된다. 그러나 행동의 자유를 갖는 직무에 종사하는 관리자는 직무를 보다 흥미 있고 자율적 권한과 책임이 부여된 것으로 느끼게 된다. 그는 적절한 양의 의사결정권을 갖게 되며 자신의 역량과 판단력을 시험할 많은 기회가 주어지기 때문에, 직무를 보다 적극적으로 수행하게 된다.

2) 조직 풍토

조직의 전반적인 심리적 분위기도 스트레스를 유발할 수 있다. 조직에서의 일상생활이 비호의적이거나 거리감이 있고 적대적인 관계로 얼룩질 때 종업원들은 지속적으로 긴장을 하게 된다. 그들은 서로 간에 신뢰라고는 거의 없고 자신들의 진정한 관심사나 요망사항을 나타내지 않는다. 그들은 서로가 비협조적이게 되고 문제가 생겼을 때 책임을 상대에게 전가하고 서로 돕는데 시간을 거의 할애하지 않는다. 이러한 조직이 그들의 종업원들에게 주는 스트레스는 극심하며 이와 같은 스트레스가 주는 피해는 헤아릴 수 없이 많다.

3) 리더십 유형

리더십 유형은 근로자들에 대한 잠정적인 스트레스원이 될 수가 있다. 리더의 리더십 과정은 개인의 욕구와 관련하여 스트레스를 유발할 수 있다. 즉, 종업원들이 개인적인 인정과 수용에 대한 욕구를 지니고 있는데 리더가 후원적이지 못할 때 스트레스가 발생할 수 있다. 리더의 권위주의적 행동은 종업원들에게 어떤 압력으로 작용하거나 긴장을 일으키는 원인이 된다. 이런 경우 근로자는 그들이 느끼는 긴장과 적대감을 가능한 한 억누르면서 표면적으로 아주 조용하고 수동적인 자세를 취하든가 혹은 작업장에서 갈등과 공격성을 있는 그대로 폭발시켜 표출해 버리든가 둘 중에 한 가지를 택하게 되는데 이 과정에서 개인은 스트레스를 경험하게 된다.

4) 수행실적평가

근로자들의 수행실적을 평가하는 것은 근로자들뿐만 아니라 감독자들에게도 스트레스를 일으키는 요인이 된다. 평가방법이 공정하게 진행되었다 하더라도 근로자들의 과제수행에 부정적인 영향을 미칠 수 있다. 한 사례 연구에 의하면, 작업에 대해 비록 건설적인 비판을 해주더라도 그 비판에 대해 긍정적으로 반응하는 경우는 드물었다. 그들의 50% 이상이 방어적인 반응을 취하였고, 그들이 비판을 받은 결함에 대한 책임을 타인에게 전가시키려 하였으며, 이를 철저히 부정하였고, 가능한 그 결함에 대해 자신을 합리화하려 하였다. 이 같은 방어적인 반응은 과제수행에 부정적 영향을 미치며 비판요인은 스트레스를 유발한다. 감독자도 평가과정에서 스트레스를 받게 되는데 감독자의 평가가 불공정하다고 생각되면 부하직원들이 이의를 제기하게 되고 이러한 이의 제기는 감독자에게 스트레스를 일으키는 중요 요인으로 작용하게 된다.

5) 경력관계요인

경력관계와 관련된 스트레스 요인으로는 주로 고용불안, 과승진, 승진적체, 전근과 같은 것을 들 수 있다. 스트레스를 야기할 수 있는 주요한 경력문제는 고용불안정이다. 외국의 경우를 보면 노조에 가입한 몇몇 종업원들을 제외하고는 소수의 근로자들만이 고용안정을 보장받는다. 그러나 불경기이거나 회사의 재정상황이 악화되면 이들 종업원들조차도 고용안정을 보장받지 못한다. 고위 관리자조차도 짧은 통지문 하나로 직장을 잃을 수 있다. 경기가 악화되고 회사의 순익이 늘지 않을 때 사람들은 직장을 잃게 되지 않을까에 대해 걱정하게 된다. 고용불안은 불경기나 경영악화 이외에 신기술 도입과도 관련해서 나타날 수 있다. 자동화는 직무 단순화를 통해서 기계가 많은 근로자들을 대신할 수 있기 때문에, 근로자들은 해고의 위협을 받을 수 있다. 또한 최근에 증가추세에 있는 기업에서의 계약직 근로자들의 활용은 근로자들의 고용불안을 날로 가중시키고 있다.

종업원들의 스트레스를 유발하는 또 다른 경력문제는 지위의 부조화로서, 이것은 근로자들이 생각하는 것보다 더 낮은 지위(권력, 특권)의 직무에 종사하는 것이다. 사람들은 만일 자신이 생각했던 것보다 낮은 직위를 갖게 되면 스트레스를 느낄 가능성이 높아진다. 지위 부조화는 개인으로 하여금 일에서 방어적이 되도록 만든다. 내가 무엇인가 잘못 하고 있는가? 내가 하고 있는 것을 계속해야 하는가? 그러한 경력문제는 개인으로 하여금 비판에 민감해지고 타인의 성공에 분개하도록 만든다.

경제와 노동시장의 변화는 근로자들에게 직위를 유지하기 위해서 전근과 재배치를 수용하도록 압력을 가하며, 전근은 일상생활의 패턴을 무너뜨리기 때문에 많은 스트레스를 유발한다. 전근한 종업원은 모든 일상생활이 불안정한 상태에 있기 때문에 쇼핑이나 직장으로 운전하고 가는 것과 같은 간단한 활동에도 많은 노력과 신경을 쏟게 된다. 개인의 전근문제는 생활단계마다 다양한데, 젊고 독신인 종업원은 새로운 직무를 시작해야 하고 낯선 도시에 혼자 있어야 한다는 압박감에 시달린다. 친구나 가족의 지지 없이 완전히 새로운 생활구조를 설정해야 하는 부담을 가지고 있다. 한편 기혼이거나 특히 맞벌이 부부인 경우에는 본인뿐만 아니라 배우자의 경력문제도 고려해야 하고, 이주로 인한 아이들의 적응문제도 고려해야 한다.

제 3 절 직무스트레스의 결과

스트레스의 정의에서는 개인이 스트레스에 대해 다양한 반응을 할 수 있다는 사실을 강조하고 있다. 스트레스를 받게 되면 가장 먼저 반응을 보이는 것이 생리적 반응이다. 사실 생리적 반응은 일반적응 증후군(The General Adaptation Syndrome: GAS)라고 부르는 일관된 패턴에 따르게 되는데 스트레스가 장기간 계속될 경우 사람들은 이 세 단계(경고반응, 저항단계, 소진단계)를 거치면서 신체의 에너지의 고갈로 질병에 취약하게 된다.

그리고 사람들은 좌절감이나 불안, 흥분, 지루함 혹은 우울과 같은 감정에 의해 정서적으로 반응할 수 있다. 그들이 지각적으로 세계를 보는 방법 역시 스트레스 하에서는 변화할 수 있다. 사람들은 정신적인 차단을 경험하기도 하고 비판에 과민해지기도 한다. 주의집중이 곤란해짐으로써 의사결정의 질이 떨어지고 수행실적의 저하를 가져오기도 한다.

주목해야 할 사실은 스트레스가 누적되는 효과가 있다는 것이다. 엑스레이나 혹은 유해물질에 노출되는 것과 같이 스트레스는 신체내부에 축적된다. 일단 건강수준이 위험수위에 도달하면 계속된 만성스트레스는 건강악화에 이르게 하는데 스트레스가 20세기 현대인들을 죽음으로 몰아가고 있다는 것은 사실상 생의 한 단면이라고 볼 수 있다.

1. 일반적응증후군

내과 의사인 한스 셀리에는 장기간 연구를 진행하면서, 신체는 어떠한 위협에 대해서 그 위협이 감염, 상해, 외상의 형태건 심리적인 스트레스의 형태건 간에 반드시 동일한 방식으로 반응을 하게 된다고 주장하였다. 신체는 위협을 피하기 위하여 셀리에가 일반적응증후군(GAS)이라고 부르는 형태로 신체의 방어기제를 동원한다. 이 증후군에는 3단계가 있다(그림 8.1).

그림 8.1 일반적응증후군의 3단계 동안 스트레스에 대한 저항의 변화

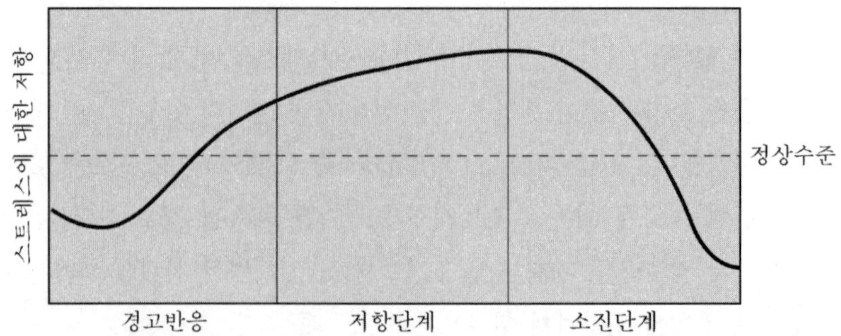

경고반응(Alarm stage): 위협이나 혹은 그 외 스트레스에 대한 신체의 최초 반응은 신체 내에 저장된 자원을 동원하는 것이다. 자율신경계 중 교감신경계는 심장박동과 혈압을 증가시키고, 땀이 증가하며, 그 외 다른 방법으로 물리적인 위협에 대비하도록 신체를 준비시킨다. 내분비선은 아드레날린과 다른 호르몬을 분비해서 혈류로 보내는데 이들은 자율신경계의 활동을 도와주고 혈당의 수준을 증가시킨다.

이러한 신체적 변화는 근육긴장, 위통, 두통 및 그 외 다른 "통증"을 느끼도록 한다. 일반적응증후군의 초기단계에서는 종종 감기에 걸렸다거나, 스트레스를 받고 있다는 느낌들을 각각 구분하기란 힘들다. 경고반응을 야기하는 것은 그 무엇이든지 신체에 대해 반드시 동일한 반응을 이끌어 내기 때문에, 그 차이라는 것은 상대적으로 미묘하다.

경고반응 단계 동안에, 급박한 신체자원의 동원은 스트레스에 대한 저항을 처음보다도 일시적으로 약화시킨다. 이러한 상태는 재빨리 저항단계로 넘어가면서 바뀌게 된다.

저항단계(Resistance Stage): 일반적응증후군의 두번째 단계 동안에, 신체의 자원 즉 에너지는 총동원되고, 스트레스에 대한 저항은 최고도에 이른다. 그러나 이러한 반응은 신체의 자원이라는 측면에서는 희생이 크다. 만일 또 다른 스트레스(심리적 혹은 신체적)에 직면하게 되면, 신체는 이 스트레스를 극복할 수 없게 될 것이다. 이러한 식으로 심리적 스트레스는 질병 등에 대한 신체적인 저항을 약화시킨다. 게다가, 처음에 받았던 스트레스를 계속해서 받게 되면, 결국 개인의 자원은 고갈되며, 일반적응증후군의 3단계로 넘어가게 된다.

소모단계(Exhaustion Stage): 마침내 개인이 보유하고 있는 자원은 완전히 소모되고 스트레스에 대한 저항은 더욱 약화된다. 극심한 물리적 스트레스(가령 혹한과 같은 것)에 장시간 노출되었을 때, 이 경우 소모단계 동안에 사망할 수도 있다. 심리적인 스트레스는 직접적으로 죽음에 이르게 하지는 못하지만 심각한 신체적 질병을 야기할 수 있다. 위・십이지장 궤양, 만성고혈압, 심장마비 등은 장기간 누적된 심리적 스트레스로 인해 발병할 수 있는 것이다.

2. 신체적인 건강

사실상 스트레스는 신체건강에 부정적인 영향을 미친다. 첫째, 스트레스는 가벼운 신체적 질병의 발병가능성을 증가시킨다. 스트레스를 경험하는 사람들은 두통, 위통, 요통 및 흉통을 겪을 가능성이 높다. 둘째, 스트레스는 심각한 질병의 발생요인으로 중요한 작용을 한다. 스트레스를 받고 있는 사람들은 심장박동이 빨라지고 호흡곤란 등의 문제를 일으킬 가능성이 높다. 또한 혈압은 스트레스로 인하여 콜레스테롤 수준이 영향을 받아 높아진다.

사실 스트레스 연구자들은 장기간 동안 스트레스를 받는 사람들이 그렇지 않은 사람들보다 심각한 신체적 질병으로 고통을 받을 가능성이 높다고 제안하고 있다. 특히 스트레스는 궤양, 관절염, 약물과 알코올중독, 심장병의 주 원인이다. 몇몇 연구자들은 높은 스트레스를 받고 있는 관리자들은 낮은 스트레스를 받고 있는 관리자들에 비해서 심장병에 걸릴 확률은 2배, 그리고 치명적인 심장발작을 일으킬 확률이 5배라고 주장하였다.

위에 제시된 증거에 비추어볼 때 그리 놀라운 것은 아니지만 스트레스는 인간의 수명에 영향을 미치며, 스트레스가 사람의 수명을 단축시킨다는 유력한 증거도 있다. 스트레스는 신체가 심각한 질병에 걸리기 쉽게 할 뿐만 아니라 생명에 위협적인 질병에 직접적인 영향을 미친다고 볼 수 있다.

3. 심리적인 결과

1) 불안과 우울증

스트레스는 신체적인 건강뿐만 아니라 정신적인 건강에도 심각한 영향을 미치고 있다. 스트레스가 사람들에게 심리적으로 가장 현저하게 미치는 영향은 이것이 사람들의 불안을 증가시킨다는 점이다. 불안이란 염려나 불길한 전조 같은 모호한 감정으로 이것은 일상생활에서 사람들이 구체적으로 나타나지 않는 잠재적인 위협에 어떻게 대처해야 할지를 정확히 모를 때 주로 나타나게 된다.

또한 스트레스는 좌절을 증가시키는데 사람들이 원하는 행동을 하지 못하게 될 때, 그들이 원하는 것을 얻을 수 없을 때, 좌절되었다고 말한다. 예를 들어, 승진에서 누락되었을 때 사람들은 그들이 원하는 일을 할 수 없게 되고 그들이 바라는 지위나 보상을 얻을 수 없게 된다는데 대해 좌절감을 느낀다. 개인이 좌절에 반응하는 방법에는 여러 가지가 있다. 좌절에 반응하는 한 가지 방법은 수동성이다. 만일 한 개인이 많은 노력을 들였음에도 불구하고 시험에서 항상 실패를 거듭하였다면 그는 그 시험을 포기하거나 혹은 그 일에 대해 관심조차 두지 않게 된다.

좌절에 반응하는 또 한 가지 방법은 공격성이다. 공격적인 사람은 주변 사람들과 심한 언쟁을 일으키게 된다. 만일 어떤 직장인이 그의 상사나 동료들에 대해 공격적인 감정을 느낀다면 그는 회의석상에서 상사나 동료들에게 인신공격을 하기도 하고, 그리 중요하지 않은 문제에 대해서도 이성을 잃고 흥분하거나 화를 내게 된다. 이들은 매사 더욱 부정적이게 되고 사사건건 트집만 잡게 된다.

좌절에 대한 세 번째 반응은 사람들이 그들의 일상생활에서 좌절당했을 때 느끼게 되는 슬픈 감정이다. 그들은 염세주의적이 될 수도 있고 자존심과 자신감을 상실하기도 한다. 이러한 사람은 사회적 접촉을 피하기 시작하고 더욱 외로움을 느끼기 시작한다. 예를 들어 사람들은 그들이 중요한 시험에 거듭해서 낙방을 하거나 어떤 특별한 승진심사에서 동료나 후배에게 밀려났을 때 혹은 학업성적이 나쁘게 나오거나 지도교수로부터 심한 꾸중을 들었을 때 그들은 실패에 대해 스스로를 책망하게 되고 그들 주위의 사건들을 통제하는데 무력감을 느끼게 된다. 이때 대부분 사람들은 종종 급성우울증으로 고통을 받기도 한다. 개인은 실제로 나쁜 수행평가를 받거나 혹은 불합격 통지서를 받거나 결혼에 실패한 후에는 우울증에 빠질 수가 있다. 일반적으로 우울증에 빠졌다가도 어느 정도 시일이 지나면 그들은 다시 새로워진 자신감으로 예전의 마음가짐으로 돌아가기도 한다. 그러나 만일 우울증이 자가교정이 안 되고 만성적이 되면 보다 심각한 문제가 계속해서 일어날 수 있다.

좌절에 대한 네 번째 반응은 비록 드물기는 하지만 자살이다. 여러 가지 이유로 인해서 사람들은 그들의 삶의 모든 부정적인 측면을 대처할 수 없다고 느껴 자신의 삶을 종결짓고자 결심할 수 있다.

2) 부적절한 의사결정

한편 스트레스는 효율적인 의사결정 과정을 방해한다. 사람들은 스트레스를 느낄 때 의사결정을 유보하거나 피하려고 할 가능성이 높다. 그들은 정신을 집중하는데 보다 힘이 많이 들고 종종 중요한 정보들을 망각하기도 하며 더 나은 의사결정을 내리는 데 도움이 될 수 있는 새로운 정보를 찾으려고 할 가능성이 적어 결국 의사결정의 질은 떨어지게 된다. 결국 개인은 그들이 높은 스트레스 하에서 의사결정을 내려야 할 때 종종 그릇된 판단을 내리게 된다.

3) 탈진(burnout)

탈진은 스트레스와 관련된 문헌에서 1970년대 중반부터 쓰이기 시작한 새로운 용어로써 직무스트레스를 다루는 영역에서 독특하게 사용되는 용어이다. 탈진이라는 용어가 직무스트레스 연구에서 광범위하게 언급되고 있는 이유는 우울이나 불안과 같은 정서상태를 기술하는 개념과는 달리 낙인이 찍히는 부담이 적고, 탈진의 증상을 보이는 종업원들과 의사소통을 하기 위하여 이 용어를 사용함으로써 종업원들이 보다 효과적으로 진단 및 개입노력에 기여할 수 있기 때문이다(Shirom, 1989). 이와 같은 탈진을 가장 먼저 개념화하려고 시도한 사람은 매슬라시(1982)인데 그는 탈진을 정서적 소진, 비인격화 및 개인적 성취결여 등으로 구성된 증후군이라고 정의하였다. 탈진은 스트레스에 대한 반응으로서 정서적, 신체적 및 정신적 피로감, 무력감과 무기력, 일과 삶에 대한 열정의 결여, 낮은 자존감과 삶에 대한 부정적 시각 등이 주된 증상으로 나타난다.

관리자들은 해결이 힘든 대인간 갈등, 불명확하게 규정된 작업과제와 책임감, 과도한 업무량, 부족한 보상, 부당한 징계 등으로 인하여 탈진을 겪게 되고 결국 자신의 직무에 덜 관여하게 되며 결근이나 이직 혹은 업무성과 저하로 이어지게 된다. 탈진한 관리자들은 좌절감과 무력감을 느끼며, 업무노력을 통해서 바라는 결과를 달성할 수 없다고 믿게 되어 결국 노력을 중단하기에 이른다.

4. 수 행

스트레스와 수행실적간의 관계는 단순하지 않은 복잡한 양상을 띠고 있다. 스트레스가 수행실적에 미치는 단기적 효과는 상당히 긍정적인 측면이 있다. 즉 스트레스를 전혀 경험하지 않을 때보다 적당한 양의 스트레스는 개인으로 하여금 어떤 과업을 보다 우수하고, 집중적이며, 신속하게 수행하게끔 해준다. 이 경우 수행실적이 이렇게 증가하는 것은 반응에 대한 각성수준(level of arousal)이 높아졌기 때문이다. 그러나 이러한 긍정적 효과는 스트레스의 강도가 높아지거나 장기간 계속되는 경우에는 사라지게 된다. 결국 수행실적은 감소하게 된다. 스트레스와 수행실적 간의 관계를 표시하면 그림 8.2와 같다.

그림 8.2 스트레스와 수행간의 관계

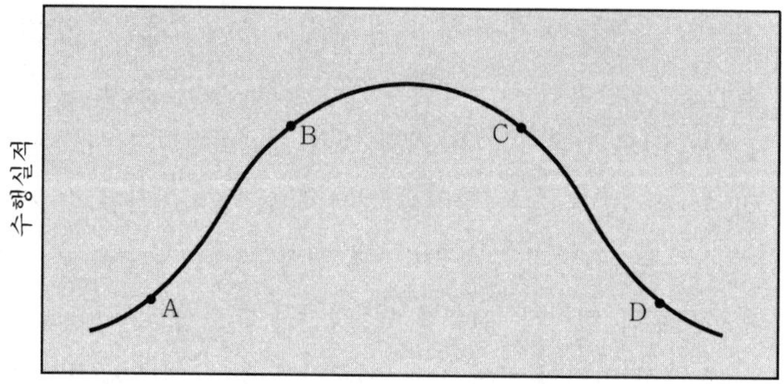

스트레스와 수행실적간의 관계가 복잡한 양상을 보이는데 이는 왜 스트레스가 어느 정도까지는 수행실적을 오르게 하고 그 이후에는 떨어지게 하는지를 과제의 난이도, 각성, 스트레스, 수행실적간의 관계로써 설명하고 있다. 이는 일반화된 이론이라기보다는 아직까지는 하나의 가정이다. 그림을 보면 과제의 난이도, 각성 및 스트레스가 증가함에 따라 수행실적은 A에서 B까지는 증가한다. 이 범위에서는 과제의 난이도는 개인의 능력을 초과하지 않는다. 각성증가로 인한 긍정적 효과가 과제의 난이도 증가의 부정적 효과를 상쇄하고도 남음이 있는 것이다. B에서 C까지는 과제의 난이도의 부정적 효과가 각성증가의 긍정적 효과를 초과하기 시작하고 수행실적은 하락하기 시작한다. C지점에서는 과제의 난이도가 개인의 능력을 초과하게 되어 수행실적은 C에서 D까지 급격하게 떨어지게 된다. 따라서 스트레스가 수행실적에 미치는 영향을 정확히 예측하려면 개인의 능력에 대한 상대적인 과제의 난이도와 개인의 스트레스에 대한 인내도를 알아야 할 것이다.

제 4 절 직무스트레스 반응에 영향을 주는 요인

모든 사람들이 똑같은 방법으로 스트레스를 경험하는 것은 아니며 똑같은 방법으로 스트레스에 반응하지도 않는다. 개인이 스트레스를 경험하고 반응하는 방법에는 커다란 차이가 있다. 이러한 개인차는 스트레스의 원인과 반응 사이의 관계성을 조절한다.

1. 강인성

코바사(1979)는 스트레스에 대해서 높은 저항성을 갖는 것으로 밝혀진 사람들에게 초점을 맞추어서 연구를 수행하였다. 그녀는 관리자 집단이 경험한 스트레스의 양을 평가하기 위하여 홈즈와 라에(1967)의 스트레스 척도(SRRS) 수정판을 이용하였다. 이전 연구에서처럼 그녀는 과중한 스트레스와 높은 질병 발생률 간의 관계를 발견하였다. 그러나 그녀는 스트레스 점수와 질병간의 상관이 상대적으로 낮다는 사실에 주목하고서 다른 연구와는 달리 한걸음 더 나아가서 과중한 스트레스를 받지만 질병에 걸리지 않은 관리자들에게 초점을 맞추어 다시 연구를 수행하기로 마음먹었다. 보다 구체적으로 그녀는 높은 수준의 스트레스와 아울러 그에 상응하는 병이 난 관리자들과 스트레스 수준은 높았으나 병에 걸리지 않은 관리자들을 비교하였다. 그 이유는 이들이 성격상에서 어떠한 체계적인 차이가 있는지를 알아보기 위해서였다. 그녀는 관리자들을 18개 성격차원으로 비교하기 위하여 일련의 심리검사를 실시하였다. 이와 같은 방법으로 강력한 스트레스 내구성과 관련이 있는 소수의 성격특질을 가려내어 "강인성(hardiness)"이라고 명명하였다. 이러한 강인성은 다음과 같은 세 가지 요소로 구성되어 있다.

1) 몰입감(Commitment)

강인한 관리자들은 보다 분명한 가치관을 가지려 하며, 자신들의 삶의 의미에 대해서 확고한 신념을 가지는 경향이 있다. 이들은 명확한 삶의 목표를 가지고 있으며, 중요하게 생각하는 것에는 몰입하는 경향이 있다. 대조적으로 강인함이 덜한 관리자들은 '소외'되어 있다는 특징을 보인다.

2) 도전(Challenge)

이것은 삶에 대한 활기찬 접근방식을 의미하기도 하는데, 강인한 관리자들은 새로운 목표를 추구하고 적극적으로 도전에 맞서려는 경향이 있다. 이들은 안정보다는 변화를 정상적인 삶의 특징으로 보고 있다. 이들은 과거에 집착하기보다는 변화를 선호한다. 이와는 달리 스트레스에 대한 저항력이 낮은 사람들은 변화에 대한 반응에서 보다 수동적이고 변화를 근심스러운 사건으로 볼 가능성이 높다.

3) 통제감(Control)

통제소재는 사람들이 자신들의 성공과 실패를 외적인 요인(운명, 운, 우연)에 의해서 지배를 받거나 아니면 그 반대로 내적인 요인(자신의 행위 혹은 행동)에 의해서 지배를 받는다고 믿는 정도에 초점을 맞춘 성격차원이다. 내적 통제감을 갖는 사람들은 누구든 자신의 성공과 실패에 책임을 져야 한다고 믿는 경향이 있다. 이와는 대조적으로 외적 통제자들은 개인의 성공과 실패를 운이나 우연 혹은 운명으로 돌리는 경향이 있다. 코바사는 질병에 대해서 높은 저항성을 갖는 관리자들은 자신의 운명을 통제할 수 있다는 강한 신념을 가지고 있다는 사실을 확인하였다. 이와는 달리 저항성이 낮은 관리자들은 더 많은 외적 통제감을 보여주었고, 더 많은 무력감을 보고하였다.

2. 모호성에 대한 인내심

사람들은 모호한 사실이나 상황에 대한 인내심에서도 차이를 보인다. 몇몇 사람들은 자신의 주변상황이 분명치 않다는 사실에 대해서 편하게 느낀다. 예를 들어, 이런 사람들은 그들이 해야 할 일을 대충 알고 있을 때는 당황하지 않으나 매우 자세하고 정확하며 단계적으로 지시를 줄 때 오히려 당황하게 된다. 반면에 어떤 사람들은 모호성에 대한 인내심이 매우 낮다. 이들은 비구조화된 상항에 대해 불편을 느끼며 그들이 해야 할 일을 정확하게 알기를 원한다.

모호성에 대해서 높은 인내심을 가진 사람들은 스트레스로부터 고통을 받을 가능성이 더 적다. 즉, 그들은 자신이 역할이 불분명한 역할모호성과 상반된 역할을 요구하는 역할갈등으로 인한 스트레스를 받을 가능성이 더 적다. 불분명하고 일관성이 없는 요구에 직면했을 때 그들은 긴장감을 덜 느낀다. 게다가 모호성에 대한 인내심이 높은 사람들은 스트레스를 보다 효과적으로 극복할 가능성이 높다.

3. A형 성격과 B형 행동패턴

일반적으로 스트레스를 다룬 문헌 중에서 가장 많이 언급되는 성격특성이 A형 성격이다. 이 성격유형은 처음에 스트레스가 심장병에 어떤 영향을 미치는가를 연구하던 프리드만과 로젠만이라는 두 명의 심장병 연구자에 의해 확인되었는데 그 특징을 살펴보면 표 8.1과 같다.

표 8.1 A형 및 B형 행동패턴의 특징

A형 성격특성:
· 항상 분주하다 · 음식을 빨리 먹는다 · 한꺼번에 많은 일을 하려 한다
· 수치계산에 민감하다 · 공격적이고 민감하다 · 걸음을 빨리 걷는다
· 양적인 면으로 성공을 평가한다 · 항상 시간에 강박관념을 가진다.
· 말을 빨리 한다 · 여가시간을 활용하지 못 한다
B형 성격특성:
· 시간관념이 없다 · 자만하지 않는다 · 문제의식을 느끼지 않는다
· 온건한 방법을 택한다 · 느긋하다 · 승부에 집착하지 않는다
· 마감시간에 대한 압박감이 없다 · 서두르지 않는다

A형인 사람들은 야심적이고 정력적인 사람들로 이들은 스스로 매우 높은 성취기준을 세워놓고 있다. 이들은 직장에서 과중한 업무에 쫓겨 있을 때조차도 점점 더 많은 일을 떠맡으려 하며, 업무 마감시간을 넘기기보다는 믿을 수 없을 정도로 빠른 속도로 일을 처리하려 든다. 또한 A형인 사람들은 매우 경쟁적이고 여가활동에서조차도 항상 이기려 하는 특징이 있다.

이와는 대조적으로 B형 성격인 사람들은 매사에 느긋하고 시간에 대한 압박감을 덜 느낀다. 이들은 시간에 맞추어 일하기보다는 느린 속도로 일을 처리하며, 마감시간에 임박해서 업무마감 시간을 연장하려고 할 가능성이 높고 낮은 성취수준을 세워놓는다. 그리고 여러 가지 문제를 각 문제마다 부딪혀서 해결하기보다는 잠시 뒤로 미루는 경향이 있다.

A형 성격에 관한 의학적인 연구에서 나타난 가장 분명한 결과는 이들이 관상동맥성 심장병에 걸릴 가능성이 매우 높다는 것이다. 3천명의 남자들을 대상으로 한 연구에서 심장발작으로 고생한 사람들의 77%가 A형 성격의 소유자인 것으로 밝혀졌다. 특히 39세부터 49세까지의 연령층의 A형성격자들은 그 반대의 행동특성을 보이는 동 연령층의 B형 성격자들보다 심장병 발생률이 6.5배나 높았다. 그러므로 A형인 사람

들은 높은 스트레스 상황에 처할 가능성이 높고 그들 자신이 스스로를 그러한 상황에 몰아넣는다. 따라서 그들이 여러 가지 스트레스로 인한 질병으로 고통을 받을 가능성이 더 높다.

그런데 아이러니하게도 A형인 사람 스스로는 별로 스트레스를 느끼지 못하는 것 같다. 그는 불안감을 표현할 기회가 없으며 감기와 같은 사소한 병에도 시간이 없기 때문에 걸리지 않는다고 본다. 또한 놀라운 것은 이들이 노력을 경주하며 경쟁적 성격임에도 불구하고 회사의 최고경영층이 되는 경우는 거의 없다는 것이다. 이들은 세일즈맨이나 중간관리자로서는 우수하지만 보다 자기 성찰적이고 참을성이 있으며 행동이나 일에서 서두르지 않는 B형이 회사의 최고경영자가 될 가능성이 더욱 높은 것으로 나타났다.

4. 사회적 지지

여러 가지 연구를 통해서 스트레스 문제에 대해 누군가와 상의할 수 있고, 누군가로부터 조언을 받을 수 있고 위안을 받을 수 있는 사회적 지지는 스트레스의 부정적인 결과를 최소화시키는 일종의 완충제로 작용할 수 있는 것으로 밝혀졌다. 자신에게 중요한 사람들에게서 얻는 유용한 사회·경제적 지지의 양과 질은 사람들이 스트레스로 인해서 영향을 받는 정도를 조절하는 변인이다. 하우스(1981)는 사회적 지지가 스트레스의 유해한 영향으로부터 사람들을 보호해 주는 4가지 중요한 기능을 수행한다고 제안하였는데 구체적인 내용은 다음과 같다.

1) 정서적 지지

이것은 수용자가 자신들이 진정한 가치를 인정받고 있다는 사실을 알려주는 애정 혹은 관심의 표현과 관련이 있다. 또한 그들의 문제를 경청하려는 의지도 포함된다. 애정의 표현은 수용자의 자존심을 북돋워 준다.

2) 평가적 지지

이것은 사람들이 자신들의 고민과 문제거리를 평가하고 그 의미를 이해하도록 하는데 도움을 준다. 평가적 지지는 문제를 명확히 하고 수용자에게 스트레스의 의미에 관한 피드백을 제공하려는 노력도 포함된다.

3) 정보적 지지

정보적 지지는 문제를 다루는 방법에 관한 충고와 관련이 있다. 그리고 가능한 해결책을 제안하고 여러 가지 대처전략을 논의하는 것도 포함된다.

4) 도구적 지지

이것은 물질적인 도움과 서비스를 제공하는 것과 관련이 있다. 또한 수용자들에게 머물 장소를 제공한다든가, 돈을 빌려주고, 이들을 사회봉사기관에 데려다 준다든지 하는 것과 같은 다양한 활동이 포함되어 있다.

사회적 지지의 기능을 분석한 결과, 이와 같은 사회적 지지는 여러 가지 방법으로 사람들의 스트레스에 대한 내구성을 증가시키는 작용을 하는 것으로 밝혀졌다. 또한 사랑, 우정, 돌봄은 쉽게 인식하지 못하는 미묘한 방법으로 우리에게 소중한 가치를 제공한다. 하비프와 그의 동료(Harbif & Lahey, 1980)는 만약 대학생들이 부모나 가족에 의한 사회적 지지를 받지 못하면 대학생들이 경험하는 우울의 양과 생활스트레스의 양 간에는 매우 높은 관계성이 존재하고, 좋은 사회적 지지를 받는 사람은 스트레스와 우울증과의 관계가 거의 없다는 사실을 밝혀냈다. 이것은 많은 대학생들이 가정과 떨어져 있고, 그들의 인생에서 처음으로 적합한 사회적 지지를 받지 못하고 있다는 사실을 깨닫게 되기 때문에 특히 중요하다.

제 5 절 직무스트레스 대처전략

앞서 지적하였듯이 종업원들이 일에서 어떠한 스트레스도 원치 않는다는 것은 사실이 아니다. 사실상 종업원들이 적당한 스트레스에 의해 활력을 갖고 동기화된다는 실제적인 증거도 있다. 그러나 대부분의 사람들은 그들 주위에서 진행되고 있는 것에 대해서 어느 정도 통제를 할 수 있다고 느끼는 점에서 그들의 스트레스를 줄이려고 한다. 이 절에서는 개인이 일에서 스트레스를 극복하고 다루는 여러 가지 방법들과 그 의의를 살펴보고자 한다. 이러한 대처 전략으로는 표 8.2와 같은 것들이 있다.

표 8.2 직무스트레스 대처전략

작업중심 책략 :	역할명료화, 시간관리, 업무위임, 정보탐색, 협동작업책략, 이직
정서중심 책략 :	완벽주의를 줄여라, 사회적 지원을 증가시켜라, 모호성에 대한 인내를 증가시켜라, 이완기법, 건강 유지법

이러한 대처전략 중 첫 번째는 작업중심 대처전략이다. 종업원들은 그들이 속해 있는 작업환경이나 혹은 그들 자신의 습관을 직접적으로 변화시킴으로써 스트레스를 감소시킨다. 두 번째에 대처전략은 정서중심 극복전략이다. 이 전략은 작업환경을 직접적으로 변화시키는 것이 아니라 종업원들이 보다 쉽게 스트레스에 적응하도록 도움을 주는 것이다.

1. 작업중심 대처전략

1) 역할 명료화

개인이 스트레스를 극복할 수 있는 가장 적합한 방법은 아마도 타인들의 기대를 명료화하거나 변화시키는 것일 것이다. 만일 종업원들이 그들의 직무할당이 불분명하다고 느끼면, 종업원들은 감독자들에게 기대하는 바를 명확히 해달라고 요구할 수 있다. 만일 종업원들이 자신들의 관리자들과 갈등관계에 있다고 느낀다면 종업원은 자신이 불리한 현 상태에 관해서 그들의 관리자들과 맞설 수도 있다. 이 영역에서 바라볼 수 있는 극복책략 한 가지는 직무할당으로 주어진 제약을 변화시키는 것이다. 만약 어떤 직무가 이틀이 소요되는 일이거나 하루에 12시간씩 일을 했을 때조차도 마칠 수 없는 것이라면, 처음 업무량 할당이 주어질 때부터 보다 많은 시간을 요구하거나 도움을 청하는 것이 바람직하다.

2) 시간관리

스트레스를 극복할 수 있는 또 다른 방법은 시간을 보다 효율적으로 관리하는 것이다. 사람들은 자신들의 작업을 보다 효과적으로 수행하고 불필요한 시간낭비를 줄이기 위하여 시간을 보다 잘 조직화하는 방법을 배울 수 있다. 예를 들어 관리자들은 사무실에 들어와서 종종 모든 전화와 편지에 답하느라고 시간을 낭비한다. 대신에, 그들은 중요치 않은 활동을 한가한 때로 미루어 버리고 그들이 상쾌한 기분을 느끼는 아침에 가장 중요한 일을 수행할 수가 있다.

3) 업무 위임

직무 스트레스를 극복하는 세 번째 방법은 다른 사람에게 몇 가지 책임을 위임하는 것이다. 관리자들은 부하직원들로 하여금 그들이 필요한 자료를 수집하거나 혹은 어떤 회의에 그들을 대신 파견하기도 한다. 비서들은 관리자들이 개인적으로 참석할 필요가 없는 여러 가지 관례적인 사항들만을 다룬다. 위임은 관리자에게 맡겨진 작업요구를 직접적인 방법으로 감소시킬 수 있는 방법이다. 그리고 종종 관리자가 부하직원에게 과제를 위임하면 그 과제를 받은 부하직원은 열심히 일할 의욕을 갖게 된다.

4) 보다 많은 도움요청과 정보탐색

몇몇 종업원들은 친근하지 않은 과제를 받았을 때 보다 많은 정보를 요구하거나 도움을 청하는 것을 약점의 표시로 생각할 수 있다. 예를 들어, 신입사원들이 직무를 필요시간 보다 세배나 더 오래 걸려서 처리하는 것을 볼 수 있는데 이것은 그들이 하고 있는 일에 대한 확신을 갖지 못하기 때문이다. 헛수고를 하기 이전에 어느 정도의 도움을 받는 것이 효율적이며 불안도 줄일 수 있다.

5) 협동작업책략

때때로 너무나 많은 일을 효과적으로 처리할 수 있는 방법은 같은 처지에 있는 다른 사람들과 협력하는 것이다. 예를 들어, 중요한 보고서를 준비할 때 일을 분담하고 정보를 교환하는 것은 종업원들이 그들의 프로젝트를 보다 빨리 그리고 보다 적은 노력을 들여 완결 짓는데 도움을 줄 수 있다. 물론 사람들은 그들이 이용당하게 되지 않을까 혹은 그들은 열심히 일하지만 다른 사람들은 그렇게 하지 않을 것이라는 점에 대해서도 걱정을 한다. 그러나 가끔 사람들은 짐을 분담하는 것이 가장 중요하다는 사실을 깨닫고 열심히 협력할 것이다.

6) 이직

종종 직무상의 스트레스가 너무 크고 그것을 경감시키기 위하여 취할 수 있는 방도가 많지 않다는 사실에 주목하는 것도 중요하다. 조직은 인원이 매우 부족할 수도 있고 또한 한 개인이 과중한 업무를 처리해야 할 경우도 있다. 어떤 경우에는 제대로 훈련을 받지 못한 상태에서 업무를 담당해야 할 경우도 있다. 이유야 어떻든 한 개인이 신체적인 질병을 얻거나 정서적으로 우울증에 빠지기 전에 직무를 떠나는 것은 약점의 표시가 아니다.

2. 정서중심 극복책략

1) 완벽주의를 줄여라

사람들의 생활에서 가장 큰 스트레스원 중에 하나는 그들 자신이 설정한 불가능한 기준을 실천하려는 시도 때문에 생겨난다. 사람들은 그들이 너무 적은 시간에 너무나 많은 것을 이루려고 시도하고 있을 때조차도 자신들은 항상 높은 성과를 낼 수 있으리라고 기대한다. 그들은 자신들이 병중에 있을 때조차도 업무에 관한 한 유능한 "기계"가 될 수 있으리라고 기대한다. 종종 스트레스를 다루는 좋은 방법은 잠시 동안이라도 최선을 다하지 않도록 하는 것이다. 사람들이 나태해지거나 안일한 생각으로 수행하라는 것이 아니며 또한 매 수행시마다 잘 할 수는 없는 것이며, 그들이 매번 완벽하지 못하다고 해서 세상 돌아가는 게 멈추지 않는다는 것을 깨달아야 한다는 것이다.

종업원들 역시 직무를 완벽하게 처리하고 완벽한 관리자가 될 수 있을 것 같은 환상을 갖는다. 그들은 다른 직장에서는 덕망 높고, 자비심 많으며, 유능한 감독자가 있으리라고 상상한다. 그리고 그들은 그러한 감독자 밑에서 일을 하고 있지 못하다는 생각 때문에 자학감을 느낀다. 그러나 그들의 관리자들은 그들이 갖고 있는 동일한 스트레스를 아마도 더 많이 느끼며, 관리자들로부터 이상적인 행동을 기대한다는 것은 불가피하게 실망이 따르게 된다. 완벽한 상사란 없으며 완벽한 직무도 없다. 조금은 적게 갖고서 살아가는 법을 배우는 것은 기준을 양보하라는 것이 아니다. 이것은 보다 실제적으로 직무를 다루는 것이다.

2) 사회적 지지를 증가시켜라

직무스트레스를 극복하는 매우 효과적인 방법은 다른 사람들로부터 사회적 지지를 받는 것이다. 사람들은 스트레스를 받는다고 느낄 때 자신을 지지해 줄 수 있는 친구나 동료를 갖는 것이 도움이 된다. 친구들은 문제를 해결해 줄 수 있는 돌파구를 마련해 준다. 그들은 자존심과 자신감을 가질 수 있도록 지원해 줄 수 있다. 그들은 개인적인 문제나 작업과 관련된 문제에 관해서 자신감을 심어줄 수 있다.

3) 모호성에 대한 인내심을 키워라

학교의 전 과정을 통하여, 대부분의 사람들은 명확히 숙제를 할당받고 객관적인 시험을 치르며 빈번한 피드백을 받는다. 그러나 작업세계는 그와 같은 세계가 아니다. 관리자들이 다루어야 하는 대부분의 문제들은 분명치 못하고, 피드백을 거의 받지 못하며 성공에 대한 기준 역시 매우 모호하다. 확실히 어디서든 가능하다면 역할 모호성을 줄이려는 시도가 사리에 맞다. 그러나 종업원들은 그들이 학생 때 가졌던 역할 명료성을 결코 얻을 수는 없다. 따라서 그들은 역할 모호성을 보다 많이 인내하는 편이 낫다.

3) 이완기법

이완 기법은 정서중심 극복 방안의 또 다른 유형이다. 개인이 스트레스를 경험하는 상황을 변화시킬 수 없을 때 종업원들은 종종 안정을 취하게 되면 보다 효과적으로 스트레스를 극복할 수 있다. 몇몇 연구자들은 사람들이 만일 ① 그들이 조용한 환경에 있다면, ② 눈을 감고 있으면, ③ 안락한 곳에 있다면, ④ 직무와 관련된 생각을 차단 할 수 있는 간단한 소리를 반복해서 유지하면 "이완 반응"을 경험한다는 사실을 알았다. 이러한 이완반응은 근육긴장, 심장박동, 혈압 및 호흡률을 낮추어 스트레스를 효과적으로 극복할 수 있게 해준다.

4) 건강 유지법

직무스트레스 분야의 연구자들은 스트레스를 많이 받는 직무에 종사하는 사람들을 대상으로 건강유지에 관심을 가져줄 것을 강력하게 권하고 있다. 적절한 다이어트 적당한 운동 및 충분한 수면은 스트레스를 다루면서 보다 건강미 넘치는 체형을 유지할 수 있게 해준다. 종업원들이 지치고 기진맥진해졌을 때, 그들은 그들의 직무가 신경을 자극하는 것으로 볼 가능성이 높다. 그들은 이것저것 너무 많이 먹고, 커피를 마시기 위하여 자동판매기로 걸어가는 것을 충분한 운동으로 생각한다. 사람들은 그들의 체형이 엉망이 되거나 지치고 충분히 먹지 못하게 되면 신체적으로 병을 얻거나 정서적으로 우울해질 가능성이 높다.

3. 직무스트레스 관리를 위한 조직 프로그램

본 절을 끝내기 전에 조직에서 종업원들에게 스트레스에 보다 잘 대처할 수 있도록 도움을 주기 위하여 사용하고 있는 몇 가지 프로그램을 간략히 살펴보고자 한다. 여러 가지 다양한 스트레스 프로그램들이 실험되어 왔지만 세 가지 유형의 프로그램이 가장 널리 사용된다. 아마도 가장 자주 사용된 조직 스트레스 관리프로그램은 건강유지 프로그램일 것이다. 예를 들어 미국 아이다호의 선벨리 건강 연구소는 종업원의 현재 건강상태를 검사할 뿐만 아니라 그들의 판에 박힌 다이어트와 운동에서 어떠한 변화가 필요한지를 참가자들에게 알려주는 4일간의 프로그램을 운영하고 있다. 제록스, 킴벌리 클락, 펩시콜라 같은 많은 기업들이 상근직 건강관리 요원을 두고서 체육시설에 많은 자본을 투자해왔다.

조직에서 실험해 온 또 다른 스트레스 관리 프로그램의 유형은 감독자 훈련이다. 예를 들어 아메리칸 익스프레스와 같은 조직은 권위를 위임하고 부하직원들의 작업할당과 작업부담에 영향을 미치는 의사결정 과정에 부하직원들을 포함시킬 때보다 효과적이 되도록 관리자들을 훈련시켜 왔다. 어떤 조직에서는 관리자들에게 보다 효과적인 상담기술을 가르치기 위하여 리더십 훈련을 사용하기도 하였다. 이러한 감독자 훈련프로그램에서 중점을 두는 것은 직무스트레스 예방이다. 관리자들은 좀더 좋은 수행평가를 제공하도록, 종업원들의 문제를 보다 효과적으로 청취하도록, 그리고 직무할당과 지도를 보다 분명하게 의사소통할 수 있도록 훈련을 받는다.

세 번째, 몇몇 조직에서는 개인 스트레스 감소 워크숍도 후원해 주고 있다. 이러한 프로그램은 바이오피드백, 감수성 훈련, 직업경력 상담부터 초월적 명상, 시간 관리 및 대인 관계기술 워크숍에 이르는 전 범위에 걸쳐 운영된다.

4. 효과적인 스트레스 관리를 위한 핵심

스트레스는 오늘날 대부분의 직무에서 더 많은 사람들에게 불가피하기 때문에, 관리자들이 직면하는 주요한 문제는 필요 없는 스트레스를 어떻게 진단하고 예방하며 줄이느냐 하는 것이다. 조직에서 인적자원의 효율적인 관리를 위해 직무스트레스에 관해서 우리가 알고 있는 내용들을 살펴보자.

(1) 관리자들은 작업현장에서 역할기대를 명료화함으로써 몇 가지 스트레스를 경감시킬 수 있다. 작업자들은 그들의 직무범위와 책임이 무엇인지를 알지 못함으로 인해서 스트레스를 겪게 된다. 또한 그들은 조직에서 다른 사람들로부터 상반된 요구를 받음으로써 그리고 매우 적은 시간에 할 일이 너무 많아서 스트레스를 받는다. 관리자들은 직접 지도와 시기적절한 건설적인 성과검토를 제공함으로써 그리고 작업할당과 의무노동시간에 영향을 미치는 의사결정과정에 종업원들을 포함

시킴으로써 스트레스를 줄일 수 있도록 종업원들을 도와줄 수 있다.

(2) 관리자들은 종업원들이 언제 많은 스트레스를 받게 되는지, 그리고 생산성이 저하되고 의사결정 능력이 더 떨어지는 경우는 언제인지를 인식할 필요가 있다. 많은 스트레스를 받고 있는 종업원들은 불충분한 결정을 내리거나 결정을 자주 지연시키며, 주의 집중하는데 문제를 가지며 중요한 업무상의 정보를 잊어버리게 된다. 스트레스의 결과로 개인의 생산성 역시 타격을 받게 된다. 사람들은 높은 스트레스 수준에서 탈진하며, 최선을 다해 일할 수 있도록 해주는 그들의 신체에너지와 능력을 상실하게 된다. 게다가, 높은 수준의 스트레스를 갖는 조직일수록 이직, 결근, 태업이 많다.

(3) 사람들이 작업에서 겪게 되는 스트레스의 일부는 그들 자신의 성격이나 혹은 개인생활에 기인한다 할지라도, 관리자들은 효과적인 상담으로 이들 종업원들에게 도움을 줄 수 있어야 한다. 단순히, 보다 나은 경청자가 됨으로써, 관리자들은 종업원이 몇 가지 스트레스를 날려보내고 처신방법을 발견할 수 있도록 도움을 줄 수 있다. 감독·관리자들은 그들의 작업단위에서 보다 나은 팀워크와 협동을 고무시킬 수 있다. 관리자들은 종업원들이 보다 실제적인 목표와 수행기준을 세울 수 있도록 도와줄 수 있다. 결국 관리자들은 그들 자신의 관리스타일이 종업원들에게 어떻게 스트레스와 긴장을 야기하는지를 보다 잘 이해할 수 있게 된다. 사실, 왜 몇몇 고위 경영진들이 스트레스를 덜 받느냐 하는 문제를 거론할 때 보스톤의 정신과 의사인 벤슨은 다음과 같은 사실을 관찰하였다. "그들은 스트레스를 받지 않으며 스트레스를 만들뿐이다." 관리자들은 종업원들이 문제를 덜 갖고 해결책을 많이 갖게 함으로써 스트레스를 가장 잘 극복할 수 있도록 도와줄 수 있다.

(4) 조직에서는 스트레스를 보다 효과적으로 다룰 수 있도록 도와줄 수 있는 프로그램과 정책을 실행할 수 있다. 조직에서는 건강유지 프로그램, 감독자훈련 프로그램 및 스트레스정복 워크숍 등을 계획할 수 있다. 자유출퇴근제 및 휴가정책 역시 작업자들에게 - 항공관제사나 증권

중개인과 같은 그러한 직무에서도조차 - 그들의 직무에서 보다 효과적으로 장시간 동안 근무할 수 있도록 도와준다.

(5) 관리자들은 작업에서 그들 자신의 스트레스를 잘 극복하기 위하여 보다 효율적인 책략을 개발할 수 있다. 예를 들어, 감독자들은 그들의 시간관리기술을 개선하고, 다른 사람들에게 몇 가지 과업을 위임하며, 필요하다면 보다 많은 정보와 원조를 구할 수가 있다. 그들도 자신에게 부과된 완벽한 기준 중 일부를 낮출 수가 있으며 모호한 상황을 보다 편하게 다룰 수 있다. 결국 관리자들은 몇 가지 이완방법을 사용하거나 적당한 운동과 충분한 수면 및 적절한 영양분을 취함으로써 스트레스를 보다 효과적으로 극복할 수 있다.

제9장

직무 변화와 전환

제 1 절 직무 이동과 승진

조직에서 초기 사회화 과정을 거치면서 개인은 자신의 직무와 주변 환경에 적응을 하지만 경력이 증가하면서 조직 내에서 새로운 국면을 맞이하게 된다. 특히 20대 후반이나 30대는 자신들의 경력을 확립하기 위해 약간의 직무 변화나 조직의 이동이 이루어지게 된다. 이러한 경력 단계에서 직무 변화는 두 가지 형태로 나타난다. 첫 번째 직무 변화는 종업원들이 더 높은 수준의 직무에 재배치되는 승진이다. 여기에서 종업원은 조직의 위계에서 한 단계 더 상승하고 아울러 기술, 능력 및 책임감이 증가하게 된다. 두 번째 직무 변화는 비슷한 봉급, 지위, 의무 및 책임을 지닌 자리로 재배치되는 수평적인 이동이다. 수평적 이동에서 종업원은 조직의 위계에서 상승하는 것이 아니라 같은 수준에서 다른 직무를 양도받는 것이다.

직무 이동(job transfer)은 전국적인 지사망을 갖추거나 해외에 공장이나 영업망을 확보하고 있는 기업에 근무하는 근로자들에게는 비교적 흔히 발생하는 일이다. 가장 보편적인 것이 한 회사 내에서 직무가 바뀌거나 자국 내에서 근무지를 옮기는 것이다. 국제적인 직무 이동도 있을 수가 있는데 이것은 자국이 아닌 다른 나라로 근무지를 옮기는 것을 말한다. 한편 유사한 형태로 집단이동이 있는데 이것은 기업이 비교적 규모가 큰 집단의 근로자들을 정상적으로 함께 일할 수 있도록 재배치시키는 경우를 말하는 것으로, 흔히 기업이 본사나 제조시설을 다른 곳으로 옮길 때 나타난다. 일반적으로 집단 이동의 형태에서는 직무의 변화는 일어나지 않는 것이 그 특징이다.

직무 이동을 통해서 기업은 사외고용을 최소화할 수 있고 근로자 입장에서는 진급을 한다거나 기업 내의 핵심부서로 이동할 수 있는 좋은 기회가 된다. 또한 다른 부서나 지역으로 근무지를 옮겨 일을 함으로써 근로자는 자신이 맡고 있는 업무나 조직에 대한 여러 가지 유용한 정보를 얻을 수 있는 기회를 가지며, 이를 통해서 자신의 능력을 향상시키고 조직에 필요한 사람으로 성장하게 된다.

1. 직무 이동에 대한 관점

1) 조직의 관점

조직의 관점에서 종업원을 한 직무에서 다른 직무로 이동시키는 것은 종업원들의 기술을 폭넓게 하는 것이다. 직무를 바꾼 종업원들은 다른 부서에서의 다양한 직무활동과 직무들 간의 연계성을 배울 수 있다. 결국 이러한 이동은 종업원들을 성숙시키고 최고 관리직의 위치로 갈 준비를 시키는 것이며, 아울러 이들은 의사결정에 대한 보다 폭넓은 관점을 습득하게 된다.

또한 이동과 승진은 조직 차원에서 직원과 인력수습계획에 관한 문제를 해결하는데 도움을 줄 수 있다. 만약 기업이 사업조직을 확장하거나 다른 조직을 인수 혹은 합병한다면, 이동과 승진은 새로운 직위나 업무에 필요한 직원을 충당하거나 휴직에 대한 좋은 대안이 될 수 있다. 또한 이동과 승진은 사임이나 퇴임으로 인한 업무공백을 채워줄 수 있다.

2) 개인의 관점

개인 역시 이동과 승진을 통해서 많은 것을 얻을 수 있다. 20대와 30대는 자신들이 일하는 직장과 조직에 대해서 가장 폭넓은 관점을 발달시키는 시기이다. 이동과 승진은 이러한 경력의 성장을 촉진시키며 종업원들에게 자신의 첫 번째 직무를 확장시킬 수 있는 기회와 새로운 기술 및 능력을 개발시킬 수 있는 기회를 제공하게 된다.

한편 지위상의 아무런 변화가 없는 30대 관리자들의 경우 자신이 계속해서 지시를 받는 부하직원의 위치에 있어야 한다는 사실은 이들에게 자신의 경력에 대해서 회의를 갖게 할 수도 있다. 이들은 지시를 받는 것뿐만 아니라 권위도 행사하기를 원한다. 이동과 승진은 전형적으로 직무에 있어서 권위와 관리자적 책임을 갖게 한다. 또한 이 시기에 있어서 이동과 승진은 실질적인 임금의 상승과 새로운 생활표준을 형성한다는 것을 의미하기도 한다.

그러나 이와 같은 이동과 승진은 긍정적인 변화임에도 불구하고 직무환경의 변화와 재사회화의 요구로 인하여 종업원 개인에게 물질적으로나 심리적으로 많은 부담을 안겨줄 수도 있다. 한편 조직에서도 종업원들이 이동을 위하여 2주 이상 업무를 하지 못하고, 이동을 전후해서 최상의 업무 효율을 발휘하지 못하는 기간이 몇 주씩이나 되어 조직의 효율성에도 부정적인 영향을 미칠 수 있다. 따라서 조직에서는 이러한 문제점을 피하기 위하여 이동과 승진절차에 대한 효율적인 관리가 요구된다(Feldman & Brett, 1985).

2. 직무이동 및 승진과 관련된 문제

언뜻보기에도 이동을 하거나 승진한 종업원들은 몇 가지 적응상의 문제에 봉착할 것이다. 이들은 이미 조직에서 자신들의 능력을 증명해 왔고 앞으로 더 많은 도전과 책임을 예상할 수 있다. 그러나 이동 혹은 승진에 의한 직무 변화자와 신규고용자의 적응을 비교한 최근 연구에서는 새로운 직위에서의 '재사회화'가 보기보다 그렇게 쉽지 않다는 사실을 제안하고 있다. 한편 신규 고용자나 승진한 종업원들이 당면하게 되는 문제는 다음과 같은 것들이 있다.

1) 높은 수행요구

새롭게 고용된 사람들은 보통 그들의 수행이 정상적인 수준에 도달하도록 몇 번의 기회가 주어진다. 극히 일부의 사람들이 신규 종업원에게 하루가 다르게 수행능력이 향상되기를 기대하기도 한다. 그러나 이동을 하고 승진한 종업원들은 즉각적으로 업무를 수행하고 직무변화 이전에 수행했던 것과 마찬가지로 높은 수준의 수행을 하도록 요구받는다. 이것은 직무 변화자에게 있어서는 많은 스트레스를 유발하는 원인이 되며, 특히 새로운 기능분야라든가 완전히 다른 생산라인에서 일하게 되는 경우에는 더욱 심하다.

2) 새 직무에 대한 훈련부족

대부분의 신규 종업원들은 새로운 직무를 위해 몇 가지 공식적인 훈련을 받게 된다. 이들은 필요하다면 도움을 요청하라고 권유받는다. 그러나 대부분의 조직에서는 직무변화자들이 새로운 직위를 부여받았을 때 훈련이 별로 필요치 않을 것이라고 생각한다. 기업에서는 직무변화자들이 현재까지의 업무성과 때문에 승진을 하고 이동을 하였으므로 그들이 해왔던 것처럼 쉽게 업무를 수행하리라고 기대한다. 그러나 매번 새로운 직무는 과거의 직무와는 성격이 판이하게 다르다. 따라서 이러한 상황에서는 기업이 기대하고 있는 만큼 새로운 업무를 효율적으로 수행하기는 어렵다.

3) 이전 업무의 불완전한 숙달

매번 종업원들은 너무 빠르게 이동을 하고 승진하기 때문에 현재의 업무가 숙달되기도 전에 막중한 책임을 갖는 다른 업무로 전환하게 된다. 생산/공정 관리자들의 직업경력 경로에 대한 연구에서 한 참여자는 18개월 동안 공장관리자, 국내공정 감독으로 그리고 국제공정의 부사장으로 승진되었다. 이러한 변화는 관리자에게 한 지역에서 9개의 생산품을 생산하도록 책임이 주어졌던 것에서 전세계적으로 29개 품목을 생산·관리하도록 책임이 주어졌음을 의미한다. 처음에 고속승진은 관리자에게 매우 즐거운 일이지만 후에 이러한 관리자들은 자신들이 아무것도 알지 못하는 상태에서 상품이나 서비스에 대해 책임을 지고 있다는 사실을 깨달으면서 과중한 심적 부담을 느끼게 된다.

4) 학습하지 못한 구행동과 태도에 대한 요구

회사 내에서 한 직무에서 다른 직무로 이동을 할 때, 사람들은 그 부서의 조직문화와 학습하지 못한 구직무의 일부 행동과 태도에 민감해져야 한다. 예를 들어, 위에서 인용된 이동과 승진에 대한 연구에서 관리자들은 공장에서 일을 하다가 기업체의 본사에서 일하는 것이 얼마나 적응하기 힘든 일인가를 털어놓는다. 현장에서는 지위상의 차이에 대해 그처럼 민감하지 않다. 관리자들과 종업원들은 조직의 모든 수준에서 일 이외의 부분에 대해서 광범위하게 사회화된다. 반대로 본사에서는 자신과 같은 수준에 있는 사람들과의 접촉만이 인정된다. 부하직원과의 의사소통은 본사에서는 매우 부적절한 것으로 여겨질 수도 있다. 이렇게 부하직원들과 술자리를 하거나 축구를 하는 등 자연스럽게 접촉하고 어울리는데 익숙해져 있는 관리자들에게 이러한 본사로의 이동은 새로운 환경에 익숙해져야 하는 고통임을 의미한다.

5) 지역적 이동에 대한 문제

대부분의 이동과 승진은 지역적 이동을 포함하고 있다. 집을 파는 문제, 지역사회와의 유대관계, 배우자의 직장을 구하는 문제, 아이들의 학교문제 등은 이러한 지역적 이동과 결부된다. 대부분의 종업원은 여전히 이동에 대한 거부가 자신들의 직업경력에 타격을 줄 수 있다고 믿고 있으며, 이 때문에 일부 사람들은 마지못해 이러한 지역적 이동을 수락한다.

그러나 이사를 한 가족들에게 발생하는 실제적인 문제들이 언론에서 보도하는 것처럼 그렇게 우울한 것만은 아니다. 예를 들어 최근의 한 연구에서는 지역적 이동이 종종 결혼생활을 강화시킬 수 있음을 보여주고 있다. 이동한 종업원의 배우자들 대부분은 또다른 이동에 대해 긍정적인 태도를 가지고 있으며, 12%만이 또다른 지역으로의 이동을 꺼리는 것으로 밝혀졌다. 또한 이동이 생각하는 것만큼 어린아이들에게 고통을 주는 것은 아니다. 아이들은 새롭고 불확실한 상황에 대해 보다 큰 인내력을 기르게 되며, 이동이 적은 친구들보다 독립심과 적응력을 보다 많이 갖게 된다. 한 가지 나쁜 소식은 이동이 청소년들에게는 매우 힘든 사건이며, 이들은 어린 형제들보다 적응상의 문제를 더 많이 겪는다는 것이다.

3. 직무이동에 대한 적응

직무이동은 변화와 적응이라는 측면에서 성인들이 삶을 영위하는 과정에서 겪게 되는 중요한 사건 중의 하나이다. 일상의 생활은 지금껏 편안한 마음으로 때로는 아무런 생각 없이 활동하던 환경으로부터 멀어지게 된다. 직장 안팎에서 정보를 제공하거나 즐거움을 주고 정서적 지지를 해주던 대인관계도 사라진다. 많은 사람들에게 자기 효능감을 이끌어내는 일의 역할도 변화된다. 심지어 배우자를 따라가야 하는 경우에는 일의 역할이 사라지기까지 한다. 직무이동에 적응한다는 것은 무엇을 의미하는가? 그리고 어떤 요인들이 성공적인 적응을 돕는가? 어떤 요인들이 성공적인 적응을 방해하는가?

적응은 일상생활 속에서 우리가 겪게 되는 많은 사건들에 대한 불확실성을 감소시키고, 다른 사람들이나 사건에 대한 정확한 예측을 가능케 해주며, 자신의 삶에 대해서 통제력을 갖거나 최소한 통제감을 가지고 있다고 느끼게끔 해준다(Brett, 1984; Louis, 1990). 루이스(1990)는 적응이란 신입사원과 이들이 상호작용하는 모든 사람들에게 정상적인 혹은 전형적인 행동이 무엇인지를 이해하는 것에서부터 시작된다고 제안하였다. 이와 관련된 문제로는 시기(사건이 언제 일어날 것인지), 인과관계(사건이 왜 일어나는지), 소유의식(사람들이 사건에 대해서 가지고 있는 통제감) 등이 있다. 따라서 적응은 새로운 환경으로의 통합을 의미한다고 볼 수 있다. 블랙 등(1988)은 국제 이동에 대한 적응문제를 논의하는 과정에서 적응은 새로운 환경에 편안한 감정을 느끼는 것이라고 제안하였다.

직무이동에 대한 적응은 적응 이전의 일상적인 활동을 재결합하는 것을 의미하는 것이 아니며, 이전의 직장이나 지역사회에서의 규범과 가치를 새로운 환경에 그대로 부여하는 것을 의미하는 것도 아니다. 직무이동은 직장과 가정에서 활동양상의 변화를 유발한다. 서울에서 헬스클럽이나 스포츠 센터를 찾아서 스쿼시, 테니스, 수영을 즐기던 사람은 지방 소도시로 직무이동을 하게 되면, 조깅이나 등산으로 자신의 건강을 유지해야 할 것이다. 직무이동은 오랜 일상 활동의 패턴을 바꿀 수 있는 기회를 제공하기도 한다. 또한 일상 환경의 변화, 대인관계의 변화, 직장환경의 변화를 수반하기도 한다. 이는 가족구성원간의 관계뿐만 아니라 자아-개념까지도 변화시킨다. 따라서 직무이동에 대한 적응은 불확실성을 감소시키고, 예측력과 통제력을 가질 수 있도록 돕는 것이다. 직무 이동과 관련해서 적응해야 할 문제로는 다음과 같은 것들이 있다.

1) 일반적인 환경

직무이동 이후에는 일반적인 일상생활의 환경이 변하게 된다. 즉 가사나, 여가활동, 의료서비스, 쇼핑장소, 교육기관 등이 바뀌게 된다. 이러한 변화는 문화가 낯설 때 특히 어려움으로 다가올 수 있는데, 그 이유는 매우 다른 유형의 가사, 건강보호, 음식 때문이거나 학교, 의료시설과 같은 기초적인 서비스가 부족하거나 부적절하다고 판단되기 때문이다.

2) 대인관계

직무이동을 하고 나면 친구나 동료 그리고 그 동안 여러 가지 도움을 제공해 주던 사람들과는 만날 수 있는 기회가 상대적으로 줄어들게 된다. 새로운 대인관계의 형성은 최소한 세 가지 이유에서 중요하다. 첫째, 대인관계를 통해서 새로이 이주를 한 사람은 그 지역사회와 새로운 직장의 규범과 가치를 습득하고 그렇게 함으로써 사회활동이나 업무에서 불확실성을 줄이고 예측과 통제력을 얻을 수 있다. 둘째, 대인관계는 정서적, 사회적 지지망을 제공해 주고 대부분의 경우 자존감을 이끌어 내주는 경청자도 제공해 준다. 셋째, 대인관계를 통하여 여러 가지 서비스에 대한 정보를 제공받는다.

3) 일

집단이동을 제외하고 모든 재배치는 직무의 변화를 초래한다. 따라서 작업장의 규범도 변화하게 된다. 타국이나 타지에서의 생활이나 업무는 개인에게 새로운 대인관계 기술을 요구하기도 한다.

4) 가족관계

직무이동은 가족 구성원들이 적응을 잘하지 못할 경우 결혼과 가족

관계에 부정적인 영향을 미칠 수 있다. 가족의 적응에 영향을 미치는 요인으로는 배우자가 직업을 구할 수 있는지의 여부, 자식들이 교육을 잘 받을 수 있는 여건이 형성되어 있는지 그리고 친구들을 사귈 수 있는지의 여부도 중요한 영향을 미친다. 이러한 문제 때문에, 자식들이 이전 학교를 계속해서 다닐 수 있도록 집안 식구들이 잠시 떨어져 있거나, 부모들이 자식들을 기숙사로 보내던가, 배우자가 직장을 그만 두던가 한다.

직무 이동에 대한 가족 구성원들의 반응이 직무이동을 한 근로자의 직무수행에 어떤 영향을 미치는지 그리고 이혼 확률을 증가시키는지에 대한 실증적인 증거는 없지만, 아마도 직무이동에 대한 가족 구성원들의 반응은 근로자의 직무수행에 영향을 미칠 것으로 추정되고 있다.

5) 자아

니콜슨과 웨스트(1988)는 심리학자들이 말하는 성격은 아니라고 하더라도 직무이동이 사적인 변화를 유발한다고 제안하였다. 이들은 직무가 변화한 이후 성격적 차원인 좋고 싫은 것에 대한 자기-보고는 변화하지 않았지만 자아-개념은 변화하였다고 주장하였다. 또한 이들은 사회적 환경이 변화하듯이 자의식도 변화하였다고 주장한다. 다양한 유형의 상호작용 사건은 표출되는 자아와 지각되는 자아를 변화시킬 수 있다. 이전의 환경에서 새로운 환경으로 이월된 행동은 새로운 환경에서 사람들에 의해 각기 다르게 해석될 수 있다.

4. 적응 촉진요인과 방해요인

직무이동에 대한 적응 연구에서는 개인, 환경, 조직의 요인들이 독립적으로 또는 상호작용을 통해서 어떻게 적응에 도움을 주거나 적응을 방해하는지를 조사하였다. 그 결과 다양한 요인들이 적응에 영향을 미치는 것으로 밝혀졌다.

1) 생소한 문화

국제 간 직무이동을 하게 된 가정이 어떻게 적응을 하는지는 어떤 문화권에 있는 국가로 옮기느냐와 관련이 있다. 특히 여성들에게 적용되는 역할과 생활습관 때문에 여성들이 적응하는데 더 어려움을 겪는 경우가 많다. 두 문화간의 차이가 크면 클수록 적응은 더욱 어려워진다. 이러한 결과는 직무에도 적용될 수 있다.

직무와 관련해서 브레트(1980)는 모호성과 같은 다른 역할요인과 함께 직무가 생소할수록 불확실성은 증가하고 적응은 더욱 어려워진다고 주장하였다. 직무이동 후에 3달 동안 이동한 종업원들을 대상으로 조사한 연구결과를 보면 직급이나 맡은 직무가 크게 변화하지 않은 직무이동 근로자들은 구 직무에서 새 직무로의 이월 때문에 쉽게 적응을 하였다. 그러나 새로운 직무에 관한 사전정보를 충분히 입수하지 못한 근로자들은 적응하는데 보다 많은 어려움을 겪은 것으로 밝혀졌다. 그 이유는 역할 모호성이라는 측면에서 불확실성이 증가했기 때문이라고 볼 수 있다. 브레트와 워벨(1980)의 연구에 따르면, 국내이동 혹은 직무이동 후 불확실성이 적어도 처음 한 달 이상 지속이 되면, 적응은 특히 어려운 것으로 밝혀졌다.

2) 동기

일반적으로 직무 이동에 따른 불확실성과 통제력의 결여라는 심리상태는 사람들로 하여금 불확실성을 감소시키고 통제력을 획득하도록 동기화시킨다. 그러나 이와 같은 활동은 즉각적으로 새로운 환경에 대한 적응행동으로 연결되지는 않는다. 직무이동을 하였음에도 불구하고 이들은 여전히 예전의 장소에서 옷을 구입한다거나 예전의 친구에게 전화를 해서 안부를 묻고 의지할 수도 있다. 이러한 행동은 불확실성으로부터 개인을 보호하는 역할을 한다. 무엇이 사람들을 새로운 환경에 융화되도록(적응하도록)만드는가? 이 문제와 관련된 구체적인 연구는 별로 없지만 다음과 같은 요인들이 새로운 환경에 적응하려는 동기를 저하시킬 것으로 생각된다.

무상감 : 덧없음 혹은 무상감은 내현적일 수 있고 분명하게 밖으로 드러날 수도 있다. 무상감은 순전히 심리적인 것이다. 직무는 영구적인 것으로 경력향상을 위해 꼭 재배치가 필요한 것은 아니다. 그러나 현재 직장에 다니고 있는 사람들 중에는 한 장소에서 한 상사를 모시고 자신의 경력기간을 보내고 싶어하지 않는 사람도 있다. 따라서 이와 같은 상황으로 인해서 일부 사람들은 지역사회나 심지어 작업환경에도 융화되지 않으려고 한다. 이러한 감정은 만약 빈번한 직무이동에서 새로운 환경에 잘 적응했음에도 불구하고 보상이 별로 없었다면, 아노미 현상(몰가치 상황)을 초래하게 된다. 이전의 직무이동을 통해서 나름대로 적응을 하기 위해서 부단히 노력했음에도 불구하고 별 이득을 얻지 못하였다고 생각한다면, 다음 직무이동에서는 적응을 하기 위해서 노력을 기울이려 하지 않을 것이다.

역할 과다 : 새로운 환경에 융화된다는 것은 국내에서건 국외에서건 새로운 활동을 하고 새 친구도 사귄다는 것을 의미한다. 그러나 둘 다 시간을 필요로 하는 일이다. 그러므로 지금 막 직무이동을 한 관리자에게 새로운 업무를 취급해야 하고, 가정에 충실해야 하는 역할 과부담 때문에 조직 혹은 지역사회에 융화해야하는 문제는 뒷전으로 밀릴 수도 있다.

자신감의 결여 : 수줍음, 대인관계나 언어적 기술에서 자신감의 부족, 자신의 노력이 수포로 돌아갈 것이라는 공포, 자신과 동일한 취미를 가지고 있으며 자신의 생각에 동조하는 사람이 거의 없을 것이라는 불안감, 문화적 차이에 대한 과민반응 등과 같은 요인들이 적응을 방해하는 요인으로 작용하게 된다. 위협적이거나 새로운 문화에서 이와 같은 자신감의 결여를 극복하게 되면 적응과 관련된 여러 가지 어려운 과제를 헤쳐 나갈 수 있을 것이다.

3) 기술과 개인차

여러 연구자들(Black, Mendenhall, & Oddou, 1991)은 일련의 연구를 통해서 서로 다른 문화적 상황에서 적응과 관련된 몇 가지 기술들을 확인하였다. 이들 기술들은 국내뿐만 아니라 국외 적응에도 유용한 것으로 밝혀졌다.

문화적 유연성: 문화적 유연성은 직무이동을 하기 전에 그 지역에서 하던 활동들을 새로운 환경에서 다른 형태로 변환시키려는 개인의 의지나 노력을 의미한다(Mendenhall & Oddou, 1985). 예를 들어 미국에서 미식축구나 야구를 즐기던 미국 관리자가 영국으로 발령이 나서 영국에 간 이후로는 자신의 여가시간을 축구나 크리켓을 즐기는 것으로 대치시키는 것은 문화적 유연성을 보여주는 것이다. 자신의 활동수준을 유지할 수 있는 사람들은 자신의 기존활동을 새로운 환경에서 유용한 활동으로 기꺼이 바꾸면서 상실감으로 인한 슬픔에서 쉽게 벗어난다. 또한 이들은 새로운 사람들과 만날 수 있는 공통배경을 가지거나 적어도 상호작용의 길을 터주는 화제 거리를 보유함으로써 자신의 적응을 촉진시킬 수 있다. 그러므로 높은 수준의 문화적 유연성은 자신의 자아-개념을 더 잘 유지할 수 있고 대인관계를 관리하며, 일상 환경에서 통제력을 얻을 수 있게 해준다.

안전지대(stability zone): 멘덴홀과 오도우(1985)는 적응을 위한 또 다른 전략을 제안하였다. 이들은 성공적으로 적응을 한 사람들은 새로운 환경에 의해서 유발된 변화에 적응해야 하는 두려움과 좌절을 극복할 수 있는 안전지대를 가지고 있다고 보고하였다. 이들은 명상이나 일기를 쓰는 것, 종교를 갖는 것도 적응을 위해 도움이 된다고 제안하였다. 또한 스포츠를 즐긴다든가, 음악, 미술, 문학과 같은 활동 등은 일상생활 속에서 겪을 수 있는 정신적 충격에서 벗어날 수 있게 해준다. 안전지대로 들어간다는 것은 타인을 개입시키지 않고서 마음만 먹으면 가능한 일이다.

적응에 대한 안전지대의 가장 큰 역할은 자아-개념을 보호한다는 것이다. 안전지대는 개인에게 편안한 시간을 제공하고, 외부세계로부터 자아를 보호하는 역할을 한다. 사람들은 잠시나마 안전지대에 안주함으로써 직무이동을 통해서 생긴 불확실성이나 통제감의 상실로부터 심리적인 안정을 얻을 수 있다. 사람들이 적응상태에 있다면 일상생활을 영위하는데 많은 인지적 노력을 기울이지 않고도 삶을 영위할 수 있는 반면에, 심리적으로 불확실한 상태나 통제결핍 상태에 있다고 생각한다면 사람들은 많은 인지적 활동을 하여야만 일상적인 삶을 영위할 수 있다. 안전지대로 잠시 피해 있으면, 사람들은 새로운 환경에 적응하는데 수반되는 인지적 노력으로부터 잠시 동안 휴식시간을 가질 수 있다.

의사소통 : 의사소통은 대인관계의 형성, 새로운 환경에서 규범학습, 자신의 행위에 관한 피드백을 얻는 중요한 수단이다. 새로운 상황에서 낯선 사람을 만났을 때, 어떻게 대화를 시작할 것인지는 중요한 문제이다. 브라인과 데이비드(1973)에 따르면 날씨에서부터 스포츠나 시사문제 등과 같이 모든 사람들이 공통적으로 관심을 보이는 화제를 가지고 대화를 시도하는 사람들이 성공적인 대인관계를 형성한다고 주장하였다.

다른 국가로 직무이동을 한 경우 서로 언어가 다름으로 인해서 의사소통은 커다란 지장을 받게 된다. 지금까지 나타난 연구결과를 보면 언어를 유창하게 구사하는 것보다는 의사소통을 하려는 의지를 보이는 것이 더 중요한 것으로 밝혀졌다(Black, 1990). 언어가 유창해지고 이해력이 빨라지게 되면 지나치게 말이 많아지거나 다른 사람의 이야기를 경청하지 않으려는 경향이 있다. 대화는 주로 새로 온 사람이 주도권을 잡게 되는데, 직무이동을 한 국가의 말을 할 때 간혹 상대편의 이야기를 완벽하게 이해하지 못함으로 인해서 당혹감을 느끼기도 한다. 따라서 그 나라 말이 유창하지 못한 직무 이동자가 대화에 주도권을 잡을 경우, 그는 대화 과정에서 고객, 내담자, 공급업자 혹은 동업자의 관심사를 정확하게 파악할 수 없기 때문에 직무상 손해를 볼 수도 있다.

대인관계에서 모호성에 대한 인내 : 피드백이 거의 없거나 모호한 피드백을 받음에도 불구하고 지속적으로 대인관계를 맺으려는 사람들이 결국은 잘 적응하는 것으로 밝혀졌다(Mendenhall & Oddou, 1985; Black, 1990). 이런 끈기는 분명, 개인차가 있으며, 유창하지 않지만 지속적으로 의사소통을 하고자 하는 의지는 훈련을 통해서 얻을 수 있는 기술은 아닌 것 같다.

귀인의 유연성 : 자신의 행위에 대한 귀인은 끈기에 영향을 미치며, 타인의 행위에 대한 귀인은 우리가 타인을 어떻게 대할 것인지에도 영향을 미치게 된다(Kanfer, 1990). 아들러(1991)는 서로 다른 문화권에서 잘 적응하기 위해서는 문화적 차이에 기인한 행동과 개별 특징적 행동을 잘 이해하는 것이 급선무라고 주장하였다.

기술적 능력 : 관리능력이 서로 다른 국가에서도 일반화될 수 있는지에 관해서 의문이 제기되면서 기업에서는 각 문화권의 가장 효과적인 관리행동을 확인한 후에 그에 합당한 관리정책을 수립할 것을 권하고 있다.

효과적인 관리행동이 문화권마다 동일하지 않다는 사실은 외국의 시설과 설비를 관리하기 위해서는 주재국의 국민을 선발하고 훈련시켜야 한다는 점을 시사하고 있다. 시카고에 본부를 둔 베이커 앤 매킨지 국제법률회사는 이런 전략을 잘 사용한 대표적인 사례이다. 많은 외국인 파트너를 보유하고 있는 이 회사에서는 체계적으로 주재국 사람들을 고용하기도 하고 한편으로는 외국인들을 미국으로 데려다 법률에 대한 공부를 더 교육시키기도 하고 자사에서 경험을 쌓을 기회를 제공하기도 한다. 이 회사의 전략은 이들이 제공하는 서비스라는 맥락에서 의미가 있다. 지역법률전문가는 다국적 고객의 욕구를 충족시켜 주기 위해서 대단히 중요하다.

기술능력과는 다르게 새로운 환경에서의 관리능력은 단순히 기술(skill)의 차이에만 달려 있는 것이 아니고, 행동이나 관찰된 행동에 관한 귀인 등에 더 큰 영향을 받는다. 상황에 친숙해진다는 것은 자신의 행동만이 아니라 타인의 행동에 대해서도 확실성을 가지며, 예측가능하고, 통제할 수 있다는 신념을 가지게 되는 상태를 말한다.

갈등해결 : 블랙(1990)에 따르면 갈등해결유형에서 협력적 차원의 갈등해결을 시도하는 사람들은 그렇지 않은 사람에 비해 새로운 업무를 배정받은 후에 대인관계에서 적응을 잘하는 것으로 밝혀졌다. 이런 유형의 사람들은 갈등에 직면했을 때 권리(현안에 관해서 조직정책과 규정에서 언급하고 있는 내용) 혹은 권력(의사를 결정할 수 있는 권한이 누구에게 있는가)보다는 관심사(사람들이 관심을 두고 있는 것)에 역점을 두어서 갈등을 해결하려 한다(Ury, Brett, & Goldberg, 1988).

4) 자원(resources)

개인의 동기나 기술에 덧붙여, 이용 가능한 조직자원이 어느 정도인지가 재배치에 따른 적응에 영향을 미친다. 어떤 자원이 관리자와 그의 가족들의 직무이동에 따른 적응에 영향을 미치는가? 아마도 물류지원(logistical support)과 사회적 지지(social support)가 중요한 요인일 것이다. 조직에서는 직무이동이 국내가 되었건 국외가 되었건 간에 발령을 받은 관리자들에게 공식적인 사회화 과정에 관한 훈련을 좀처럼 실시하지 않는 것이 현실이다. 발령은 너무나 급작스럽게 결정되기 때문에 교육을 시킬만한 충분한 시간이 없는 경우가 대부분이다. 더욱이 기업에서는 종업원들의 새로운 환경에 대한 적응문제보다는 직무수행에 대해서 더 많은 관심을 갖는다. 따라서 새로이 직무이동을 한 종업원들은 새 환경에서 필수적으로 알아두어야 할 일들, 즉 전화체계, 의료보장체계 및 사무실 이용법에 대해서 충분한 설명을 받지 못할 뿐만 아니라 조직 내에서 도움을 주거나 중요한 사람들과 인사할 시간조차 갖지 못하는 경우가 대부분이다(Kramer, 1989; Forster, 1990).

물류지원(Logistical support) : 선진국 기업들의 경우 부동산 처분이나 이사와 관련된 물류지원이 잘 발달되어 있다. 대부분의 기업에서는 이사 경비를 모두 회사가 부담을 한다. 이와 같은 정책과 관련해서 대부분의 미국 근로자들은 만족해 하는 것으로 밝혀졌다(Brett, Stroh, & Reilly, 1990).

그러나 직무이동이 이루어진 근로자의 가족들에 대한 기업의 정책은 별로 성공을 거두지 못하고 있다. 미국의 경우 관리자들은 자신이 근무하고 있는 기업에서 자녀양육을 맡아줄 장소를 지정하는 문제, 이사 후에 배우자나 그 밖의 중요한 가족 구성원에 대한 취업문제라든지, 자녀들의 욕구나 재능에 맡는 학교를 선정하도록 도와주는 문제에 대해서 관심을 갖는지를 지켜보기 시작하였다. 따라서 각 기업에서는 가족 내의 스트레스를 감소시키고 직무 이동에 대한 저항감을 줄이고 원활한 적응을 위해서 배우자 취업알선 프로그램 같은 것들을 제공해야 하는 시점에 이르렀다.

특히 배우자의 취업알선과 관련해서 주의해야 할 사항은 일반적인 직업경력 상담에서는 근로자들이 자신이 해야 할 일이나 직업을 정하도록 용기를 주는 것이지만, 배우자나 중요한 가족 구성원의 경우는 이들이 장래에 다른 지역으로 이동이 불가피한 경우라면 이 기간 동안 이들에게 가장 중요한 것은 이들에게 경력이 되면서 실제로 직업을 얻도록 해주는 것이다.

1987년 이후에 미국의 기업들은 학교 찾아주기(School Match)라는 광범위한 데이터베이스를 근로자들에게 제공하고 있는데 이는 근로자들이 자녀들의 욕구에 맞는 프로그램을 갖추고 있는 학교를 찾는데 도움을 주기 위해서 계획된 것이다. 또한 양육시설과 관련한 지원을 전산화하기 시작한 기업도 있다. 그러나 아직까지 양육시설에 관한 자료는 학교에 비해 잘 정리되지 않았고 양도 적기 때문에 신뢰성에 문제가 있다. 데이터베이스의 자료는 하루가 다르게 변화하고 있으나 초보단계에 머물러 있는 실정이다.

국제 직무 이동에 대한 지원은 더욱 까다롭지만 해결해야 할 문제이다(Haslberger & Stroh, 1991). 1988년 모토롤라사는 외국으로 직무 이동을 한 근로자들을 대상으로 자사의 지원에 관한 조사를 실시하였다. 근로자들은 자신들이 현지에 파견되기 전에 문화적 충격을 피하기 위하여 그 나라에 대한 문화를 충분히 습득할 필요가 있었음을 피력하였다. 그밖에도 주택이나 레저활동, 의료서비스, 쇼핑, 교육시설 등을 포함한 일상생활에서 필요한 것들에 대한 지원이 요구된다고 주장하였다. 문화 간 차이에 의해서 생기는 충격을 감소시키기 위하여 몇몇 기업에서는 문화 간 차이에 관한 교육을 실시하고 있는데, 이런 교육은 종업원들의 적응과 직무수행을 촉진시킨다.

사회적 지지 : 여러 연구를 통해서 사회적 지지와 직무를 이동한 근로자들의 적응이 서로 관련이 있음이 밝혀졌다. 특히 블랙과 워벨(1980)은 부임에 앞서 근로자들이 새 상관과 대화를 갖는 것이 직무이동에 대한 불안감을 감소시키는데 도움이 된다는 사실을 확인하였다. 일단 직무가 시작됐을 경우 다른 사람으로부터 도움을 받거나 책임을 위임받은 근로자들이 새로운 직무에 보다 빠르게 적응하였다.

다른 나라로 직무이동을 한 근로자들이 이동 후 현지인들과 친밀한 인간관계를 형성하는 것은 좋은 조언자가 신입사원에게 후원, 보호, 도전적인 업무, 역할모델, 상담, 수용과 확인, 우정을 가르치는 것과 동일한 효과를 갖는다. 블랙의 연구에서도 국제상황에서 조언관계의 우정이 가장 중요한 요인이라고 주장하고 있다. 현지 조언자들은 새로 온 이방인에게 새로운 조직과 문화에서 겪게 되는 복잡하고 난해한 문제들을 어떻게 효과적으로 처리해 나갈 것인지에 대해 많은 조언을 해준다.

한편 다른 나라로 직무이동을 한 근로자에게 본국으로부터의 사회적 지지도 업무적응에 가장 중요한 요인인 것으로 밝혀졌다(Black, 1990). 이와는 대조적으로 현지인들로부터의 사회적 지지는 관리자 자신뿐만 아니라 그 부인의 사회적 적응을 촉진시키는 중요한 요인이었다. 블랙은 국제 직무이동에 대한 배우자의 적응이 남편의 적응을 그대로 반영한다는 사실을 일관되게 확인하였다. 블랙의 연구를 토대로 재외관리자의 적응이 배우자의 적응을 결정한다는 결론을 내리기에는 무리가 있지만 둘 간의 관계가 공생적 관계에 있음은 자명하다.

사회적 지지는 국내 직무이동에 있어 가족 구성원들의 적응에 중요한 영향을 미친다. 블랙과 워벨(1980)은 남편들이 직무이동을 할 것인지 말 것인지를 결정하는 과정에서 아내의 의견을 존중하거나, 직무이동과 동시에 사회적 지지를 아내에게 제공한 경우 직무이동 초기에 아내들이 더 많은 행복감을 느꼈다는 사실을 확인하였다.

5. 승진과 직무 이동관리

기업에서는 이와 같은 이동과 승진절차를 효율적으로 관리하기 위하여 다음과 같은 세 가지 전략을 사용할 수 있다. 첫째, 보다 세밀한 인력관리 계획을 세워라. 대부분의 이동과 승진은 직원을 충원할 목적으로 이용된다. 일부 종업원들이 퇴직을 하거나 사임을 할 경우, 대개 이를 충원하기 위하여 다른 종업원들에 대한 이동이 일어난다. 만약 조직에서 필요한 인력을 보다 명확하게 판단하고 체계적인 인력수급계획을 수립할 수 있다면, 불필요한 직무의 변화는 사라질 것이다.

둘째, 적절한 시기에 직무를 변화시켜 주고 변화에 적응할 수 있는 여유를 주어라. 새로운 직무에 익숙해져야 그 업무를 보다 신속하게 처리할 수 있다. 종업원들이 자신의 업무에 숙달되기도 전에 직무의 변화를 요구받게 되면, 자기 확신이 서질 않고 불완전한 기술을 바탕으로 새로운 업무에 임하게 된다. 따라서 일반적으로 자신의 업무에서 1년 정도가 될 때까지는 이동시키지 않는 것이 좋다. 이동과 승진에 관한 연구결과를 보면 종업원들의 절반 이상이 직무변화 2주전에 통보를 받는 것으로 나타났는데, 이것은 직무전환과정에서 어려움을 주기에 충분하며 적어도 새로운 업무를 준비하기 위해서 한 달 정도의 여유는 주어야 한다. 특히 지역간의 이동이 이루어질 경우는 더욱 그렇다.

셋째, 직무 변화자에 대해서 보다 적절한 훈련과 오리엔테이션을 제공하라. 직무 변화자가 새로운 업무에 대한 훈련과 오리엔테이션을 받지 않았다고 해서 아무 일도 할 수 없다는 것은 아니다. 특정 직위에서 새로운 종업원에게 제공되는 똑같은 훈련이라도 수정될 수 있고, 이동하고 승진한 종업원들에게도 단축된 형태의 프로그램을 제공할 수 있다. 새로운 신입사원들에게 제공되는 훈련과 오리엔테이션은 직무 변화자들에게 제공될 경우 보다 확장된 형태를 가지고 있어야 한다. 직무 변화자에 대한 훈련과 오리엔테이션에 대한 이와 같은 접근방법을 통해서 종업원들이 업무를 보다 빠르게 그리고 보다 쉽게 자신의 것으로 소화할 수 있도록 도움을 줄 수 있다.

제2절 이 직

오늘날에는 처음 입사했던 조직이나 기업에서 정년퇴직 때까지 줄곧 몸담게 되는 관리자들은 얼마 되지 않는다. 관리자들은 대부분 자신의 직업생활에서 여러 가지 사정과 본인의 결심으로 조직을 바꾸게 된다. 그리고 이러한 조직 바꾸기는 직업경력 중 어느 시점에서건 일어날 수 있으며 초기 직업경력 중의 확립기에서 자주 발생한다. 이러한 일은 관리자들이 다른 직업이나 직장을 선택할 기회가 가장 많을 때, 가족에 대한 부담이 가장 적고 모험과 실험정신을 가장 많이 가지고 있을 때 발생하게 된다(Parsons, Herold, & Leatherwood, 1985).

이직(turnover)이라는 용어에 의하면 이것은 조직을 자발적으로 떠나는 것(사직)을 의미하기도 한다. 이직은 초기 경력에서 자주 발생하는 문제로 지금부터는 이직의 원인, 결과 및 이직과정을 효과적으로 관리하기 위한 전략을 살펴보고자 한다.

그림 9.1 이직 유도 모델

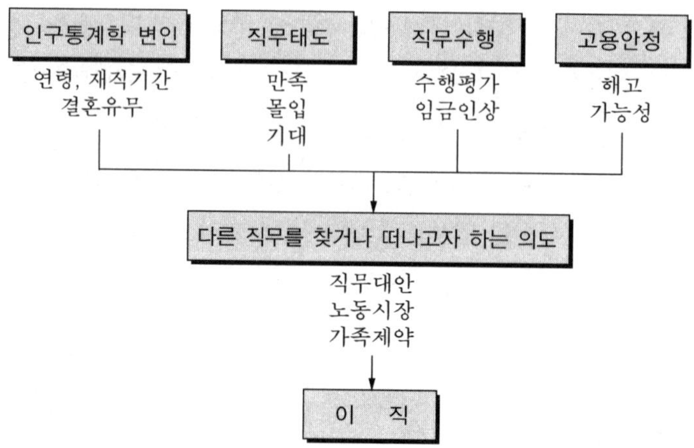

1. 이직의 선행요인

여러 연구자들(Arnold & Feldman, 1985 ; Muchinsky & Tuttle, 1979)은 이직의 원인을 이해하기 위하여 많은 관심을 가져왔다. 그림 9.1은 종업원의 이직을 유도하는 요인들에 대한 합성모델을 제시한 것이다. 이 이직 모델은 중기 및 후기 경력의 이직뿐만 아니라 초기 경력에서의 사직을 이해하기 위하여 이용될 수 있다.

1) 인구통계학적 변인

가정을 갖지 않는 보다 젊고, 독신인 종업원들이 직장이나 직업을 바꿀 가능성이 높다. 이들은 특정 조직이나 혹은 지역사회에 묶여 있지 않으며 조직과의 결별이 이들에게는 정서적으로나 재정적으로 별로 위협이 되지 못한다. 그러나 조직에 오랫동안 몸담았던 근로자들일수록 조직을 떠날 가능성이 더 적다. 장기간 근무한 종업원들은 직장 동료들에 대해서 더 큰 애정을 보이고 지역사회의 사람들과 우정을 발전시켜 나간다. 더욱이 이들은 장기간의 근무에서 얻게 되는 높은 연금과 고용 안정과 같은 혜택을 포기하려들 가능성이 적다. 종업원들이 나이가 들어갈수록 이들은 보다 나은 직업을 위해서 자신의 배우자와 자녀들이 이사를 해야 한다는 사실을 마음 내켜하지 않는다. 40대 이후의 사람들은 직업적 성장과 개인적 가족생활의 안정을 맞바꾸려 할 가능성이 적다(Arnold & Feldman, 1982 ; Cotton & Tuttle, 1986).

2) 직무태도

종업원들이 직무의 특정 측면에 대해서 매력을 느끼지 못하여, 새로운 직무를 찾아 취업하려는 경우가 있다. 사람들은 임금인상의 규모, 일의 도전성, 혹은 직무승진의 빈도 등에 대해서 불만족할 수 있다. 종종 회사에 대한 종업원의 열정과 몰입은 직업 혹은 산업의 속성이 변화함에 따라 저하되기도 한다.

충족되지 않은 기대도 이직에 기여한다. 사람들은 의식적으로든 무의식적으로든 봉급, 승진기회, 도전적인 일 등에 입각해서 자신들이 조직에 대해서 기대하는 바를 결정한다. 이러한 기대가 충족되지 않으면, 사람들은 조직을 떠날 가능성이 매우 높다. 예를 들어 젊은 광고 대행사 간부는 모집기간 동안에 자신에게 약속한 승진, 급여인상, 혹은 복지 혜택이 실현되지 않을 경우 그 회사를 떠날 것이다.

3) 직무수행

이직의 또 다른 주요 원인은 수행저하이다(Wells & Muchinsky, 1985). 종업원들은 낮은 수행평가를 받게 되면 이들은 그 조직을 떠나고자 결심하거나 자신들이 보다 좋은 평가를 받을 수 있다고 생각하는 조직에 들어가고자 한다. 저조한 수행은 일반적으로 종업원들에게 이들이 임금인상이나 승진대상이 될 가능성이 없음을 보여주는 신호가 된다. 수행이 저조한 대부분의 종업원들은 더 이상 부정적인 피드백을 받느니 조직을 떠나기로 마음을 굳히고 좌절을 피하려고 한다.

4) 고용안정

종업원들은 자신들이 가까운 장래에 일시 해고되거나 면직될 가능성이 있다고 생각하면 직장을 떠날 가능성이 높다(Greenhalgh & Rosenblatt, 1984). 고용 불안정을 겪는 종업원들은 해고되기를 기다리기보다는 잠시 동안이라도 실업상태에 놓이지 않기 위해서 다른 직장이나 직업을 구하려 할 것이다.

5) 대안 탐색 의도

모블리와 그의 동료들(1978)은 "매개적 연쇄"가 이직 결정에 중요한 역할을 한다고 주장하였다. 종업원들이 자신의 직무에 대해서 불만족하고 고용불안을 느낀다 할지라도, 그들은 우선 다른 직업을 찾고 난 후에 조직을 떠나고자 결심한다. 종업원들이 이와 같은 결론에 도달하지 않으면, 이들은 자신의 현 직무상황이 대단히 열악하다 하더라도 자신이 다니던 회사를 떠나지 않을 것이다. 이러한 결심으로 이어지는데 중요한 기여를 하는 변인으로는 자신이 원하는 직업을 바로 찾을 수 있을 것인가 하는 문제, 즉 노동시장의 현황, 그리고 이사를 할 경우 가족의 제약 등이 거론된다.

2. 이직의 결과 : 긍정적인 측면

조직을 자발적으로 떠난 사람들의 경우, 이직은 일반적으로 이들의 직업경력에서 긍정적인 힘이 된다. 이들은 자신들의 경력에 대해서 더 유리하다고 판단되는 직무를 얻는다. 적어도 그들은 그만 둔 직무에서 더 큰 좌절을 피하고 긍정적으로는 해고될 가능성을 미리 피하는 것이다.

대조적으로 이직은 역사적으로 조직에서 부정적인 결과로 간주되어 왔다. 그러나 최근의 연구결과를 보면 이직의 결과는 혼합되어 있는 것으로 나타났다. 일부 직원들의 이직이 조직에 대해서 역기능적인 반면에, 이직과 관련된 이익도 있다는 것이다. 아벨슨과 베이싱거(1984)가 제안하였듯이, 각 조직에 대해서 적정수준의 이직이 있을 수 있다. 따라서 각 조직에서는 이러한 직무변화의 절대적 - 손실보다는 순수 손실을 고려해야만 한다.

1) 갈등의 감소

종종 작업집단 내에서 개인들 간에 장기간 지속되어온 갈등이 있을 수 있다. 예를 들어 두 동료들 간의 갈등이라든지 두 부서장 간의 갈등이 그것이다. 그런데 이러한 갈등은 단순히 중재되거나 시간이 해결해 줄 문제가 아니다. 대부분 그와 같은 경우에 이직은 조직에서 갈등을 줄이는 안전장치를 제공했다. 갈등이 너무 강력하고 파괴적이면 한쪽 혹은 양 당사자들이 조직을 떠나게 된다. 조직에서는 이러한 이직의 결과로 조직여건이 나아지는 것은 당연하다.

2) 이동증가

승진에 대한 야망을 가지고 있는 매우 유능한 종업원들은 이직이 전혀 없다면 조직에서 자신의 전망에 대해서 좌절하거나 불만족하게 된다. 중간이나 높은 직위에서의 이직은 이들 종업원들에게 승진할 수 있는 여러 번의 기회를 열어주게 된다. 조직에서는 재능 있는 종업원들에게 가까운 장래에 승진할 수 있다는 희망을 심어줄 필요가 있다.

3) 수행증가

위에서 지적하였듯이, 매번 조직을 떠나는 종업원은 수행실적이 저조한 사람들이다. 이들 종업원들이 이직을 하게 되면, 조직에서는 이들을 대신해서 보다 유능한 종업원을 새로 고용하거나 내부에서 승진한 사람들로 대체할 수 있다. 이와 같은 경우에, 조직의 전반적인 효율성은 이직의 결과로서 향상된다.

종종 종업원들이 직무에서 "탈진"되는 경우도 있다. 자신을 위해서라도, 이들 종업원들은 원기회복을 위해 다른 조직으로 옮길 필요가 있다. 이 때 조직에서는 보다 신선하고 열정적인 종업원들로 이 자리를 채움으로써 이직에 의한 이익을 얻을 수 있다.

4) 혁신과 적응

이직의 긍정적인 결과는 혁신과 적응이 증가한다는 것이다. 이직과 이로 인한 새로운 조직 구성원의 유입은 조직 내에서의 다양한 문제점들을 직시하고 해결방안을 모색하도록 자극할 수 있다. 새로운 구성원들은 기존 구성원들이나 조직에게 문제에 혁신적으로 접근하는 방법을 제시할 수 있다. 더욱이, 최고 관리자들 사이에서의 이직은 조직이 변화하는 기업환경에 보다 잘 적응하도록 도와줄 수 있다(Salancik, Staw & Pondy, 1980).

3. 이직의 결과 : 부정적인 측면

이직의 긍정적인 측면과 균형을 맞추어 이직의 4가지 부정적인 측면을 언급하면 다음과 같다(Staw, 1980).

1) 기업운영의 혼란

특히 기업의 핵심적인 종업원들이나 관리자들이 떠날 때 기업의 운영에 상당한 혼란이 야기될 수 있다. 이들의 빈자리를 떠맡을 대체인력이 없을 경우, 업무는 지체되거나 다른 종업원들이 대신 처리해야 하는 과중한 부담으로 이어질 수 있다. 중요한 의사결정 역시 지연될 수도 있다. 게다가 부하직원들은 직장을 그만 둔 상사가 승인했던 업무계획을 추진할 수 없게 된다. 새로운 상사가 그 계획에 대해서 어떠한 판단이나 결정을 내릴지 모르기 때문에 업무추진계획에 차질을 빚을 수 있다.

2) 종업원의 사기저하

종업원들이 조직을 떠날 경우 이것은 뒤에 남아 있는 동료들의 태도와 사기를 손상시킬 수 있다. 만일 동료 근로자들이 조직을 떠난 구성원들이 어떤 방식으로든 사용자들에 의해서 부당한 대우를 받았다고 생각하면, 이직은 이들의 불만족과 불만을 증폭시킬 수도 있다. 이직한 종업원들이 보다 나은 근무환경과 더 높은 급여를 제공하는 일자리를 위해 떠났다 하더라도, 남아 있는 조직 구성원들은 자신의 이동기회 혹은 직장 옮기기에 관해서 심각하게 생각하기 시작한다. 사람들이 조직을 떠날 때, 이러한 현상은 뒤에 남아 있는 사람들에게 굳이 지금의 조직이나 직장에 머물려는 자신의 동기에 관해서 의문을 제기하도록 한다(Krackharelt & Porter, 1986).

3) 선발과 모집비용

이직의 가장 분명한 손실은 대체인력을 찾아야 하는데 소비되는 시간과 에너지, 비용이다. 누군가가 조직을 떠났을 때, 다른 사람을 모집하고 선발도구를 통해서 선별해서 최종적으로 고용을 해야 한다. 특히, 노동시장에서 해당직무의 적임자가 현저히 부족한 경우, 신규 종업원의 모집 및 선발비용은 매우 높아질 수 있다. 종종 조직에서 막 이직한 종업원들보다 신규대체 인력에 더 많은 임금을 지불하기도 한다.

4) 훈련과 개발비용

이직의 네 번째 부정적인 결과는 신규 종업원의 훈련과 개발비용이다. 물론 이러한 개발의 직접적인 비용은 신규 종업원들에게 드는 공식적인 훈련 혹은 지도비용이다. 이러한 개발의 간접비용은 신규 조직구성원들이 자신들의 업무를 잘 떠맡을 수 있도록 다른 종업원들이 도와주는데 걸리는 시간이다. 잊기 쉬운 이직비용은 신규 종업원들이 자신들이 대신 할 종업원들의 수행 효율성을 따라잡기 위하여 주말에도 일을 해야 한다는 사실이다(Staw, 1980).

4. 이직관리 : 조직의 관점

분명히, 조직이 이직을 완전히 없애기란 불가능하며, 바람직한 목표도 아닌 것 같다. 따라서 조직에서 보다 건설적으로 종업원의 이직을 처리하기 위하여 사용할 수 있는 몇 가지 전략들을 살펴보고자 한다.

1) 직무기대를 명확히 하라

신규 모집자들에게 선발과정에서 현실적 직무내람을 제공하는 것이 얼마나 중요한지는 이미 설명하였다. 신입사원들이 조직에 대해서 갖게 되는 기대는 이들의 이직결정에 영향을 미칠 수 있다(McEvoy & Cascio, 1985). 종업원들은 자신들의 최초기대가 충족되지 않으면 이직할 가능성이 많다.

관리자들 역시 고참 종업원들에게 보다 현실적인 피드백을 제공할 수 있다. 종업원들이 보다 바람직한 직무로 직무이동을 하거나 승진할 가능성이 있다면, 이러한 이동시기에 관한 현실적인 피드백은 이들 종업원들이 조직에 머물도록 격려할 수도 있다. 반대로, 종업원들이 자신들의 직무에 관해서 막다른 상황임을 전해 듣거나 결코 승진할 가능성이 없다면, 이들 역시 현실적인 피드백을 받아야 한다. 이들 종업원들은 현 상황에 적응해서 남아 있든지 아니면 자신에게 적합한 다른 직무를 찾아 떠나야 한다.

2) 만족 및 불만족 원인을 진단하라.

이직의 가장 큰 원인 중의 하나는 직무불만족이다. 만일 관리자들이 체계적으로 태도조사를 통해서 직무만족을 평가하면 사람들이 자신의 회사를 왜 떠나는지 혹은 떠나고자 생각하는지를 확인할 수 있다(Feldman & Arnold, 1983).

모든 종업원들이 직무와 관련된 요인 때문에 조직을 떠나지는 않는다는 사실을 기억해 둘 필요가 있다. 많은 종업원들은 배우자의 직업경력 때문에 혹은 다른 곳으로 이주해서 살고 싶은 욕심 때문에 직장을 떠난다. 일반적으로 조직에서 이와 같은 가외 직무요인들을 개선하기 위해서 할 수 있는 것은 아무 것도 없다. 한편, 아동보육시설 부족, 저조한 보험혜택과 같이 태도조사에서 보여주는 체계적인 문제가 있다면, 이 때 조직에서도 이직을 낮추기 위한 변화가 과연 재정적으로 가치가 있는 것인지를 결정해야 한다.

3) 전반적인 이직률보다는 누가 떠나는지에 더 큰 관심을 가져라.

낮은 이직률은 관리자들에게 잘못된 우상은 아니다. 일부 이직은 조직을 위해서 건강한 것이다. 이직이 없다는 것은 25%의 이직만큼이나 조직이 비효율적임을 의미할 수도 있다. 대신에 관리자들은 조직을 떠나고 있는 사람들이 누구인가 그리고 그들이 왜 떠나는가에 대해서 관심을 가져야 한다. 수행이 저조한 사람들이 조직을 떠나고 있다면, 이 때 관리자들은 별로 신경쓸 필요가 없다. 반대로 최고의 종업원들이 조직을 떠나고자 한다면, 이 때는 이들을 잡아둘 수 있는 보다 극적인 활동이나 조치가 필요하다.

4) 떠나는 사람들을 욕하지 마라.

마지막으로 이직문제를 처리할 때, 관리자들이 범하는 가장 큰 실수는 떠나는 종업원을 조롱하거나 모욕하는 것이다. "자네가 없으니까 아마 더 나아질 거야."라든가 "귀찮았는데 떠난다니 잘 됐군."과 같은 말들은 다른 종업원들이 조직에 관해서 가지고 있는 회의나 의심을 강화시킬 뿐이다. 만일 종업원들이 수행저조나 불만족 때문에 조직을 떠난다면, 관리자들은 종업원들에게 행운을 빌어주거나 다음 직무에서 보다 나은 전망을 갖기 바란다고 이야기해 줄 필요가 있다. 종업원들이 더 나은 직업을 보장받고 조직을 떠난다면 관리자들은 오히려 축하를 해

주어야 한다.

5. 이직관리 : 개인의 관점

조직에서 이직을 없앨 수 없는 것과 마찬가지로 어떤 개인이든 전체 직업경력에서 한 회사에만 몸담기란 쉽지가 않다. 따라서 직업생활을 통해서 맞이하게 되는 이직을 보다 효율적으로 처리하기 위하여 개인이 사용할 수 있는 몇 가지 전략을 살펴보고자 한다.

1) 서둘러 결정하지 마라

조직을 떠난다는 것은 중요한 경력 결정이다. 따라서 종업원이 특정 직무차원에 대해서 매우 실망을 하였을 때(쥐꼬리 만한 봉급인상) 이와 같은 결정을 내려서는 안 된다. 개인은 많은 스트레스를 받고 있는 상황에서는 좋은 결정을 내릴 수가 없다. 대신에 합리적인 경력결정을 위해서 분노의 열기가 식어들 때까지 기다려야 한다.

2) 새 직무가 자신의 사적인 삶과 부합되는지를 고려하라

종업원들이 20%의 임금인상을 위해서 조직을 바꾸는 경우를 보기란 드문 일이 아니다. 그러나 이들은 나중에 새로운 장소에서의 생활비가 40%나 증가된 사실을 알게 된다. 개인이 자신의 직장생활에서 겪은 스트레스를 줄이기 위하여 새 직장을 얻는 경우를 자주 보게 되는데 결국 새로 찾은 즐거움은 자녀와 배우자가 겪는 스트레스로 인해서 깨지기도 한다. 조직을 떠나기 전에 새로운 직무가 자신의 사적인 라이프-스타일과 어울리는지 그리고 중요한 가족과 친구들의 라이프-스타일과도 어울리는지를 살펴보는 것이 중요하다.

3) 장·단기간의 경력 상황을 고려하라

젊은 종업원들은 내부적인 가치상승을 통해서라기보다는 회사를 바꿈으로써 더 많은 돈을 벌 수 있는 경우가 거의 대부분이다. 그러나 종업원이 회사를 바꾸고 더 많은 초봉을 받고 난 후에 첫 번째 회사에서 문제가 되었던 임금감소에 대한 압박감이 두 번째 회사에서도 재현될 가능성이 있다. 그리고 이것은 이후에 다시 한번 직무 불만족의 원인이 된다. 종업원들은 이러한 악순환이 반복될 가능성이 있는 직무변화를 피해야 한다.

회사를 옮기는 문제에 관해서 결정을 내릴 때 사람들은 장기적인 관점에서 자신이 선택한 직무가 과연 현 직무보다 나은 것인가를 검토할 필요가 있다. 장기적으로 보았을 때 봉급곡선과 경력 경로는 어떠한가? 승진가능성은 어떠한가? 종업원들은 새로운 직무의 장기적인 결과가 단기간의 변화만큼 긍정적이라는 확신을 가지려고 노력해야 한다.

4) 화를 내지 마라

마지막으로 조직을 떠나기 전에 감독자에게 책망조로 이야기함으로써 얻어질 수 있는 만족감은 매우 적다. 이러한 행동은 오히려 감독자가 부하직원을 내보내길 잘 했다고 생각하게 만들 뿐이고 그가 앞으로 부정적인 추천서를 종업원에게 제공할 가능성을 증가시킬 뿐이다.

제 3 절 실직(Job Loss)

경력중기에 종업원들이 직면할 수 있는 한층 더 심각한 경력문제가 실직이다. 실직(Job loss)이라는 용어는 일시해고나 해고를 통해서 비자발적으로 작업집단을 떠나는 것을 의미한다. 불행히 실직은 매우 많은 근로자들이 경험하는 현상이다. 경력 고원기와 같이 실직은 직업경력의 어느 시점에서건 일어날 수 있지만, 여러 연구에서는 경력중기의 종업원들이 실직의 외상적 영향(Traumatic effects)에 가장 취약하고 실직을 극복할 가능성이 매우 적다는 사실을 보여주고 있다(Leana & Feldman, 1986 ; Leana & Ivancevich, 1987). 근무기간이 짧고 더 적은 몰입상태에 있는 젊은 종업원들은 나이 든 종업원들보다 실직문제로 덜 흔들린다. 이들은 학교로 기꺼이 다시 돌아간다거나 노동인구로 다시 돌아가기 위하여 이주를 하기도 한다. 그러나 어떤 식으로든 일을 할 수 있고 일을 할 수 있는 기간이 얼마 남지 않은 대부분의 경력후기 종업원들은 조기퇴직을 고려하거나 대안으로서 시간제 일을 택하기도 한다. 이와는 대조적으로 중년의 근로자들은 실직에 관해서 가장 부정적인 태도를 가지며, 가장 많은 스트레스를 경험한다는 사실이 연구결과 밝혀졌다(Hepworth, 1980). 더욱이 연구에서는 경력중기의 종업원들이 재취업을 하는데 더 오래 걸리며, 이들이 재고용 될 경우에도 봉급이 더 낮거나 경력과정에서 별로 관심을 두지 않았던 일이나 직업에 재고용된다고 주장하였다.

종업원들이 일시해고나 해고에 어떻게 반응하고 이를 어떻게 대처하는지를 설명하는 실직모델을 살펴보기로 하자(Leana & Feldman, 1986). 여기서는 주로 경력-중기 쟁점의 맥락에서 실직을 살펴보지만, 기본 원리는 다른 경력단계에서의 실직을 이해하기 위하여 이용될 수 있다. 또한 이전에서는 조직 내에서 종업원들이 회사를 자연스럽게 떠나고 다른 직업을 찾을 수 있도록 하기 위하여 사용할 수 있는 몇 가지 전략도 살펴보고자 한다.

1. 실직의 모델

리나와 펠드맨(1986)은 실직은 종업원들에게 위협적이고 불확실하며 일상의 생활에서 변화를 요구하는 상황에 처하도록 하기 때문에 많은 스트레스를 유발하는 직업경력 사건이라고 제안하고 있다. 사실 여러 연구에서는 일관되게 실직이 개인에게 일어날 수 있는 10대 스트레스 생활사건 중의 하나라는 사실을 보여주고 있다(Holmes & Rahe,

1967). 실직은 매우 많은 스트레스를 유발하기 때문에 이것을 경험하는 사람의 지각과 정서에 여러 가지 변화를 야기한다. 그림 9.2에 제시된 모델에서 사람들이 실직을 지각하고 그에 반응하는 방법이 실직을 어떻게 극복하느냐에 영향을 미치고 결국 그 개인이 재취업되느냐에 대해서도 영향을 미침을 알 수 있다. 이 기본모델을 좀더 상세히 살펴보면 다음과 같다.

그림 9.2 실직모델

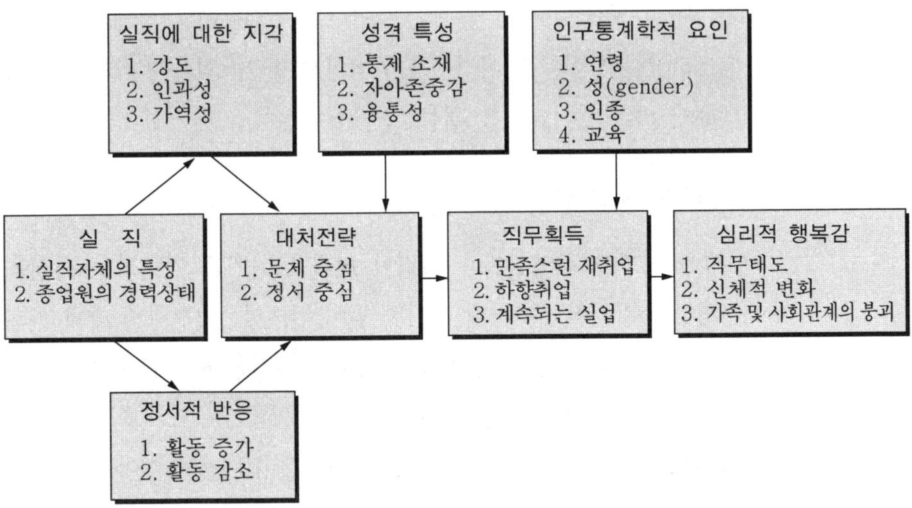

1) 실직자체의 특성

실직의 유형은 종업원이 경험하는 스트레스의 양에 강력하게 영향을 미치게 된다. 일시해고 혹은 노동력 감축은 수행저하에 의한 해고보다 스트레스가 덜하다. 전자는 연공서열에서 밀렸다거나 운이 나쁜 탓으로 돌릴 수 있지만, 반면에 후자는 자신의 직업능력에 대한 불인정으로 보여 질 가능성이 높다. 실직이 일시적이라면(예, 소집 가능성이 있는 공장 폐쇄), 종업원은 실직이 영구적인 경우(예, 해고, 파산기업)보다 스트레스를 덜 경험할 것이다.

2) 종업원의 경력지위

경력단계는 접어두고라도 해고된 종업원의 경력 상의 지위도 실직으로 인해서 받게 되는 스트레스에 영향을 미친다. 종업원이 속해 있는 직업이나 혹은 거주지역에서 취업의 기회가 많다면 실직은 재취업 가능성이 매우 적은 곳보다 훨씬 덜 위협적이다(Jahoda, 1982).

두 번째 관련요인은 개인의 경력경로기록이다. 종업원들이 뛰어난 수행실적의 역사를 가지고 있다면, 이들은 새 일자리를 보다 쉽게 얻을 수 있다는 자신감을 가질 것이다. 그러나 종업원들이 이전에 수행실적이 저조하였다면 이들은 어디에서건 취업을 할 수 있을 것이라는 사실에 대해서 비관적인 태도를 취할 가능성이 높다.

3) 실직에 대한 지각

실직에 직면한 종업원들은 실직이 현실로 다가올 것이라는 사실을 어느 정도 지각해야 한다. 왜 이러한 일이 일어났는가? 내 능력에 관해서 혹은 내 과거 직업경력결정에 관해서 혹은 내 운에 관해서 어떻게 이야기해야 하는가? 문제가 얼마나 심각한가?

켈리(1973)와 같은 귀인 이론가들은 사람들이 자신의 삶에서 스트레스를 유발하는 사건을 어떻게 감지하는지에 관해서 몇 가지 단서를 제공하고 있다. 실직에 의해서 종업원들이 실직을 감지하고 실직에 관해서 어떤 귀인을 하느냐에 따라 세 가지 차원 즉 ① 강도 ② 인과성 ③ 가역성에 관심을 가져볼 수 있다.

예를 들어 해고와 영구적인 일시해고는 일시적인 해고보다 강력한 직무스트레스를 유발한다. 종업원들은 이 사건이 자신의 수행실적 때문에 야기된 것인지 아니면 외적인 요인에 기인한 것인지에 관해서 귀인할 수 있다. 전체산업에서 대규모 일시해고는 해고된 종업원들에게 실직의 원인을 외적으로 귀인시키도록 유도한다. 반면에 수행실적이 저조해서 해고된 경우에는 사건들에 대한 인과성을 내적으로 귀인하도록 한다. 노동시장이 쇠퇴하는 직업(사양산업)에 종사하는 근로자들은 보다 탄탄한 노동시장(컴퓨터 산업)에서 일하는 근로자들보다 자신들의 실직을 되돌릴 수 없는 사건으로 볼 가능성이 많다. 종업원들이 자신의 실직에 관해서 취하게 되는 귀인은 자신의 해고가 자신의 결점으로 인한 것이라고 생각하는 종업원들은 미래의 구직에 관해서 우울해지거나 좌절할 가능성이 높기 때문에 매우 중요하다(Feather & Davenport, 1980).

4) 정서적 각성

실직은 사람들의 정서에서 다양한 변화를 유도한다. 연구자들은 실직한 종업원들이 더 높은 수준의 불만감, 우울증, 고통, 및 비관주의를 보인다는 사실을 보고하였다. 그러나 실직과 관련된 모든 정서적 변화가 다 에너지의 결여나 활성화의 부족과 연계되는 것은 아니라는 사실을 지적하고 싶다. 실직 후에 어떤 사람은 열정이 오히려 증가하고, 도전의식과 공격성이 증가하기도 한다(Feldman & Brett, 1983). 이들의 불안은 약화되기보다는 더욱 더 조장된다.

리나-펠드맨 모델에서는 사람들이 실직을 지각하고 정서적으로 반응하는 방법들이 서로를 강화시킨다고 제안하고 있다. 사실 실직 후에 종종 개인에게서 관찰되는 현저한 기분변화 중의 일부는 이들 두 변인들의 상호작용으로 설명된다. 실직에 대한 최초의 충격은 종업원들에게서 우울정서를 유발해 내고 결과적으로 자신이 처한 곤경을 우울하게 지각하게 만든다. 부정적인 정서가 잠잠해진 후에 개인은 직업을 구하고자 활기에 넘친다. 그리고 이 기간 동안에 근로자들은 낙관적이고 긍정적인 사고를 갖고 자신의 실직을 스스로 헤쳐 나갈 수 있다거나 원 상태, 즉 실직이전으로 되돌릴 수 있다고 본다. 그러나 6개월이 되어서도 새 직장을 얻지 못하면, 그 사람은 무기력해지고, 절망적이 되거나 다시 한번 비관주의에 빠질 가능성이 높다.

5) 대처전략

사람들은 실직과 같은 스트레스를 유발하는 사건을 경험한 후에는 자신의 생활 속에서 새로운 일과를 확립하거나 근무상황에서 업무 수행능력에 관한 자신감을 되찾고, 자신의 환경에 대한 개인적인 통제감을 재확인하기를 원한다(Feldman & Brett, 1983). 대처전략이란 개인이 자신의 환경에서 스트레스 유발요인을 제거하기 위하여 혹은 스트레스에 대한 반응을 진정시키기 위하여 행하는 시도를 의미한다.

이러한 대처행동은 문제 중심 대처와 정서 중심 대처로 유목화 할 수 있다(Folkman & Lazarus, 1980). 문제 중심 대처는 개인이 스트레스 상황을 변화시키고, 통제하고, 제거하기 위하여 취하는 행동으로 구성된다. 문제 중심 대처의 예로, 구직활동, 재취업 훈련받기, 혹은 이주하기 등이다. 정서 중심 대처 전략은 면직된 종업원이 자신의 의식에서 실직과 관련된 생각을 차단하거나 억압하도록 돕는 것이다. 정서 중심 대처 전략의 예로는 억압이나 투사와 같은 심리적 방어기제 사용, 혹은 음주나 약물 남용 등이 있다(Pearlin & Schooler, 1978).

설명모델에 의하면, 종업원들이 실직을 지각하고 정서적으로 반응하는 방법이 대처전략의 선택에 영향을 미친다는 사실을 강조하고 있다. 종업원들이 실직을 자신이 부족해서 발생한 것으로 보고 우울증에 빠지게 되면, 이들은 정서 중심 대처를 사용할 가능성이 가장 많다. 이러한 전략들은 종업원 자신의 무력감 및 무감각과 일치하고 이들을 강화시킨다. 이와는 대조적으로 종업원들이 실직을 되돌릴 수 있는 것으로 그리고 도전할만한 가치가 있는 것으로 본다면, 이들은 문제중심 대처를 사용할 가능성이 높다. 이러한 전략은 실직에 대한 적극적인 자세와도 일치하고 이를 강화시킨다.

6) 성격요인들

이 모델에서는 종업원 자신의 성격이 그가 선택하는 실직 대처 방법에도 영향을 미칠 것이라고 보고 있다. 특히 세 가지 성격특성들이 정서 중심 대처보다는 문제 중심 대처로 유도한다. 여러 연구에서는 내적 통제 소재를 갖고 있는 사람들이 문제 중심 대처를 보다 많이 사용한다고 보고하였다. 이러한 사람들은 자신의 직업경력과정에서 발생한 모든 사건이나 상황에 대해서 자신에게 책임이 있다고 믿고 있으며, 이들은 새로운 상황이나 역경에 직면했을 때, 자신의 근무환경을 적극적으로 통제하거나 변화시키려 든다. 유사하게, 높은 자존감을 갖고 있는 사람들은 능동적 대처에 참여할 가능성이 많다. 이들은 실직으로 인한 실패감을 심리적으로 더 잘 견뎌낼 수 있고 나쁜 소식을 접한 후에도 우울증으로부터 더 빨리 회복된다. 마지막으로 자신의 라이프-스타일과 직무 여건에 관해 관대한 사람들은 실직의 부정적인 영향에 더 잘 적응할 것이다. 융통성이 있는 사람들은 재교육과정을 통하여 다양한 직업안을 찾아보는 것, 취업을 하기 위해서 이사를 해야 한다는 사실에 대단히 개방적이다.

7) 직무획득

직무획득은 대처 노력에 뒤이은 개인의 고용상태를 말한다. 이러한 직무획득에는 ① 만족스러운 재취업, ② 하향 취업, ③ 계속되는 실업이라는 세 가지 유형이 있다. 만족스러운 재취업은 결국에 가서 새로운 일자리를 찾게 되거나 일시해고의 경우 이전 직장에서 원직으로 복직시키는 것을 말한다. 카우프맨(1982)에 의하면 하향취업은 시간제이거나 개인의 관심분야나 전문분야가 아닌 영역에서 이루어지게 되는 재취업으로 정의된다. 지속되는 실업은 개인이 다른 노동집단에 재진입을 포기하는 조기 퇴직의 형태를 취할 수 있고, 개인이 재취업 의지가 없거나 재취업을 할 수 없는 만성실업의 형태를 취할 수도 있다. 여기서 제시된 실직모델에서는 실직자가 취하는 대처행동의 유형이 후속 직무들에 영향을 미칠 것이라고 제안하고 있다. 필수적으로 문제 중심 대처전략, 특히 직무탐색활동, 재훈련 및 재배치와 같은 재취업 활동에 적극적인 사람들은 결국 신속하게 직무를 획득하거나 만족스러운 직무획득을 할 것으로 보인다. 역으로, 억압이나 혹은 음주증가와 같은 정서중심적 대처는 결국 더디거나 불만족스러운 직무획득으로 이어질 것이다(Leana & Feldman, 1986).

8) 인구통계학적 요인

연령을 제외하고 몇 가지 인구통계학적 요인들은 개인이 재취업을 얼마나 쉽게 할 수 있느냐에 직접적으로 영향을 미친다. 실직한 여성들은 일반적으로 구직노력이나 자격증과 관계없이 남자들보다 만족스러운 일자리를 찾는데 보다 많은 시간과 노력이 필요한 것으로 밝혀졌다. 유사하게, 흑인 근로자들의 실업률은 백인 근로자들보다 일관되게 더 높았고, 소수민족의 경우 재취업을 하는데 훨씬 더 오랜 시간이 걸렸다(Buss, Redburn & Waldron, 1983). 또한 대학학위가 없는 사람들은 교육을 많이 받는 동료 근로자들에 비해 실직률이 상대적으로 높았고 재취업에도 어려움이 많았다. 그러므로 나이 들고, 교육수준이 낮은 근로자들은 실직에 더욱 취약하며 재취업 과정에서 훨씬 힘든 장애물에 직면하게 된다.

9) 심리적 안녕감

마지막으로 사람들이 만족스러운 재취업을 할 수 있느냐는 그들이 일반적으로 자신의 개인적인 삶과 직업경력에 만족하는 정도에 영향을 미친다. 연구자들은 실직을 경험한 사람들 사이에서 일관되게 작업태도의 악화를 확인하였는데 이들이 재취업을 한 후에도 그와 같은 현상은 계속되었다. 해고된 근로자들은 자신들이 업무에 부여했던 업무의 중요성과 관계없이 이들의 경력은 통제할 수 없는 요인에 의해서 갑자기 중단되는 현실에 직면하도록 강요당한다. 결국, 많은 근로자들이 업무에 복귀했을 때, 더 약화된 직무관여와 조직에 대한 동일시를 보고하였다(Kaufman, 1982 ; Fineman, 1983). 이와 같이 업무에서의 성취지향성 결여를 "업무억제" 증상이라고 부른다.

실직의 결과로 인해서 종업원의 건강이 나빠질 수 있다는 증거들은 매우 많다(Warr & Payne, 1982). 실직자들은 심장병과 고혈압이 더 많으며 하루의 대부분을 심적 고통 속에서 살아간다. 실업기간이 길면 길수록, 혹은 새로운 일자리에 불만족할수록 개인에게 건강상의 문제가 발생할 소지는 더 크다.

실직은 또한 가족관계와 사회적 관계의 붕괴를 유발한다. 실직한 종업원들의 약 1/6이 부부불화 혹은 별거나 이혼소송의 증후를 보여주고 있다. 부모-자녀 관계 역시 고통을 받는다. 사실 '실업은 가족이 아동학대라는 위험성에 놓여 있는 것으로 자주 인용되고 있는 환경조건'이다. 실직은 이전에 원만했던 대인관계를 붕괴시키며, 실직자들은 친구나 동료들로부터 더욱 빈번한 사회적 고립을 경험할 수도 있다.

게다가 가족관계의 속성은 해고된 종업원이 새 직장을 구한 후에도 영구적으로 변할 수도 있다는 증거들도 있다. 실직 기간동안에 가사를 맡았던 남성들은 업무에 복귀한 후에도 가정의 허드렛일에 더 많이 참여하는 것으로 밝혀졌다. 가족을 위해서 노동 인구에 들어간 부인들은 자신만의 시간을 줄이고 어느 정도 재정적 안정을 위해서 적어도 시간제 일이라도 계속하려는 경향이 있다(Roberts, 1975; Little, 1976).

2. 실직에 대한 대처

실직은 삶의 주기의 어느 시점에서든 외상적(traumatic)인 경험일 수밖에 없다. 그러나 그것이 중년기 국면에서 발생하게 되면 사람들을 더욱 더 힘들게 만들고 커다란 상처를 줄 수 있다(Latack & Dozier, 1986). 첫째, 중년기의 사람들은 신념의 상실이나 자신의 능력과 가치에 대한 회의에 빠지기 쉽다. 따라서 실직은 이러한 회의를 증폭시키게 된다. 둘째, 중년기의 개인은 가계비, 생필품 구입, 자녀들을 위한 교육비, 퇴직에 대비한 저축이나 보험과 같은 지출이 최고조에 달함으로서 재정적인 스트레인에 민감하다. 개인의 실직은 다시 한번 재정적인 스트레스를 가중시킨다. 더욱이 실직은 일-가족 갈등을 부추길 수 있고 중년기의 압박감에 기인하는 이미 위태로워진 결혼생활에 스트레인으로 작용할 수 있다.

사람들이 직장에서 왜 해고를 당하느냐에 대해서는 여러 가지 이유가 있을 수 있다. 가장 흔한 이유로는 개인의 저조한 수행 혹은 성과, 회사가 처한 어려운 경제여건, 회사의 정책위반 혹은 비윤리적인 행동 등을 거론할 수 있을 것이다. 저조한 수행(성과)이 반드시 종업원의 무능력을 나타내는 것이 아니라는 사실을 이해하는 것이 중요하다. 오히려, 이것은 우선순위의 문제나 전략에 관한 의견의 차이, 성격의 부조화 및 조직의 정치와 같은 요인을 반영할 수도 있다(Latack & Kaufman, 1988).

실직에 대한 개인마다의 반응은 재원, 사회적 접촉, 개인의 삶에서 일이 갖는 의미, 자신감 및 자존감의 수준 등과 같은 여러 가지 요인에 의해서 다양하게 나타난다. 실직의 결과는 행복의 감소, 우울증 증가, 정신 및 신체질병, 불안증가 등으로 나타난다. 강제실직(혹은 정리해고)의 여파는 사망률과 자살률의 증가, 자존감 감소, 가정해체 등으로 나타나기도 한다(Driver, 1988). 역으로 어떤 사람들에게는 실직이 성장기회가 될 수도 있다. 비록 이것이 해고 당시에는 가치있는 사건으로 보여지진 않을지라도, 실직은 사람들에게 자신의 흥미와 욕망을 재평가하고 개인적인 완성을 위한 새로운 수단을 살펴보도록 하기 때문에 "외면상 불행해 보이는 행복"일 것이다. 개인의 최초의 재정적 및 정서적 상태와 관계없이 연구자들은 실직에 대처하고 새로운 직장에 안착하는 과정은 예측된 일련의 단계를 거친다는 사실을 발견하였다(Latack & Kaufman, 1988 ; Parkhouse, 1988).

첫 단계에서는 사람들은 실직에 대한 최초의 반응을 경험한다. 라탁과 카우프맨(1988)은 4가지 유형의 최초반응을 확인하였다. 첫째, 개인은 **충격과 배신감**을 느낀다. 이것은 해고가 임박했다는 사실을 미리 알고 있어도 마찬가지이다. 사람들은 종종 "실직이 자신들에게만큼은 일어나지 않을 것이다"라고 생각한다. 두 번째 유형의 초기반응은 결국 자신을 해고되게끔 한 회사와 경영진에 대한 **분노**이다. 세 번째 반응은 불확실성과 해고에 대한 스트레스가 제거되면서 나타나는 **안도감**이다. 마지막으로 개인은 이 어려운 상황을 자신과 분리시키려고 시도하거나 정서적인 개입을 하지 않음으로써 **도피주의적인 태도**를 보일 수도 있다.

최초반응이 진정된 후에 사람들은 2단계로 넘어가게 되는데 이 단계에서 그들은 재취업이라는 과제에 직면하게 된다. 새 직위를 보장받으려는 움직임은 다양한 활동과 관련이 있다. 새로운 직무를 찾고자 할 때 기울이는 개인적인 노력을 감안하여, 파크하우스(1988)는 전직 알선회사와의 접촉, 최신의 이력서 준비하기, 소개서를 입안하기 그리고 면접 연습하기 등과 같은 다양한 활동들을 논하였다.

다수의 사람들에게, 실직극복은 새로운 일자리를 찾았을 경우 2단계 이후에 종결된다. 그러나, 직무탐색이 이후에도 계속된다면, 개인은 3단계에 들어가게 된다. 이 때 재취업을 못한 것에 대한 좌절감은 자신의 경력에 관한 동요, 능력에 관한 자신감 상실, 타인에 대한 공격적 행위로 이어질 수 있는 분노감 등으로 표출된다. 네 번째 단계는 개인이 새 일자리를 찾지 못하고 실망하여 구직활동을 단념하게 될 때 나타난다.

위의 서술에서, 실직에 이은 두 번째 단계는 새로운 직장을 찾는데 결정적인 시기임에 틀림이 없다. 이 기간 동안에 구체적인 직무탐색 노력을 기울여야 할 것이다. 이러한 이유 때문에 구직자들이 경력관리(개발)의 개념을 적용하는 것은 중요하다. 보다 정확히, 사람들은 먼저 자신의 흥미, 재능 및 라이프-스타일의 선호성을 철저히 평가해야 한다. 두 번째, 사람들은 대안이 될 수 있는 직무, 회사 및 산업에 관한 정보를 수집하면서 작업환경을 평가해야 한다. 자기와 작업-탐색 과정이 일치(부합)하면, 개인은 입사하고자 마음먹은 직장(혹은 직업)에 관해서 잠정적인 목표를 설정하여야 한다. 이 때 전략은 선호하는 직무에 어떻게 안착할 것인가를 정하는 것이다. 모든 활동이 누구든지 원하는 때에 직무를 찾을 수 있다는 사실을 보장해 주는 것은 아니다. 사람들이 자신의 흥미 및 선호도와 일치하는 새로운 직무를 찾기 위하여 가능한 모든 노력을 기울어야 한다는 사실을 명심하는 것이 중요하다.

조직에서 해고당한 종업원들이 실직문제를 극복할 수 있도록 도와줄 수 있는 다양한 활동이 있다. 기본 프로그램으로는 승진고지, 해직수당 및 복지혜택 확대, 재훈련, 재취업 알선 활동, 그리고 상담 등이 있다(Leana & Feldman, 1989). 이와 같은 기본 프로그램 외에 사용자들은 면직동안 그리고 면직직후에 나타나는 해고자의 욕구와 두려움에 관해서 세심한 신경을 써야 한다. 라탁과 카우프맨(1988)은 어떻게 하면 종업원과 조직에 해고의 잠재적인 부적결과를 최소화하면서 해고를 실시할 수 있는지에 관해서 다양한 제안을 제시하였다. 제안 중에 일부는 다음과 같다.

- 종업원을 존중하고 항상 개인의 성실성을 보호하라.
- 해고를 위한 사적인 공간을 선정하라. 즉 그 장소는 다른 종업원들의 눈에 띄지 않는 곳이어야 한다.
- 종업원이 가족과 친구들로부터 정서적 지지를 충분히 받을 수 있는 시간을 주어라.
- 조급하게 해고논의를 종결짓지 말라. 개인에게 실직에 대해 대응할 시간을 줘라.

3. 조직관점의 실직관리

앞서 언급하였듯이 실직은 종업원의 직업 경력에 중대한 영향을 미친다. 분명히 재취업을 하고 정서적인 혼란을 극복하는 일차적인 책임은 개인에게 있다. 그러나 종업원의 해고문제를 다룰 때, 기업의 역할에 대한 관심은 최근 들어 고조되어 왔다. 조직에서 종업원을 해고하는 방법이 나중에 그 종업원이 새 직장을 찾고자 하는 의지, 즉 재취업 성공에 중요한 요인으로 작용할 수 있다. 조직에서 종업원의 퇴출문제를 잘 관리한다면, 조직자체와 해고자들에게 커다란 서비스를 제공하는 것이다. 따라서 조직에서 이와 같은 경력전이를 관리하기 위하여 활용할 수 있는 몇 가지 실천방안을 살펴보자.

1) 의사결정 전달하기

몇몇 연구자들은 종업원들이 해고되었다는 사실을 전달하기 위하여 사용하는 휴직, 해고 및 전환배치 등과 같은 인사상의 용어가 확산되고 있음을 지적하였다. 사실 라탁과 도지어(1986)는 이와 같은 용어들이 종업원이 자신들의 경험을 기술할 때 사용하는 고통스러운 은유법(책상이 없어졌어, 이젠 끝이야)에 미리 대비하도록 준비시키는 것이라고 보았다. 관리자들은 부하직원들에게 그들이 실직했다는 사실을 오해의 소지가 없는 용어로 말하여야 한다. 사용자들은 해고에 대해서 죄책감을 느낀 나머지 메시지를 모호하게 전달할 때도 있다. 한편, 메시지는 개인적으로 전달되어야 하고 잔인하거나 격앙된 형태로 전달되어서는 안 된다. 더욱이, 종업원들의 직속상관이 해고 당사자에게 메시지를 전달하고, 그는 해고당하는 종업원에게 그가 왜 일시해고 혹은 해고되었는지를 명확하게 말해주어야 한다.

2) 시설의 단기이용

많은 종업원들은 해고 후에 첫 몇 주 동안 기업에서 제공한 사무실이나 복사기 및 전화시설을 이용하는 것이 자신에게 매우 유용하다는 사실을 깨닫게 된다. 그러나 우리나라에서는 거의 모든 기업들이 이와 같은 배려를 하고 있지 않은 것으로 알려져 있다. 이러한 호의를 확대함으로써 조직에서는 해고 종업원들의 구직활동에 편의를 도모해줄 수 있다. 더욱이 이러한 유예기간은 해고된 종업원들이 "갈 곳이 없고 할 것이 없다."라고 느낄 때 주위 사람들과 사회적 접촉을 유지하고 앞으로의 일정을 계획하는데 도움을 준다.

3) 해직수당

조직에서는 해직수당의 수와 배분에 관한 정책을 규정해 놓아야 한다. 엑손과 같은 일부기업들은 해고된 종업원들에게 6개월치 봉급을 주고 동기간의 의료 보험비도 지불해 주는 등 해직자들에게 매우 관대한 정책을 시행하고 있으나 다른 대부분의 기업들은 그렇게 관대하지 못한 것 같다.

4) 전직 알선 프로그램

불행한 용어이지만, 전직 알선 프로그램은 해고된 종업원들이 새로운 직장을 얻을 수 있도록 도와주기 위하여 이들에게 다양하고 유익한 서비스를 제공하는 것이다. 전직 알선 프로그램에는 직업경력상담, 면접과 이력서 작성을 도와주기 위한 워크숍, 개인의 구직활동을 돕기 위한 유용한 전략, 그리고 이들에게 일자리를 제공하기 위하여 "헤드헌터"를 고용하는 것 등이 있다(Latack, 1984). 전직 알선 프로그램 역시 유용한 홍보활동기능을 한다. 이와 같은 프로그램들은 남아 있는 종업원들과 지역사회를 대상으로 그 기업에서는 떠나는 종업원들도 존중하고 있음을 입증하는 것이다.

5) 수행평가 프로그램

해고 및 일시해고와 관련된 잠재적인 모든 소송 때문에 조직에서는 조직에서 운영하고 있는 수행평가 양식이 신뢰롭고 타당하며 더욱이 수행이 저조한 사람은 우선적으로 해고된다는 사실을 분명히 해야 한다. 일부 종업원들이 해고당할 수도 있음을 알아차리지 못한다 할지라도, 조직에서는 종업원들에게 사전에 경고를 해야 할 책임이 있다. 이와 같은 인사정책이 없을 경우, 조직은 차별과 독단적이고, 변덕스러운 판단에 대한 책임을 져야 할 수밖에 없다.

6) 생존자들 다루기

많은 기업에서는 해고가 남아 있는 근로자들(해고에서 생존한 근로자들)에게 심각한 영향을 미칠 수 있음을 인식하기 시작하였다. AT&T나 폴라로이드와 같은 몇몇 기업에서는 해고가 직업적으로 이루어진 것임을 분명히 해서 잔류 종업원들에게 미치는 영향을 줄이고자 하고 있다. 아멕스 같은 회사에서는 생존자들에게 친구나 동료들과 자신들의 상실감과 죄책감을 의논하도록 권유하고 있다. 왕(Wang)과 같은 회사에서는 남아 있는 근로자들에게 일시해고에 대한 생각을 분산시키도록 하기 위해서 막중한 업무를 배정하고 있다. 일반적으로 관리자들은 생존자들의 불편한 감정을 충분히 이해해주어야 하지만 동시에 그들이 회사에 중요한 사람이고 필요하다는 사실을 강조해야 한다.

제10장

기업의 인수・합병(M&A)과 종업원

최근에 전 세계적으로 기업의 인수・합병(Merger & Acquisition: 이하 M&A)은 사상 유래 없이 증가하였다. 이러한 현상은 우리나라도 예외는 아니어서 IMF 외환위기를 겪으면서 많은 기업들이 경영악화를 타개하기 위하여 인수・합병을 도모하였다. M&A는 그 자체로서 하나의 거대한 사업이 되었으며 인수과정에서 한 부분만을 담당하는 사람들의 새로운 직업을 탄생시키기도 하였다. 심지어 분야에 따른 전문가도 생기고 투자회사에서는 이제 M&A 연구 부서를 두고 있는 상황에까지 이르렀다.

이러한 급격한 환경변화에 오늘날 많은 근로자들은 자신이 다니고 있는 기업이 하루아침에 다른 회사에 인수되거나 합병되지 않을까 노심초사하고 있는 상황에 이르렀다. 기업 내에서 M&A 이야기가 나오면 근로자들은 현 직장에서 해고되지나 않을까? 전근되지는 않을까? 강등되지는 않을까? 그동안 누적된 연금을 날리는 건 아닌지? 고용주의 기대가 변하지는 않을까?와 같은 문제에 대해서 고민을 하고 불안에 빠지게 된다. 또 다른 기업을 인수한다는 것은 종업원들과 기업에 대해서 미래의 성공과 자신감을 보장하는 가시적인 상징이 되지만 비슷한 맥락에서 타 기업에 인수된다는 사실은 조직수준에서 그리고 어떤 경우에는 개인수준에서 실패의 상징으로 해석될 수 있다.

이와 같이 기업의 M&A는 회사뿐 아니라 개인에게 부정적인 결과를 초래할 수 있는 심각한 외상(trauma)과 스트레스를 유발하는 강력한 사건으로 볼 수 있다. 적응의 크기와 그에 수반되는 스트레스는 사회재적응 척도 상에서 볼 때 보편적으로 출산이나 입양에 의해 새로운 가족 구성원이 생기거나 재정적으로 파산당하는 것에 상응하는 것으로 평가되고 있다(Holmes & Rahe, 1967). 흥미 있는 사실은 합병이 집을 산다거나, 친한 친구의 죽음과 같은 주요 생활사건보다 더 많은 사회적 적응을 요구하는 것으로 밝혀졌다. 따라서 M&A 사건은 오늘날 많은 근로자들에게 매우 현실적이고 그들을 약화시키는 스트레스요인이라고 할 수 있다.

제 1 절 인수 · 합병이란 무엇인가?

1. 인수 · 합병에 대한 정의

합병(merger)과 인수(acquisition)는 법적으로 다른 거래이다. 법적인 용어로 합병은 '법적인 규정에 의해서 한 회사는 남고 한 회사는 사라지는 두 회사간의 통합'을 의미한다. 이에 비해 인수는 회사를 포함해서 자산까지도 획득하는 것이다(Black, 1990). 대부분의 문헌에서는 두 용어가 동의어로 취급되는 경향이 있는데, 그 이유는 합병이 동등한 위치에서 결합을 하는 경우가 거의 없기 때문이다. 합병은 전형적으로 양측의 고도의 협조와 상호작용이 개입되며, 대등한 위치에서 두 회사간의 결합을 의미하는 것으로 본다. 이에 비해 인수는 한 회사가 우월적 위치에서 다른 회사를 매입하는 것을 의미한다. 합병은 비슷한 규모의 기업들 간에 이루어지고 인수는 한 기업이 다른 기업보다 더 크고 강력하다. 옥스포드 사전에서는 인수를 특히 유용한 어떤 것을 철저하게 획득하는 것으로 정의하고 있고, 합병은 덜 탐욕스러운 것으로, 이전에는 별개였던 두 개의 실체를 결합시키거나 점차적으로 혼합시키는 것이다라고 정의하고 있다.

인수는 한 조직이 또 다른 조직을 통제하거나 소유하기 위하여 충분한 지분을 획득하였을 때 일어난다. 일반적으로 인수에 대해서 당사자들 간의 외견상의 권력관계는 처음 인수계획이 발표되는 시점부터 다를 가능성이 많다. 인수에서는 분명한 승자와 패자가 있다. 권력은 협상 가능한 것이 아니라 거래가 성사되었을 때 새 파트너에게 넘겨주어야 하는 것이다. 이제 권리를 갖는 사람들이 조직을 좌지우지할 수 있는 권력을 움켜쥐게 되는 것이다(McManus & Hergert, 1988).

2. 인수·합병의 목적 및 동기

1) 인수·합병의 목적

자신의 사업과 관련이 없는 다각적인 M&A는 한 조직이 사업다각화(즉, 전체적으로 자신들과 무관한 사업라인에서 또 다른 회사를 매입하는 것)를 추진하고, 그리고 재정손실의 위험을 분산시키고자 하는 것이다. 그러나 관련사업을 염두에 둔 M&A는 항상 양 조직 중에 하나 혹은 양 조직 모두 "시너지"를 추구하기 때문에 이루어지는 것이다. 시너지는 두 조직이 통합했을 때, 통합이전보다 더 높은 성과를 창출하는 것을 의미한다.

몇몇 연구자들은 다양한 형태의 시너지를 정의하였다. 첫째, 재정적 시너지는 M&A 결합의 순수한 규모가 개별조직보다 더 낮은 비율로 자본을 얻도록 해줄 때, 혹은 상당한 자본력을 갖춘 회사가 그의 파트너에게 더 적은 비용으로 자원을 제공할 수 있을 때 나타난다. 둘째, 한 회사가 공급자 혹은 고객을 획득할 때 나타나는 수직적 인수는 공급 및 분배라인의 예측 및 통제에 대한 시너지를 추구한다. 셋째, 시장 시너지는 M&A파트너들이 상보적인 생산라인 혹은 고객기반을 통합하는 것이다. 이러한 경우에 규모의 경제는 양 조직의 생산라인을 매각하고 아마도 판매사원들을 줄임으로써 달성될 수 있을 것이다. 넷째, 기술적 시너지는 한 회사가 다른 회사로부터 연구개발(R&D)기술 및 능력 그리고 기술공정과정을 수용하고 생산과정의 효율성 증대 혹은 생산 및 공정 혁신을 통하여 높은 성과를 달성할 때 이루어진다. 다섯째, 조직에서는 수평적 성장과 같은 이유 때문에 다른 기업을 합병하거나 인수할 수도 있다. 즉, 마케팅, 판매, 운영, 연구 및 관리에서 잉여물들을 자본화하려는 의도에서 동일 생산품 혹은 서비스를 공급하는 경쟁사를 통합하는 것이다.

2) 인수·합병의 동기

M&A는 주주들과 조직의 최대이익을 위해 이루어지는 합리적인 재정적, 전략적 동맹이다. 합병동기에 대한 문헌에서는 인수·합병의 동기를 '재정적 또는 가치 극대화 동기'와 '경영적 또는 비가치 극대화 동기'로 구분하고 있다. 그러나 현실적으로 이 둘은 서로 밀접한 관련이 있다. 합병의 주 목적이 경제규모, 지식의 전이 및 통제강화를 통해서 주주의 부와 재정적 시너지를 증가시키는 것이라면 '재정적 또는 가치 극대화 동기'로 간주된다. 이에 반해 합병의 목적이 그 외의 다른 목적, 즉 시장공유, 경영특권, 불확실성 감소 및 시장신뢰의 회복 또는 심지어 인수되는 것을 방어하기 위한 것이라면 '경영적 또는 비가치 극대화 동기'로 간주된다. M&A가 경제적 재정적 토대 위에서 정당한 것으로 주주와 근로자에게 공개된다고 해도 합병결정의 이면에는 보이지 않는 심리학적 동기가 있을 수 있다.

M&A가 조직의 어떤 광범위하고 장기적인 이익보다는 개인이나 소그룹의 욕구를 충족시켜 주기 위해 결정되는 경우도 있다. 어떤 고위

임원들은 자신들이 늙었고 쓸모없어질 것이라는 공포에서 벗어나기 위해 M&A를 조장하기도 한다. 이들의 관점에서 본다면 경쟁에서 살아남거나 혹은 더 좋은 위치를 확보한 경영자는 새로운 기회를 찾아다니는 사람이고 항상 조직을 앞서나가게 하는 사람이 된다. 결과적으로 불안감과 생존에 대한 공포에서 벗어나려는 이들은 M&A를 자신의 신용도를 새롭게 높이고 자신과 임원진의 자신감을 회복하기 위한 수단으로 삼는다. M&A의 결정권을 가진 사람들은 결과와는 무관하게 M&A 성사 자체가 자신들의 좋은 경력개발일 수 있다. 재정적 결과가 낱낱이 알려지고 결정의 진실성이 의심될 때 즈음이면 책임자들은 이미 다른 곳으로 옮겨 갔을 것이다. 설사 조직에 남아 있다 하더라도 잘못된 결정이 반드시 그들의 경력에 오점을 남기는 것은 아니다. 결정권자들은 대개 M&A과정의 실제 과정에는 손을 대지 않기 때문에 잘못된 결과에 대해서는 항상 다른 사람들이 비난받는다.

어떤 사람들은 권력을 행사하고 자신의 영향력을 확대하기 위한 이기적인 동기를 갖기도 한다. 한편 M&A를 권태에서 벗어나기 위한 또는 관리자들을 통제하기 위한 재미있는 게임 정도로 취급하는 사람들도 있다. 일부 고위 경영자는 인수 자체를 즐기기도 한다.

3. 인수·합병의 효과평가

1) M&A 성공에 대한 평가

일반적으로 조직성과에 대한 측정과 개념화에서 그렇듯이 성공에 대한 정의는 다양하다. M&A의 성공은 객관적으로 그리고 주관적으로도 측정되어 왔다. 양 유형의 측정치는 각각의 장점과 단점을 가지고 있으며, 가장 타당한 유형의 측정치가 어떤 것인가는 연구의 목적에 따라 다르다. 일반적으로 M&A의 성공에 대한 측정치는 객관적 측정치와 주관적 측정치 두 가지로 나누어 볼 수 있다.

M&A 성공에 대한 가장 일반적인 객관적 측정치는 투자회복(ROI), 자산회복(ROA), 순수익, 매입사의 보유 혹은 박탈, M&A 발표 시 주가의 변동 폭과 같은 측정치를 사용하는 결합된 회사의 재정적 성과이다. 마케팅에서 시장점유율의 변화도 M&A성과의 객관적인 지표로 사용된다. 다른 분야에서는 이직이나 결근과 같은 인적 자원의 결과를 평가해서 M&A 성공의 객관적인 측정치로 활용하고 있다. 객관적인 측정치는 대부분이 공적으로 활용할 수 있기 때문에 구하기가 편하다. 더욱이, 이들 측정치가 산업 및 경제 변동, 기업에 따라 혹은 시대에 따라 변할 수 있는 회계절차(관행) 등의 제한점을 지니고 있음에도 불구하고 폭넓게 사용되는 것은 회사나 연구들 간의 비교가 가능하기 때문이다.

다른 한편으로 M&A의 성과는 주관적으로도 측정되어 왔다. 대부분의 실증적 조사들이 지니는 공통적인 특징은 종업원 개개인의 직무만족, 몰입 및 스트레스에 입각해서 M&A의 성공을 평가하려는 자기-보고 조사 도구를 이용했다는 점이다. 이와 같이 주관적 지표를 활용한 연구에서는 종업원들에게 자신들의 사기, 경력기회, 자율성, 권력 및 고용안정에 대해서 평가하도록 요구하거나 관리자들에게 주관적으로 조직의 재정적 성과를 평가하도록 요구하기도 하였다. 그러나 주관적인 측정치는 정확한 구성개념 특히 심리학적인 구성개념을 타진하기 위하여 선택되거나 고안되기 때문에 응답자들이 자기-보고 시에 나타낼 수 있는 편파에 의해서 영향을 받을 수도 있다.

2) M&A의 효과에 대한 평가

M&A의 동기는 여러 가지지만 목적은 1+1에서 2 이상을 얻는 것이다. 후버스(1973)는 인수의 목적을 다음과 같이 정의하기도 하였다. 모든 인수의 목적은 사고파는 회사 양쪽 모두가 독자적으로 활동할 때보다 더 많은 이득을 얻기 위함이다. 따라서 M&A는 효율성 증가, 경제규모 증가, 시장 확대, 구매력 증대 및 궁극적으로 현실적인 이익의 증

가를 기대하는 것이다. 그러나 이러한 형태의 사업활동이 지속적으로 진행되지만 원래 목적했던 재정적인 시너지 효과, 즉 1 + 1 = 2가 아닌 4의 효과를 얻지 못하는 경우가 대부분이다.

장기적인 관점에서 50-80%의 M&A가 재정적으로 실패하는 것으로 나타났다. 인수, 합병 및 합작투자의 재정적 성공률은 기대했던 것보다 낮은 것으로 평가되고 있다. 초기 1년간의 재정적 결과는 인수, 합병의 1/2 정도가 그리고 합작 투자의 1/3 정도만이 성공적인 것으로 밝혀졌다. 기대와는 달리 기업들이 인수 또는 합병 이후 12개월 동안 시장 가치의 1-10%를 상실하는 것으로 밝혀졌다(McManus & Hergert, 1988). 인수한 기업의 주식을 매입한 주주는 손해를 보기 십상이며 오히려 인수를 당한 기업의 주가가 상승하는 경향이 있는 것으로 밝혀졌다. 맥킨지와 그의 동료들(McManus와 Hergert, 1988; Hunt, 1988)은 대부분의 조직들이 다른 회사를 사기보다는 은행에 적립했을 때 투자의 회수율이 더 높다는 증거를 제시하였고, 위샤드(1985)는 합병의 초기단계에서 매일 2시간의 생산성을 상실하는 것으로 추정하였다.

사람 즉 인적자산은 물질적 자산이나 시장 점유율보다 측정하기 어려운 조직의 자산이며 대차대조표의 연구로 쉽게 인정되지 않는 자산이기 때문에 M&A 결정이 이루어지는 과정에서 무시되거나 과소평가되는 경향이 있다. 런던 비즈니스 스쿨과 에곤 젠더(Hunt, 1988)가 인수를 모색하고 있는 영국의 40개 기업을 대상으로 실시한 조사에 의하면 이들 기업 모두 자신들이 인수하고자 하는 회사의 재정적 법률적 감사를 실시하였는데, 그 결과 어떤 회사들(30%)은 근로자 연금 회계의 재정적 의미를 고려하기는 했지만 어느 회사도 인수하려는 회사의 인적자원에 대한 역량과 기술력을 평가하려는 감사를 시도하지 않았던 것으로 밝혀졌다. 이것은 마치 집을 살 때 내부 장식을 고려하지 않고 가격, 권리증서, 위치, 구조 등에 만족하고서 이사하고 난 후 비로소 배치가 매우 불편하고 중앙 난방시스템이 비정상적이라는 것을 알게 되는 것과 같다.

사람은 인수 전 단계에서 수량화하기 어려운 자산이지만 인수 후 유능한 인적자원의 고갈이나 수행저하는 대차대조표에 눈에 띄게 영향을 미친다. 불행하게도 이와 같은 내용은 합리적-경영 모델에서는 거의 취급되지 않는 것 같다. 최근의 평가(Davy 등, 1988)에서는 합병과정에서 '근로자 문제'가 모든 합병 실패원인의 1/3에서 절반을 차지하는 것으로 밝혀졌다. 영국경영연구소가 발표한 토의자료에 의하면 실패한 M&A와 관련된 요인은 16가지가 있는데 이중 적어도 반은 사람과 사람 관리에 관한 것들이었다. 인적자원과 관련된 요인을 보면 다음과 같다.

1. 두 기업문화의 합병에 대한 어려움을 과소평가
2. 기술 전이 문제의 과소평가
3. 인수한 회사 근로자들의 동기박탈(demotivation)
4. 인수한 회사의 핵심인력의 이탈
5. 거래에 너무 많은 에너지를 소비하고 인수 후 계획과 통합에는 무관심
6. 명확하지 않은 책임으로 의사결정의 지연과 인수 후 갈등
7. 인수한 회사에 주의를 빼앗기는 바람에 기존 사업의 무시
8. 인수한 회사에 대한 불충분한 연구

부즈 등(1985)은 200명 이상의 경영자를 대상으로 한 조사에서 '새 회사를 통합하는 능력'이 인수 성공에 가장 중요한 요소임을 밝혔다. 기업을 인수하는데 '지불한 가격'은 별로 중요하지 않은 요인 중 하나였다. 조직문화 붕괴는 잘못된 통합으로 인해서 나타나는 대표적인 결과이다. 월터(1985)는 기업간의 사회-문화적 통합은 적어도 3-5년이 소요된다고 하였다. 더구나 잘못된 통합의 결과로 인한 문화 붕괴의 비용은 인수된 조직성과의 25-30%를 차지한다고 추정하였다.

한편 M&A는 갑작스럽고 주요한 변화이기 때문에 근로자에게 자신

이 처한 상황에 대한 불확실성을 유발한다. 데이비 등(1988)은 '조직인수에서 가장 확실한 것은 아무 것도 확실하지 않다는 것이다'라고 주장하였다. 이러한 불확실성은 근로자들의 사기저하를 유발하고, 대부분의 근로시간을 서로 위로하거나 비공식적인 구직활동으로 보낸다는 사실에서 직무 불만족과 비생산적 행동 등과 관련이 있다. 게다가 M&A는 사보타쥬 행위와 좀도둑질, 간부들의 이직증가, 결근율 및 스트레스 등에도 영향을 미치게 된다.

이러한 정서들은 조직 수행 뿐만 아니라 근로자들의 신체적, 심리적, 정신적 건강에 부정적 영향을 끼치며 이것은 다시 장기적으로 조직의 성과에도 악영향을 미치게 된다. M&A과정에서 생각지도 않았던 비용도 증가한다. 예를 들면, 기업 내에 인수 혹은 합병에 대한 루머가 전 부서에 돌게 되면 처음 6개월간 기업 내 전화요금이 크게 증가하는 것으로 밝혀졌다.

M&A의 정적인 연합 효과 및 시너지는 대차대조표와 같은 관례적인 재정적 지수로만 측정되었기 때문에 행동적 지수는 거의 주목받지 못하였다. 가령 임원의 이직 증가, 결근율 증가, 사고율 증가, 신입사원 채용과 훈련비용의 증가, 고객 불만의 증가 등과 같은 행동적 지수들은 이들의 누적된 재정적 비용이 대차대조표에 영향을 줄 때까지 무관한, 중요치 않은 심지어는 어쩔 수 없는 것으로 간과되어 왔다. 그러나 이제는 조직에서도 이러한 측면의 문제에 대해서도 관심을 가져야 할 상황이 도래한 것 같다.

제 2 절 인수 · 합병의 성공에 영향을 미치는 요인

1. 선행요인

1) M&A 목적

회사를 합병하거나 인수하는 과정에서 추구하는 시너지의 유형도 다양하다. 인수 · 합병을 추진하는 기업이 추구하는 시너지의 유형은 M&A당사자들 간의 각기 다른 통합수준과 유형을 요구하기 때문에 통합과정에 영향을 미친다(Shrivastava, 1986). 다각적이며 재정적인 시너지 효과를 추구하는 M&A는 사업이 전략적 사업단위 혹은 사업부문으로서 서로 독립을 유지해야 하기 때문에 단지 최소한의 통합만을 요구할 수도 있다. 수직적 통합은 서로 거리를 유지하지만, 제품이나 한 회사로부터의 통합과 조화를 포함하기 때문에 더 많은 통합을 요구한다. 시장 시너지 효과를 추구하는 합병에서는 적당한 수준의 통합을 요구한다. 그러나 이것은 '잉여'인력을 일시 해고함으로써 노동력을 합리화하거나 간소화하는 형태를 취한다. 기술적 시너지를 이유로 한 합병에서는 기술직 종업원과 관리자들이 M&A파트너(대상기업)에 '침입'하고 영향을 미치게 되기 때문에 더 높은 수준의 통합이 요구된다. 수평적 M&A에서는 서로 동일한 기능이 중복되기 때문에 통합의 정도가 가장 크다.

슈리바스타바(1986)는 세 가지 유형의 통합을 제안하였다. 첫째, 절차적 통합으로 통합의 시작이며 가장 쉬운 통합방법이다. 절차적 통합은 회계 시스템을 통합하고 M&A의 법적인 요구조건을 맞추는 것을 말한다. 둘째, 물리적 통합은 생산라인, 생산체계, 그리고 기술을 통합하는 것을 말하며 중간정도의 난이도를 갖는다. 셋째, 경영 및 사회문화적 통합은 적어도 높은 수준의 통합을 요구하는 상황에서 가장 어렵고도 가장 중요한 통합이다. 이것은 문화와 경영상에서 나타나는 관점의 차이를 해소하는 것이다.

M&A의 목적은 통합에 대한 요구에도 영향을 미칠 뿐만 아니라 조직 구성원들의 기대에도 영향을 미친다. 조직원들은 자신의 권력, 안전 및 승진에 대한 기대가 더 높아지는 경향이 있다.

2) 상대적 규모

상대적인 조직의 규모가 통합과정과 M&A의 결과에 영향을 미칠 수도 있다. 합병된 소규모 기업의 종업원들은 매입사가 강요하는 심리적인 우월감을 나타낸다. 대규모 회사들은 소규모 단위에 대해서 자신들의 구조, 문화 및 전략을 강요하는 경향이 있다(Levinson, 1973 ; Marks & Mirvis, 1985). 또한 M&A대상 회사에 있어서 규모의 차이는 종업원의 지각과 후속 기대에도 영향을 미는 것으로 밝혀졌다. 대규모 회사로 합병되는 작은 회사의 구성원들은 경력기회, 고용안정, 자율성 및 권력의 영역에서 긍정적인 결과에 대한 기대가 더 낮은 것으로 밝혀졌다. 하지만 대등한 합병이거나 혹은 작은 회사가 더 큰 회사를 인수하는 조건에서 합병에 관여된 사람들은 이들 4가지 영역(경력기회, 고용안정, 자율성 및 권력)에서 더 높은 수준의 기대감을 보였다.

상대적인 규모와 성과간의 관계는 선형적이지 않을 수도 있다. 연구를 통해서 볼 때 최적의 상대적 규모는 5% 정도인 것으로 밝혀졌다. 규모가 너무 작은 인수는 매도사 구성원들의 불평등한 관리 및 대우 문제를 요구받을 수 있고, 반면에 너무 큰 인수는 성과에 대한 위험성을 증가시키고 인수자가 대규모 조직을 '소화하기' 어렵게 만들 수도 있다.

3) 적대감

M&A를 둘러싼 당사자(파트너)들간의 관계에 대한 분위기는 또다

른 미묘한 주제로 부각되고 있다. M&A에서 상대방에 대한 적대감은 몇 가지 형태를 취한다. 가장 극단적인 형태의 적대감은 어떤 조직이 한 회사의 희망과는 반대로 그 회사를 인수하기 위하여 강제적인 탈취를 시도할 때 나타난다. 이러한 유형의 인수에서 재정적인 이익을 바라는 구매자는 협동적, 우호적 통합보다는 완벽한 지배를 바라기 때문에 표적 회사에게 가장 두려운 위협이 된다. 적대적인 탈취의 속성은 표적사의 문화, 조직 특성 그리고 가장 기본적인 목표 및 생존을 포함해서 표적사의 제반 측면들을 위협하게 된다. 표적사의 저항은 적대감에 의해서 증가되고, 표적사들은 외적인 위협 지각에 반응하게 되고 결속력이 더욱 강해진다(Ivanavich, Schweiger & power, 1987; Levinson, 1973).

4) 매입사의 특성

매입사의 문화, 매입사 관리자들의 오만, 사전 인수 경험 등과 같은 매입사의 몇 가지 특성은 그들이 통합을 실행하는 방법에 영향을 미칠 가능성이 있다.

매입사의 문화: 몇몇 매입사의 문화는 다른 기업보다 표적사에 대해서 자사의 문화를 강요할 가능성이 높다. "강력한", "선이 굵은" 문화 - 조직의 구성원들이 가치관과 신념에 관해서 강력하게 합의를 하고 있을 뿐만 아니라 구성원들 모두가 이를 수용하도록 강력히 요구하는 조직문화 - 는 특히 이와 같은 문화를 표적사에 강요하려 들 가능성이 있다(Buono & Bowditch, 1989). 매입사의 문화가 그의 통합노력의 속성에 영향을 미칠 것이라고 기대할 수 있다. 예를 들어, 개방형 의사소통 규범을 가지고 있는 매입사들은 매도사에게 개방형 의사소통방법을 사용할 가능성이 많으며, 권위주의적 접근방식을 가지고 있는 매입사들은 의사결정에서 매도사 구성원들을 관여시킬 가능성이 적다.

매입사의 오만: 매입사가 매도사에게 자신들은 "무엇이든 가장 잘 알고 있다"는 억측 내지는 오만함의 특성을 보일뿐만 아니라 매입사는

무조건 무능하다는 억측도 서슴치 않는다(Blake & Mouton, 1983). 이러한 오만함은 몇 가지 유형으로 나누어 볼 수 있는데, 첫째는 대인관계에서의 오만함으로 매입사의 종업원들은 매도사 종업원들에 대해서 우리가 너희들보다 우월하다는 인식을 가질 수 있다. 둘째는 문화적 오만함으로 우리의 가치관, 관행 및 신념이 더 우수하다고 보는 것이다. 셋째는 경영상의 오만함으로 우리의 관리체계가 더 우월하다고 보는 것이다(Jemison & Sitkin, 1986). 이러한 오만함은 매입사의 관리자들이 매도사에 대해서 으시대면서 행동하게 하고 자신들의 해결책을 강요하려는 경향을 증가시키며 사기, 이직 및 수행에 부정적으로 영향을 미치게 된다. 또한 오만함은 매도사의 저항과 통합 상의 어려움을 가중시킬 수 있다.

매입사의 과거 인수경험 : 매입사의 과거의 인수경험은 매입사가 후에 인수를 조정하는 방법에 영향을 미칠 가능성이 있다. 즉 과거 인수경험이 많은 구성원들을 보유한 매입사들은 인수에 대해서 판에 박힌 혹은 공식처럼 정해진 접근법을 사용하여 매도사에 대해서 통제를 가할 가능성이 많다. 둘째, 경험이 있는 매입사들은 조직적합도에 대한 사전-합병 분석을 경시함으로써 초래된 과거 실수에서 많은 것을 배울 수 있고, 통합과정 동안에 인적자원의 문제에 관심을 가지며 통합과정에서 이와 같은 절차를 강조할 가능성이 많다(Aplin, 1988).

5) 조직적합도

성공적인 통합과 뒤이은 시너지의 중요 결정요인은 두 M&A 당사자들 간의 조직적 조화 혹은 적합도이다(Arnold, 1983). 실증적인 자료를 통해서도 이와 같은 사실은 지지되고 있다. 조직 적합도 문제에 대한 논의는 문화와 경영스타일이라는 측면에서 자세히 살펴볼 필요가 있다.

조직 문화는 객관적인 구성요소와 주관적인 구성요소로 이루어져 있다(Buono, Bowditch, & Lewis, 1985). 객관적인 측면은 가령 사무실

장식, 건축물, 사무실의 위치 그리고 제공된 회사차량의 유형 등과 같이 조직의 유형적인 것으로 구성된다. 반면에 주관적인 문화는 조직과 그 구성원들이 공유하고 있는 목표, 역할, 규범, 이념 및 가치관 등을 말하며 가령, 기업의 '영웅', 동일시, 리더십의 유형, 의사결정 관행, 근로자들 사이에 가족이라는 느낌, 경영진부터 종업원에 이르는 격려와 멘토링의 정도 그리고 직원들과 그들 간의 관계에 대한 다른 특성과 같은 공유된 조직생활의 단면으로 나타난다(Bastien, 1987). 객관적 요소보다 주관적인 문화 요소는 통합이 시도될 때 문제를 제기할 가능성이 많다. 특히 위험부담에 대한 경영진의 태도, 권력과 통제기제, 의사결정 책임의 정도 등은 문화적 충돌이 일어날 수 있는 중요한 핵심 영역이다(Krupar & Krupar, 1988).

생산라인, 유통채널, R&D기능과 재정적인 자원을 혼합하는 수평적 M&A와 같이 높은 통합을 시도하는 M&A는 "문화충돌"의 영향으로 고통을 받을 가능성이 가장 많다(Krupar & Krupar, 1988). 높은 통합의 M&A는 특정 산업에 대해서 지식을 공유하고 있음에도 불구하고 기존의 일상생활, 특질 및 조직특성에 대해서 가장 큰 위협요인으로 작용한다. 낮은 통합을 추구하는 상황에서, 매입사는 표적사의 문화적인 측면을 변경시키는 데는 덜 관심을 보이며 따라서 상대사의 무형적인 측면과 관련된 잠재적인 문제에 봉착할 가능성은 더 적다.

문화적 충돌의 정도를 줄이기 위하여, 조직 적합도에 대한 합병 전 평가는 인수자로 하여금 적합한 파트너를 더 많이 선발하도록 유도할 수 있다. 더욱이 문화가 상이한 회사들이 합병을 하려고 할 경우, 문화변용의 양식에 관한 합의는 갈등을 줄일 수 있다(Navahandi & Maleksadeh, 1988). 문화충돌의 문제는 잘 설계된 갈등해결기제, 개방된 문화-관련 의사소통, 그리고 문화변용에 필요한 시간의 인정 등에 의해서 완화될 수 있다.

2. 통합과정 변인

통합과정은 M&A 성과에 대해서 중요한 기여요인이다(Jemison & Sitkin, 1986). 일반적으로 통합과정은 동화조치에 관해서 매입사와 매도사가 내리는 의사결정의 결과이고 또한 M&A, 매입사 및 매도사 특성들과 M&A성공간의 중재요인으로 작용하기도 한다. M&A 통합과정에서 살펴보아야 할 주요 내용은 의사소통과정, 변화의 속도, 통제기제 그리고 갈등 및 저항 관리 과정 등이다.

1) 의사소통과정

의사소통의 쟁점은 두 조직을 합병하는 과정을 논하는 문헌에서 가장 많이 언급되는 주제이다. 의사소통은 종종 M&A 결과에 실질적인 영향을 미치는 것으로 보여진다. 대부분의 연구에서는 매도사의 종업원들에게 합병사실을 알리고 아울러 합병과 관련된 정보를 종업원들에게 개방적이고, 솔직하게 그리고 즉각적으로 공표할 것을 권하고 있다(Arnold, 1984 ; Swaim, 1985). 의사소통이 개방되지 못하면 정치적 행동과 루머활동의 증가, 고용안정에 대한 불확실성과 불안의 증가, 생산성 저하 및 이직 증가 등을 포함해서 "비효율적인" 합병결과를 초래할 것으로 보고 있다.

이와 같은 대부분의 문헌들은 실증적 증거가 거의 없거나 전혀 없는 실무자들의 지침으로 구성되어 있다. 가장 보편적인 규정에서는 M&A 전 과정을 통해서 근로자들과 높은 의사소통수준을 유지하고, 관련정보를 제공하며, 몇몇 매체를 통해서 M&A와 관련된 내용을 알릴 것을 제안하고 있다(Blake & Mouton, 1983). 이 생각은 결국 최고 경영진이 제공하는 질 높은 많은 양의 의사소통이 조직의 변화나 역할과 관련된 모호성을 감소시키고, 따라서 근로자들은 스트레스와 개인적인 위협에 대한 지각을 더 적게 경험할 것이고 아울러 합병 이전수준의 불안과 생산성을 유지할 것이라는 것이다. 개방성에 대한 이와 같은 견해는 개방적이고 솔직한 정보, 지각 및 감정의 개방적이고 솔직한 교환은 경영진이 조직 생산성 증가라는 목표를 달성하기 위하여 가장 효과적인 루트라는 인간관계 운동에서 빌려 온 개념에 따른 것이다.

그러나 의사소통의 개방성을 옹호하는 사람들은 관리자 개개인의 동기에서 차이가 존재할 뿐만 아니라 M&A에서 복합적이면서 모순 된 목표—조직수준과 개인수준 모두에서—가 존재한다는 사실을 인식하지 못하였다. 복합적이면서 모순된 목표가 존재하면 결국 정치적 행동으로 이어지고, 통합과정에서 대체로 무시되어 왔던 문제점들이 제기되게 된다.

2) 변화의 속도

M&A는 참여자들에게 변화를 의미하고 따라서 바라는 통합의 정도가 크면 클수록 더 큰 변화가 일어날 가능성이 있다. 참여자들은 이와 같은 사실을 인정하며 이들의 관심사도 변화의 정도와 그 변화가 얼마나 빨리 진행될 것인지에 대한 것들이다. M&A 완결의 속도는 M&A의 속성 및 추구하는 시너지의 유형과 관련이 있다. 일반적으로 통합의 정도가 클수록, 시간도 더 오래 걸린다(Schweiger & Weber, 1989). 예상되는 저항이나 혹은 표적회사의 실질적인 저항과 같은 요인들도 매입사가 매도사를 통합하려는 속도에 영향을 미칠 수 있다.

통합 속도가 M&A과정에 미치는 영향은 간략하게 보고되어 왔다. M&A 결과와 과정에 대해서 통합속도가 미치는 영향에 관해서 두 가지 관점이 제시되고 있다. 몇 가지 관점은 '천천히 가자 방식'의 접근을 선호한다. 통합의 속도라는 측면에서 M&A가 너무 빠르게 진행되면 종업원들에게 불안감을 증가시킬 수 있다. 하지만 통합기간이 길어지게 되면 종업원들은 실직기간을 거치지 않고 새로운 일거리를 찾는데 더 많은 시간을 확보할 수 있게 된다(Schweiger Ivanavich & Power, 1987).

한편 매도사가 M&A를 통해서 조직의 존재가 존속하기를 바라고, 종업원들 역시 바람직한 결과를 기대할 경우 M&A가 신속하게 이루어지는 것에 대해 더 호의적인 반응을 보일 수도 있다. 이와 같은 변화속도에 대한 시각차는 M&A의 속성과 풍토에 의해서 설명될 수 있다. 슈웨이거 등(1987)의 연구에서, M&A는 '구원의 사절단'이 아니라 위협적인 사건이다. 높은 통합을 요구하는 합병에서는 구성원에 대한 해고가 불가피하기 때문에 많은 사람들이 생존을 위해 경쟁상황에 돌입하게 된다. 그러므로 시간-불안 관계를 연구할 때, M&A를 둘러싸고 있는 환경과 속성은 각기 다른 예상결과를 유발하는 유관요인으로 반드시 제시되어야만 한다.

3) 통제기제

몇몇 매입사는 매도사에 대해서 지시를 내리거나 자사의 모범에 따를 것을 강요한다. 매입사가 매도사에 대해서 통제를 가하는 방법은 일방적인 자사문화나 시스템을 강요하는 것에서부터 매도사의 문화와 조직운영상의 차이를 인정하는 것에 이르기까지 다양할 수 있다. 어떤 형태이건 문화를 통합하려고 시도하는 과정에서 매도사의 구성원들은 저항과 적개심을 보이고, 통합자체에 대해서 부정적인 감정, 태도 및 행동을 갖는다.

양 기업 간에 높은 관련성이 있는 수평적 M&A는 매입사 혹은 규모가 더 큰 회사가 상품생산 혹은 산업에 대한 지식에서 우위를 확보하고 있고, 기능의 중복을 줄이려고 하기 때문에 통합 계획보다는 문화강요 계획에 따르려는 경향이 있다(Malekzadeh & Nahavand, 1986). 이와 같은 경우에 매입사는 매도사의 구성원들에게 자사의 우수성을 강조하고 자신들의 지배를 수용할 것을 강요하게 되는데 결국 이 과정에서 매도사 구성원들의 저항에 직면하게 된다.

M&A 후에 상실감과 문화적 지배에 대한 반응은 폭넓게 논의되었는데, 이것은 종업원들의 불안감을 증가시키고 다른 조직의 통합시도에

대해 저항을 가중시키는 주요 요인으로 간주되고 있다. 정서는 변화를 요구받는 사람들 사이에서 더 강하게 작용을 하며, 반면에 지배를 주도하는 측은 통합을 보다 객관적인 방법으로 바라보는 상황을 주시하면서 상대편이 느끼는 상실감을 깎아 내리려는 경향이 있다. 사람들은 자기 자신의 조직과 문화를 상대편 것보다 더 나은 것으로 보려는 경향이 있고, 이와 같은 태도는 두 문화 간의 차이를 강조하는 지각을 형성하면서 상대편의 긍정적인 측면에 대한 객관적인 분석을 방해하기도 한다.

M&A 상황에서 종종 조직의 명칭은 바뀌게 된다. 조직 명칭의 변화는 조직 내외의 사람들에게 조직의 가치, 목표, 규모 및 운영기간 등에 관해서 상당히 많은 양의 정보를 제공한다. 어느 정도의 문화적 변화를 예상하는 고-통합 M&A의 상황에서, 기업명의 변화는 조직 정체성에 대한 경영자의 근본적인 변화의도를 재빨리 전달한다. 조직의 이름은 조직의 정체성을 매우 기본적이면서 단순한 요소로 나타내는데, 명칭이 변하게 되면 기업의 다른 모든 측면들이 잠재적으로 폭넓게 변화되고 있음을 보여주는 것이다.

4) 갈등 및 저항관리

M&A를 연구하는 학자들은 갈등이 M&A과정에서 나타나는 불가피한 결과라는 사실에 동의하고 있다. M&A는 합병 전 국면에서의 모호성으로 표현되는 불확실성과 관련이 있고, 모호성이 통합과정 전반을 통해서 해결되더라도, 사람들은 자신의 이해관계와 모순되는 결정과 다시 경쟁해야 한다(Jemison & Sitkin, 1986). 최초의 적대감이 나중에 나타나는 갈등을 악화시킨다 할지라도, 처음에 우호적이었던 M&A에서도 갈등은 나타난다. 갈등의 크기는 변화의 규모와 관련이 있을 가능성이 높고, 또한 이것은 더 높은 통합의 정도와 관련이 있을 가능성이 높다.

M&A에서 대부분의 갈등의 근원은 상대회사의 관심사나 조직문화

에 대한 이해 부족 혹은 지식 부족 탓으로 여겨왔다. 그러나 갈등은 기업의 기술 차, 자율성 상실, 불형평성 지각 및 모순된 문화 등과 같은 여러 가지 다른 요인에 의해서도 발생할 수 있다.

M&A 실무자들은 파괴적 갈등의 예방과 해소를 위한 다양한 경영개발 접근법을 제안하였다. 제안된 방법들 중에는 공식적인 프로그램(Fulmer, 1986)도 있고, 회사 간 이동, 동질적인 의사결정 절차의 확립, 신뢰감 구축을 위한 노력, 그리고 경영정보 시스템을 표준화함으로써 모든 사람들에게 일관된 정보를 제공하는 것 등이 있다(Shrivastava, 1986). 조직 문화간의 유사성과 차이점을 설명해 주면 공통의 장을 형성하고 새로운 조직의 형성을 준비하고 잠재적으로 파괴적인 관계를 막아주는 출발점을 제공할 수 있다.

제 3 절 인수 · 합병이 종업원에게 미치는 영향

1. 인수 · 합병과 경력중기의 관리자

전형적으로 개인의 직업일생은 40년 또는 그 이상이다. 이 기간동안 개인은 많은 경력단계를 거치게 된다. 경력단계라는 개념은 에릭슨의 연구에서 파생된 것으로 일정한 순서에 따르는 모든 직업경력과 관련이 있는 서로 다른 경험 및 활동의 집합을 말한다. 서로 다른 경력국면을 기술하기 위해서 여러 가지 많은 경력단계 분류법이 발달해 왔다. 개인이 이러한 단계들을 거치는 동안에 기대와 욕구는 변화한다. 결과적으로 잠재적인 스트레스 요인은 각 단계마다 그 중요성이 더 증가하거나 감소하기도 한다. 예를 들어, 어떤 사람에게 업무부담은 신입사원 때보다 경력말기 때 더 중요한 스트레스 요인이 될 수 있다. 마찬가지로 역할모호성은 경력말기보다 입사 초기에 더 강력한 스트레스 요인이다.

경력중기 단계는 개인의 직업경력 상에서 볼 때 매우 중요한 단계이다. 이 단계는 지속적인 성장과 성취의 기간이며 이미 성취해 놓은 것을 결사적으로 유지해야 하는 시기이기도 하며, 한편으로 쇠락이 시작되는 단계이기도 하다. 경력중기에 접어든 중년의 관리자들은 경력성장이 지체되고 심신이 늙어가기 시작한다는 사실을 어쩔 수 없이 인정해야 하는 어려운 상황에 직면하게 된다. 대부분의 사람들은 젊음의 상실과 기회의 상실에 대한 두려움으로 촉발되는 악명 높은 "중년 위기"를 경험하게 된다.

직업경력 단계와 무관하게 M&A 스트레스는 모든 종업원들에게 막대한 영향을 미친다. 경력단계에서 초기에 있건 말기에 있건 인수 또는 합병되는 조직의 구성원들은 매우 많은 스트레스에 노출될 수밖에 없다. 입사한지 얼마 되지 않은 경력 초기의 종업원들은 인수 또는 합병의 결과로 유의미하게 변할 수 있는 조직의 목표, 규범, 문화의 내면화를 통한 사회화가 중기 경력자들보다는 덜 진행되어 있는 상태이다. 마찬가지로 경력말기 단계인 사람들은 중기 경력자들만큼 직업경력에 투자하지 않는다. 경력말기인 사람들은 은퇴생활의 수입과 지출의 균형과 은퇴 준비에 골몰하기 때문에 이미 이탈과정이 진행 중인 상태이다 (London & Stumpf, 1982). 따라서 조직과 자신의 직업에 심리적으로 가장 몰입되어 있는 사람들은 이미 중년으로 진입하고 있는 중기 경력자들이며, M&A 경험은 이들에게 가장 혼란스럽고 위협적이며 스트레스를 유발하는 사건인 것이다. 질서와 안정이 가장 중요한 이 시기에 그들은 인수 또는 합병되는 기업의 구성원이라는 이유로 혼란과 변화를 경험하게 된다.

M&A가 종업원들에게 미치는 영향은 일반적으로 많은 요인들의 함수이다. 기본적으로 M&A는 새로운 스트레스 요인을 만들어 내거나 이미 존재하는 스트레스 요인을 강화한다. 이러한 요인들이 스트레스와 부정적인 결과를 유발하느냐는 종업원을 M&A 스트레스로부터 예방

하거나 보호하는 체계적인 처치 프로그램이 기업 내에 있느냐를 포함해서 개인과 조직의 속성에 달려 있다.

2. 인수·합병으로 인한 스트레스

M&A는 개인에게 많은 스트레스를 유발하는 사건이다. M&A에 대한 스트레스 과정의 일반적인 모델을 제시해 보면 그림 10.1과 같다. 이 모델에서는 실직과 마찬가지로 기업간에 M&A가 이루어지게 되면 조직 내 구성원들에게는 권한이나 지위와 같은 직무특성과 역할의 변화가 초래되어 많은 스트레스가 유발될 수 있음을 보여주고 있다. 한편 이 스트레스는 신체적, 심리적, 행동적/조직적인 것으로 구분할 수 있는 역기능적 결과를 유발하기도 한다. 또한 이 모델에서는 모호성(ambiguity)에 대한 인내심, 자존감, 통제소제와 같은 여러 가지 개인특성들이 스트레서, 스트레스 및 결과간의 관계를 중재하는 역할을 할 수 있음을 보여주고 있다.

기업간 M&A의 공표는 종업원들에게 통제력의 상실과 어떤 일이 진행되고 있는지에 관한 불확실성, 자신들의 직무에 관한 모호성 및 스트레스를 촉발시킨다. 이와 같은 불확실성은 권력, 통제감, 영향력 및 지위에 대한 상실감을 증가시키고 스트레스와 불안을 가중시키면서 고용안정을 위협한다(Bastien, 1987). 행동 상으로 이러한 스트레스와 불안은 M&A의 성공에 부정적으로 영향을 미칠 수 있는 근로자의 활동 내에서 표출된다. 스트레스에 대한 반응으로 표출되는 바람직스럽지 못한 행동으로는 결근, 지각 및 이직의 형태인 철회행동, 생산성 저하 그리고 조직성과의 저하 등을 들 수 있다. 이들 중 생산성 저하와 이직 증가는 M&A실패의 지표로 간주된다.

불확실성의 수준, 그 기간 및 긴박성 등을 포함해서 몇 가지 요인들은 종업원들이 경험하는 스트레스의 정도에 영향을 미치게 된다. 적절한 의사소통 수준에서 높은 통합수준과 불충분한 조직 적합도는 많은 스트레스를 유발하고, 또한 적대적 합병과 관련된 불확실성이 클수록, 그리고 갈등수준이 더 크면 종업원의 스트레스 수준도 더 높아진다 (Hunsaker & Coombs, 1988). M&A 참여자들이 경험하게 되는 스트레스는 다양하다. 아마도 인수나 합병을 당하는 기업의 종업원들은 인수사 종업원들보다 더 크고 더 많은 부정적 변화에 직면해야 하기 때문에 더 많은 스트레스를 받을 것이다.

그림 10.1 M&A 스트레스 과정

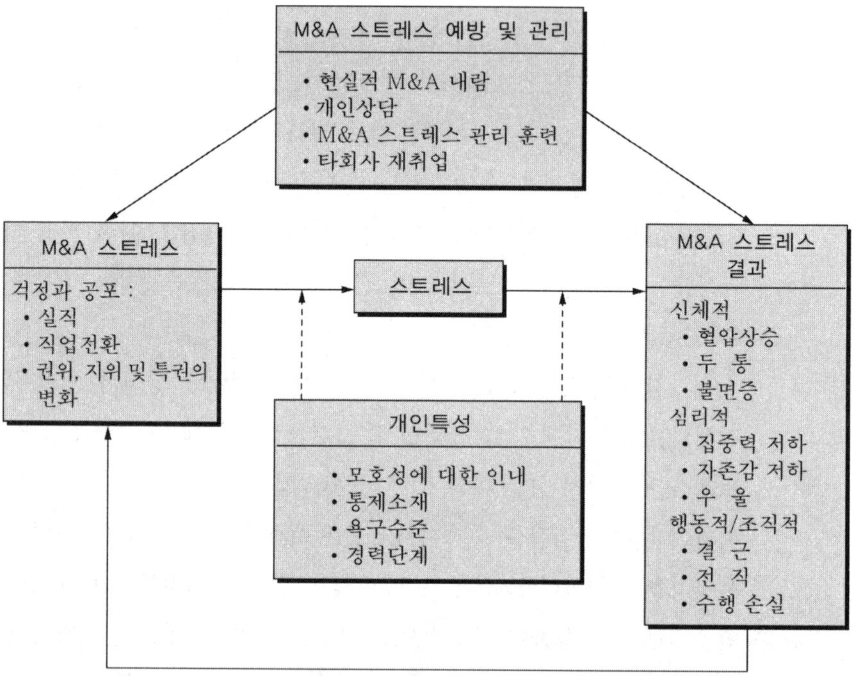

조직이 인수되거나 합병을 맞이하게 되면, 회사 상황의 변화, 미래의 불확실성, 모호성, 실직공포 등으로 인해서 종업원들이 상당한 스트레스를 경험할 것이라는 것은 당연하다. 인수 혹은 합병 사실이 발표되면 사내에 혹은 사외에 떠도는 헛소문과 유언비어는 상황전개에 대한 불확실성과 불안감을 유발하게 된다. 직무변화와 실직가능성에 대한 걱정과 공포는 강력한 스트레스 요인으로 작용하게 된다. 이러한 걱정은 앞으로 어떤 일이 일어날 것인가 그리고 자신의 직업경력이 어떻게 영향을 받을 것인가에 대한 자각에서 비롯되며, 결국 이것은 예상 스트레스를 유발하기도 한다. 합병의 이러한 예견된 결과는 상황을 얼마나 정확하게 지각하고 있느냐와 관계없이 불안수준을 증가시키고 스트레스를 악화시키는 경향이 있다. 대부분의 근로자들에게 있어서 변화라는 것은 오랜 시간에 걸쳐 익숙해지고 편안해진 생활 및 작업패턴이 파괴되는 것을 의미하는데 이것은 특히 중견 근로자에게 더 위협적이다.

구체적인 예는 실직공포이다. 인수되거나 합병된 기업의 노동력은 일반적으로 감소된다. 미국에서 텍사코사가 게티 정유사를 인수한 후 종업원 수가 6,000이상 감소하였다. 1984년 4월 셰브론사가 걸프사를 인수한 후 1년 뒤 거의 20,000개의 일자리가 사라졌다. 이와 같은 스트레서와 관련된 불안은 가족들에게 직접적으로 영향을 주기 때문에 배우자나 다른 가족들도 스트레스를 경험한다. 실제 M&A에 의한 변화가 부정적이 아니라 긍정적일지라도, 초기의 심리적인 충격과 불신은 변화에 대한 불확실성 및 위협과 더불어 부정적인 인지와 스트레스를 야기할 것이다. 이러한 스트레스가 강화된다면 M&A 과정의 긍정적인 잠재력은 개인과 조직 모두에 의해서 손상을 당하거나 실현되지 못할 수도 있다.

한편 M&A는 변화에 대한 기대를 창출하고 조직의 응집성을 증가시키기도 한다. M&A는 변화에 대한 기대를 이끌어 내는데 그 변화는 자연스럽게 갈등의 시작과 결합된다는 점에서 M&A의 과정이나 결과와 관계없이 불가피하게 사람들을 결속시키는 자동반응을 생성해 낸다. 응집성의 증가는 일시적으로 상실감을 공유하는 데서 비롯된다. 피인수기업의 구성원들이 인수발표가 있은 직후에 자신이 몸담아 왔고 애착을 가졌던 직장이 하루아침에 사라질지도 모른다는 위기감에 종업원회의에 적극적으로 참여하는 예를 볼 수 있다.

M&A과정에서 인수자들은 기업인수가 이루어지는 시점에서 피인수기업의 문화를 이해하거나 평가하는 문제를 종종 불필요한 것으로 간

주한다. 그 이유는 인수기업이 피인수 기업의 문화를 변화시키거나 자신들의 문화를 주입시키려는데 주력하기 때문이다. 인수사에서는 당연히 피인수 기업의 종업원들이 자신들의 문화에 적응하고 자신들의 방식대로 일을 처리하기를 기대한다. 인수자의 논리에서 피인수 조직의 문화는 정의상 실패한 것이기 때문에 보존할 가치가 없다.

그러나 인수사의 기업문화에 대한 변화요구는 자신의 업무처리방식과 문화에 익숙한 피인수사 종업원들의 저항에 부딪칠 수밖에 없다. 이러한 기업문화의 통합 내지는 변화과정은 길고도 힘든 과정이다. 이러한 과정은 피인수사의 종업원들뿐만 아니라 인수관리자들에게도 많은 스트레스를 유발한다.

3. 인수·합병에 대한 종업원의 반응

인수와 합병이 양도되는 기업의 종업원들에게 미치는 영향을 이해한다는 것은 민감한 문제이며 성공적인 통합경영을 위해서 그리고 종업원들이 겪게 되는 고충을 이해하기 위한 선결조건이다. 인수와 합병은 임원급들만의 성공적인 통합만으로는 불충분하다. 인수 및 합병과정에서 생기는 권력분배의 문제, M&A에 대한 각 기업 구성원의 상반된 시각, 상이한 조직문화 등은 통합 후에도 잠재적으로 양 조직구성원들 간의 갈등의 소지를 안고 있는 것이다. 그리고 피인수 기업의 종업원들에게 제공되는 보상성 급여나 퇴직위로금은 대다수 종업원들뿐만 아니라 중간 관리층에 있는 사람들에게조차 실질적인 해결책이 될 수 없다.

인수와 합병은 모든 사람들에게 영향을 미치는 정서적인 사건이다. 합병과 인수는 거래를 협상하는 사람들에게는 단순히 재정적인 맞교환(인수)일지 모르지만 종업원들에게는 퇴직위로금이나 혹은 유사한 보상금으로 무마되지 않는 중요하면서도 잠재적으로는 스트레스를 유발하는 정서적인 생활사건이다.

어떤 연구자들은 M&A와 관련된 사건을 친한 친구나 친척의 죽음에 뒤이어 다가오는 상실감이나 어린아이가 부모와 따로 떨어져야 할 때 느끼는 디스트레스로 묘사하길 더 좋아한다. 필립 머비스 교수는 퀴블러-로스의 개인적인 사별모델의 틀 내에서 M&A에 대한 심리적 반응을 이해할 수 있다고 제안하였다. 머비스(1985)에 따르면, 종업원들의 반응은 다음과 같은 4단계를 거칠 것이라고 생각해 볼 수 있다. 1단계는 불신과 부정, 2단계는 격노와 분개를 통한 분노, 3단계는 분노 초기에는 정서적 타협 그리고 말기에는 우울증, 4단계는 수용으로 이어진다고 보고 있다.

상황을 부정하거나 혹은 저항하는 어떠한 시도도 무익하고 비생산적이라는 사실을 수용해야 비로소 긍정적인 접근이 발달하기 시작한다. 1, 2, 3단계에 고착된다는 것은 결국 선입관과 비생산적인 행동을 초래하거나 혹은 조직을 떠나도록 하는 원인으로 작용한다. 한편, 수용은 단순히 행동상의 응종을 의미할 수도 있으나 반드시 조직에 대한 몰입을 새롭게 하는 것은 아니다.

헌세이커와 쿰스(1988)는 대안이지만 근본적으로 매우 유사한 M&A에 대한 정서반응의 9단계 연속모델(M&A에 대한 정서적 반응)을 제시하였다.

표 10.1 M&A에 대한 정서반응 모델

단계	특징적 반응
1. 부정	'그럴 리가 없어' 증후군
2. 두려움	언제 그렇게 된데? 나한테는 별일 없을까?
3. 분노	우리는 팔렸어 - 책임자들에 대한 분개
4. 슬픔	지나간 과거에 대한 비탄
5. 수용	어쩔 수 없다는 사실을 인정함-발전을 위한 긍정적 접근을 시작함
6. 안도	실제로 기대했던 것보다 나음
7. 흥미	안정감이 증가함
8. 호감	새로운 기회를 인정함
9. 기쁨	잘된 것 같아

M&A는 개인의 삶 혹은 생활에서 변화를 가져올 것으로 생각되는 통제할 수 없는 주요 사건으로 인식된다. 피인수 기업의 종업원들은 자주 극심한 충격, 불신 및 슬픔을 보고하였으며, 결국에 가서는 인수발표에 뒤이어 단기간 내에 행동마비 및 무력증을 초래하기도 하는 것으로 밝혀졌다. M&A에 뒤이어 개인이 이것을 위협으로 지각하건 아니면 개인적으로 성장할 수 있는 기회로 생각하건 간에 사건 그 자체는 처음에는 거의 모든 사람들에게 자신의 삶과 직업생활에서 중요한 결과를 초래할 것으로 생각된다.

이상과 같은 종업원의 반응들은 인수나 합병을 경험한 종업원들이 M&A이후에 어떤 상황에 처해 있느냐에 따라 다양한 방식으로 나타날 수 있을 것이다. 따라서 이들이 M&A직후 처할 수 있는 상황을 분류해 보면 네 가지 유형으로 나누어볼 수 있다. 첫 번째 유형은 다운사이징, 재조직화, 기타 다른 이유로 타의에 의해 해고된 경우이다. 즉 자신의 의지와는 관계없이 조직의 결정에 의해 직장을 떠나는 사람들이다. 둘째는 개인이 자율적으로 결정을 내리는 것으로 퇴직위로금이나 보상금을 받고 스스로의 결정에 의해서 조직을 떠나는 사람들이다. 세 번째 유형은 기업에서 감량경영과 인원감축을 단행했음에도 불구하고 생존했고 회사의 요구에 의해 조직에 남아 있기는 하나 언제든 떠날 준비가 되어 있는 사람들이다. 마지막 유형은 인원감축에서도 생존하여 남게 되었고 본인 스스로도 기업에 남기를 선호하는 경우이다.

제4절 인수·합병의 결과

데이빗 슈웨이거는 M&A가 종업원들의 심리 및 정서적 안녕에 미치는 영향을 조사하면서 M&A과정에서 종업원들에게 영향을 미칠 수 있는 5가지 관심사를 확인하였는데 그 결과는 다음과 같다.

1. **정체감 상실** : M&A는 그 구성원들이 인지하고 있듯이 이것은 조직의 사망을 의미한다. 이전 조직에서의 지위, 충성심, 몰입 및 미래에 대한 희망과 약속은 더 이상 의미가 없으며, 심지어 불명예스러운 것으로 간주되기까지 한다.
2. **정보부족과 불안감의 증가** : 미래의 직업전망, 보상체계, 역할의 변화, 근무지 이동, 경력경로가 바뀐 동료나 직원들, 근무관행의 변화 및 조직문화의 변화 등에 관한 정보부족과 불안감이 나타나게 된다.
3. **생존자는 강박관념에 사로잡히게 된다** : 개인적인 지위, 명성 및 권력을 유지하는 것만이 중요한 것이 되어 버리며, 적어도 일시적으로 조직목표를 무시하게 된다. M&A상황의 공통적인 특성중 하나는 관리자편에서 보면 취약점이 노출되지 않을까 하는 두려움이나 누가 합병 후 자신이 조직에 적합하지 않다는 지적을 하지나 않을까 하는 두려움이다. 많은 관리자들에게 인수 후 변화에 대해서 반대목소리를 낸다거나 '변화에 대한 저항'이라는 평판을 받는다는 것은 자신의 미래의 경력전망에 대해서 죽음의 입맞춤으로 간주된다.
4. **재능상실** : 경영합리화의 결과로서 실직의 방해효과는 그렇다하더라도, 많은 종업원들이 이 시기에 조직을 떠날 것을 결심한다. 남아 있는 사람들은 이들의 이탈에 대해서 분노하거나 분개한다. M&A는 결국 남아 있는 사람들에게 부담을 가중시킨다. 유능하고 조직에 몰두하였던 관리자들과 동료들의 이탈은 경험이 없는 사람들에게는 영향력 있는 역할모델의 상실로 나타날 수도 있다.
5. **가족의 반발** : 직업과 관련된 불안은 이것이 특히 불확실한 미래에

> 대한 재정상의 문제이거나 근무지 이동 가능성에 관한 것이라면, 이 같은 불안은 가정생활에까지 영향을 미치게 된다. 생존을 위한 욕구와 조직에 대해서 자신의 가치를 증명하고자 하는 강박적 욕구로 인해서 관리자들은 이전보다 더 오랫동안 근무하려하고 결국 가정생활의 질에도 영향을 미치게 된다.

M&A와 관련된 스트레스는 다른 직무-관련 스트레스와 마찬가지로 개인과 조직에게 많은 부정적인 결과를 초래한다. 대부분의 스트레스 연구자들은 주변환경의 급격한 변화가 사람에게 현저한 생리적 영향을 미친다는 사실을 분명하게 기술하고 있다. 생리적 결과는 혈압의 증가, 혈청단백질의 증가, 면역체계의 억압 등을 포함하며 이들은 불면증, 소화 장애, 두통 및 다양한 부정적인 건강상의 결과를 야기한다(Matteson & Ivancevich, 1988).

심리학적 관점에서 볼 때 M&A로 인한 스트레스의 전형적인 결과 중 하나는 집중력 장애이다. 많은 경우에 종업원들은 합병 또는 인수 기간 동안에, 특히 자신의 고용안정이 위협 받을 것이라고 생각하면 작업이나 직무에 열중하기가 매우 어렵다. 이와 같은 집중력 장애는 조직에 대한 목적 없는 잡념으로 인해 발생하는 경우가 많다. 불확실성에 대처하기 위해 종업원들은 루머의 진위를 체크하거나 최신의 정보를 얻고자 업무는 제쳐두고 많은 시간을 다른 사람들과의 대화에 할애한다.

다른 심리학적 결과는 직업, 경력 및 생활 만족도의 저하와 자존감 저하 등이다. 공통적인 행동상의 결과는 결근 증가, 전직, 양적·질적 수행 감소 및 파괴적 행동 등이다. 합병 또는 인수라는 특수한 조건이 주는 강력한 심리적 영향 때문에 사람들은 인수하는 회사와 그 대표에 대하여 분개와 적대감을 가질 수도 있다. 타인에 대한 분노는 태업과 같은 은밀한 활동을 통해서 나타난다. 노동시장의 일자리가 풍부하다면 뛰어난 역량을 갖춘 핵심 종업원들은 다른 직장을 구할 것이고 은퇴를 앞둔 핵심 인재들은 자신의 직업경력을 빨리 종결하는 것으로 불확실성과 상황변화에서 벗어나려고 할 것이다. 이와 같은 M&A와 관련된 스트레스 결과는 작게는 개인과 조직에 비생산적이며 크게는 고통스럽고 역효과를 가져오며 파괴적이다.

1. 감정적 결과

일반적으로 M&A에 관한 대다수의 문헌에서는 현 M&A 상황과 관련된 어떤 변화든지 종업원들에게 위협으로 비춰질 수 있으며, 직무와 절차, 기대를 변화시킬 것을 강요받은 쪽은 소규모 회사나 인수 혹은 합병을 당하는 기업의 구성원들이라고 주장하고 있다. 여러 연구자들은 M&A가 일에 대한 감정적 반응에 영향을 미친다고 제안하였다(Robino & DeMeuse, 1985). 예를 들어, M&A를 당하는 기업의 종업원들의 직무만족이 현저하게 감소하였고, 특히 고용안정, 의사소통 및 참여도에 대한 만족이 감소한다는 사실을 발견하였으며, 반면에 기업을 인수하는 쪽의 종업원들은 만족이 증가하였는데 특히 전문직 성장과 승진 기회영역에서 만족감을 보이는 것으로 밝혀졌다. 한편 기업을 인수하는 측의 임원들에 의해서가 아니라 인수를 당하는 쪽의 임원에 의해서 보고된 내용을 보면 M&A 후에 인수·합병을 당하는 종업원들의 사기가 현저히 떨어지는 것으로 밝혀졌다.

2. 행동적 결과

감정적 혹은 정서적 반응은 자기 자신을 위해서도 중요할 뿐만 아니라 이직 및 실직과 같은 행동결과와의 관계성 때문에도 중요하다. 이직은 M&A와 관련된 문헌 전반에 걸쳐 논의된 가장 공통적인 행동결과이다. 일반적으로, 이직은 M&A를 당하지 않는 회사보다 M&A를 당하는 회사에서 더 높은 것으로 밝혀졌다. 대부분의 경우에, 이직은 그것이 자발적이든 비자발적이든 간에 부정적인 결과인 것으로 가정되고 있다. 그러나 이직이 M&A성과에 미치는 부정적인 영향은 입증되지 않았다(Walsh, 1988).

어떤 M&A상황에서든지 일부 종업원의 퇴출 혹은 탈락을 예상할 수 있고, 종종 이러한 것들이 필요하기도 한다. M&A와 관련해서 비자발적 이직은 다음 세 가지 상황에서 발생할 가능성이 더 많은 것으로 나타났다. 즉, 인수할 회사가 M&A에 앞서 성과가 떨어질 때, 피인수사의 인수 후 성과가 인수자의 기대에 훨씬 못 미칠 때, 수평적 M&A에서 두 회사 사이에 기능 중복현상이 심할 때 비자발적 이직이 발생할 가능성이 높다. 강제퇴직에 직면하는 대부분의 사람들은 피인수사에서 조직의 승진체계 중 최상층에 가장 가까이 있는 사람들이다. 따라서 피인수사의 최고 경영자, 부사장, 법률, 인적 자원, 재정 및 회계 직원들이 수평적 M&A에 뒤이어 직무상실 즉 실직에 직면할 가능성이 가장 많다. 그것은 이들의 역할기능이 인수사의 운영방식에 의해서 쉽게 흡수되기 때문이다.

이와 같은 기능상의 특수성 때문에 핵심직원들을 퇴출시키면 인수사는 통합문제로 진통을 겪을 수도 있다. 특히 너무 서둘러서 종결을 하거나 무자비한 방법으로 실행을 하게 되면 여러 가지 반발에 부딪칠 수 있다. 최고위층에 있는 관리자들은 인수사가 통합계획을 시행하는데 유용한 조직의 문화 혹은 조직운영에 대한 많은 지식을 보유하고 있다. 피인수사의 조직상의 리더는 자신들의 종업원들에 의해서 '기업의 영웅'으로 비춰질 수도 있다(Buono, & Bowditch, 1989). 새로운 인수사에 의한 강제적 퇴출은 기업의 무자비함과 비정함이라는 바람직스럽지 못한 메시지를 전하기 때문에, M&A에 뒤이어 너무 빨리 상황을 종결시키려다 보면, 인수사의 이미지에 손상을 주고 통합에 대한 저항을 증가시키게 된다.

특히 인수당하는 회사가 잘못된 경영(관리)결정의 결과로서 현저한 수행감소를 경험하고 있는 M&A의 경우에 최고 경영진에 대한 퇴출은 필요하고 한편으로 바람직한 측면도 있다. 그 이유는 사람들마다 정도는 다르겠지만 조직구조의 필요성과 관련된 문제에 대하여 책임을 통감해야 하기 때문이다. 불행히도 이처럼 어디에서건 재취업의 기회를 갖기 어려운 간부급인 사람들을 면직시키는 것은 설사 이러한 절차가 필요하다 할지라도, 인수사의 기업 이미지에 부정적인 영향을 미칠 수 있다.

개인과 기업조직 간에는 심리적 계약이 존재한다. 그러므로 각 당사자는 상대편을 알고 상대편에 대해서 어떤 기대를 가지고 있는데, 이러한 협약이 개인의 동기와 조직몰입을 결정하게 된다. 조직이 더 이상 유지될 수 없거나 근본적으로 변화하게 되면, 이때 그 계약은 깨지거나 불분명해진다. 이 경우 계약을 재설정하거나 혹은 협상을 다시 해야 한다. 뜬소문이 난무한 뒤에 합병이 발표되면 개인은 자신에게 미칠 위험을 분석하고 자기를 다시 한번 평가해 보는 시간을 갖고서 현 조직에 남아야 할지 아니면 다시 새로운 조직을 찾아야 할지를 결심해야 한다.

M&A는 종업원의 근로생활에서 종업원이 전혀 통제할 수 없는 중요한 사건이다. 자신의 회사가 타회사에 합병되리라고 전혀 예상하지 못했던 종업원들에게 이러한 상황은 감당하기 힘든 급격한 변화로 보여질 수 있다. 종업원들은 새로운 조직에 적응할 수 없을 것이라고 생각하거나 또는 합병에서 기대하는 미래의 변화방향과 가능성이 불확실하다고 판단되면 이직을 결심할 수 있다. 이와 같은 결정은 변화 그 자체에 대한 두려움을 제거시켜 주지는 못하지만 자신의 근무환경에서 선택권을 갖고 통제력을 발휘할 수 있는 기회를 제공한다.

M&A와 관련된 문헌에서는 M&A종결 후에 그 즉시 피인수사에서 해고된 중견 관리자들에게 인수자는 현 상태를 자세히 설명해 주어야 한다고 제안하고 있다. 일반적으로 인수된 조직의 핵심 관리자 50~75%는 몇 년 이내에 새 조직을 떠나는 것으로 추정되고 있다. 헤이즈와 호그(1974)는 M&A실패의 지표로서 고위 수준의 관리자와 생산성이 높은 종업원들 사이의 이직을 들었고, 이러한 부정적인 결과를 야기하는 모든 조직수준의 부실한 M&A통합전략계획을 비난하였다. 다른

회사에서 보유한 기술과 재능을 획득하기 위한 도구로서 M&A를 활용하려는 경우에, 최고 수행자의 탈락은 M&A목표의 달성을 저해하게 된다.

3. 조직에 미치는 영향

M&A는 계획에도 없던 직원손실을 초래하기도 한다. M&A는 경영합리화와 역할중복의 결과로 불가피하게 직원을 해고하거나 다른 부서 혹은 보직으로 재배치를 해야 한다. 대부분의 인수 기업들은 피인수 기업의 문화변화과정을 가속화시키기 위하여 조직 내 구성원들을 자주 대체하거나 발령을 내게 된다. 이러한 과정에서 피인수 기업의 간부들은 신분보장에 있어 가장 취약한 직위에 있으며, 개인적인 능력이나 업무실적에 관계없이 가장 먼저 정리해고를 당하는 경향이 있다. 이와 같은 현상이 발생하는 것은 현 조직에 대한 이들의 충성심과 몰입이 평가절하되기 때문이다. 결국 M&A과정에서 종업원들의 공통적인 관심사는 잉여인력의 해고와 관련된 문제이다. 조기퇴직, 잉여인력의 일시해고 및 구조적인 면직은 접어두고라도 M&A는 회사에서 꼭 필요한 인력의 자발적 사직을 유발할 수도 있다. 이것을 일명 인수 후 표류효과 혹은 출혈효과라고도 부른다.

제임스 월쉬(1988)는 M&A기업과 일반기업을 대상으로 한 연구에서 피인수 기업의 임원이 더 높은 이직률을 보임을 확인하였다. 피인수 기업에서 조직을 떠나는 간부급 사원들의 수는 인수후 첫해에 25%이던 것이 5년째 가서는 총 59%로 증가하는 것으로 밝혀졌다. 미국내에서 행해진 150개의 규모가 큰 M&A에 대한 연구를 보더라도 첫 1년 이내에 간부급 직원들의 이직률이 거의 50%에 이르고 3년째 말에 가서는 75%까지 증가하는 것으로 밝혀졌다. 유사하게 미국의 경우 M&A자료를 보면 인수사의 종업원들보다 피인수사의 종업원들 사이에서 '이직성향'이 3배나 높았던 것으로 나타났다.

계획에 없는 인적자원의 손실은 모든 수준에서 발생한다. 생산직이나 현장 근로자들 사이에서는 우려할만한 수준의 이직과 결근이 나타나지 않지만, 간부급사원의 경우는 비정상적으로 높은 비율의 이직과 결근증가가 나타나는 것으로 보고되고 있다. 인수 기업과 피인수 기업 양측 모두는 규모의 경제와 경영합리화를 실시하게 되는데 이 과정에서 잉여인력은 불가피하게 해고될 수밖에 없다. 기업에서는 변화에 저항하거나 적응상 문제가 있는 종업원들을 해고하거나 다른 인력으로 대체함으로써 기존 문화의 전환을 가속화시키고자 한다. 그렇지만 간혹 자발적으로 조직을 떠난 종업원들의 수가 계획된 손실수보다 많은 경우도 있다. 이러한 경우 정작 조직에서 꼭 필요로 하는 인재들이 대거 조직을 이탈하기도 한다.

제5절 인수·합병으로 인한 스트레스 관리전략

M&A문제를 연구하는 학자들은 갈등은 M&A과정에서 나타나는 불가피한 결과라는 사실에 동의하고 있다. 특히 처음부터 우호적이었던 M&A에서도 갈등은 나타나는 것으로 밝혀졌다. 이러한 갈등의 크기는 통합으로 인한 변화의 정도와 관련이 있고, 또한 이것은 더 높은 통합 요구와 관련이 있다.

M&A에서 대부분의 갈등의 근원은 상대회사의 관심사나 조직문화에 대한 이해 부족 혹은 지식 부족 탓으로 여겨왔다(Arnold, 1983). 그러나 갈등은 기업의 기술차, 자율성 상실, 불형평성 지각 및 모순된 문화 등과 같은 여러 가지 다른 요인에 의해서도 발생할 수 있다.

M&A 실무자들은 파괴적 갈등의 예방과 해소를 위한 다양한 경영관리 기법을 제안하였는데, 경영 실무자들이 제안한 방법들로는 공식적인 갈등해소 프로그램도 있고, 회사 간 이동, 동질적인 의사결정 절차

의 확립, 신뢰감 구축을 위한 노력, 그리고 경영정보 시스템을 표준화함으로써 모든 사람들에게 일관된 정보를 제공하는 것 등이 있다. 조직문화간의 유사성과 차이점을 설명해 주면 공통된 장을 형성하고 새로운 조직의 형성을 준비하고 잠재적으로 파괴적인 관계를 막아주는 출발점을 제공할 수 있다. 이 중에서 양사간의 협력적 접근방법은 실무문헌을 통해서 가장 좋은 갈등해결기제로 제안되고 있다.

인수·합병은 변화를 수반하고 갈등을 유발하기 때문에 근본적으로 많은 스트레스를 초래한다. 이것은 그 변화가 긍정적이고 유익한 것일지라도 스트레스를 유발한다는 사실에는 이의가 없을 것이다. 그러나 효과적인 인수·합병 스트레스 예방과 관리전략은 변화와 관련된 위협을 감소시키고 이미 경험한 스트레스에 효과적으로 대처하도록 근로자들을 도울 때 가치가 있을 것이다.

1. 개인 특성

근로자들이 M&A에 어떻게 반응하느냐는 M&A자체의 함수만이 아니다. 어떤 근로자는 다른 근로자보다 변화와 그에 따르는 불확실성과 불안정성에 더 잘 대처한다. 다양한 개인특성은 스트레스요인, 스트레스, 그 결과간의 관계를 조절하는데 중요한 역할을 한다. 개인특성은 어떤 경우에 스트레스를 강화시키고 또 어떤 경우에는 약화시킨다. 예컨대 높은 성취욕과 같은 욕구수준은 합병과정의 조건과 불확실성이 목표성취를 방해한다면 현재 경험하고 있는 M&A와 관련된 스트레스를 강화할 수 있다. 승진을 위해 그리고 인정받기 위해 현 조직에 헌신하고 열심히 본분을 다했던 중견 근로자들은 자신이 몸담았던 기업이 타기업에 인수되는 이 상황에서 특별히 더 취약할 수도 있다.

다른 많은 예들도 가능하다. 자존감이 낮은 개인은 M&A와 관련된 상황변화에 더 취약할 가능성이 높다. 내적 통제소재를 가진 근로자는 환경 사건이 자신의 통제를 벗어나 생활에 영향을 미침에 따라 특히 위협감을 느낀다. 모호성에 대한 인내심이 낮은 근로자들은 기업간 인수합병이 시간만 끌고 확실한 결말을 맺지 못한 상황에서 특히 취약할 수 있다. 많은 다른 요인들 가령 이전의 합병경험, 활용할 수 있는 사회적 지지의 정도, 다른 직업을 구할 수 있는 기회, 다른 생활 스트레스의 존재여부 등도 중요한 역할을 한다. 앞에서 언급하였듯이 중년으로의 전환과 관련된 스트레스를 이미 경험한 중견근로자들은 M&A 스트레스에 더 취약하다.

2. 현실적 인수 · 합병의 내람

M&A와 관련된 대부분의 스트레스 요인은 적어도 부분적으로는 M&A 과정의 불확실성에서 비롯되는 걱정 및 공포와 관련이 있다. 인수되거나 합병되는 조직의 근로자들은 보편적으로 "이 변화가 나에게 어떤 영향을 줄 것인가"라는 의문을 갖는다. 이러한 의문에 해답을 주는 정보를 갖는다는 것은 그것이 긍정적인 것이 아닐지라도 불확실성을 줄여주고 결과적으로 예상 스트레스를 감소시킨다. 아마도 M&A 스트레스를 예방하는 가장 중요한 단계는 M&A 과정이 종업원들에게 갖는 의미를 분명하게 해주는 정보의 흐름을 투명하게 하는 것일 것이다. 이렇게 하는 한가지 방법은 현실적 M&A 내람을 사용하는 것이다.

현실적 직무 내람은 전도 유망한 근로자에게 직무 자체에 대한, 그리고 보다 큰 직무 환경에 대한 충분한 정보를 주어 기대하는 것이 무엇인지에 대한 틀을 가질 수 있도록 하여, 직무요구에 보다 현실적으로 대처하도록 하는 조직의 책략이다. 마찬가지로 현실적 M&A 내람은 합병 또는 인수된 회사의 종업원을 위해 개발될 수 있다. 현실적 직무 내람의 경우처럼 현실적 M&A 내람도 큰 집단 상황에서 영화, 비디오 카세트, 소책자 등으로 제공될 수 있다. 어떤 매체가 효과적인지는 연구자마다 다르다.

현실적 M&A 내람의 의도는 중견 근로자들에게 M&A와 그 의미를 이해시키자는 것이다. 근로자들에게는 조직의 목표, 관리 스타일, 작업 스케줄, 이익 및 보상의 변화, 고용 안정, 경력과정, 기회, 훈련, 개발계획 등에 관한 의미, 기업 철학과 조직 문화 및 기대에서의 어떤 유의미한 변화 등에 대해서 그들이 실제로 어떤 것을 기대할 수 있는가에 대한 정보를 제공하여야 한다.

M&A의 계획은 합병된 그리고 합병한 조직 양측의 관리자와 종업원들로 구성된 "과도기 팀"이 가장 잘 구성할 수 있다. 양 조직의 핵심 구성원으로 구성된 이러한 팀은 보다 넓은 정보원을 조성하고 구성원들의 보다 큰 관여를 유도할 수 있다. M&A 과정에서 불리한 결과는 없을 것이라는 점을 강조하는 것은 현실적 M&A 내람의 올바른 사용법이 아니다. 오히려 이것은 공포와 불확실성을 감소시켜 주기 위한 것이며, 또한 조직이 종업원의 이러한 염려에도 배려하고 있다는 것을 가시적으로 나타내 주려는 것이다.

3. 개인 상담

현실적 M&A 내람만이 M&A로 인한 공포와 걱정에 대처하는 가장 좋은 방법은 아니다. 현실적 M&A 내람은 자발적 개인 상담 시에 유용할 수 있다. 조금씩 서로 관련되는 상담의 세 가지 형태 즉 개인 적응 상담, 교육 상담 및 중견 사원 상담 등이 도움이 될 수 있다. 각 형태 모두 상담원과 근로자 간의 일 대 일 상호작용이 바람직하다. 이러한 상담의 목적은 근로자들로 하여금 M&A 스트레스와 관련된 문제에 대처하도록 돕는 것이다. 여기서 상담원은 개인이 자신의 스트레스 반응과 역기능적 결과를 확인하도록 도와주어야 한다. 또한 상담원은 생리적 디스트레스를 감소시킬 수 있는 한 가지 또는 일련의 대처방법을 확인하여야 한다.

교육적 상담은 중견 근로자에게 M&A에 관한 더 많은 정보를 제공하거나 이미 전파된 정보를 강화하는데 초점을 둔다. 현실적 M&A 내람이 근로자들의 불확실성을 완화시키는데 충분하지 않아서 이들은 더 자세한 정보를 요구했을 수 있다. 또한 이러한 형태의 상담은 일 대 일로 이루어지는 것이 이상적이다.

M&A에서 중견근로자의 상담은 직업선택 및 기회에 관한 문제와 관련된다. 이러한 상담에 중요한 부분은 중견근로자가 인수하는 기업의 경영체계와 문화에 적응하도록 하는 것이다. 조직이 새롭게 정비될 때 자신의 경력과정과 경력목표를 확인하는 것은 근로자에게 매우 중요할 수 있다. 이러한 상담은 근로자에게 경력목표, 경력경로 및 기회에 관해서 의문과 불확실성을 서서히 극복해 나가도록 돕는데 가치가 있다. 중견 근로자들에게 있어서 이것은 경력과정을 변화시킬 수 있는 마지막 중요한 기회이기 때문에 자신의 선택을 현실적으로 고려하는데 외부의 가이드를 진정으로 이용하려 할 것이다.

이 세 가지 형태의 상담 모두에서 상담자는 조직과 종업원에 대한 이해뿐만 아니라 청취, 의사소통에 있어서 능숙하여야 한다. 그리고 상담 회기에서 투사된 정서들을 이해하고 현실에 근거한 피드백과 지원을 제공하기 위해서는 인수하는 회사와 그의 경영방향에 대해 충분한 지식을 가져야 한다. 인수하는 회사의 경영방향에 대한 지식이 없는 미숙한 상담가는 문제를 오히려 증폭시킨다.

4. M&A 스트레스 관리 훈련

개인 상담의 대안으로서 어떤 중견 근로자에게는 M&A 스트레스 관리 훈련 코스가 유익할 수도 있다. 이러한 프로그램은 자발적이어야 하며, 문제가 있는 근로자로 낙인찍힐 것에 대한 두려움 때문에 참여를 망설이도록 하는 방법이 되어서는 안 된다. 이러한 프로그램의 구체적인 내용은 매우 다양하고 이들에 대한 논의가 범위를 벗어나는 것이기는 하지만 몇 가지만 지적해 보자. M&A 스트레스 관리 훈련 프로그램의 목적은 대부분의 스트레스 관리 훈련프로그램이 그렇듯이 근로자가 M&A 스트레스에 더 효과적으로 대처할 수 있도록 돕는 것이다. 이러한 프로그램은 두 가지 목적 중 하나 또는 둘 모두를 가질 수 있다.

지식 획득 프로그램은 중견근로자에게 스트레스과정과 그의 잠재적 결과를 이해하는데 도움이 되는 정보를 제공하기 위해 설계된다. 여기서는 스트레스란 무엇인가 그리고 어떤 영향을 주는가를 교육함으로써 개인은 잠재적인 스트레서와 스트레스 자체를 정적인 방식으로 다룰 수 있게 된다는 것을 가정한다.

기술 개발 프로그램은 인지적 기술, 대인관계 기술, 문제해결 기술 등 스트레스에 대처하는 능력을 향상시킬 수 있는 특별한 기술을 전달하기 위해 설계된다. 이러한 기술들은 도구적(문제-해결) 또는 완충적(정서-중심)인 것으로 분류된다. 어떤 경우든지 스트레스를 다루는데 유용하다고 밝혀진 기술들을 습득시키는데 목적이 있다. 기술 개발 프로그램은 일반적으로 "스트레스 강의"와 크게 다르지 않으며, 지식획득 프로그램보다 더 비싸고, 시간이 더 많이 소요되고, 더 많은 노력이 필요하다. 이 기법들은 참여에 적극적인 근로자들에게 훨씬 더 큰 이익이 된다고 한다.

5. 타업체 고용알선

중견 근로자가 실직에 대해 갖는 공포와 걱정은 현실에 기반한 것이다. 즉 고용의 상실은 M&A 이상의 어떤 것이다. 연구에 의하면 중견 근로자들은 실직으로 인해 가장 큰 외상을 입으면서 가장 대처를 못하는 것으로 밝혀졌다. 다양한 연구결과를 보면, 중견 근로자들이 실직에 대해 가장 부정적인 태도를 갖고 있었으며 가장 큰 스트레스를 받는 것으로 밝혀졌다. 실직은 여러 가지 부정적인 신체적, 정신적 결과와 관련되는 외상적인 경험이므로, 이러한 스트레스 사건에 대처하도록 돕는 것이 중요한 처치이다. 이 점에서 가치 있는 하나의 기제는 타업체 고용알선이다.

타업체 고용알선이란 퇴출된 근로자들을 훈련시키고 자기-평가 기술을 상담하며 그들의 욕구와 재능을 고려한 새로운 고용을 보장하는 것이라고 볼 수 있다. 이것은 근로자들을 항상 새로운 직업에 배치하는 것을 의미하지는 않는다. 해고 전 상담은 외부고용알선의 일부로서 조직의 관리자가 자신의 선택대안을 숙고하고, 회사의 정책을 유지하는 방법을 객관적으로 선택하며, 퇴출되는 사람들을 위한 지원 서비스 정책을 검토하도록 돕는 데 목적이 있다. 이것은 실직대상자들이 스트레스를 유의미하게 감소시킬 수 있는 외부 고용알선의 결정적인 국면이다.

외부 고용알선 서비스의 중요한 부분은 위기 처치 과정인 타업체 고용알선 상담이다. 상담가의 역할은 부적 감정을 배출시키고 타업체 고용알선 과정에 대한 정적인 태도를 갖도록 유도하고 중견 근로자의 자존감과 개인의 가치감을 회복(또는 증가)시키는데 목적을 둔다. 덧붙여 취업준비 재개, 구직안내, 취업관련자료, 비공식적인 협력집단 등과 같은 다양한 외부 고용알선 서비스는 타업체 고용알선 패키지의 일부이다. 이러한 모든 활동은 재고용 촉진뿐 아니라 인지 및 정동의 정적인 변화를 촉진함으로써 M&A 스트레스를 감소시키도록 설계되었다.

제11장

일과 가족 갈등

한 때에는 일의 세계와 가족의 세계는 별개이며 서로 분리되어 있다는 믿음이 하나의 전설이었던 적도 있었다. 현재에는 일과 가족은 많은 측면에서 서로에게 영향을 주고받는 것으로 받아들여지고 있다. 가족이 직업경력 계획과 포부에 영향을 주는 방식을 생각해 볼 때, 얼마나 많은 시간과 정열을 직무에 할당하려 하는가? 주중에 얼마만큼의 시간을 사무실에서 보내려 하는가? 어느 정도 범위의 재배치를 수용할 수 있는가? 그리고 업무의 성공(혹은 실패의)이 가정에서의 당신의 감정에 어떤 영향을 미쳤는가? 직무에 대한 몰입 때문에 자녀의 재롱잔치나 부모 참관수업 혹은 축구시합을 놓친 것은 몇 번이나 되는가? 집에서 자녀가 아파서 이미 약속한 중요한 사업상의 회의를 놓친 것은 몇 번인가? 등을 생각해 보라.

일과 가족간의 균형이 국가의 사회의제에서 쟁점이 되고 있다는 점은 그리 이상한 일도 아니다. 변형 근로제, 신생아 양육 휴가 법안, 마미-트랙(mommy track) 그리고 아동 양육 제도에 대한 관심은 최근들어 증가하고 있는 추세이다. 한 개인으로써 그리고 한 가족의 구성원으로써, 사람들은 직무상의 책임과 가족에 대한 책임을 위태롭지만 효과적으로 다루는 방법을 찾는데 전념해 왔다.

최근 일과 가족간의 균형에 대한 요구가 보다 커지는 이유는 무엇인가? 첫째, 노동력에서 여성의 참여가 증가함에 따라 이전보다 많은 사람들이 직업경력과 가족 관계에 대한 몰입을 동시에 추구하고 있다. 표 11.1의 통계치를 고려해 보자.

이러한 통계치들이 나타내고 있듯이, 수많은 기혼 여성이 자신의 일에 대한 관여와 가족에 대한 관여 간의 균형이라는 도전에 직면하고 있다. 또한 과거보다 다방면으로 가족책임을 지고 있는 편부모들의 취업이 증가하고 있는 상황이다. 미국의 경우, 1991년 이혼, 별거 또는 남편과 사별했고 자녀가 6세 이상인 여성 중 거의 60%가 노동 인구로 진출하고 있으며, 자녀가 6~17세인 경우 이러한 양상은 80%로 증가한다(미국 인구 조사청, 1992).

더욱이, 남성들 역시 직무생활과 가정생활을 효율적으로 유지하도록 요구받고 있는 현실이다. 부인이 가정 밖에서 취업하는 사례가 증가함에 따라, 남편에게 가사나 자녀에 관한 책임이 보다 많이 부과되고 있다. 이때 남성들은 이와 같은 책임과 자신의 직무요구 간의 균형을 유지할 필요가 있다. 더욱이, 소수이긴 하지만 이혼 남성들도 자녀의 양육과 보호를 당연한 것으로 여기고 있고, 가족과 경력 몰입간의 위기를 느끼고 있다.

표 11.1 여성의 노동참여와 관련된 통계자료

- 2004년도 경제활동 인구를 보면 남자들 중 74.8%(1,372만명)와 여자들 중 49.8%(969만명)이 경제활동에 참여하고 있는 것으로 밝혀졌다(통계청, 2005).
- 2004년도 경제활동 참여 여성들 중 53.3%는 미혼이고 48.7%는 기혼자인 것으로 나타났다(통계청, 2005).
- 1996년도 총취업자 2,076만 명 중 남자가 차지하는 비율은 59.4%이고 여자가 차지하는 비율은 40.6%인 것으로 밝혀졌다(통계청, 경제활동인구연보, 1997)
- 1996년도 여성근로자를 혼인상태별로 살펴보면 미혼은 55.6%이고 기혼은 44.4%로 전년도보다 미혼은 1.2% 감소, 기혼은 1.2%가 증가하였다. 이것을 1990년 이후의 추이와 비교해 보면 1990년 34.1%, 1991년 34.9%, 1992년 37.5%, 1993년 41.3%, 1994년 43%, 1995년 43.2% 등으로 7년 사이에 약 10%가 증가하였음을 보여주고 있다(노동부, 임금구조 기본통계 조사보고서, 1997)
- 1991년 16세 이상의 모든 기혼 여성 중 거의 60%가 노동 인구이고, 1960년대에는 겨우 32%에 불과했다(미국 인구 조사청, 1992)
- 1991년 6세 이하의 자녀를 둔 모든 기혼 여성의 60%가 노동 인구이고, 1960년대에는 겨우 18.6%였다. 그리고 1991년 6~17세의 자녀를 둔 기혼 여성의 취업률은 73.6%였으나 1960년대에는 39%에 불과했다(미국 인구 조사청, 1992).
- 2000년까지 노동시장에 새로 참여하게 되는 인력의 거의 2/3가 여성일 것이고, 이중 75%는 직업을 가지고 있는 동안 자녀를 갖게 될 것이다(Genasci, 1992).
- 유명 경영 대학의 M.BA 출신 여성의 거의 81%는 졸업 후 직장을 갖고 싶어하고, 이 중 반 이상은 이미 자녀를 두고 있고 자녀 중 대부분은 수는 2세 이상이다(Samon, 1991).

과중한 직무몰입과 가정생활의 적극적인 참여는 일상생활에서 당면하는 스트레스에 효율적으로 대처하도록 개인과 가족에게 압력을 부과한다. 그리고 이러한 노력은 경영자들에게 재능 있는 남성과 여성을 끌어들이고 보유하기 위하여 "가족-지향적인"정책과 관행을 개발하도록 압박을 가하였다(Rodgers & Rodgers, 1989). 따라서 본 장에서는 일과 가족 사이의 역할 관계를 다루고자 한다. 그리고 일과 가족 사이에 갈등을 유발하는 요인과 개인, 가족 및 사용자에 대한 갈등의 결과에 대해서 설명할 것이다.

제1절 일-가족 갈등모델

일-가족 갈등에 대해서 다양한 설명모델들이 존재해 왔는데 이들은 크게 5가지 주요 이론으로 나누어 볼 수 있다. 즉 이월 이론, 상보성 이론, 분절 이론, 도구 이론, 갈등 이론 등이 그것이다.

1) 이월 이론

이 이론에서는 일의 환경에서 일어나는 사건들과 가족 환경에서 일어나는 사건들 간에는 유사성이 존재한다고 보고 있다. 더욱이 일에서의 태도는 가정생활 내로 깊이 스며들게 되고 이월될 수 있거나 혹은 일의 태도는 자신, 타인 및 자녀들에 대한 기본적인 태도성향에도 영향을 미친다고 가정하고 있다. 즉, 직무에 대한 만족은 생활의 만족을 증가시키고 직무에 대한 불만족은 일반적인 만족감을 감소시킨다는 것이다.

2) 상보성 이론

상보성 이론에서는 일과 가족간의 관계는 역관계이기 때문에 일과 무관한 경험은 일과 대조를 이루는 경향이 있다고 가정하고 있다. 개인은 두 가지 상황에서 스스로 차별적 투자를 행하고 한쪽에서 발생한 손실을 다른 쪽에서 만회하려 한다는 것이다. 상보성에는 두 가지 유형이 있다. 하나는 보충 상보성으로 이것은 일 상황에서 불충분하게 나타나는 바람직한 경험, 행동 및 심리상태가 가족활동을 통해서 추구될 때 발생한다. 다른 하나는 반응 상보성으로 이것은 일에서 경험한 박탈감이 일과 무관한 활동에서 채워지고 보완되기 때문에 발생한다. 피곤한 일에서 벗어나 휴식을 취하는 것, 일과 후에 여가활동을 찾는 것이 이러한 과정의 예들이다.

3) 분절 이론

이 이론은 일과 가족환경은 별개이며, 게다가 각 개인은 어떤 쪽에서든 서로에게 영향을 주거나 받지 않으면서 개별적으로 역할을 수행할 수 있다고 가정하고 있다. 두 가지 환경은 나란히 존재하고 매우 실용적인 목적을 위하여 서로 분리되기도 한다. 시간, 공간, 기능에서의 분리는 개인으로 하여금 그의 인생을 영역별로 분명한 선을 그을 수 있게 허용해 준다. 가족은 애정적이고 친밀하며 따뜻하게 규정된 관계성의 영역으로 보는 반면에, 일의 세계는 표현적이라기보다는 경쟁적이며 도구적인 영역으로 보여진다.

4) 도구 이론

도구이론에서는 한 환경은 어떤 것을 다른 환경에서 얻기 위한 수단이라고 제안하고 있다. 예를 들어 일의 결과는 보다 나은 가족생활을 영위할 수 있도록 이끌어주며 생의 쾌락의 일부를 얻는 수단이 된다는 것이다.

5) 갈등 이론

한 환경에서의 만족과 성공은 다른 환경에서의 불만족과 희생을 수반하게 된다고 제안하고 있다. 두 가지 환경은 그들 나름대로 독특한 규범과 요구조건을 가지고 있기 때문에 양립할 수가 없다는 것이다.

제 2 절 일-가족 갈등의 유형

일과 가족간에서 발생할 수 있는 갈등에 대해 논의하기에 앞서, 여러 가지 측면에서 일의 역할과 가족의 역할이 서로 상보적이라는 점을 인식해야 한다. 수입의 상당부분은 가족의 욕구를 위해 사용되고, 고소득 직업은 가족의 기본적인 생활을 증진시킬 수 있다. 더욱이 직업에서 파생되는 지위, 명성 그리고 정서적 만족감은 개인이 자신의 가족을 위하려는 정열과 활력을 제공할 수 있다. 그리고 개인이 자신의 가족으로부터 받는 지지와 사랑은 직무상의 도전과 시련에 대처할 수 있도록 도와준다. 그럼에도 불구하고, 일 생활과 가족 생활 사이에 서로 갈등이 발생하는 경우가 많이 있다.

그림 11.1 양립불가능한 일-가족 역할압력

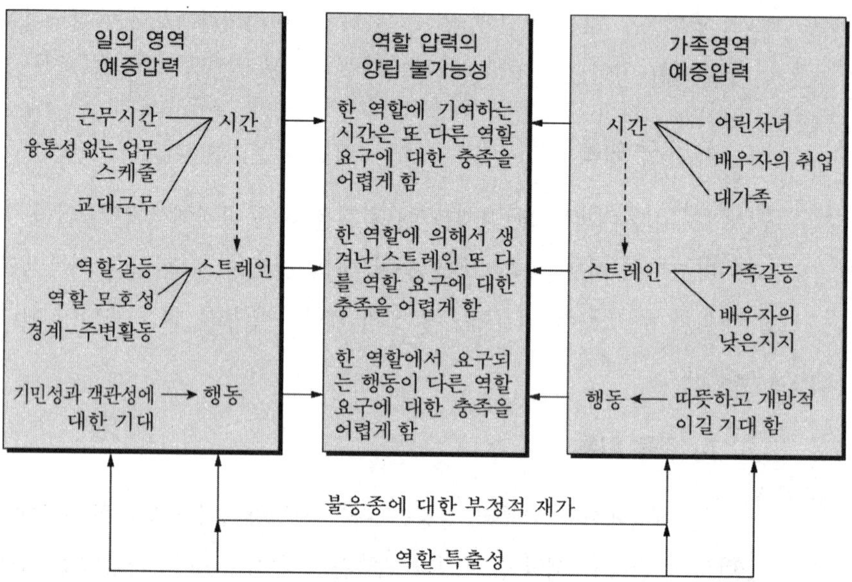

출처 : J. H. Greenhaus and N. J. Beutell, "Sources of Conflict between Work and Family Roles", *Academy of Management Review*, 1985, Vol. 10, p. 78.

일 가족간 갈등은 한 역할에 참여하는 것이 또 다른 역할참여에 의해서 방해를 받는 경우와 일의 역할과 가족 역할에 기인하는 압력이 서로 양립할 수 없을 때 발생한다. 일-가족 역할간의 갈등에 관한 문헌을 살펴보면 일과 가족간의 갈등은 ① 한 가지 역할요구에 바쳐진 시간 때문에 또 다른 역할요구의 이행이 어려울 때, ② 한 가지 역할참여로 인하여 생긴 스트레스인이 또 다른 역할요구의 이행을 어렵게 만들 때, ③ 한 가지 역할에 의해서 요구되는 특정 행동이 다른 역할의 수행을 어렵게 만들 때 나타난다고 볼 수 있다. 따라서 그림 11.1은 일-가족 갈등의 세 가지 형태(시간에 기초한 갈등, 긴장에 기초한 갈등, 행동에 기초한 갈등)를 나타낸 것이다.

1. 시간에 기초한 갈등

아마도 **시간에 기초한 갈등**은 가장 일반적인 형태의 일-가족 갈등일 것이다. 다중의 역할은 개인이 보유하고 있는 시간을 다 소비시켜 시간 부족을 가져올 수 있다. 일반적으로 한 역할 내에서의 활동에 소비되는 시간은 또 다른 역할에서의 활동에 전념할 수 없게 만든다. 삶의 여러 가지 역할들은 귀중한 재화인 시간을 확보하기 위해 서로 경쟁한다. 일반적으로 한 가지 역할을 위해 소비되는 시간은 다른 역할을 위해 할애될 수 없다. 거주 지역 밖에서 이루어지는 사업상의 회합이나 늦은 밤까지의 사무실 근무는 가족끼리의 저녁 식사, 자녀의 학부모회의나 재롱잔치 참석 등 여러 가지 상황에서 갈등을 유발할 수 있다. 시간과 관련한 갈등은 장시간 근무를 하고 장거리 여행을 하거나 초과 근무를 자주 해야 하는 근로자나 근무시간 조정이 용이하지 않은 근로자에게서 가장 많이 발생한다. 이러한 근무조건들이 가지는 특성들을 보면 모두 일터에서 보내는 시간을 증가시키거나 시간을 고정시키기 때문에 가족역할을 수행할 수 없도록 만든다.

그리고 가족의 영역에서 발생하는 시간상의 압력 역시 일-가족간 갈등을 유발할 수 있다. 가족활동에서 개인에게 많은 시간소비를 요구하는 가족역할의 특성은 바로 일-가족 갈등을 유발한다. 가장 광범위한 일-가족간 갈등을 경험하는 근로자는 기혼자이고 어린 자녀를 두고 있으며, 대가족이고 배우자 역시 직업을 가지고 있는 경향이 있다. 이러한 가족 특성들은 모두 가족 역할요구를 충족시키기 위하여 필요한 시간의 양을 증가시키며, 따라서 이것은 일과 관련된 활동을 방해할 수 있다.

기혼자들이 미혼자들에 비해서 더 많은 일-가족 갈등을 경험하며, 특히 부모들에게 많은 시간을 돌보아 줄 것을 요구하는 갓난 어린이들의 부모들은 학령기 아이들의 부모들보다 더 많은 역할갈등을 경험한다. 즉 아동양육에 대해 중요한 책임을 지고 있다는 것은 더 많은 일-가족 갈등을 경험할 가능성이 있음을 시사한다.

한편 핵가족보다 더 많은 시간을 요구할 가능성이 있는 대가족은 높은 수준의 일-가족 갈등을 요구한다. 더욱이 대가족은 남편이 자신의 직업경력에 높게 관여되어 있을 경우 여성에게 더 많은 갈등을 유발하기도 한다. 직업경력에 깊이 관여된 남자는 자신의 가족을 위해 헌신할 시간이 거의 없기 때문에 가족구성원들의 과중한 시간요구는 결국 부인의 몫이 되고 만다.

여성들에게 부과된 가족역할의 압력은 이들이 가정 밖에서 일하는 총 시간의 함수일 수 있다. 예를 들어 시간제 일에 고용된 기혼자들이 상근직으로 고용된 여성들보다 가정과 관련된 갈등을 경험할 가능성이 더 많다. 시간제 직무를 가진 여성들이 한꺼번에 너무 많은 것을 얻으려는 과정에서 과중한 역할부담을 경험하게 된다고 주장하였다. 이들 여성들은 가정 밖에서 일을 해야 할뿐만 아니라 집에서도 전업주부가 되어야 하기도 한다. 여성들에게 있어 시간제 고용은 가족의 시간요구를 경감시킬 수 없으며, 개인에게 부과된 전체 압력을 가중시킬 수 있다.

여자들이 수행하는 일의 양상도 일-가족 간의 갈등을 유발하는 요인이 되기도 한다. 예를 들어 여성관리자/여교수의 남편들은 타직종에 근무하는 여성의 남편들보다 더 많은 일-가족 갈등을 경험하는 것으로 밝혀졌다. 관리직/교수직에 종사하는 여성들은 장시간 일을 해야 하므로 가족활동에 더 많은 신경을 쓰라는 남편의 강한 압력을 받게 되고 결국 이것이 그 일에 대한 책임감과 갈등을 빚을 수도 있다는 것이다.

2. 긴장에 기초한 갈등

긴장(strain)에 기초한 갈등은 한 가지 역할 내에서 발생한 긴장이 다른 역할의 수행에 영향을 줄 때 발생한다. 직무 스트레서는 긴장, 신경과민, 피로, 우울증, 무감각 등과 같은 긴장감 증상을 유발할 수 있다. 우울증에 빠져 있거나 신경과민일 때 친절한 배우자나 사랑스러운 부모의 자세를 유지하기란 어려운 일이다. 긴장과 관련한 갈등은 직무 역할 내에서 갈등이나 모호성을 경험하고, 광범위한 신체적, 정서적, 혹은 정신적 직무 요구에 노출되어 있고, 직무 환경이 수시로 변화하고, 반복적이고 지루한 과제를 수행하는 근로자에게 가장 많이 발생한다. 이러한 스트레스 상황은 일에서 일 이외의 장면으로 '부정적인 정서의 파급'을 유발할 수 있다.

물론 긴장의 원인 중 많은 것은 가족 역할에서도 발생할 수 있다. 배우자나 자녀와 갈등을 경험하거나 혹은 가족으로부터의 지지나 도움을 거의 받지 못하는 개인은 가족 스트레스가 직장 생활로 파급된다는 것을 깨닫기도 한다. 가정생활이 스트레스로 가득찬 상황에 있는 사람이 일에 전념하기란 어려운 일이다.

3. 행동에 기초한 갈등

때때로, 특정한 역할에서 효과적인 행동이 다른 역할에서는 부적절할 수도 있다. 예를 들어, 관리자는 독립적이고 공격적이며 공정하고 객관적이길 기대한다. 한편, 가족 구성원은 이 사람에게 따뜻하고 자상하며 정서적이고 타인과의 관계에서 인간적이길 기대한다. 만일 개인이 상이한 역할을 수행할 때 행동 방식을 바꾸지 않는다면, 그는 역할간의 **행동에 기초한 갈등**을 경험할 것이다. 근로자들이 직장에서 보이는 행동 양식(논리성, 몰개성, 권력, 권위)은 가정에서 배우자나 자녀가 기대하는 행동과 모순될 수도 있다. 배우자나 자녀들이 부하직원이나 고객과 같이 대접받기를 바라지는 않을 것이다. 많은 간부직 남성들은 가정에서의 친밀한 관계를 걱정하며, 자신이 이미 익숙해진 정서적으로 통제된 직장 환경을 더 선호한다.

따라서, 다양한 역할 압력이 일-가족간 갈등을 유발할 수 있다. 이 압력 중 일부는 과도한 시간개입을 요구하며, 다른 것은 광범위한 긴장을 유발하며, 대부분은 양쪽 모두를 유발한다. 이러한 압력은 어디에서 오는 것인가? 이 중 일부는 일이나 가족생활에서 상호 작용하는 사람인 역할 발송자로부터 온다. 사장, 동료, 배우자 및 자녀는 모두 업무 프로젝트를 종결하고, 주말 회의에 참석하며, 접시를 닦고 집을 도색하도록 요구하는 역할 발송지이다. 이러한 일과 가족의 역할요구에 응하지 못하여 강한 처벌이 이루어질 때 개인은 더 큰 갈등을 경험하게 된다. 만일 사장이 토요일에 있는 업무회의에 참석해야 한다고 주장하고, 배우자는 하루 아침에 휴가 계획을 바꿀 수 없다고 한다면 개인은 곤경에 처하게 될 것이다. 만일 사장이나 부인이 상대방의 입장을 감안해 준다면, 위기에서 벗어날 수 있는 여지가 생기게 된다.

그러나 일 혹은 가정 활동에 참여하거나 두드러지려는 많은 압력은 타인에게서 오는 것이 아니라 개인이 스스로에게 거는 기대에서 오는 것이다. 즉 개인은 자기 자신의 역할 발송자인 것이다. 예를 들어, A형인 근로자는 스스로에게 장시간 근무를 하고 높은 목표를 달성하도록 엄청난 압력을 부과한다. A형인 근로자가 B형인 근로자보다 많은 직무 긴장과 일-가족 갈등을 경험하는 것은 그리 놀라운 일이 아니다. 가족의 영역에서 '완벽한' 배우자나 부모가 되고자 하는 욕구는 자녀나 배우자가 부담하는 압력 이상의 것이다.

개인이 스스로에게 부과하는 압력은 자기 개념에 대한 역할의 중요성이나 특출성에 의해 결정된다. 만일 일이 중요한 것이라면, 개인은 스스로에게 그 역할에 보다 완전하고 충실히 참여하도록 요구할 것이고, 따라서 갈등의 정도를 악화시키게 된다. 일과 가족 모두에 깊이 관여하고 하고 있는 사람은 가장 큰 갈등을 경험할 것이다. 이들은 자신의 직업경력에서는 매우 생산적이기를 원하며, 부모 그리고 배우자로써는 자상하기를 원한다. 그리고 이들은 이 두 가지를 동시에 할 수 없을 경우 죄책감을 느낀다.

일반적으로 직업을 가진 여성이 남성보다 일-가족 갈등을 보다 많이 경험하며, 이것은 여성이 남성보다 가사와 자녀의 양육에 보다 많은 책임을 지고 있기 때문이라고 믿어지고 있다. 비록 몇몇 연구에서 남성보다 여성이 보다 많은 갈등을 경험한다는 점을 발견하였으나, 다른 연구들의 경우 일-가족 갈등에서 성차가 존재하지 않거나, 심지어 남성이 여성보다 더 큰 갈등을 경험한다고 보고된 바도 있다. 중요한 사실은 일상 압력과 가족의 압력 모두를 경험하는 사람은 누구나 일-가족 갈등을 경험할 수 있고, 특히 그가 이 두 가지 인생의 영역에 깊은 관심을 기울이고 있다면 더욱 많은 갈등을 경험하게 된다는 것이다. 물론, 맞벌이 부부이거나 남편이 없는 여성은 더욱더 많은 압박감을 경험하게 된다.

광범위한 일-가족 갈등은 높은 수준의 스트레스를 유발할 수 있고, 결혼 생활이나 가족에 대한 만족 수준이 낮을 수 있으며, 낮은 직무 만족과 전반적으로 낮은 생활 만족도를 보일 수 있다. 이것은 일-가족 갈등을 경험하는 사람이 자신의 가족, 직업 그리고 생활에 대해 불만족을 경험한다는 것의 의미하지는 않는다. 어느 정도 수준의 갈등은 여성과 남성에게 일과 가족에 대한 책임간의 균형을 요구하는 사회에서는 불가피한 것이다. 아마도 일-가족 갈등의 수준이 매우 격심하여 개인이 갈등을 대처할 능력이 없을 때 가장 유발되기 쉬운 것은 불만족일 것이다.

4. 일-가족 갈등과 경력 생활 주기

일-가족 갈등은 일과 가족 각각의 역할에 부여되는 중요성 뿐 아니라 이 역할에서 유발되는 압력의 산물이다. 역할 압력과 역할 중요성은 경력 주기의 과정에서 변화할 수 있는 것이기 때문에 일-가족 갈등은 직업경력 발달 단계 동안 변화할 것으로 생각된다.

앞서 살펴본 바와 같이, 초기 직업경력에서는 개인이 직업적으로 자리를 확립하고 중요한 경력 상의 목표를 성취하기 위해 노력하기 때문에 광범위한 시간요구와 정서적 압박감이 생길 수 있다. 게다가, 경력 상에서 수용, 인정 그리고 권위를 얻으려는 욕구 때문에, 이 같은 직업경력 발달 단계에서 일의 역할은 특히 중요한 것으로 생각된다. 그러나 이 시기(20~30대)는 결혼을 했거나 가족을 구성하거나 집을 샀다면, 광범위한 가족 역할 압력을 유발할 수 있다. 이러한 논리는 일-가족 갈등이 경력 초기에 격심하며 이것은 일과 가족 관계에서 야기되는 다양한 압력 때문이라는 점을 제안하고 있다.

그러나, 경력-중기에 돌입하면서, 직무와 경력의 중요성에는 변화가 생길 수 있다. 레빈슨과 그의 동료들(1978)에 의하면, 경력 중반기에 접어든 대부분의 남성들은 자신의 생애에서 가장 먼저 해결해야 할 문제가 무엇인지를 재검토하고 새로이 발견되거나 재발견된 삶의 관심사를 위해 일에 대한 관여를 줄이기도 한다. 이것은 개인이 자신과 상황의 변화를 지각할 필요가 있다는 점을 시사한다. 직면하고 있는 압력과 자신의 가치를 이해할 때에만 우리의 일과 가족생활이 서로에게 영향을 미치는 방식을 헤아릴 수 있다.

제3절 맞벌이 부부(Dual Carer Couple)

한국여성개발원(2003)에서 통계청 통계 연보를 분석한 결과를 보면 우리나라의 맞벌이 가정은 전체 가구의 35.8%를 차지하고 있는 것으로 알려져 있다. 취업주부들을 대상으로 한 역할불임과 갈등 요인을 조사한 결과에서도 우리나라의 취업주부들은 가사참여와 자녀양육 및 교육에서 갈등을 많이 겪는 것으로 나타났다. 미국의 경우, 두 명의 자녀를 두고 남편은 직장에 다니고 부인은 가정을 지키는 '전통적'인 가정은 전체 미국 가정의 10% 이하인 것으로 추산되고 있다(Milliken, Dutton, & Beyer, 1990). 그 대신, 보다 다양한 양상의 생활양식이 출현하고 있는데, 여기에는 부모가 한 명 뿐인 가정, 자녀를 출산하지 않는 가정, 남편이 가사를 맡는 가정이 포함되고 물론 맞벌이 가족 역시 이에 해당된다. 맞벌이 부부는 지속적인 애정 관계를 유지하고 함께 살고 있으며 각자에게 일 역할이 있는 생활양식을 공유하는 두 사람으로 정의된다. 앞서 제시되었던 직업경력의 정의와 같이, 맞벌이 부부의 각 배우자는 전문직이나 관리직에 종사하고 있거나 정서적으로 흥미 있는 직업에 종사한다.

맞벌이 생활양식이 두드러지게 된 이유는 무엇인가? 분명한 점은 양쪽의 수입에서 오는 재정적 안정성이 매우 매력적이라는 점이다. 많은 부부는 원하는 표준 생활을 영위하기 위해서는 양쪽의 수입이 필요하다고 믿고 있다.

비록 금전이 맞벌이 생활양식을 수용하게 되는 중요한 이유이기는 하지만, 이것으로 모든 것이 설명되는 것은 아니다. 부부 각자의 삶의 질 역시 풍부해질 수 있는 것이다. 여성의 관점에서 볼 때, 직업을 갖는다는 것은 가정주부의 역할로는 완전히 만족될 수 없는 성취, 도전, 다양성, 권력과 같은 전반적인 욕구를 만족시킬 수 있다. 여성이 직업을 가지고 있다는 것은 자존감과 정서안녕을 증진시킬 수 있으며, 특히 여성의 직업이 도전과 흥미 있는 일을 제공하는 경우 더욱 그러하다. 보상과 만족감을 제공하는 직무는 여성의 풍요로운 삶에 기여할 수 있다. 게다가 직업경력의 추구는 독립성과 자기 충족감을 증진시킬 수 있는데 이것은 이혼이나 배우자의 사망으로 인해 결혼 생활이 끝났을 경우 특히 중요하다.

남성의 관점에서 볼 때, 맞벌이 관계를 갖는 것은 종종 가정에 대한 부가적인 책임에 관여함을 의미한다. 자녀 양육 시 폭넓은 관여는 자녀와의 보다 밀접한 유대를 제공할 수 있고 남성으로서 삶의 의미와 즐거움의 폭을 넓힐 수 있다. 맞벌이 관계에 있는 남편은 가정의 재정적 안정성에 대해 혼자서만 책임을 지는 것이 아니므로, 그는 성공에 대한 압력을 덜 느낄 수 있고 불만족스러운 직업을 버릴 수 있는 자유를 더 많이 가지게 된다.

그리고 맞벌이 생활양식은 부부간의 관계의 질에 이익이 될 수 있다. 남성이 가족의 수입을 전적으로 책임지는 전통적인 관계와 비교해 볼 때 맞벌이 관계는 보다 동등한 권력과 의사 결정을 특징으로 한다는 점이 관찰된 바 있다. 그리고 남편과 부인 모두가 직업을 가지는 것은 평등한 관계로 서로를 존중해 주고, 친밀감을 형성하며 화목을 증진시킬 수 있다.

1. 맞벌이 부부의 유형

작업집단에 영향을 미치는 사회적 변화 중의 하나는 맞벌이 부부의 발생비율이 증가하고 있다는 것이다. 과거 세대들은 아버지는 일하고 어머니는 가정을 지키고 아이들을 돌보는 역할을 담당하였다. 만일 어머니가 일을 하게 되면, 그것은 시간제였거나 부업이었고 단지 아버지의 일차적인 수입을 보충하려는 수준이었다. 과거의 어머니들은 어디서건 그와 같은 종류의 직업이나 일거리를 찾을 수 있었다. 그러나 산업사회에 접어들면서 오늘날 작업집단의 거의 반은 여성으로 채워지고 있다. 이러한 과정에서 부부의 관계뿐만 아니라 특히 가정 내에서의 여성들의 역할은 상당한 변화를 겪고 있다.

표 11.2에서는 역할에 따른 부부의 관계를 연속선상에서 보여주고 있는데, 제일 위쪽이 전통적인 관계이다: 남편은 외부 경력을 가지고 아내의 경력은 가정주부이거나 아동양육자이다. 연속선상 위쪽에서 아래쪽으로 이동하면서 남성과 여성의 역할이 가정과 외부 경력에서 보

다 동등한 참여 쪽으로 변한다는 사실을 주목할 수 있다.

표 11.2 부부역할에 따른 부부관계의 유형

전통적 부부 :
① 남편은 생계를 책임진다.
② 아내는 가정주부이자 아동양육자이다.
③ 남자는 가정을 위하여 경쟁하고 성공해야 한다.
④ 아내는 가정을 위하여 아동을 양육하고, 가계를 꾸려나간다.

준전통적 부부 :
① 남편은 생계를 책임진다(가족과 가정 일에도 어느 정도 관여함).
② 아내는 가정주부이자 아동양육자이지만 특별한 목적(휴가, 대학 등록금, 의료비, 개인적인 만족)을 위하여 일을 하기도 한다.
③ 남편은 지배적인 직업경력을 갖지만 아내가 가족생활의 질에 기여하고 아내도 가정 밖에서 활동을 하고 싶어 한다는 사실을 인정한다.
④ 아내는 일을 하지만 부모 중 어느 누구도 아내가 가정 밖에서의 직업경력을 가지고 있다고 생각하지는 않는다.

전형적인 이중-경력 부부 :
① 남편은 전문직 직업경력에 몰입한다.
② 아내도 전문직 직업경력에 몰입한다.
③ 이들 부부는 자신들이 이중-경력을 가지고 있다고 생각한다.
④ 그러나 이들 중의 한사람(거의가 아내)은 가사와 아동양육에 대해서 50% 이상의 책임을 떠안고, 50%이하의 수입을 제공한다.

평등 부부 :
① 남편과 아내는 외부의 직업경력과 가정에서 동일한 비중의 역할을 수행한다.
② 양쪽 모두는 외부의 직업경력과 가정에 똑같이 몰입을 한다.
③ 양쪽 모두는 가사를 공평하게 분담한다.
④ 양쪽 모두는 아동양육을 공평하게 분담한다.

우리 상황에서 맞벌이 부부라 함은 부부 모두가 직업 활동에 참여하고 있는 경우를 말하는 것으로, 표 11.2에서 제시된 준전통적 부부, 이중경력 부부(dual career couple) 그리고 평등 부부 모두를 포괄하는 개념이다. 한편 준전통적 부부는 'dual earner couple'로도 불리어지고 있는데 이는 자신의 전공을 살리고, 자기완성을 위해서 직업을 갖는 dual career와는 달리 가정이나 자신에게 필요한 돈을 확보할 목적으로 직업을 갖는 것을 의미한다.

이러한 맞벌이 부부는 맞벌이 가족이라고도 부르고 있는데 여성의 취업동기에 따라 맞벌이 자족을 다음과 같은 형태로 분류하기도 한다. **생계유지형:** 가족의 경제적 필요성에 의하여 기혼여성이 자발적 혹은 비자발적으로 취업을 하는 형태, **내조형:** 생계위협을 받지는 않지만 가족의 보다 나은 경제적 여유를 위하여 취업을 하는 경우와 남편이 학업을 계속하거나 출세를 위하여 여성이 생계를 전적으로 담당함으로써 파생되는 형태이다. 취업은 하였지만 여성의 성역할 태도는 매우 보수적이며 남편에 종속된 위치를 수용하는 형태, **자아실현형:** 중산층 이상 고학력의 여성들이 가사노동의 사회적 불인정 속에서, 취업을 통하여 자아를 실현시키고 근대적인 성역할 태도에 입각해서 평등한 부부관계를 정립하려는 형태, **여가활용형:** 주로 중산층을 중심으로 경제적 이유, 내조 또는 자아실현 등을 크게 의식하지 않고 자신의 취미를 살리고 여가를 활용하기 위하여 직업을 가지고자 하는 형태이다(박충선, 1995)

2. 맞벌이 관계의 스트레스원

앞 절에서, 기술된 낙관적인 측면이 맞벌이 관계가 스트레스로부터 자유롭다는 것을 의미하는 것은 아니다. 비록 맞벌이 부부가 적어도 전통적인 부부만큼은 결혼 생활에 대해 만족을 느끼지만, 맞벌이 관계의 부부가 직면할 필요가 있는 여러 가지 중요한 쟁점이 존재한다. 이 절에서는 이러한 쟁점을 다루어 보고자 한다. 맞벌이 가족이 경험할 수 있는 다양한 형태의 세부적인 스트레스원에 대해 보다 자세히 살펴보기로 하자.

1) 일-가족 갈등

일과 가족의 광범위한 요구는 역할 과부하를 유발할 수 있으며, 이것은 심각한 일-가족 갈등을 이끌어낸다. 많은 남성들은 자신의 업무요구가 자신들이 가정에서 떠맡을 것으로 기대되는 책임과 갈등을 유발할 것이라는 사실을 알고 있다. 도전적인 직무상의 요구조건을 이행하기, 여러 지역으로 출장가기, 장시간의 근무 등은 가족활동에 참여하라는 압박 및 참여욕구와 쉽사리 갈등을 유발할 수 있다.

그럼에도 불구하고, 여성은 여전히 가사와 아동양육이라는 책임의 주요 부분을 떠안고 있다. 비록 여성들이 자신의 삶에서 일 역할이라는 또 다른 역할을 보태고 있지만, 일반적으로 여성들은 가사와 육아의 역할을 상당부분 타인에게 양도하지 못하고 있다. 비록 전업 주부의 남편에 비해 직장이 있는 여성의 남편이 보다 광범위하게 가사와 가족 활동에 참여하고 있기는 하지만, 이들은 여전히 부인보다는 상당히 적은 양의 가사활동을 수행한다. 게다가, 남편이 가사활동에 대한 적극적으로 참여할 때조차도 남편의 행동은 가사 활동에 대한 실제적인 책임보다는 '거들어 주기'에 불과한 것으로 보인다.

사실, 맞벌이부부의 부인은 직장에서 가정으로 돌아왔을 때 쉬기보다는 또다시 가사일을 돌보는데 많은 시간을 보내야 한다. 한 연구에 의하면, 아버지가 가사와 자녀 양육에 주당 27.5시간을 소비하는 데에 비해, 맞벌이 관계에 있는 어머니는 평균 주당 44시간을 소비하는 것으로 밝혀졌다. 맞벌이 회사원들을 대상으로 했던 조사의 경우, 남편들은 자신의 아내가 가사와 자녀 양육에 대해서 자신보다 4배의 시간을 더 소비한다고 보고했었다(Nollen, 1989). 이에 덧붙여, 평등한 가사 책임의 분담에서 출발했던 결혼조차 자녀의 출산 후에는 성에 기초한 노동의 역할 분담으로 역전되는 것으로 밝혀졌다.

맞벌이 부부 각자가 경험하는 과부하와 스트레스는 여러 가지 방식으로 그 관계를 위협할 수 있다. 첫째, 대부분의 부모들은 자녀와 충분한 시간을 같이 하지 못하는 것에 대해 죄책감을 경험한다. 한 여론 조사의 경우, 조사대상 부모 중 59%가 자녀와 보다 많은 시간을 보내고 싶어 한다고 보고했다.

둘째, 부부는 그들의 관계를 성숙시키기 위한 시간을 갖지 못할 수도 있다. 직무상의 요구와 자녀의 욕구는 부모에게 각각에 대한 시간을 거의 허락하지 않는다. 함께하는 시간이 부족하다는 것은 결국 낭만적이고 정서적인 관계를 위협할 수 있고 부부를 서로 멀어지게 할 수 있다.

셋째, 가족과 직무상의 책임은 종종 자신만을 위한 시간을 거의 허락하지 않는다. 휴식과 반성 또는 여가 활동을 추구하기 위한 시간을 거의 가질 수 없다. 사실, 버든과 구긴스(1987)는 결혼한 주부의 주당 평균 여가 활동 시간이 13.7시간이며 이것은 이들의 연구에서 다른 어떤 집단들보다 적은 시간이었다는 점을 발견했다.

요컨대, 맞벌이를 하고 있는 부부는 자녀를 두고 있을 경우 특히 소모적이고 정신없는 생활을 하게 된다. 업무에 대한 압박, 출근전쟁, 업무상 출장, 자녀의 과외, 자녀의 과제물 돌봐주기, 가사활동, 회사의 요구 등 끝없는 일이 존재한다. 맞벌이 생활양식은 여러 가지 보상을 가져다주지만, 반드시 쉬운 것은 아니다.

2) 한정된 경력 성취

맞벌이 생활양식은 부부 각자의 직업경력 상의 성취를 제한하거나 더디게 할 수 있다. 가족에 대한 추가적인 책임 때문에, 남편과 부인은 그들이 빠른 경력성장을 위해 필요한 직무에 대한 한결같은 헌신을 보일 수 없거나 덜 보이게 된다는 점을 발견하게 된다. 남편의 가사 책임이 그의 경력 성취에 미치는 영향에 대한 연구는 그리 많지 않다. 그러나, 부인이 직업을 가지고 있는 남편이 전업 주부를 부인으로 두고 있는 경우 보다 자신의 직업에 시간과 감정을 덜 기울인다는 사실은 이미 알려져 있다. 부인이 직업을 가지고 있는 남성은 직업경력을 바꾸고, 출장여행에 한계를 그으며, 가족 때문에 승진이나 이주를 거절할 수 있다. 게다가 홀(1990)은 남성들이 가족에 대한 책임을 다하기 위해 업무관여를 줄일 수 있도록 자신의 상급자들과 비공식적인 타협을 한다는 점을 발견했다. 그리고 맞벌이 부부의 남편들은 직장 동료들을 초대했을 때 손님접대를 아내의 도움 없이 대부분 혼자 해야 한다.

여성의 가족에 대한 책임이 그녀의 직업경력 성취에 미치는 영향은 가장 많은 관심을 끌어온 영역이다. 경력과 가족으로부터의 강한 압력을 경험한 많은 여성들은 갈등을 경감시키기 위하여 직업경력에 대한 관여를 줄인다. 이들은 일에 참여하는 시간을 줄일 수 있고, 쉽게 가족의 일정에 맞출 수 있는 직업을 선택하며, 타 지역으로의 이주를 요구할 경우 승진을 거절할 수 있고, 일정 기간 동안 노동활동에 참여하지 않음으로써 자신의 직업경력 진행을 일시 중지시킬 수 있다. 게다가, 부모로써 직장을 다시 구하기 위해서는 회의적인 시각의 고용주를 상대로 열심히 일에 몰두할 수 있다는 사실을 입증해야 한다.

부분적으로 맞벌이 가족에서의 경력 제한의 정도는 특정 직업경력 영역에서 요구되는 몰입시간에 의해 결정된다. 남자 혹은 여자는 합리적이고 예측가능한 시간을 갖는 분야에서는 경력진행과 관련된 장애를 경험하지 않을 수도 있다. 다른 한편으로 직무수행과 경력진행은 많은 시간과 출장을 요구하는 분야에서 어려움을 겪을 수도 있다. 더욱이 경력성취는 부부 각자의 직업경력의 상대적인 특출성, 각자의 가족 책임의 수준, 가사와 아동양육 같은 문제 에 대한 외부의 협조 가능성, 배우자로부터 받는 지지, 일-가족과 관련된 문제에 대한 사용자의 배려 등에 의해서 좌우될 수 있다. 맞벌이 부부들은 특정 시점에서 누구의 경력을 우선시할 것인지에 대해서 결정을 해야 한다. 누가 아픈 자녀와 집에 있을 것인가? 누구의 직업을 위해 이사를 가야 하는가? 자신의 직업경력이 우선시되는 배우자는 상대방보다 직업에 더 적응을 해야 하고 자신의 직업경력을 보다 강력하게 추구해야 할 것이다. 전통적으로, 남성의 직업경력은 가족에 대한 책임을 능가함에도 불구하고, 가족에 대한 여성의 책임은 그의 일보다도 우선하도록 기대된다. 일반적으로, 이것은 남편의 직업이 보다 중요하고, 더 필요하며, 가족 수입 중 대부분을 제공한다는 논리에서 나온 것이다. 이제는 이러한 가정은 더 이상 옳은 것만은 아니다.

부부들은 상이한 방식으로 직업경력 우선권의 문제를 다룰 수 있다.

어떤 부부는 두 사람의 경력이 모두 동등한 우선권을 가지며 배우자는 가정사를 공유하고 이사결정은 두 사람의 경력 상의 필요에 근거해서 이루어져야 한다고 주장한다. 다른 부부는 한 배우자의 경력에 우선권을 부여하고 가족은 경력욕구에 적응을 해야 한다고 본다. 다른 사례에서, 각 경력의 상대적 우선권은 경력의 욕구와 단계에 따라서 변화한다. 가장 중요한 것은 도달해야 하는 궁극적인 해결책이 아니라, 이 해결책에 도달하는 과정이다. 이 과정은 개방성, 유연성, 배우자에 대한 배려가 수반되어야 한다. 적어도 양쪽 배우자는 상대편 경력의 상대적 우선권에 대해 동의해야 하거나, 결혼 생활의 광범위한 긴장을 각오해야 한다.

따라서, 맞벌이 관계의 추구와 제약은 배우자 양쪽 또는 한쪽의 경력 진행을 방해할 수 있으며, 이것은 특히 경력 진행이 조직 내의 승진 체계에서 신속한 상승으로 정의될 경우 그러하다. 그러나 맞벌이의 전문직 여성이 미혼이거나 자녀를 두지 않았을 경우보다는 어느 정도 삶의 후기단계에 접어들었을 때 직업경력에 대해 중요한 기여를 할 수 있게 된다. 만일 이와 동일한 경향이 남성에게도 사실로 나타난다면 그리 놀랄만한 것은 아니다. 그렇다면 장기적인 관점에서 볼 때, 경력성취는 적어도 경력성장의 속도에서 유연성을 허락하는 직업과 조직 내에서는 심각하게 방해받지 않을 수도 있다.

3) 경쟁과 질투

소위 전통적 가정에서 노동의 분할은 명확하고 비경쟁적인 세계를 구성한다. 일세계에서 남성은 경쟁심을 고취시켜야 하고 여성은 가사요구를 숙달해야 한다. 따라서 각자의 영역에서 상대적인 성공을 비교한다는 것은 불가능하다. 그러나 양쪽이 직업을 가질 경우 한쪽 배우자는 궁극적으로 다른 쪽에 비해 더 성공적일 수밖에 없다. 남편은 자신을 능가하는 아내의 성공에 위협을 받을 수 있다. 수입이나 직무수행수준으로 반영되는 부인의 경력 상 성공은 결혼 생활에 대한 낮은 만족도와 관련이 있다. 남성 혹은 여성의 편에서 질투는 내버려두게 되면 두 사람간의 관계를 해칠 수 있다. 남성 혹은 여성의 성공에 대하여 경쟁과 질투가 아닌 상호지지 관계를 형성해야만 가족생활의 위협을 감소시킬 수 있을 것이다.

부부 모두가 동일한 직업경력 영역에서 일을 할 경우 경쟁의 잠재성은 증가하는가? 다른 한편으로 동일한 또는 유사한 영역에서 일을 하는 두 배우자는 경쟁을 증폭시킬 수 있다. 기업 간부와 대학 교수를 비교하는 것보다 두 명의 회계사나 변호사가 의식적으로든 무의식적으로든 자신들의 상대적 성공을 비교하는 것은 쉬운 일이다. 최근의 연구에 의하면, 맞벌이 관계의 여성은 남편과 직업 영역이 동일할 경우 남편에 대한 정서적 지지를 덜 하는 경향이 있다는 점이 발견되었다. 다른 한편으로, 동일한 영역에서 일하는 부부들은 서로의 압력이나 압박감을 이해하고 적절히 평가할 수 있고, 따라서 서로에게 보다 큰 공감과 지지를 제공할 수 있다는 점도 제안되어 왔다.

양쪽 배우자의 지위는 대단히 중요한 의미를 갖는다. 배우자의 경력 성공이 경쟁심과 질투심에 미치는 영향은 두 배우자의 성향에 의해 결정되는 것으로 생각된다. 아마도 가장 격렬한 경쟁심과 질투심은 자신의 경력 성공에 대해서 상당한 중요성을 부여하고 있는 배우자가 경험하게 될 것이다. 이러한 조건 하에서 특히 배우자의 경력 성취는 위협받을 수 있다. 그러나 대학생 및 대학원 재학생들을 대상으로 한 연구결과에서는 배우자의 경력 성공을 믿는 남녀 학생이 격렬한 경쟁심이나 질투심을 보이는 것으로 확인되었다.

4) 정체성 문제

맞벌이 관계의 배우자는 현재 생활양식이 자신의 초기 성역할 사회화와 일치하지 않는다고 믿을 경우 불안정과 스트레스를 경험할 수 있다. '좋은 아내'가 되어야 하고 집안에 안주하며 자녀를 양육하고 남성과 경쟁하지 않도록 교육 받은 여성은 자신의 생활양식에 대해 죄의식을 느끼며 스스로의 여성성에 의문을 품을 수 있다. 남성성을 경력 성공과 남성이 혼자서 생활비를 벌어오는 것과 동일시하는 남성은 자신과 자신의 배우자가 채택했던 역할에 대해 불안감을 느낄 수 있다. 아직도 맞벌이 생활양식은 전통적 가족 규준에 배치되는 것이기 때문에, 많은 배우자들은 부모, 친척, 친구, 직무 조직으로부터의 이해나 도움을 거의 받지 못하고 있는 실정이다. 그러나 여성 취업에 대한 사회의 태도가 점차 긍정적으로 변화하고 있기 때문에 미래에는 정체성 문제의 폭이 좁아질 것이다.

3. 부모의 맞벌이가 자녀에게 미치는 영향

직업을 가진 부모에 대한 포춘지의 조사에 의하면, 대다수 남성(55%)과 여성(58%)이 '직업을 가진 부모의 자녀는 충분한 시간과 관심을 받지 못하는 것에 불만을 가지고 있다고 생각한다. 그러나 이들 부모 중 대다수는 동시에 '자녀가 일을 하는 부모를 역할 모델로 둠으로써 이익을 얻는다'고 믿고 있다. 아마도 이러한 결과는 많은 맞벌이 부모가 경험하는 양가감정을 반영하는 듯하다.

긍정적인 측면에서 맞벌이 가족의 자녀는 전통적인 가족 구조의 자녀보다 풍부한 자원을 가지고 있으며 보다 독립적이다. 그리고 맞벌이 가정에서 양육된 자녀는 보다 평등한 성-역할을 보유하는 경향이 있다. 한편, 부모 모두가 직업을 가지고 있는 자녀는 때때로 자신의 부모에 의해 무시되는 경향이 있다는 점이 관찰되었다(Labich, 1991). 종종 대중 잡지에서는 소위 '열쇠를 목에 걸고 다니는 아이들'이라 부르면서 이들에 대한 부정적인 측면을 다루고 이들이 혼자의 힘으로 모든 걸 해결해야 하고 나쁜 길로 빠지거나 학업에 실패하는 것으로 묘사하고 있다.

그러나 여러 문헌에서는 결혼한 부부의 경우 보통 부모 모두의 취업으로 이어지는 어머니의 취업이 자녀의 발달에 대해 일관된 정적, 부정적 효과를 보이지 않는다는 점을 제안하고 있다. 결과적으로 자녀의 적응에 대한 맞벌이 생활양식의 영향은 부모 자녀간 관계의 질, 자녀 양육의 질, 부모의 개인적 만족과 같은 요인에 의해 결정된다고 볼 수 있다.

제4절 다양한 역할의 균형 맞추기

부부가 모두 일을 하고 있을 때, 집안을 청소하고, 음식을 만들고, 아이가 아플 때 돌보는 일을 누가 하는가? 매스컴에서 부부간에 가사 분담이 늘어나야 한다고 주장하고 관심을 기울임에도 불구하고 여성들은 고용여부에 관계없이 가사와 육아를 책임져야한다. 남편들이 주당 몇 시간 정도 집안 일을 거드는데 비해, 아내들은 남편의 2-3배나 되는 시간을 집안일과 육아에 힘쓰고 있다. 실제로 가사분담은 맞벌이 부부에게 가장 큰 논쟁거리이며, 불행의 원인은 바로 불균등한 가사분담에서 비롯된다.

1970년대 이래로 많은 자료에 의하면, 여성들이 집안일을 하는데 들이는 시간은 많이 줄어들었다. 특히 여성들이 취업을 했을 때 남성들이 집안일을 하는 시간은 상당히 증가하였다(Swanson, 1992). 점차 남성이 가사 노동에 참여하는 비율과 시간이 늘어나기는 하였지만 겉보기와는 사뭇 다르다. 남편들은 주로 주말에 하며 하기 싫은 일까지 하는 것은 아니며, 하겠다고 동의한 정해진 일만 하고 아내의 직장생활 여건을 고려해주지 않는다(Zick & McCullough, 1991). 간단히 말해서 남성이 가사 노동에 더 많이 참여한다고 해서 집안일에 대한 여성의 책임이 그렇게 크게 줄어드는 것은 아니다.

한편 역할 갈등은 많은 맞벌이 부부에게서 표출되는 또 다른 문제이다. 직장에서의 시간과 가족과 함께 하는 시간의 균형을 맞추는 것은 모든 사람이 직면하는 문제이다. 많은 여성들이 궁극적으로 어머니로 사회화되며, 자신의 자녀를 양육하는 것과 직장생활을 계속하는 것 간의 갈등을 느낀다. 아이를 보육시설에 맡기는 것이 어머니로서의 도리가 아니라고 생각한다면, 직장을 계속 다녀야 하는 여성의 입장에서는 이것이 역할 갈등을 한층 더 심화시킬 수 있다. 그러나 직장생활을 하는 대부분의 부부들은 일과 양육간의 갈등을 해결하고자 한다.

많은 사람들은 자녀 양육과 관련된 문제에서 아이들의 연령이 스트레스에 영향을 미치는 중요한 변수라고 생각하지만 이와는 달리 아이들의 수가 중요 변수임이 확인되었다. 즉 연령이 중요한 것이 아니라 신경을 써야할 아이가 많다는 것이 더 큰 스트레스 요인으로 작용한다는 것이다. 한편 양육 스트레스와 관련하여 남자들의 직장은 여성에 비하여 직무 스케줄에 융통성을 발휘할 수 있어 아픈 자녀를 돌보거나 기타 다른 가정 문제를 해결하는 것이 가능하다. 그렇기 때문에 남성들이 느끼는 스트레스 수준은 여성보다 낮을 수 있다.

특히 둘 다 장시간 일을 해야 하는 맞벌이 부부의 경우 가사 및 육아문제 이외에 종종 서로 단 둘 만의 시간을 갖는데 어려움을 겪을 수 있다. 함께 보내는 시간의 양이 그렇게 중요한 것은 아니나 식사, 운동, 대화 등과 같이 부부가 함께 할 수 있는 시간이 있다면, 행복감을 느낄 수 있다.

일과 가정의 조화는 부부의 일상생활에서 매우 중요한 것이다. 여러 가지 역할을 배우는 것은 현대 산업사회에서 중요한 과정이다. 우리의 아이들을 미래에 적합하게 사회화 시켜야 하는데 가사 분담도 사회화 과정에 포함시켜야 한다.

제5절 일-가족 쟁점에 대한 조직의 반응

현재 많은 기업에서는 종업원들이 직장 생활과 가정생활의 균형을 이룰 수 있도록 돕는 것이 기업조직의 최대 관심사라는 점을 인식하고 있다. 이전에 '여성의 문제'로 인식되곤 했던 것이 점차 기업운영의 핵심사항으로 인식되고 있는 것이다. 이러한 기업 경영자들의 태도변화는 무엇으로 설명할 수 있는가?

첫째, 이전 보다 많은 종업원들이 일에 대한 책임과 가족의 책임에 대해 균형을 유지하려 노력하고 있다. 앞서 논의된 바와 같이, 맞벌이 생활양식의 출현은 부모가 자신의 직무상의 요구와 가족에 대한 책임을 동등하게 대하도록 요구하고 있다. 비록 여성이 일의 요구와 가족의 요구를 균형 있게 조절해야 하는 가장 광범위한 압력에 직면하고 있지만, 남자들 역시 선택에 의한 것이든 필요에 의한 것이든 점차 가사와 자녀 양육에 관여하는 비율이 증가하고 있다. 그리고 이혼율의 증가는 결과적으로 한부모 가정의 수를 증가시켰다. 혼자 가사를 책임지는 가장의 대다수가 근로 여성이기 때문에, 책임을 공유할 배우자가 없는 이들은 끊임없이 직무 및 가정의 압력에 직면하고 있다.

게다가, 종업원들은 점차 부모나 다른 성인 친척들의 부양을 요구받고 있다. 2개의 대기업을 대상으로 조사한 바에 의하면, 종업원의 20~30%가 성인 부양가족을 돌보아야 하는 책임을 지고 있는 것으로 나타났다. 아마도 앞으로는 노부모 부양에 대한 압력이 보다 커질 것으로 생각된다(Rodgers & Rodgers, 1989).

이러한 인구 통계학적 경향뿐 아니라, 종업원의 가치관도 삶의 질을 보다 강조하는 방향으로 변화하고 있다. 사실, 종업원은 일과 가족간의 균형을 유지할 수 있는 기회를 요구하고 있고, 보다 높은 삶의 질을 위해 자신의 직업경력을 희생하려 한다(Shellenbarger, 1991). 상당수의 남녀 직장인들이 자신의 가족 생활에 긴장을 줄 수 있는 승진, 이주, 재배치, 광범위한 압력을 수반하는 직무 또는 장기출장을 거부하고 있다.

종업원의 가치관의 변화뿐만 아니라 가족과 고용 양상에서 이러한 변화는 조직의 효율적인 종업원 배치를 방해하는데, 이것은 특히 국가적인 인재 집단의 위축이라는 관점에서 볼 때 더욱 그렇다. 한 예로 조직에서는 자녀의 출산과 함께 직장을 떠나는 젊고 재능있는 여성 관리자 및 전문가가 기여할 수 있는 기회를 잃게 된다. 경력 및 가족 지향적 여성 중 많은 수는 자신의 직업경력이 계속되기를 원하지만, 주당 50~60시간의 근무와 다양한 출장요구를 받고 싶어하지는 않는다(Schwartz, 1992). 전형적으로 경영자는 어린 자녀를 둔 여성에게 여러 가지 근무일정의 대안을 제공하지 않았기 때문에 여성은 직장을 떠나게 된다. 이러한 사실은 많은 시간과 돈을 투자했고, 이러한 가치를 지닌 종업원을 교체하는 데에 필요한 채용 및 훈련비용을 감당해야 하는 고용주에게는 상당한 타격이 될 수 있다.

슈와르츠(1992)가 지적했듯이, 인재 집단이 위축될 뿐 아니라, 점차 여성 노동력이 증가하고 있다는 것이다. 미국의 경우 1991년, 전체 여성의 57%가 노동 인구이고, 2000년까지 이 비율은 63%까지 증가할 것으로 보이는데 이 때쯤이면 전체 노동력의 47%가 여성일 것이라고 추정하고 있다. 그리고 1989년 학사 학위의 52%, 석사 학위의 51%를 여성이 받았다. 1990년 MBA 대학원 강의는 전에는 거의 남성뿐이었지만 이제는 거의 1/3이 여성이고, 1990년 새로 졸업하는 변호사의 41%가 여성인 것으로 밝혀졌다. 따라서 고용주는 가장 총명하고 최고의 자질을 가진 지원자 중 여성의 수가 점차 증가하고 있다는 사실을 발견하고 있다. 이러한 집단의 광범위한 이직은 고 비용과 저 생산성을 유발하게 된다.

그리고, 노동 인구에 포함되어 있는 부모는 직무상의 책임과 가족에 대한 책임이 균형을 이루도록 하는데 어려움을 느낀다. 채프맨(1987)은 여성의 59%, 남성의 38%가 가족에 대한 책임 때문에 적어도 3개월에 하루 정도는 결근을 한다는 사실을 발견했다. 격심한 일-가족 갈등은 높은 수준의 결근과 격심한 스트레스를 유발할 수 있고, 이 두 가지는 조직의 생산성에 손상을 줄 수 있다. 가족-지지 환경이 조직에 대한 종업원의 몰입을 향상시킬 수 있다는 것은 놀라울 것 없는 당연한 사실이다.

위에서 살펴본 바와 같이, 많은 종업원들이 일-가족 갈등을 경험하고 있다. 한편 역사적으로 고용주들은 대다수의 관리직 및 전문직 종업원들이 야간과 주말을 포함해서 프로젝트를 완수하기 위하여 많은 시간을 업무에 할애할 것이고, 기꺼이 장기출장을 갈 것이며, 조직과 자신의 직업경력 향상에 도움이 된다면 이주(재배치)도 마다하지 않을 것이라는 암묵적 가정 하에 조직을 운용해 왔다. 물론, 이러한 접근방식은 관리직 및 전문직 종업원이 남성이고 전업 주부와 결혼했으며, 따라서 일에 모든 시간과 주의를 투자할 것이라고 가정하는 것이다.

오랫동안 아무도 이러한 가정, 태도 그리고 행동을 바꾸려하지 않았다. 고용주 역시 예외는 아니다. 조직은 다양한 이유로 인해 늦게 서야 일-가족 문제를 제기했다. 조직에서는 이 문제의 해결방법을 모르고 있으며, 그들의 '상향 지향적 가치 체계'에 손상을 가하는 일- 가족 균형에 대한 요구에 의해서 위협을 받고 있으며, 조직에서는 이것을 '여성의 문제'로 치부하고 이러한 문제를 해결함으로써 조직에 어떤 이익이 오는지를 알지 못하고 있다(Hall & Richter, 1988). 그러나 이러한 변화에 대한 저항은 보다 많은 기업이 가치 있는 종업원을 끌어들이고 보유하는데 어려움을 겪으면서 약화되고 있다. 그러면 조직이 종업원이 직장 생활과 가정 생활간의 균형을 유지하도록 도울 수 있는 활동에는 무엇이 있는가?

1. 부양가족 돌보기

직업을 가지고 있는 대다수의 부모는 자녀의 복지에 대해 깊은 관심을 가지고 있다. 이러한 관심에 대해, 고용주는 광범위한 자녀 양육 프로그램을 지원해 왔다. 프리드맨(1990)은 자녀 양육 활동을 제공하는 기업의 수가 비록 100명 이상의 사업장의 12%에 불과하지만 1980년 600개에서 1990년에는 5,400개로 증가했음을 보고했다. 다른 최근의 조사에 의하면, 259개 여론 조사 회사의 55%가 종업원에게 몇 가지 형태의 보육원 지원을 제공한 것으로 밝혀졌다(Trost & Hymowitz, 1990).

1) 사내 보육시설 혹은 사외 보육시설

1,200개의 조직(이중 대부분은 병원이다)이 종업원의 자녀를 위한 직장 내 또는 사외 보육시설을 제공하고 있다. 예를 들어, 매리어트사 본사는 종업원의 자녀를 위한 사내 아동 발달 센터를 운영하고 있다. 월요일에서 금요일까지 하루 12시간 운영되는 이 센터는 부모의 근무 일정에 따라 필요한 경우 자녀를 방문하는 것이 가능하다. 비록 사내 보육원과 사외 탁아원이 여러 가지 면에서 이상적인 것이기는 하지만, 사용자는 보육시설 유지에 필요한 비용 때문에 설치를 주저할 수 있다. 따라서 수많은 대안적인 자녀 양육 지원의 양식이 개발되어 왔다.

2) 할인권과 쿠폰

몇몇 고용주는 자사의 종업원을 할인해 주도록 사설 보육시설과 계약을 하고, 다른 고용주의 경우 종업원이 스스로 선택한 보육시설에서 사용할 수 있는 쿠폰을 제공하기도 한다(Friedman, 1990).

3) 원조 및 추천 서비스

고용주에 의해 운영이 될 수 있고 외부대행사와 계약을 맺을 수 있는 원조 및 추천 서비스는 자녀 양육 서비스의 활용에 관한 정보와 조언을 제공한다. 그리고 이것은 세미나, 지원 집단, 도서관, 신문 등을 통해서 보충될 수 있다(Friedman, 1990).

4) 지역 사회 개입

고용주는 자녀 양육 서비스의 형식을 확장하고 개선하기 위해 지역사회 집단과 공조할 수 있다. 예를 들어 몇몇 기업에서는 학교에서의 방과 후 프로그램이나 지역사회 대행업체에 기금을 지원하고, 어떤 기업의 경우 사설 사설보육시설을 통해서 일부를 지원해 왔다. 그리고 어떤 기업은 가정 내 보육제공자의 수를 증가시키기 위해 가족 보육원

협회에 자금을 지원하고 있다(Friedman, 1990).

5) 병가

질병을 앓고 있는 자녀의 양육에 관해서 직업을 가진 많은 부모들이 걱정하고 있는 점을 감안하여, 기업에서는 불가피하게 병가정책을 바꿀 수밖에 없다. 한 조사에 의하면, 비록 병가의 59%가 무급 휴가이기는 하지만, 대기업사의 2/3가 종업원에게 가족 구성원의 질병을 이유로 병가를 제공하는 것으로 밝혀졌다(Friedman, 1990). 소규모 회사가 중대형 회사보다 병가의 활용에 보다 탄력적이라는 사실은 흥미로운 점이다.

종업원들이 가장 유용한 것이라고 여기는 자녀 양육 지원의 종류는 매우 다양하다. 고용주는 이러한 다양성에 적응하기 위하여 종업원들이 선호하는 프로그램이나 보육내용에 부응하기 위하여 정기적으로 재점검되는 일련의 자녀 양육 지원을 제공할 수 있도록 노력할 필요가 있다.

6) 노부모 부양

비록 가족 부양이 종종 자녀의 양육과 동일한 것으로 취급되기는 하지만, 나이 많은 친지나 특히 노부모의 부양은 많은 관심을 끌고 있는 영역이다. 계속되는 수명 연장에 의해, 2030년에는 인구의 20%가 노령화될 것으로 추산하고 있다(Friedman, 1990). 시간이 없거나 자원이 없는 종업원들에게는 노부모를 봉양한다는 것은 심각한 사안이다.

이러한 압력의 결과로 조직에서는 종업원들에게 노부모 부양 지원 프로그램을 제공하게 되었다. 이러한 지원은 노부모의 욕구 충족을 위한 시간의 탄력적인 사용, 이용가능한 서비스와 정책에 대한 정보, 종업원 조력 프로그램을 통한 지지 집단 등과 같은 형태를 취할 수 있다(Friedman, 1990). 몇몇 기업에서는 종업원에게 노부모 부양에 필요한 비용을 보조금 형태로 제공하고, 종업원의 나이든 친지를 방문하도록 사회사업가를 붙여주기도 한다.

2. 변형근로

1) 변형근로제

직업을 가진 부부에게 자녀 양육 보조도 중요하지만 직장에서의 근무일정에 대한 융통성 역시 중요한 사항이다. 이러한 상황을 고려해서 초기에 시도된 방법 중의 하나가 바로 변형근로제의 확립이었다. 일반적으로 변형근로제는 모든 종업원들이 의무적으로 근무해야 하는 핵심시간대(예컨대 오전 10시에서 오후 3시)와 탄력적인 출근 및 퇴근 시간을 제공하기 위한 핵심시간 주변대의 시간으로 구성되어 있다. 프리드맨(1990)은 대기업의 50%가 변형근로제를 제공하고 있음을 확인하였고 로저스 등(1989)은 전체 미국 근로자의 12%가 변형근로제 체계하에서 일을 하고 있다는 사실을 관찰했다.

변형근로제는 종업원이 어느 정도 자신의 시간을 통제할 수 있도록 해주기 때문에, 종업원이 직무상 책임과 가족에 대한 책임간의 균형을 유지할 수 있도록 도와준다. 비록 변형근로제의 결과가 언제나 긍정적인 것도 아니고, 이 프로그램의 특성이 종업원의 구체적인 욕구와 짝을 이루어야 하지만 변형근로제는 일-가족 문제에 대한 폭넓은 조직적 접근법의 핵심구성요소이다.

2) 가족휴가

존슨(1990)이 관찰한 바와 같이, 100개 이상의 국가가 세 가지 원칙하에 출산휴가를 시행하고 있다. 즉 출산 전후에 일정 기간의 휴가를 가질 권리(선진국의 경우 14주, 우리나라는 12주), 휴가 기간 중 급여의 전체 혹은 일부의 지급, 휴가 종료 후 직무복귀의 보장 등의 정책이 시행되고 있다. 몇몇 국가에서는 부모가 자신의 유아와 추가 시간을 보낼 수 있도록 하는 보충적인 부모 휴가제(무급 또는 부분 유급)를 시행하고 있다. 1993년의 경우, 미국은 종업원에게 새로 태어나거나 입양한 자녀 혹은 질병을 앓고 있는 자녀, 부모, 배우자를 돌볼 수 있도록 12주의 무급, 직무-보호 휴가를 제공하는 가족 및 의료 휴가 법안을 통과시켰다. 이 법안은 50명 이상의 근로자를 채용하고 있는 조직에서 일하고 근무 기간이 1년 이상이고 12개월 전까지 근로 시간이 최소 1,250시간 이상인 근로자에게 적용된다.

그러나 가족 휴가에 대한 몇 가지 법안은 민간부문에서 시행되어 왔다. 미국 국회 위원회의 조사에 의하면 조사 대상 기업의 90%가 출산에 대한 휴가를 제공하고, 60%는 새로 어머니가 된 종업원에게 추가 휴가(일반적으로 무급)를 제공하며, 그 기간은 출산후 평균 11주인 것으로 밝혀졌다. 아버지를 대상으로 한 부성 휴가는 44%의 회사가 시행중인 것으로 보고되었고 주로 무급 휴가였다. 그럼에도 불구하고 1988년 미국 전체 전임 노동 인구 중 단지 36%만이 출산 휴가 정책의 혜택을 받았고 부성 휴가 정책은 17%만 이 혜택을 받았다(Johnson, 1990).

수많은 회사들이 적극적인 휴가 프로그램이 재능 있고 유능한 종업원을 채용하고 보유하는데 유용하다는 사실을 인식해 왔다. 비록 많은 연구가 수행되지는 않았지만, 가족 휴가 프로그램은 종업원의 모집과 보유를 증진시킬 것으로 생각된다(Johnson, 1990). 일반적으로 남성은 부성 휴가가 자신의 직업경력에 해가 된다고 믿기 때문에 부성 휴가를 적절히 활용하지 못해 왔다는 사실은 흥미롭다(Alexander, 1990). 비록 남성이 새로 태어난 자녀와 시간을 보내기 위해 비공식적인 휴가와 병가를 얻기는 하지만, 남성 중 단지 2%만이 무급 부성 휴가를 이용한다는 사실이 밝혀졌다.

3) 시간제 고용과 직무분담

슈와르츠(1989)는 어린 자녀를 둔 전문직 여성의 시간제 고용을 옹호하여 기업, 여성운동계, 학계에서 커다란 파문을 일으켰다. 그는 대부분 경력과 가족 지향적인 어머니가 자신의 직업경력을 중요하게 생각하지만, 어린 자녀와도 충분한 시간을 보내고 싶어 한다는 사실을 관찰하였다. 전일 근무 고용을 추구할 것인가 아니면 실업을 선택할 것인가에 직면할 경우, 많은 여성들은 직업을 포기한다.

그는 전문직 및 관리직 여성이 전일 근무 고용으로 복귀할 준비가 될 때까지 고용주는 시간제 근무를 제공하여야 한다고 주장했다. 이 시간제 근무는 몇 개월에서 몇 년까지 유효할 수 있다. 나아가 그는 시간제 근무조가 전일제 업무에 대하여 공동으로 책임을 질 수 있는 직무-분담 프로그램을 추천하였다. 언론인들에 의해 엄마의 행로(mommy track)라고 칭해진 시간제 근무와 직무분담은 젊은 어머니(와 아버지)에게는 자녀 양육의 기회라는 점에서 환영받았으나, 어떤 이들은 이것이 여성에게 2류 인생을 강요한다고 비판하였다. 이런 점에서, 홀(1990b)은 남성들은 가족에 대한 막중한 책임을 요구받는 시기 동안에 시간제 고용이라는 오명 없이 직무관여의 수준을 낮추는 비공식적인 협상을 한다고 믿었다. 사실, 지금까지 남성은 시간제 고용을 거의 선택하지 않았다(Mattis, 1990).

시간제 고용은 직업을 가진 부모들에게 타당한 대안인가? 슈와르츠의 관점은 회사가 시간제 근무안을 제공하기 전까지 전문직 및 관리직 여성이 계속해서 높은 이직률을 보일 것이라는 것이다. 게다가 전일제 근무자보다 시간제 종업원의 경우 생산성이 높고, 반드시 직업경력 진행을 멈추지 않아도 된다는 것이다.

그러나 만일 조직에서 많은 여성들이 경험하는 일-가족 딜레마를 이해하고, 일시적으로 여성이 시간제 고용을 원한다는 점을 인식하며, 이 기간동안 여성에게 도전적인 일을 제공하고, 여성에게 지지적인 방법으로 전일제 노동인구로 다시 복귀할 수 있도록 해준다면, 일시적으로 시간제 근무를 선택한 여성의 장기적인 직업경력은 심각하게 손상을 받지 않을 수도 있다. 남성의 경우 시간제 근무와 관련된 낙인 효과는 여성만큼은 아니지만 그래도 강한 듯하다. 따라서, 고용주는 여성과 남성의 조직에 대한 기여를 제한하는 고정 관념과 자기-완성적 예언을 중지해야 한다.

4) 유연한 경력 경로와 배치

조직에서는 어린 자녀를 둔 부모에 대한 시간제 고용문제와 아울러 종업원의 직업경력 경로가 그의 가족생활에 중요한 의의를 가질 수 있다는 점을 인식할 필요가 있다. 많은 남성과 여성은 승진가도의 직선적인 경력 경로가 요구하는 대가를 알기 때문에 이를 피하고 싶어한다. 조직에서는 과도한 시간적 몰입, 다양한 지방출장, 잦은 이주 등과 관련이 없는 다른 경력 모델도 종업원이 효율적으로 직무를 수행하고 조직에 기여하는 한 중요한 것으로 생각해야 한다. 달리 말하자면, 조직에서는 종업원 편에서 대안적 경력 방향의 정당성을 인정하고 보상을 하여야 한다. 게다가, 종업원들은 특정 직업경력 경로가 가족과 개인적 삶에 미치는 영향을 이해할 필요가 있다. 현실적 직무내람이 조직에서 입사시기와 관련하여 직위에 대한 정확한 모습을 제시할 수 있듯이, 대안 경력 안에서 직무에 관한 현실적인 정보는 맞벌이 관계에 있는 배우자들이 일, 가족, 개인적인 가치관과 일치하는 최선의 경력 선택을 하도록 도와준다.

5) 재택근무

근무 장소의 유연성의 또 다른 형태인 재택근무는 회사가 아닌 다른 사무실이나 집에서 업무를 수행할 수 있도록 하는 것이다. 컴퓨터 기술의 발전에 의해 실현된 재택근무 프로그램은 종업원에게 직무상의 요구와 가족의 요구간의 균형을 유지하기 위한 시간 사용에 대하여 보다 많은 재량권을 줄 수 있다. 재택근무가 일-가족 갈등을 완전히 제거하는 것은 아니다. 사실, 부모가 가정에 머물러 있다는 점과 사회적 고립감 때문에 시간에 대한 스트레스를 악화시킬 수도 있다. 그리고 재택근무는 추가적인 자녀 양육 지원에 대한 요구를 줄여주지 못한다. 그럼에도 불구하고, 재택근무는 집에서 근무하거나 상당량의 통근 시간을 줄임으로서 일과 가족간의 균형을 유지하려는 부모들에게는 발전적인 선택안이 될 수 있다.

제12장

여성의 경력과 일

직업경력 선택에 관한 오래된 관점에서 그리고 경력발달에 관한 비교적 새로운 관점에서 특히 대학교육을 받은 남성들은 여성을 포함한 다른 사람들과 비교해서 표준으로 받아들여졌다. 여성들은 주로 경력선택 및 경력발달에서 남성표준과 어떻게 다른지를 알아보기 위하여 연구되었다. 과거보다 더욱 많은 여성들이 노동집단으로 편입됨에 따라 몇몇 이론가들은 여성들이 자신들의 직업경력발달에서 남성들처럼 더 많은 활동을 할 것이라고 제안하였다. 그러나 여성들의 직업경력은 다음과 같은 4가지 이유 때문에 가까운 미래에 다르거나 다를 수밖에 없다고 생각한다. 첫째, 젊은 남성과 여성들이 준비하거나 선택하고자 하는 직무의 종류에 영향을 미치는 각 성(性)에 대한 직무의 적절성 여부(남자 일, 여자 일)에 관해서 남녀 모두 각기 다른 기대를 가질 것이다. 둘째, 남편과 아내는 각자 상대편의 직업경력에 기꺼이 순응하려 할 것이다. 일반적으로 아내는 남편의 경력욕구에 대하여 그 반대의 경우보다 더 기꺼이 적응하려 한다. 남편이 보다 유리한 직무제안을 받는 한 그리고 이들의 직업경력진보가 더 빠르게 진행되는 한 이것은 전체 가족경력의 향상을 극대화시킬 수 있는 합리적인 전략이다. 셋째, 부모의 역할은 남자와 여자에게 다르게 규정되고 있다. 엄마의 역할은 가정 내에서 아버지의 역할보다 실질적으로 더 많은 시간과 노력을 요구한다. 넷째, 여자들은 남자들과 비교해 보았을 때, 작업현장에서 직업경력 향상에 저해요소가 되는 다양한 고정관념과 차별을 포함해서 더욱 더 많은 제약에 직면하게 된다.

경력계획모델에서는 개인·조직 및 사회적인 요인들이 여성들의 직업경력선택에 어떻게 영향을 미치는지를 보여주고 있다. 이들 요인들은 남자들에게도 영향을 미치지만, 일반적으로 여성들은 가족계획, 여성종업원에 대한 조직의 기대, 근로여성에 대한 성역할 고정관념 등에 의해서 직업경력과 관련하여 더 많은 제약을 받는다.

제 1 절 경력계획의 쟁점

경력계획은 일반적으로 개인이 취한 특정 경력선택에 의해서 수립된다. 적어도 일시적으로 여성들이 경력을 시작하려고 마음을 먹었다고 가정해 보자. 이 때 선택과 후속계획은 여성의 성역할 사회화와 그녀에게 영향을 미치는 지위에 있는 다른 사람들에 의해서 영향을 받게 된다. 파타스(1968)는 직업선택의 이론적 과정을 검토하여 남자들에게는 해당되지 않고 여자들의 의사결정에 중요하게 영향을 미치는 세 가지 요인을 기술하였다. 이들 요인들은 바로 성역할 유형, 가정재정, 사회계층 등이다.

먼저 성역할을 보면 여성이 이행하기를 원하는 성역할의 유형은 그녀의 경력과 포부에 영향을 미칠 것으로 본다. 여자로서 어머니이기를 원하거나 혹은 일차적으로 가정주부이기를 원하는 여성들은 많은 시간과 훈련 혹은 책임을 요구하는 직업경력을 선택하거나 추구하지 않을 것이다.

또한 가족 혹은 남편의 재정적 상황도 여성이 자신의 직업경력을 준비할 때 접근할 수 있는 자원에 영향을 미친다. 종종 가족은 딸과 반대로 아들의 경력개발에서 한정된 자원의 대부분을 집중할 것이다. 마지막으로 사회계층인데 여성의 부모, 남편 및 동료들의 사회적 가치관 역시 그녀의 직업선택과 경력몰입에 영향을 미칠 수 있다.

사회적으로 낮은 계층에 있는 사람들은 준비시간을 거의 요구하지 않는 낮은 기술 수준의 직업경력 기회에 한정될 수밖에 없다. 그러나 적은 수입에도 불구하고 재빨리 일자리를 찾을 수 있다. 중류계층의 여성들은 자신의 어머니의 전통적인 성역할을 채택하도록 사회화되기도 하여 재정적 독립과 자립을 보장하는 유리한 직업경력을 찾도록 격려받을 수도 있다. 한편 상류계층의 여성들은 심각한 경제적 압박 하에서 직업경력을 시작하지 않는다. 이들 여성들의 경우, 사교계의 명사 혹은 유한부인과 같은 일 이외의 역할에 대한 매력이 매우 높고, 경력선택과 계획은 경력동기와 몰입에 의해서 별로 영향을 받지 않는다(Sonnenfeld & Kotter, 1982). 파타스(1968)는 여성들이 어떻게 자신들의 직업을 선택하는지를 이해하기 위하여 여성에게 독특한 특정 요인들을 이해해야 한다고 결론을 내렸다. 경력선택에서 유의미한 차이는 계속해서 관찰되고 있는 실정이다.

많은 여성들이 고용과 경력만족을 추구함에 따라, 여성경력계획과 경력발달에 지대한 영향을 미치는 쟁점에 대해서 특별한 관심을 가지게 되었다. 가정/경력 갈등, 맞벌이, 그리고 근로여성에 대한 사회적 기대와 같은 쟁점은 일반적으로 남성보다는 여성에게 더 특별한 관심사항이다. 더욱이 이들 주제는 자기-평가, 목표설정 및 계획이행이라는 기본적인 주제에 역점을 두는 일반 경력 모델 내에서 해결되어야만 하는 요인들과 밀접한 관련이 있다.

본 절에서는 여성을 대상으로 한 경력계획모델에서 경력예측에 영향을 미치고 이들을 통합하는 일반적인 쟁점을 검토해 보고자 한다. 이러한 맥락에서 경력계획문제를 세 가지 즉, 개인수준, 조직수준 및 사회적 수준에서 언급하고자 한다.

1. 개인적 쟁점

사람마다 수행하는 역할이 다를 수 있다 하더라도, 홀(1972)은 여성의 역할과 남성의 역할 사이에는 주요한 차이가 있을 수 있다고 가정하였다. 남성의 역할은 일반적으로 시계열적이다. 즉 남자는 사무실에서는 근로자, 아이들과 집에 있을 때는 아버지, 아내와 함께 있을 때는 남편이다. 그러나 일반적으로 여성의 역할은 동시성을 지닌다. 여성은 가족과 가사에 일차적인 책임을 지닌다. 따라서 여성은 그녀가 직장에 출근하여 일을 할 때도 가정주부와 어머니의 역할을 망각할 수 없다.

여자에게 다양한 역할요구가 동시에 부여되면, 여자가 지각하는 가정과 경력 사이의 갈등은 남자들보다 더 클 수도 있다. 이와 같은 갈등을 줄이려는 시도는 행동상의 역할 재정의(예, 다른 역할에 대해서 적절하게 시간을 배정하기 위한 경력포부/계획의 변화), 행동패턴의 변화(예, 모든 역할요구를 만족시키기 위하여 더욱더 열심히 일을 하려고 함) 혹은 더 많은 노력을 들이려는 비현실적인 요구(슈퍼 우먼 증후군) 등이 있다. 이와 같은 결과는 여성들이 자신의 역할지향성을 문화적인 기대와 조화시키려고 할 때 나타날 가능성이 높다. 따라서 우리 사회가 자신의 경력을 설정하기 위하여 가족을 돌보지 않는 여성을 비난한다면, 일 이외의 역할 재정의에 대한 안은 불가능하다. 그러므로 관여가 별로 없는 경력을 선택한다는 것은 개인으로서 여성에 의해서 이루어진 내적 결정이라기보다는 성역할 고정관념에 의해서 더 많은 영향을 받는 강압적인 결정이 된다.

사회학습이론에 관한 반두라(1977)의 연구와 역할이론에 관한 카츠와 칸(1978)의 연구에서는 역할모델의 중요성과 역할이 사람들에게 미치는 영향을 증명하였다. 역할모델은 개인이 가치롭고 친근하게 여기는 미덕의 표준을 제시하고 있다. 특정 역할모델의 설정은 통상 모델에 대한 유사성 지각과 역할모델의 특성들(예, 지식, 기술, 능력 및 태도)을 나타내는 바람직성에 근거한 것이다. 대부분의 아동의 경우, 딸들은 자신들의 어머니를 바람직한 역할모델로 선택하는 반면에 아들들은 아버지를 본받고자 하는 모델로 본다. 여성들의 기성세대들이 현 세대의 여성들만큼 경력 지향적이지 않다는 사실을 가정한다면, 대부분의 가정주부들은 그들의 딸들에게 실질적인 직업경력의 모델로 작용하지 못할 것이다. 더욱이 많은 여성들은 딸들에게 매력적인 역할로서 가정주부나 어머니와 같은 일 이외의 역할을 강조하기도 한다. 그러므로 대부분의 소녀들은 그들이 모델로 삼을 수 있는 다양한 일과 일 이외의 역할을 갖게 된다. 반면에, 대부분의 소년들은 일하는 아버지라는 한 가지 모델만을 지니게 된다. 일 이외의 역할을 선택한 여성의 경우, 경력계획의 문제는 관련이 없을 것이다. 그러나 일을 갖고 있지 않은 여성들은 여성에게 적합한 역할이라는 사회적 고정관념을 타당화시키고 이와 같은 고정관념은 경력을 갖고자 결심한 여성들에게 여러 가지 문제를 부과하게 된다.

역할모델은 행동 예를 제공할 뿐만 아니라 개인에게 인지적인 지원도 제공한다. 하버(1980)는 하위계층과 중류계층의 여성들을 대상으로 경력포부를 연구하여, 경력선택과 몰입에 중요한 영향을 미치는 요인은 딸의 경력선택에 대한 어머니의 인지적 지지였으며, 어머니 자신의 경력지향성은 중요한 요인이 아니었음을 발견하였다. 그러므로 보다 중요한 것은 실제로 행동 예를 제공하는 것보다 어머니가 딸의 경력선택을 정신적으로 지지하는 것이다.

개인의 성취동기, 경력동기 및 자신의 경력지지체계와 같은 수많은 요인들이 자신에게 유리한 경력을 계획하려는 개인의 욕구와 능력에 영향을 미칠 것이다.

2. 조직적 쟁점 : 인력관리정책과 조직풍토

조직의 인력관리정책과 경력관리 프로그램은 종업원의 경력개발에서 직접적인 영향을 미친다. 여성들은 종종 성별에 따른 고용 혹은 경력 향상에 대한 장벽에 직면한다. 성에 근거한 혹은 성희롱에 관한 차별을 고발하는 법정사례 수는 점차 증가하고 있는 실정이다. 더욱이 모성휴가에 관해서 제한을 가하는 복지정책을 펴는 조직의 수는 여성의 경력목표와 후속계획에 영향을 미칠 수 있다.

한편 여성의 경력계획과 경력발달이 조직풍토에 의해서 영향을 받을 수도 있다. 예를 들어, 남성 지배적인 직업에서 혹은 차별이 있거나 괴롭힘을 당하는 환경에서의 여성들은 경력기회가 더 적을 수 있다. 더욱이 임신, 아동양육, 개인적인 휴가에 관심을 둔 조직의 정책 역시도 여성들이 자신의 경력을 가정/가족생활과 통합함에 따라 이들의 경력계획에 영향을 미칠 수도 있다. 이와 같은 정책과 기업의 풍토는 여성들이 설정하려는 경력목표 뿐만 아니라 경력계획의 성공여부에도 제약을 가할 수 있다.

조직의 인력관리정책은 여성의 경력계획노력에 직접적인 영향을 미칠 수 있다. 모집체계, 훈련 및 개발프로그램, 수행평가체계와 같은 몇 가지 주요 인력관리기능에 대한 설계는 조직 내에서 여성의 경력기회에 대한 지각을 형성하는데 도움을 준다. 더욱이, 조직이 종업원들에게 제공하는 보상체계와 복지유형은 여성의 경력계획에 직접적인 영향을 미친다. 전통적으로 고정 관념화된 여성 직업과 연관된 저임금 역시 많은 여성들에게 비전통적인 경력을 계획하도록 동기화시킬 수 있다. 임시휴가와 아동양육에 관한 복지후생정책도 경력계획에 영향을 미칠 수 있다. 3개월 출산 휴가나 출산휴가 후 직장복귀에 대한 강제규정과 같은 유형의 정책들은 여성들이 어머니로서 일 이외의 역할에 순응해야 할 경우 조직의 책임을 분명하게 규정함으로써 많은 임산부들이 직면하게 되는 고용불안이나 미래에 대한 불확실성을 줄여줄 수 있다.

여성들이 직장에 복귀했을 때 회사가 지원하는 아동양육시설 및 복지정책에 의해서 그들은 어머니로서 그리고 종업원으로서의 역할에 잘 적응할 수 있을 것이다. 이와 같은 보육센터는 통상 어머니들에게 두 가지 장점을 제공한다. 보육비용에 대한 부담을 조직이 줄여줌으로써 종업원들에게 경제적인 혜택을 제공하게 된다. 더욱이 조직 내에 혹은 조직 가까이에 위치한 보육센터를 이용할 수 있는 편리성은 어머니들에게 휴식시간이나 점심시간 동안에 아이들을 방문할 수 있는 기회를 제공한다. 조직에 대한 장점 역시 두 가지이다. 사용자들은 여성들에게 값비싼 아동양육비용 내지는 많은 시간을 자녀 양육에 할애해야 함으로써 경력을 포기해야 하는 상황에 대한 대안을 제공함으로써 가치 있고 능력 있는 종업원들을 보유할 수 있다. 둘째, 현장 보육센터의 편리성은 출장, 방문 혹은 자녀와의 전화통화로 인해 발생하는 시간손실을 최소화할 수 있다.

다른 종류의 인사정책 역시 일과 일 이외의 역할에 대한 통합을 촉진할 수 있다. 변형근로제는 종업원들의 출퇴근 시간문제에 대해서 더 많은 재량권을 제공한다. 이와 같은 혜택은 여성으로 하여금 지각 혹은 결근과 관련된 부담에서 벗어나 가족문제를 처리할 수 있는 융통성을 제공한다. 변형근로제 혜택 이외에, 대부분의 조직에서는 전 시간을 경력에 헌신할 수 없는 재능 있는 종업원들을 보유하거나 고용하기 위한 방법으로 직무분담 혹은 시간제 근무를 제공하고 있다. 이러한 실무방안들은 많은 여성들을 노동력으로 보유하면서 일 이외의 역할에 적응할 수 있도록 도와준다.

기업에서 인력관리 정책이 인적자원관리에 관한 조직의 공식적인 입장을 대표하지만, 조직풍토는 이들 정책들이 실제로 어떻게 이행되는지를 결정하게 된다. 조직풍토가 조직성격에 대한 종업원들의 지각을 서술하고 있다면, 이것은 조직이 그의 노동력을 어떻게 대우하고 종업원들의 경력개발에 대해 어떠한 관심을 보이고 있는지에 대한 지각과도 관련이 있다. 성차별과 관련된 고용소송에 관한 내용을 검토해 보면 대부분의 조직들이 여성의 경력개발을 지지하는 풍토를 갖고 있지 않음을 보여주고 있다. 분명히 많은 여성들은 차별적 경영정책으로 인한 부정적인 경력결과 때문에 고통을 받고 있다.

여성의 경력개발에 대한 조직의 관심사에 대한 지각뿐만 아니라 여성의 일과 일 이외의 역할에 영향을 미칠 수 있는 인사정책은 경력개발에 대한 중요한 정보원이다. 임신휴가, 아동양육, 변형근로제, 직무분담과 관련된 정책들은 일과 일 이외의 역할을 조화시키려는 여성의 노력을 촉진시킬 수 있다. 조직풍토가 여성의 경력개발을 지지하는 정도와 정책이 일과 일 이외의 모든 역할을 지지하는 정도는 여성의 경력목표 결정에 중요한 영향을 미친다.

3. 사회적 쟁점

여성들이 노동력으로 유입되게 된 것은 사회적으로 중요한 몇 가지 요인 때문이었다. 사회의 변화는 보다 많은 여성들이 결혼을 연기하거나 결혼을 하지 않고 있음을 보여주고 있다. 더욱이 높은 이혼율은 많은 여성들을 가족을 위한 단독 수입원으로 남게 하였다. 이와 같은 시대적 변화는 보다 많은 여성들이 일자리를 찾도록 유도하였다. 이들 여성들이 자신들의 직업경력을 시작함에 따라, 많은 여성들은 산아제한 및 임신과 관련된 의료기술뿐만 아니라 아동보육과 취학 전 프로그램에서의 사회적 발전을 활용할 수 있었다. 이들 프로그램들은 여성들에게 가족계획에 관해서 보다 많은 통제력을 제공하였다. 따라서 여성들은 지금은 자신들의 근로생활과 함께 가족생활에 적응할 수 있는 보다 유리한 위치에 있다.

여성으로 하여금 일과 가족생활에 대한 보다 나은 통합을 계획할 수 있도록 허용한 의학적인 진보 이외에, 많은 새로운 제품과 서비스는 여성들이 시간을 효율적으로 활용하고 가사노동에 대한 부담을 경감시키는 효과를 가져왔다. 이들 제품과 서비스로는 다음과 같은 것들이 있다. 전자레인지, 서리방지 냉장고, 자가-청소 오븐, 프로그램이 가능한 장치(예, 커피포트와 오븐은 스스로 음식준비를 시작할 수 있도록 프로그램화된다, 예약 프로그램-예약전기밥솥), 왁스가 필요 없는 마루, 우편주문과 TV에 의한 홈쇼핑, 간편한 음식(냉동식품, 조리가 간편한 식품 등), 기계세탁 등이다. 가사노동 부담을 덜어주는 이러한 노동절약형 기구들로 인해서 여성들은 가사활동에서 한층 더 자유로워졌다.

이러한 변화 이외에, 조직에서의 기술혁신은 현재에도 유용하고 앞으로 유용할 여러 가지 경력기회를 창출하였다. 제조업에서 산업로봇과 컴퓨터 기술의 활용은 많은 업무를 기계로 대체함으로써 인간의 노동비용을 최소화하려는데 목적이 있다. 이와 같은 기술응용을 통해서 미래의 공장은 소수의 기술자만이 근무하는 조직으로 가시화될 수도 있다. 대조적으로 서비스 요구의 증가는 고용성장 영역으로 이런 유형의 조직을 확인하였다. 따라서 자동화로 보다 많은 제조업 직무들이 없어짐에 따라 다른 유용한 직무로의 이동이 나타날 것이고 높아진 소비자 욕구를 충족시키기 위하여 보다 많은 서비스 직무들이 생겨날 것이다. 현재 우리 주변에는 자립이 필요한 많은 여성들이 있다. 이들은 일과 일 이외의 역할을 촉진시키는 다양한 상품과 서비스를 이용하고 있고, 뿐만 아니라 미래에 유용할 다양한 경력경로와 기회를 찾고 있는 중이다.

제2절 여성의 직업경력선택

1. 교육의 영향

1) 여성의 경력개발에 대한 교육의 중요성

두말할 나위 없이 교육은 경력개발과 성취에 대단히 중요한 영향을 미친다. 매우 기본적인 수준에서 초기 학교교육은 학습과 사회화의 주요 원천으로 작용하고 개인의 삶을 통해서 영향을 미칠 수 있는 일과 경력에 관한 가치관을 전달한다. 보다 구체적으로 본다면, 획득한 교육의 수준과 속성은 후속 경력성취와 성인기의 사회경제적 지위 및 라이프스타일과 관련해서 중요하다. 예를 들어, 대학학위는 지금은 직업을 구하는데 필요한 최소한의 자격요건이 되고 있으며, 대학원 혹은 전문교육은 학계나 대부분의 다른 전문직 경력으로 가는 유일한 통로이다. 일반적으로 적절한 교육준비는 취업을 위한 주요 "창구"이다. 교육은 여러 가지 기회를 만들어내고 반면에 교육부족은 그러한 기회를 차단시켜 버린다. 선택할 수 있는 대안 혹은 기회가 없다면 "선택"이라는 개념 자체는 실제적인 의미가 없다. 따라서 개인이 교육을 더 받을 것인지에 관한 결정(공부의 수준 및 영역 모두)은 가장 중요한 경력결정이 된다. 더욱이 선택한 교육 프로그램에서의 성공과 생존은 이와 같은 경력결정의 성공적 이행에 대단히 중요한 것이다.

교육은 남자들의 경력 발달 연구에서 중요한 변인인 반면에, 획득된 교육의 속성과 수준은 여자들의 경력개발을 설명하는데 사용된 거의 모든 주요 종속변인들과 관련이 있다. 결혼 유무에 따라서, 교육은 여성의 경력개발에서 가장 중요한 변인으로 간주되고 있다. 가장 두드러지고 일관된 관계성 중의 하나는 교육을 더 많이 받은 여성일수록, 결혼유무 혹은 가족유무와 관계없이 성인으로서 가정 밖에서 일을 할 가능성이 높다는 것이다. 예를 들어 학사학위를 소지한 여성 중 62%와 석사학위를 소지한 여성 중 85%가 노동력에 포함되었다(Vetter, 1980). 고등교육의 효과는 특히 과학과 공학에서 학위를 소지한 여성들에게서 두드러진다. 과학에서 학사학위 소지자의 63%부터 84%까지, 과학에서 석사학위 소지자의 78%부터 88%까지, 과학 박사학위나 전문학위를 소지한 여성의 90%부터 96%까지 취업을 하였다.

더욱 더 많은 노동력 참여에 더하여, 교육수준은 결혼을 했건 그렇지 않건 여성들 사이에서 노동력참여와 더 많은 관련이 있고, 더 강력한 경력지향성 및 경력특출성과 관련이 있으며, 선구적 대 전통적 직업의 선택과도 관련이 있다.

2) 교육에서 성 편파

아동들이 받게 되는 초기 학교교육은 기본적인 인지적 및 사회적 기술을 전달한다는 면에서 대단히 중요하다. 그러나 이것은 여자아이 대 남자아이 그리고 여자 대 남자에 대해서 적절한 행동 및 역할에 관한 메시지의 근원인 성역할 사회화의 주요 원천이다. 불행하게도, 학교에서는 대체로 사회의 특징을 규정짓는 동성의 편파를 아이들에게 전달해 왔다. 남성과 여성 모두가 교육체계에서 성차별의 피해자라고 할지라도, 여성에 대한 차별이 이들의 선택권과 성취를 제한하고 제약을 가하는 쪽으로 작용하기 때문에 남자보다는 여자에게 미칠 피해가 더 클 것으로 생각된다.

교육은 여성의 포부, 기대, 준비 및 직업에 대한 태도에 영향을 미침으로써 궁극적으로 노동력의 성 계층화에서 지배적인 역할을 한다. 직업적 고정관념은 초등학교 아이들에게서 일관되게 발견되고 이들의 직업 선호성에 영향을 미친다. 남자아이들이 고정관념적으로 여성의 직업을 고르는 것보다는 여자아이들이 남성의 직업을 고를 가능성이 더 많지만 남자아이들과 여자아이들 모두는 성-유형화된 직업을 선택하는 경향이 있다. 양쪽 성의 아이들 모두가 고정관념적 직업선택을 한다 하더라도, 전통적인 여성 직업의 수가 더욱 적고, 그 범위가 제한되어 있다는 사실은 결국 매우 어린 시절에 여자아이들이 지각하는 직업선택안을 제한하는 결과를 초래하게 된다.

남자아이들은 거의 모두가 남성지배적인 매우 다양한 직업선호도를 보여주었으며, 반면에 여자아이들은 보다 적은 수의 직업을 나열하고, 선택 또한 두 직업(즉 간호사와 교사)이 지배적이었다. 초등학교 2학년 여학생 중 몇몇이 남성지배적인 직업에 대한 관심을 나타냈으나, 6학년 여학생의 거의 대부분은 전통적으로 여성지향적인 직업을 선택한 것으로 밝혀졌는데 초등학생들이 학교를 졸업하기 전에 직업적 고정관념이 이들 여학생들의 경력 선택안에 대한 지각을 제한한다는 것은 실로 불행한 일이다(Kriedberg, Butcher & White, 1978).

아동용 도서와 교과서에 널리 만연되어 있는 성역할 고정관념화는 폭넓게 입증되어 왔다. 예를 들어, 학교교사와 교과서에서의 여자아이 남자아이 그리고 남자 및 여자들에 대한 묘사가 조사되었다. 그 묘사는 일관되게 고정관념이 내재되어 있었으며, 여성의 평등에 관심을 둔 묘사의 경우에도 대체로 실망스러운 것이었다. 매우 기본적인 수준에서, 남자아이들과 남자들은 여자아이나 여자들보다는 훨씬 더 자주 이야기의 주인공으로 등장하였다. 도서와 교과서에서 묘사된 여자들은 거의 항상 어머니의 역할에 한정되어 있었으며, 여자들이 일을 할 때도(일반적으로 간호사, 교사 혹은 비서로서), 자신의 재능과 능력을 활용하려는 욕구나 관심보다는 재정적 필요성이 더 부각되었다. 어머니로서 여자/여성에 대한 두드러진 묘사는 닐슨(1971)의 "앞치마의 숭배"라는 용어에서 잘 표현된다. 그녀는 여자아이들이 자주 읽는 58권의 아동용 도서 가운데 21권에서 여자를 앞치마를 두르고 있는 것으로 묘사하고 있다는 사실을 확인한 후에 이 용어를 만들어 냈다. 동물들 중 암컷조차도 앞치마를 두르고 있지 않은가? 남자들은 근로자와 아버지로서 묘사되었다. 결국 이 메시지는 남자는 일을 하고 여자는 가사 일을 돌보아야 한다는 사실을 은연중에 주입시키는 것이다.

성인의 차별적 역할묘사가 실망스러운 것만큼이나 남자아이들과 여자아이들에 대한 능력과 성격에 대한 차별적인 묘사도 실망스럽다. 한 가지 주요한 차이는 "남자 아이는 행동하고 여자아이는 지켜본다"로 요약될 수 있다. 남자아이들은 능동적이고, 자력이 풍부하며, 용감하고 창의적이며 문제 해결자로 묘사되는 반면에, 여자아이들은 수동적이고, 무력하고 우둔한 존재로 묘사된다(Scott, 1981). 여자 아이들의 어리석음으로 인하여 남자 아이들은 그들을 보호하기 위해 위험을 무릅쓰는 방식으로 이야기가 전개된다. 아이들이 사용하는 아동용 도서에서 이미 여성과 남성에 대한 성차별주의적 시각을 가르치고 있다.

초등학교 교과서와 아동용 도서뿐만 아니라 성-편파적인 내용은 중등교육과정에서 고등교육과정에 이르기까지 거의 모든 영역의 교과서에서도 발견된다는 사실이 입증되어 왔다. 여자는 일차적으로 가정 내에서 묘사되고 있다. 이들은 역사, 철학, 예술 및 음악에서도 별로 찾아볼 수 없었으며, 심리학, 의학, 인류학 및 교육학에서 완전히 무시되지는 않았지만 편파적이고 고정관념적인 방법으로 다루어지고 있다. 교사가 교육하는 교과서에서의 성차별과 성적 편파는 교사들 스스로가 학생들을 대할 때 그대로 적용이 되고, 결국 학생들도 교사들의 편파를 학습하게 된다.

교과서에서 묘사된 남성성 및 여성성 모델 이외에, 학교 인사 관리자들의 성도 전통적인 고정관념을 강화시킨다. 초등학교 교사들은 주로 여성이지만, 그러나 교장(상사)은 대부분 남성이다. 고등학교 교사들은, 성비가 균형을 이루고 있지만 고정관념적 주제 영역에서 가르친다. 여성은 문학과 예술을 가르치는 분야에서 두드러지고 남성은 수학과 과학 분야를 가르치는데 두드러진다. 물론 남자고등학교에서 가정경제 교사 혹은 여자고등학교에서 기술과목이나 전기공학 교사가 있을 수 있다는 사실은 상상하기가 어렵다. 또한 남성들은 초등학교뿐만 아니라 중등학교에서 행정직에서도 그 수가 월등하다. 많은 연구자들이 고찰하였듯이, 교사들 스스로가 남자아이와 여자아이들에게 각기 다른 방식으로 반응한다는 증거도 있다.

2. 문화, 가족요인의 영향

1) 사회적 성역할 고정관념

우리 사회는 전통적으로 남성 및 여성에 대하여 각기 다른 삶(생활)의 역할, 성격특성 및 수용 가능한 행동을 규정하고 있다. 승인된 남성성 혹은 여성성 이미지를 지배하는 규범은 분명하게 정의되고 합의하에 인정받고 있으며, 아동의 사회화 과정에서 강력한 영향력을 발휘하게 된다.

성인 역할에 입각해서, 남자들에게는 노동을 하고 가족부양자이기를 기대한다. 여성들에게는 가정에 머물면서 자녀양육에 힘쓰는 아내이자 어머니이기를 기대한다. 성격특성이라는 측면에서, 남자들에게는 유능성, 수단성 및 성취와 연합된 특성을 발전시키길 기대하지만, 반면에 여성에게는 양육, 민감성, 포근함 및 정서적 표현을 포함하는 "포근함-표현성" 집락으로 구성되는 특성들을 발전시키길 기대한다.

아동이 성역할 고정관념을 학습하고 성 유형화 특성을 발전시키는 심리적 기제로는 강화와 처벌, 모델링, 타인에 대한 관찰을 기초로 한 규칙, 도식 혹은 일반화의 채택 등을 들 수 있다. 이들 기제는 부모, 선생님 및 문헌이나 TV를 포함하는 미디어 등의 영향을 통해서 작용한다.

부모들은 예를 들어 아이들에게 성 유형화된 장난감을 줌으로써 성 유형화된 흥미 및 행동의 발달을 격려하고 딸보다는 아들에게서 성취를 격려할 가능성이 많다. 교사들은 종종 성 유형화된 활동을 격려하고 성 유형화된 심리적 특성의 발달을 강화시킨다. 교사들이 남학생들에게는 성취행동을 강화하고 여학생들에게는 "아름다운" 행위를 강조하는 것이 현실이다.

고정관념은 또한 아동들의 교과서와 문헌을 통해서 혹은 TV내용을 통해서도 전달된다. 닐슨(1971)은 이미 "앞치마의 숭배"라고 표현하였듯이, 동물들을 포함해서 대부분의 성인 여성 캐릭터들이 앞치마를 두른 것으로 그려지고 있다. 비록 여성들이 가정 밖에서 일을 하고 있지만, 아동의 책에서는 거의 대부분 여성들은 주부 혹은 어머니의 역할로 묘사하고 있다.

따라서 문화적으로 그 기초를 둔 성역할 사회화는 초기 아동기부터 어린 소녀들이 주부와 어머니의 역할을 준비하도록 작용하며, 이들 역할의 수행을 촉진시킬 성격특성과 행동의 유능성 발달을 촉진시키도록 작용한다. 어린 소녀들은 경력추구를 준비하도록 사회화되지 않으며, 경력수행에 필요한 특성 및 유능성을 발전시키도록 사회화되지 않는다.

2) 사회경제적 지위

사회경제적 지위 그 자체가 직업적 성취에 미치는 영향은 사회경제적 지위와 공변하는 다른 변인의 영향과 분리시키기 어려울 수도 있다. 다양한 정의에도 불구하고 사회경제적 지위는 남성들에 의해서 성취되는 직업수준의 가장 일관된 예측요인들 중 하나이다. 아들의 경우 가족의 사회경제적 지위가 높을수록 더 높은 직업수준을 달성할 가능성이 많다. 반면에 하위계층의 아들들은 아버지의 직업수준을 물려받을 가능성이 많다.

이와는 대조적으로 부모의 사회경제적 지위가 여성의 경력개발에 미치는 영향에 관한 자료에서는 일관성 없는 양상의 결과를 내놓고 있다. 몇몇 연구에서 더 높은 수준의 사회경제적 지위는 여성에게서 더 강력한 경력지향성 및 혁신과 관련이 있었다. 몇몇 연구에서는 남성지배적인 전문직을 추구하는 여성들이 일반 여성보다 전문직에 종사하고 있는 아버지를 두고 있을 가능성이 많았음을 확인하였다.

아버지의 직업수준에 기초한 연구들은 일관성 없는 결과의 양상을 보이는 반면에, 아버지의 교육수준에 관한 자료에서는 보다 일관된 양상의 결과를 제공하였다. 많은 교육을 받은 아버지일수록 보다 경력지향적이고 혁신적인 딸들을 두는 경향이 있었다. 여성 의과대학 지원자들은 남성 의과대학 지원자들보다 더 많은 교육을 받은 부모들을 두고 있었던 것으로 밝혀졌다. 선구적인 경력분야에서 여성들은 아버지들의 교육수준이 전통적인 분야에서의 여성들보다 월등히 높았다.

아버지의 교육수준은 딸의 교육적 포부 및 경력지향성과 정적으로 관련이 있는 것으로 밝혀졌다. 그러므로 여성의 경력선택은 직업수준, 특히 아버지의 교육수준에 의해서 영향을 받는다는 사실은 어느 정도 분명한 것 같다. 교육수준이 매우 높고 전문직에 종사하는 아버지를 두었다는 사실은 특히 여성의 남성지배적인 전문직 추구를 촉진하는 것 같다.

3) 가족배경요인

가족의 사회경제적 지위, 즉 전형적으로 이 지위의 지표로서 아버지의 교육 및 직업수준을 활용하는 것 이외에, 상당히 많은 연구에서는 어머니의 교육수준과 직업지위가 여성의 경력개발에 미치는 영향을 조사하였다. 어머니의 취업이 여성의 경력개발에 미치는 영향은 광범위하게 연구되어 왔다. 이론적으로 취업모는 이들이 경력추구의 여성모델과 성공적으로 가족 및 일 역할을 통합한 모델을 제공하기 때문에 딸들의 경력성취를 촉진시키는 것으로 가정된다. 일반적으로 연구에서는 취업모들이 딸들의 경력개발에 중요하고 긍정적인 영향을 미친다고 보고 있다.

수많은 연구들이 취업모의 딸들이 전업주부의 딸들보다 더 경력지향적임을 확인하였다. 다른 한편으로 취업모의 딸들은 전업주부의 딸들과 비교해 보았을 때, 비전통적인 직업을 추구할 가능성이 더 많았다.

어머니의 취업은 여성취업과 역할통합이라는 모델을 제공함으로써 여성들의 경력개발에 영향을 미칠 수 있지만, 어머니의 취업은 여성의 경력개발을 촉진하는 다른 변인들과 관련이 있다. 취업모의 딸들은 일반적으로 보다 진보적인 성역할 이데올로기를 발전시켜 가며, 고정관념상으로 더 적은 여성성을 가지며, 더 높은 자아-존중감과 여성의 유능성에 대해서 더 긍정적인 평가를 보여준다.

어머니의 취업이 일반적으로 여성의 경력개발을 촉진시키지만 경력추구에 대해서 긍정적인 태도를 가지고 있거나 혹은 주부의 역할에 불만족을 표출하는 전업주부의 딸들 역시 보다 강력하게 경력을 지향하는 경향이 있다. 이와는 대조적으로 역할통합에서 상당한 곤란과 갈등을 경험하는 취업모들의 딸들은 자신의 미래에 대해서 양가적 태도를 발전시킬 수도 있다. 이러한 측면에서 본다면, 어머니의 생활역할뿐만 아니라 어머니의 태도 및 역할만족은 딸들이 선택하는 경력결정에 영향을 미친다고 볼 수 있다.

어머니의 취업 이외에, 아버지의 교육수준과 마찬가지로 어머니의 교육수준이 여성의 경력지향성 및 비전통적 경력선택과 정적으로 관련이 있다. 박사학위를 받은 여성들이 박사학위를 받은 남성들보다 부모의 교육수준이 더 높았으며, 의과대학의 여성 지원자들이 남성지원자들에 비해서 부모의 교육수준이 더 높은 것으로 밝혀졌다. 어머니의 교육수준은 딸의 경력지향성에 더 큰 영향을 미친다고 볼 수 있다.

경력-지향적인 여성들은 어머니보다는 아버지를 더 동일시하는 경향이 있고, 반면에 가정-지향적인 여성들은 어머니를 더 동일시하는 경향이 있다. 경력지향적인 여성들은 부모가 허용적인 가정에서 성장했을 가능성이 더 많았으며, 결국 딸의 경력개발에서 부모의 격려와 지지가 중요한 역할을 하고 있다는 사실은 분명한 것 같다.

비전통적인 여성들은 교육도달과 작업관여라는 측면에서 부모들이 높은 기대를 걸었다고 보고한 반면에 전통적인 여성들은 자신들의 부모들이 경력추구에서 덜 지지적이었다고 지각하였다. 파머(1985)는 부모들의 지지가 젊은 여성의 경력포부와 동기의 가장 강력한 예측요인들 중의 하나였다는 사실을 확인하였다.

딸의 성취에 대한 부모의 격려만큼이나 전통적 여성역할에 대한 압력을 가하지 않는 것도 중요하다. 딸에게 데이트하고 결혼하고, 자녀를 낳으라는 압력을 덜 가하는 부모들 밑에서는 딸들이 보다 경력-지향적이 되는 것으로 밝혀졌으며, 전형적인 여성의 자질개발을 덜 강조하는 부모 밑에서도 그러한 경향이 나타났다.

4) 결혼과 자녀의 영향

여성의 경력개발에서 주요 난제 중의 하나는 여성들의 미래계획에서 결혼과 모성(어머니가 되는 것)의 확실성이다. 사실 여러 해에 걸쳐 여성의 경력지향성과 혁신의 가장 일관된 예측요인은 성인의 경우 결혼유무/가족상황(자녀출산)이지만 젊은 여성의 경우 결혼 및 자녀에 대한 계획이다. 결혼/가족유무와 여성의 경력개발과의 관계를 고려할 때, 결혼을 하였건 부모가 되었건 모든 여성들이 취업을 하고 있는 비율이 놀라울 정도로 증가하고 있는 현실에서 노동력 참여 그 자체와의 관계성은 약화되고 있음이 지적되어야 한다. 그러나 결혼/가족유무와 경력획득, 몰입 및 혁신과의 관계성은 여전히 강력하다.

결혼한 여성과의 비교에서, 독신인 여성들은 더 높은 수준의 교육을 달성하였고 실질적으로 남성-지배적인 직업을 추구할 가능성이 더 많았다. 전문직 여성이 다른 여성들에 비해서 독신일 가능성이 더 높을 뿐만 아니라 이들은 전문직 남성들보다도 독신일 가능성이 더 많았다. 무엇보다도 우리문화에서 하이퍼가미(hypergamy)의 규준(남자들이 학력에서 더 낮은 여성과 결혼하려는 경향)은 전문직 여성들보다는 전문직 남성들이 더 쉽게 짝을 찾도록 한다. 결혼유무가 남성의 경력개발에 대해서는 거의 문제가 되지 않는 반면에, 여성의 경력개발에는 중요한 영향을 미치는 변인이 된다.

또한 경력-지향적인 여성들은 아이를 갖는다 하더라도 더 적은 숫자의 아이를 갖거나 원하는 경향이 있으며, 아이가 있다는 사실과 아이들의 수는 비전통적인 직업의 추구와 부적인 상관이 있다. 전문직 여성들이 전문직 남성들에 비해서 결혼할 가능성이 적듯이 전문직 여성들은 자녀를 가질 가능성이 적으며, 설령 자녀를 갖는다 하더라도 전문직 남성에 비해서 더 적은 수의 자녀를 갖는 경향이 있다. 점차 그 빈도가 증가하고 있는 자발적 무자녀에 대한 연구에서는 자발적 무자녀 여성들이 보다 강력하게 경력지향적이고 고등교육을 받았으며, 비전통적인 분야에 취업할 가능성이 높다는 점에서 위의 연구결과 양상을 확증시켜 주는 경향이 있다.

여성의 경력개발에 관한 초기 연구에서, 독신과 경력지향성간의 강력한 연관성은 인과성의 방향에 의문을 제기하였다. 즉 이성적 관계에 관한 실패 혹은 미숙함이 독신이 되도록 유도해서 결국 이것이 혼인역할의 결여에 대한 보상으로서 경력지향을 유도하였는가? 아니면 높은 성취동기와 강력한 경력지향성이 이성적 친화를 감소시키고 독신으로 남거나 혹은 결혼을 유예함으로써 경력성취를 촉진시킬 것이라는 결정을 유도하였는가? 일탈가설 혹은 보상모델로 알려진 전자의 설명은 연구에 의해서 지지되지 못하였다. 대조적으로 확충모델로 알려진 후자의 설명은 상당한 실증적 지지를 얻고 있다.

제 4 절 여성과 일

우리는 뉴스에서 의사, 제철소 근로자, 오케스트라 지휘자인 여성들에 대한 소식을 많이 접한다. 간호사, 봉제공, 은행 창구직원인 여성들은 뉴스의 표제가 되지 않는다. 비록 취업 여성들 대다수가 전통적인 서무직 및 서비스직을 차지하고 있다 하더라도 그들의 일은 상대적으로 큰 관심을 끌지 못한다. 우리는 노동시장에 진입하는 여성의 수가 놀랄 만하게 증가하고 있다는 사실에 대해서 듣고 있다. 그러나 뉴스에서는 이런 여성들의 대부분이 전통적으로 여성 직업에 진입하고 있다는 사실을 강조하지는 않는다.

본 절에서는 전통적인 여성의 직업들을 살펴보고 이어서 비전통적인 직업에 관해서 설명할 것이다. 또한 거의 관심을 갖지 않고 직업관련 문헌에서 소외되어 왔던 여성근로자인 주부에 대해서 언급하고자 한다.

1. 전통적인 직업

표 12.1에서는 몇 가지 대표적인 직업들을 제시하고, 이들 직업에서 여성 근로자들이 차지하는 비율을 보여주고 있다. 모든 여성 전문-기술직 근로자들의 거의 절반은 여전히 간호사와 교직과 같은 보다 전통적인 영역에 집중되어 있다(미국 노동부, 1989). 이런 관찰결과는 전통적으로 "여성의" 직업들이 무언가 잘못됐다는 것을 의미하는 것은 아니다. 사실, 보육교사, 초등학교 교사, 간호사와 같은 직업이 보다 더 높게 평가된다면, 우리 사회는 더욱 나아질 것이다. 그러나 여성들은 전통적으로 여성의 주 활동 무대가 되는 영역에서 저임금, 능력의 미활용, 의사 결정에서의 독립성 결여와 같은 현실 문제에 직면한다. 이런 전통적인 직무에 종사하고 있는 여성들은 남성에 의해 종종 성적인 대상으로 보여지는 그러한 문제에도 직면하게 된다.

표 12.1은 여성들이 몇몇 직업에서는 분명히 주류를 이룬다는 사실을 보여준다. 그리고 다양한 직업들에서 성 분리가 발생하는 것을 나타낸다. 성 차별은 직업 내에서도 역시 발생한다. 예를 들어, 학교 교사를 고려해 보자. 여성들은 유치원과 유아원 교사의 98%, 초등학교 교사의 86%, 중등학교 교사의 55%를 이룬다(미국 노동부, 1989, 1994). 어린아이들을 가르치도록 여성들을 고취시키고, 또한 어린아이들을 가르치는 일에서 남성들을 위축시키는 힘에 관해서 생각해 보라. 다른 한편으로 고등학교에서는 여성들과 남성들이 거의 비슷한 비율로 근무하고 있다는 사실을 주목하라. 남자들은 유치원생을 가르칠 생각조차 안 한다. 그러나 고등학교에서 사회과목을 가르칠 수는 있다.

다른 어떤 유급직보다 서무직에서 많은 여성들이 일을 한다. 비서로서 일하는 여성들과 다른 서무직 서비스를 수행하는 여성들은 종종 자신들의 직무가 새로운 것을 배울 기회를 거의 제공하지 않는다고 생각한다. 이들 여성들 중 대부분은 자신들의 직위에 비해 자질이 넘치고 또한 많은 비서들은 대학 학위를 보유하고 있다.

2. 비전통적 직업

아이러니하게도 전통적인 직업에 종사하는 수많은 여성에 대한 정보보다 비전통적인 직업에 종사하는 상대적으로 숫자가 적은 여성들에 대한 정보가 더 많다. 유감스럽게도 이와 같이 비전통적인 직업을 강조하게 되면 취업여성들이 서무직 근로자라기보다는 관리자일 가능성이 많다는 인상을 주게 된다. 이러한 인상은 엘리트주의적인 것이고 부정확한 것이다. 현실에 대한 좀더 정확한 묘사는 전형적으로 비전통적인 직업들과 그 분야에 종사하는 여성들이 차지하는 비율을 실은 표 12.1에 잘 나타나 있다. 두 집단을 비교하기 위해서 표 12.1을 다시 살펴보자.

표 12.1 비전통적 직종에서 여성이 차지하는 비율

(미국 노동부, 1990-1994)

직종	여성종사자의 비율
목수	1%
엔지니어	8%
트럭 운전사	3%
의사	21%
변호사와 판사	24%
대학교수	32%

우선 비전통적인 직무에서 일하는 여성들의 특성과 그들이 일하고 있는 직장 분위기를 살펴보도록 하자. 그리고 나서 생산직에 종사하는

여성들은 어떤 대우를 받고 있는지를 검토하고 마지막으로 왜 극소수의 여성만이 비전통적 직종에 종사하는지를 설명하고자 한다.

1) 비전통적 직업을 가진 여성들의 특성

일반적으로 고정관념상 남성적인 직무에서 일하는 여성들은 그 영역에서 일하는 남성들과 비슷하다고 생각된다. 이처럼 유사하다는 사실은 어느 정도까지는 그 직업에 어울리는 성격을 가진 여성들이 경력으로 그 직업을 선택하기 때문일 수 있다. 예를 들면, 해쳐(1991)는 남녀 기업인에 대한 연구에서 8개의 일반흥미 영역 중에 남녀 모두 사업가적인 특성에 대해서 가장 높은 순위를 부여하였고, 학문적인 특성에 가장 낮은 순위를 매겼다. 관리직에 있는 남성과 여성들 역시 권력에 대한 욕구가 비슷하였다. 더구나 특정 직종에서 일하는 여성들은 그 분야에서 성공하기 위해서 그 직종에서 일하는 다른 사람들(대개는 남성들)의 특성을 받아들일 가능성이 높다. 예를 들면, 여성 의사들은 나이가 들어감에 따라 리더십의 잠재력, 자제력 그리고 조직화된 상황에서의 성취력에 있어서 더욱 강해지는 것으로 밝혀졌다.

같은 직종에 있는 남성과 여성이 원래부터 동일한 스타일을 갖는 것은 아니다. 예를 들어 여의사들은 그들의 환자를 대할 때 좀더 활기차게 탁 터놓고 이야기한다. 그들은 또한 남자의사보다 더 많이 웃고 긍정적인 말을 더 많이 하고 질문도 더 많이 한다. 비즈니스 업계에 종사하는 남녀에 관한 연구에 의하면 적극성, 성취도, 개발성, 추진력에서는 성별 간에 차이가 없었으나 신체적 모험심에서는 남성이 더 높은 점수를 얻었고, 독립심에서는 놀랍게도 여성이 더 높은 점수를 받은 것으로 나타났다(Hatcher, 1991). 일반적으로, 비전통적인 직업을 가진 여성들은 같은 직업을 가진 남성들과 비슷하다.

2) 비전통적인 직업을 가진 여성의 직장 분위기

비전통적인 직업을 가진 많은 여성들은 직장 내에서 냉랭한 분위기를 계속해서 접하게 된다. 유감스럽게도 여성에 대한 처우차별은 작업 환경의 질에도 분명한 영향을 미친다. 비전통적인 직종에서 일하는 여성의 또 다른 문제는 남자들이 여성들을 대할 때 나타나는 온정주의적 태도이다. 나이가 더 많은 남성들은 특히 여성들을 귀엽고 무기력한 작은 소녀쯤으로 취급하는 경향이 있다. 한 38세의 여성 엔지니어는 호의적인 성차별에 대해 다음과 같이 말하였다.

> 좀더 나이든 엔지니어들은 젊은 남성 엔지니어에게는 그러지 않으면서 여성 엔지니어들을 대할 때는 항상 자기들의 어린 딸을 대하듯 한다. 거기에는 보호심이나 머리를 쓰다듬으려는 감정마저 섞여 있다. 그러나 여성들은 머리를 쓰다듬는 대신 어깨를 두드려주길 원한다. (McIlwee & Robinson, 1992, p. 97)

종종 비전통적인 직업경력을 추구하는 여성들은 그녀를 지지해 주거나 경력에 대해 충고해 줄 수 있는 조언자나 역할모델을 만나지 못하고 있다. 예를 들면 미국 내에서 10위권 안에 드는 대학의 수학과에 남성 전임 교수가 총 300명에 이르지만 여성은 단 2명뿐이다. 만일 젊은 여성 시간강사가 남녀성차별 정책에 대한 의문을 제기한다면 그 여성 강사는 자기에게 경력을 쌓도록 배려해 줄 수 있는 어떤 사람도 찾기 어려울 것이다.

간략히 말하면 비전통적인 경력에 종사하는 여성들은 다른 남성 동료들과 차별화된 많은 메시지를 받는다. 이러한 메시지들은 남성들의 성차별적 논평이나, 온정주의적 반응, 고정관념적 기대 그리고 여성 동료는 조직에는 아예 없는 것처럼 행동하는 양상으로 나타난다.

3) 생산직 여성들

비전통적인 직업에 종사하는 여성들에 대해 우리가 알고 있는 것의 대부분은 의약, 사업, 법조계와 같은 전문직 종사자들에 관한 것이다. 그러나 생산직 분야에 진입하는 여성의 수도 점차적으로 증가하고 있다. 미국의 경우 현재 전체 생산직 종사자들 중 17%가 여성들이고 (O,Farrell, 1995), 그 수치는 5백만 이상의 여성들이 생산직에 종사하고 있는 것으로 해석될 수 있다. 그러나 아직까지 이러한 여성들에 대한 연구는 높은 가치를 부여하는 비전통적인 직업에 비교하여 너무 편협하다.

매우 많은 여성들이 자신들의 여건만 허락된다면 생산직이라는 비전통적인 직업에 관심을 갖는다. 그러나 이들은 중요한 난관을 극복해야만 한다. 고등학교와 직업학교에서는 여성들을 보다 전통적인 직무를 갖도록 유도하며, 사용자들은 여성들을 생산직 기술자로 고용하기를 꺼린다는 것이다.

돈이 생산직 여성들에게 중요한 요소임이 연구조사를 통해 분명하게 드러났다. 예를 들어 건설업에서는 그다지 높은 학벌이 없이도 많은 수입을 올릴 수 있다. 심지어 고등학교만을 졸업해도 단지 어느 정도의 기술만을 가진 노동자라면 연봉 30,000달러를 벌 수 있고 좀더 많은 기술을 가진 전기기술자는 연봉 100,000 달러를 벌 수 있다(Bader, 1990).

생산직 여성에 대한 가장 세밀한 연구 중 하나는 제철산업에 종사하는 여성을 대상으로 한 것이었다. 이 연구에서 여성들 대부분은 그 일을 좋아하였고, 이들은 자신들의 일이 도전적이었다고 이야기하였다. 게다가 그들은 예전의 직무보다 상당히 만족하고 있었다. 이들 여성들이 자신들의 능력에 대해 자부심을 가지고 있는 것 같았고 다른 비전통적인 직업을 가진 여성들에 대한 조사와 대조되는 결과를 보여주었다. 흥미 있는 사실은 여성들이 남자들보다 자신감이 항상 부족하지만은 않다는 사실을 보여준 것이다. 따라서 헤이몬드와 마호니(1983)가 광산에서 일하는 여성들에 관한 연구보고서에 나타난 것처럼, 제철산업에 종사하는 여성들은 자신들의 일을 높게 평가하고 있었다. 그러나 인원감축이 있을 때 여성들은 제일 먼저 일자리를 잃을 가능성이 많았다.

다양한 생산직에 종사하는 여성들은 같은 동료남자들로부터 괴롭힘과 성희롱을 당했다는 불만을 자주 호소한다. 예를 들어 한 연구에서 생산직 여성의 60%가 성적으로 희롱을 당했다고 보고되었다. 그 중 흑인여성들 중 83%가 성적인 희롱을 당한 경험이 있었다(Mansfield 등, 1991). 그런 반면, 학교 비서직 종사자들은 단지 6%만이 그런 성희롱을 경험한 것으로 밝혀졌다.

생산직 여성들은 또한 그들의 상사가 성차별적이고 무례하며 불공평하고 지나치게 비판적이라고 불만을 호소했다. 이러한 문제는 생산직 남성들을 대상으로 동료여성과 동료남성에 관한 태도조사에서 더욱 확실하게 드러났다. 이들 생산직 남성들은 동료여성들을 동료남성들보다 더 부정적으로 평가했고 심지어 그들이 직접적으로 여성들과 이전에 일한 경험이 없었을 때조차도 부정적이었다(Palmwr & Lee, 1990).

3. 전업주부

전업주부는 전적으로 집안 일만을 돌볼 수도 있고, 이러한 집안 일 이외에 부수적으로 수입에 보탬이 되는 부수적인 일을 가질 수도 있다. 더욱이 대다수의 전업주부들은 시간제나 상근제 일을 찾으면서 그들의 인생 중 어느 순간에는 그 주된 대상을 바꾸기도 한다.

주부와 가사에 관해 연구된 것은 거의 없다. 전적으로 여성의 가사와 관계된 주제는 거의 보고된 것이 없는 것 같다. 우리는 가사와 관련한 활동들이 너무나 다양하고 광범위해서 아무리 나열해도 충분치 않다는 사실을 잘 알고 있다. 장보기, 식사준비, 주방용품구입, 청소하기, 세탁, 다림질, 집 단장, 정원손질, 자동차 세차, 아이들 등교준비, 아이들 놀이방·유치원·학원 알아보기, 아이들 등하교시키기, 아이들 잠자리 준비, 아이들 훈육, 아이 돌보는 사람 고용하기, 휴일 계획하기, 그리고 가정의 재정문제 등. 여기에서 언급한 것들은 일부분에 불과하다. 또한 주부들은 대가와는 상관없이 남을 도우려는 이유로 지역사회를 위해 자발적으로 봉사활동에 참여하기도 한다.

주부에게는 별로 달갑지 않고 가시적인 성과가 드러나지 않는 이러한 많은 종류의 일들은 그것을 끝내자마자 다시 반복되고, 미룰 수도 없을 뿐더러 그런 일은 아무리 열심히 해도 표가 나지 않기 때문에 속상하기까지 하다.

주부는 자신들의 일을 어떻게 보고 있는가? 최근 조사에 따르면 미국여성 73%, 캐나다 여성의 69%가 전업주부가 되는 것이 직업을 갖는 것만큼 만족스럽다라는 사실에 동의하고 있는 것으로 밝혀졌다. 그러나 주부들을 유급직 근로자들과 비교해 보았을 때, 자신의 일을 정신적인 피로는 덜하지만 신체적인 수고가 더 많은 것으로 평가한 것으로 밝혀졌다. 봉급자가 얼마나 많은 봉급을 받느냐에 따라 그들의 직업수준이 평가되는 것과는 비교된다. 그러나 서비스직에 종사하는 여성 예를 들어, 웨이트리스나 건물청소원은 그 책임의 유사성 때문에 그들의 일에 대한 평가에 있어서 주부들과 비슷하다.

요약하면, 근로여성들이 염두에 두어야 할 것은 그들이 가정에서 하는 엄청난 양의 일들을 인정해야 한다는 것이다. 이러한 일이 다양하고 광범위하고 반복적이고 때론 답답하고 중요하게 여겨지지 않을지라도 그 일은 누군가가 반드시 해야만 하는 일인 것이다.

고용안정이 보장되지 않으면, 많은 수의 여성들이 생계수단을 잃은 주부(displaced homemaker)라는 위치로 전환해야 하는 위기에 처하게 된다. 생계수단을 잃은 주부는 이혼이나 상처 혹은 배우자의 실직 등의 이유로 인하여 일차 수입원을 상실한 여성을 말한다. 미국의 경우 현재 거의 1,600만 명에 달하는 여성들이 생계수단을 잃은 주부이다(미국 노동부 1994). 이러한 여성들은 직장을 구하고자 하지만 이들은 자신이 전적으로 가정과 가족에 매달렸던 수년간의 경험들이 취업하고자 하는 회사의 사용자들에게는 그다지 인정을 받을 수 없음을 알게 된다. 그러나 다행히도 많은 지역단체들이 취업을 원하는 이러한 여성들을 위한 프로그램의 필요성에 인식을 같이 하고 있다. 수많은 단체들이 현재 여성들로 하여금 고용과 관계된 기술을 개발하고, 취업전략에 관하여 상담해주고, 인생에서 극적인 전환을 필요로 하는 사람들에게 일종의 지원을 제공하는 등의 형태로 이들의 문제해결에 기여하고 있다(Schmittroth, 1991).

제 5 절 여성의 취업

1. 고용 형태에서의 차별

미국의 경우 1960년대에 사용자들은 합법적으로 성별을 구분해서 모집광고를 할 수 있었다. 그들은 또한 단지 여성이라는 이유만으로 특정 직무에 여성을 고용하는 것을 거부할 수 있었다(Clayton & Crosby, 1992). 이런 종류의 가시적 차별은 더 이상 합법적이지 않으나, 차별은 보다 교묘해지고 있다. **면접 차별**(access discrimination)이라는 용어는 고용결정과 관련된 차별을 말한다. 면접 차별의 예는 훌륭한 자질의 여성 지원자를 거부하는 것, 여성 지원자에게 낮은 봉급을 제시하는 것, 그리고 여성 지원자에게 덜 매력적인 지위를 제시하는 것 등이다. 일단 그들이 고용되면, 여성들은 아마도 처우 차별이라고 불리는 또 다른 종류의 차별에 직면하게 될 것인데, 이것은 뒤에서 거론할 것이다.

"성에 적합한" 직업에 대한 고용주의 편견은 여성들의 직무 지원에 걸림돌이 될 수 있다. 예를 들어, 글릭과 그의 동료들(1988)은 경영자들과 실무 전문가들에게 이력서를 보고 어떤 사람이 직무면접을 볼 충분한 자격이 있는지를 판단하게 했다. 직무 지원자의 개별 특성이 고정관념상 중성적일 때, 경영자들이 영업-관리직에 여성보다는 남성을 면접할 가능성이 27%나 더 높았다.

물론 예외도 있었지만 여러 가지 연구들이 면접 차별을 증명해 주고 있다. 여기에 여성들이 직무에 지원했을 때, 면접 차별에 직면할지의 여부를 결정하는 몇몇 요인들이 있다.

1. 강한 성-역할 고정관념을 가진 사람이 보다 많은 면접 차별을 보여줄 가능성이 있다. 샤프와 포스트(1980)는 인사 관리자들에게 지방 잡지의 스포츠 리포터나 아니면 패션 리포터로서의 직업에 대한 지원자의 자질을 판단하게 했다. 전반적으로, 관리자들은 남성과 여성 지원자들에 대해서 똑같이 긍정적이었다. 그러나, 성-역할 고정관념 검사에서 높은 점수를 받은 관리자들은 면접에서 차별을 보였다. 이런 고정관념을 가진 사람들은 스포츠 리포터직에 지원한 남성들에 대해 보다 긍정적인 태도를 보여주었다. 또한 이들은 패션 리포터직에 지원한 여성들에 대해 다소 긍정적인 태도를 보였다.

2. 면접 차별은 "성에 부적합한" 직무에 지원할 때, 남성들과 여성들 양쪽 모두에게 작용할 가능성이 있다. 샤프와 포스트(1980)의 연구에서 보여주듯이, 여성들뿐만 아니라 남성들도 다른 성에 고정관념적인 것으로 여겨지는 직무에 지원하려 할 때 차별에 직면할 수 있다. 이런 결론은 많은 문헌 연구들에 의해 지지받아 왔다. 예들 들어, 한 연구에서 라빈손(1982)은 학생들에게 구인 광고들에 적힌 여러 가지 직무들에 지원하게 했다. 여성이 고정관념상으로 남성의 직업인, 선적-수령 일에 대해 물었을 때의 반응을 살펴보았다. 그녀는 "아가씨, 미안합니다. 하지만 그 일을 하기 위해서는 남자가 필요합니다. 모든 종업원들이 남자들이고, 당신은 무거운 설비를 부려야 할 필요가 있고...... 나는 당신을 돕고 싶지만, 우리는 신체적으로 강인한 사람이 정말 필요합니다."라는 말을 들었다. 남성이 고정관념상으로 여성의 직업인 보육 센터의 "교사-간호사-직원"직에 대해 물었다. 그는 "글쎄, 이것은 1세 어린이와 함께 있는 것인데, 당신이 아이들을 잘 돌볼 수 있을지 모르겠습니다"라는 말을 들었다.

3. 면접 차별은 특히 지원자의 지원자격이 애매할 때, 더 많이 나타날 것이다. 반면에, 사용자들이 만약 지원자를 평가할 자료가 풍부하면 차별이 나타날 가능성은 훨씬 줄어들 것이다. 다시 말해, 이전에 회사의 또 다른 직위에서 일했던 여성 지원자는 고용기회를 보다 많이 가

질 것이다. 콘래드와 페퍼(1991)의 연구는 이와 같은 사실이 지지될 수 있음을 보여주었다. 특히, 만약 어떤 여성이 이미 다른 기관에 취업한 적이 있다면 특정직위에 그 여성이 고용될 기회는 상당히 높아진다. 몇몇 다른 연구들 및 고찰에서는 지원자의 자격요건이 모호할 때, 면접 차별이 나타날 가능성이 있음을 강조했다.

요약하면, 여성들은 평가자가 고정관념을 가지고 있거나 그 직무가 남성에게 적합하다고 생각할 때 직무에 취업할 가능성은 훨씬 줄어들게 된다. 또한 면접 차별은 여성의 자격요건에 대한 정보가 불충분하거나 불분명할 때 작용한다고 볼 수 있다.

2. 작업장 안에서의 차별

앞 부분에서는 여성에 대한 차별 중 하나로서 여성들이 직무에 지원할 때 면접이 호의적으로 이루어지지 않는 면접차별현상에 대해서 언급하였다. 두 번째 문제는 처우 차별이라고 불리는 것으로, 일단 직무를 얻은 여성들이 직면하는 차별이다. 봉급 차별, 승진 차별, 그리고 작업장 안에서의 다른 편견들을 살펴보자.

1) 임금 차별

가장 분명한 처우 차별은 여성들이 남성들보다 돈을 적게 받고 있다는 사실이다. 예를 들어, 1991년에 미국 여성들은 남성의 평균 연봉의 단지 70%만을 받았다. 1990 캐나다에서도 여성의 수입은 남성수입의 68%였다(Gee, 1995). 임금 차별 중 일부는 여성들이 남성들보다 시간제 일을 더 많이 한다는 사실에서 그 원인을 찾아볼 수 있다. 시간 당 평균 임금을 비교하는 경우, 여성들의 수입은 남성들의 77%이다(U.S. Department of Labor, 1994). 다시 말해, 유의미한 차이는 여전히 남아 있다.

임금이 차이가 나는 한 가지 중요한 이유는 남성들이 돈을 많이 받는 직업에 취업한다는 것이다. 전기 기술자는 거의가 남자인데, 이들은 거의가 여성들인 서무직원의 2배 정도를 번다. 그러나, 선택한 직업의 종류가 다르다는 것은 차별을 부분적으로 설명해 줄 뿐이다. 신중하게 수행된 수많은 연구에서는 다른 요인들을 고려한 경우에서 조차도 여성들이 남성들보다 단순히 임금을 적게 받는다는 사실을 분명하게 보여주고 있다. 예를 들어, 올슨과 프리즈(1991)는 여성과 남성의 직업적 차이의 효과를 제거하기 위하여 피츠버그 대학의 기업관리 책임자 프로그램을 졸업하고 이 분야에서 일하고 있는 사람들을 조사하였다. 그렇다 하더라도 남성들의 평균 연봉이 여성들의 평균 연봉보다 5,300달러나 더 많았다.

임금 차의 구체적인 측면을 두 가지 관점에서 살펴보자. 첫째는 필적 가치의 개념이고 둘째는 낮은 봉급을 받는 여성들의 반응이라는 측면이다.

필적 가치: 앞서 여성들이 어떻게 동일한 직무 기술서를 갖춘 업무를 수행할 때에 남성들보다 임금을 적게 받는지를 살펴보았다. 대부분의 사람들은 같은 직무를 동등하게 수행하는 두 사람이 같은 봉급을 받아야 한다거나 혹은 같은 일에는 그에 상응하는 동일한 급여가 주어져야 한다는 사실을 인정하고 있다.

필적 가치는 보다 복잡하다. 필적 가치라는 개념에 따르면, 여성들과 남성들은 각기 다른 직무에 대해서도 동등한 급료를 받아야 한다는 것인데 이때 각기 다른 직무는 비교할 수 있는 것이어야 한다(England, 1992). 필적가치 법령에 찬성하는 사람들은 현재의 임금 차이는 현재의 직무 점유자의 성을 기초로 한 차별을 반영한다고 주장한다. 특히, "여성들의 직무들"(예를 들어, 보육 센터의 직원)은 이전의 직무가 주로 여성에 의해 행해졌기 때문에 "남성들의 직무"(예를 들어, 전기 기술자)보다 적은 급여가 주어진다(Major, 1989). 여성들은 우리 사회에서 평가절하 되어 있다. 이들이 하는 일 역시 그들의 수행을 평가하는 실제적인 경제 가치에 의해서 평가절하되고 있다.

일반적으로, 필적 가치 전략은 직무의 복잡성이 비슷하거나 기술이 같은 "남성들의 직무들" 및 "여성들의 직무들"에 대해서 아니면 유사한 책임이 부여된 직무들에 대해 똑같은 임금을 주기 위한 것이다. 반드시 고려되어야 하는 직무구성 요소들은 교육, 훈련, 기술, 위험도, 불결함 및 타인의 업무에 대한 책임감 등이다. 이러한 논리에 따르면 보육 센터에서 아이들을 돌보는 학사학위를 가진 여성은 에어컨을 취급하는 기계기술자보다 더 많이 벌어야 한다.

낮은 봉급에 대한 반응: 여성들은 자신들의 낮은 임금에 대해 어떻게 생각하는가? 이 질문에 대한 해답은 여성들과 남성들이 특정 직무를 수행한 대가로 얼마를 받고자 하는가에 대한 연구를 통해서 확실해진다. 일반적으로, 여성들은 낮은 봉급을 선택했고, 자신의 봉급이 적은 것에 만족하고 있는 것으로 알려져 있다. 바일즈머와 메이저(1992)는 대학생들을 대상으로 한 연구에서 연구조수직의 시간당 급여를 제시하라고 했을 때, 부가적인 정보가 없을 경우 대졸 남성과 여성들이 매우 다른 봉급액을 요구하였다는 사실을 발견했다. 특히, 남성들은 평균 6.03달러를 요구한 반면, 여성들은 평균 5.30달러를 요구했다. 여성들은 단순히 자신들이 더 적은 돈을 받을 자격밖에 없다고 생각하였다. 그래서, 우리는 그들이 실생활에서 자신들의 낮은 임금을 불행하게 생각하리라고 기대하지 않을 것이다.

크로스비(1993)는 자신의 낮은 봉급에 대한 여성들의 반응에 대해 확장된 연구를 수행했다. 일반적으로, 크로스비와 그녀의 동료들은 여성들이 자신의 봉급이 낮다고 거의 불평하지 않는다는 사실을 발견했다. 여성들은, 일반적으로 여성들이 낮은 급여를 받고 작업장 안에서 보다 진지하게 받아들여질 필요가 있다고 인정한다. 그러나, 여성들은 **개인적인 손해를 부인**하려는 경향이 있다. 그들은 자신들이 속한 집단에 해가되는 불평등에 의해서 개인적으로 영향을 받지 않는다고 믿고 있다. 크로스비는 자신의 연구에서 그리고 다른 연구를 고찰함으로써 대부분의 여성들이 자신들이 받을만하다고 생각하는 봉급을 받는다는 것을 발견했다. 그 결과, 그들은 대개 자신들의 봉급에 만족했다.

크로스비는 심지어 성차별이 시정되어야 한다고 생각하는 여성(여권주의 전문 직업인)을 면접할 때에도 개인적 손해를 부인하는 경향이 있음을 발견했다.

왜 세상에서 여성들이 자신의 봉급에 대해 상대적으로 행복해 하는가? 대부분의 경우, 어떤 여성은 유사한 자격요건을 갖춘 남자와 비교해서 솔직히 자신이 피해를 보고 있다는 사실을 모르고 있다. 또한 여성들은 전형적으로 자신의 상황을 남성들의 상황보다는 다른 여성들의 상황과 비교한다(Bylsma & Major, 1994). 더 나아가, 일시에 적은 사례만을 분석하여 차별을 감지해 내기는 매우 어렵다. 이런 이유 때문에, 여러 기관이나 관련단체에서는 봉급에 대한 자료들을 수집할 필요가 있다. 수많은 사람의 자료가 모여졌을 때, 급여의 불공정은 보다 분명해질 것이다.

여성들이 자신의 손해를 인정하지 않는 또 다른 이유는 여성들이 세상이 정의롭고 공정한 곳이고, 그 곳의 사람들은 자신의 가치에 상응하는 대접을 받는다고 믿고 싶어서이다(Clayton & Crosby, 1992). 만약 한 여성이 자신의 급여가 낮다라는 사실을 인정한다면, 그녀는 이 불공평을 설명해야 한다. 그리고 모든 설명들은 불쾌하다. 그녀는 진정 자신의 상사와 자신을 고용한 조직이 나쁜 사람들이라고 결론내리는 것을 원하겠는가? 불행하게도, 그녀가 계속해서 그녀의 개인적인 손해를 부인한다면, 그녀는 급여의 동등성과 다른 사회적 정의 문제를 위해 일하지 않을 것 같다.

2) 승진에서의 차별

두 번째 중요한 처우차별의 종류는 여성들은 자신들의 직무에서 남성들만큼 승진을 하지 못한다는 것이다. 예를 들어, 도서관에서 남성 사서들은 여성 사서들보다 높은 수준의 관리직에 더 많이 승진하는 것 같다. 한 연구에 의하면 남성 사서의 16%가 도서관의 책임자인데 반해 여성사서는 7%라는 사실이 확인되었다. 또 다른 남성 사서의 24%는 부서 혹은 지부의 장이었던 반면, 여성은 13%에 그쳤다(Detlefsen et al,. 1991). 따라서 여성들은 남성들만큼이나 승진을 못하는 것 같고, 심지어 고정관념상으로 여성의 직업에서도 그러한 현상이 나타나고 있다. 보다 광범위하게 공개되어온 승진차별은 일반기업에 근무하고 있는 여성들에게도 해당된다. 예를 들어, 미국의 대기업 1000개를 대상으로 한 조사에서는 상급관리자중 여성이 차지하는 비율이 4%이하라는 사실을 보여주고 있다(Penner et al., 1991).

여러분은 아마도 "유리천장(glass ceiling)"이라는 말을, 특히 기업맥락에서 들어보았을 것이다. 유리천장은 추측컨대 여성 승진을 가로막는 것으로 생각되는 많은 전문직 조직에서 발견되는 보이지 않는 장벽들을 말하는 것으로 여겨진다. 따라서 중간 관리자들은 자신들에게 가까운 관리적 수준을 찾을 수도 있다. 부가적으로, 우리는 유리천장의 비유가 매우 정확하지 않다는 사실에 주목해야 한다. 이런 장벽들을 경험해 본 사람들은 장벽이 유리처럼 투명해서 눈에 보이지 않는 것이 아니라 매우 노골적이라고 보고하였다.

제 6 절 일과 개인 삶의 조화

오늘날 젊은 여성들은 대체로 경력과 가족이 잘 조화되도록 계획한다. 예를 들어 호프눙(1993)은 대학졸업반인 여학생 125명(반은 백인, 반은 유색인)을 인터뷰한 결과, 이들 중 어느 누구도 "단지 전업주부"로서만 미래를 계획하고 있는 학생은 없었다. 대신 18%는 "전적으로 일"만을 선호했고 81%는 일과 가정을 적절히 배분하고 싶다는 입장을 밝혔다. 예상할 수 있듯이 여성들의 취업은 그 개인의 삶에 영향을 미칠 수 있고 반대로 개인의 삶도 그의 취업에 영향을 미칠 수 있다.

본 절에서는 여성의 취업이 여성자신, 남편과 결혼 및 자녀들에게 미치는 영향과 아울러 가족이 여성의 경력개발에 영향도 살펴보고자 한다. 그리고 이 두 영역을 어떻게 통합시켜야 할 것인지에 대해서도 언급하고자 한다.

1. 취업이 여성에게 미치는 영향

여성과 취업에 관한 연구에서는 근로가 여성의 신체 및 정신건강에 미치는 영향을 조사하였으며, 자살률, 우울증 및 정신과적 진단부터 만족에 대한 측정과 긍정적인 안녕감에 이르기까지 다양한 결과측정치를 이용하였다. 예를 들어, 커밍 등(1975)은 근로여성들이 비근로여성들보다 자살할 가능성이 훨씬 적다는 사실을 발견하였다. 워어와 페어리(1982)는 여성과 일에 관한 다양한 역학적 연구를 검토하고서 일반적으로 취업한 여자들이 직무가 없는 여성들보다 심리적 안녕감이 유의미하게 낮다는 견해를 지지하지 않는다고 결론을 내렸다. 버나드(1971, 1972)는 근로여성에 대한 연구에서 근로여성들이 가정주부보다도 훨씬 적은 심리적 디스트레스 증상을 갖는다는 사실을 지적하면서 그 증거를 보다 긍정적으로 해석하였다. 사회학자들은 여자에 대한 독립적인 재정적 기초에 의해서 제공되는 힘(권력)의 긍정적 효과를 지적하였다. 반면에 홀과 홀(1980)은 여성들로 하여금 불행한 결혼에서 해방될 수 있도록 하는 주요 요인으로서 여성에 대한 경제적 이익을 확인하였다. 여성들의 직업적 관여로 인해서 생겨나는 권력의 긍정적 효과를 강조하는 것은 여성과 일에 관한 대다수의 문헌에서 다루어지고 있는 주제이다. 일하는 어머니의 심리적 및 신체적 적응에 관한 문헌들을 고찰하고서 내린 결론은 다음과 같은 것들이다. 첫째, 집단으로서 취업모는 가정주부보다 신체적으로 더 건강하다. 둘째, 취업모는 가정주부보다 더 긍정적인 자기-이미지를 가지고 있다. 셋째, 취업모는 가정주부만큼 자녀에 관한 많은 죄책감과 불안을 보고하지만 그러나 이들은 이러한 불안이 유발하는 신체적 증상은 더 적게 보고하고 있다.

취업모는 비취업자들에 비해서 어느 정도 덜 능동적으로 지역사회 조직에 참여하고 있다. 그러나 이들이 이러한 패턴을 부정적으로 지각한다는 증거는 없다. 한편 근로여성들은 취업을 통하여 재정적 자립과 함께 결혼관계에서 증가된 권력을 즐기는 것으로 밝혀졌다. 물론 앞서 바아(1974)도 이러한 결론을 내렸는데, 그는 권력을 총체적인 구성개념으로 간주하기보다는 다양한 권력차원(항상 의사결정권한으로 개념화되는)을 검토해 보는 것이 가치로울 수 있음을 지적하였다. 그는 일을 하는 기혼녀는 일관되게 재정적 의사결정에서 더 많은 권력을 행사하고 임신결정과 자녀양육에 관한 후속결정에서 더 큰 영향력을 가진다는 사실을 주목하였다. 그러나 이들은 가사, 식품구매 등과 같은 일상의 활동영역에서는 권력을 상실할 수도 있다. 그 이유는 일하는 아내를 둔 남편들은 가정주부의 남편들보다 이들 영역에서 더 많은 책임을 공유하기 때문이다. 그러나 근로여성들이 이러한 후자의 상황을 권력차원으로서 경험하는지는 불분명하다.

2. 부인의 취업이 남편과 결혼에 미치는 영향

"여자의 자리"에 관한 사회적 억측 때문에, 여성의 취업은 여성들에게 갈등을 유발할 뿐만 아니라 결혼과 남편에게도 파괴적인 영향을 미칠 것이라고 가정되어 왔다. 이와 같은 가정은 두 가지 지적 전통에 뿌리를 두고 있다. 정신분석학적 심리학에서는 여성의 속성을 내재적으로 수동적이며, 양육적이며, 비공격적인 것으로 보았으며, 기능주의 사회학에서는 여성의 취업은 결혼(부부)갈등을 생성해 내고 또한 가족의 지위 라인에 혼란을 초래한다고 제안하였다.

고전적 정신분석학에 따르면, 여성의 심리와 생리는 이들이 자녀임신 및 양육의 역할과 아내로서의 지지적이며 양육적인 기능을 하는데 적합하도록 되어 있다는 것이다. 취업은 어느 정도까지는 여성들의 심리적 기능에 위험할 수 있다. 그 이유는 이것이 성격의 비여성적인 측면을 격려하고 "남성적 항변"의 발달을 조장하기 때문이라는 것이다. 한편 이것은 남편에게도 문제를 제기한다. 즉 남편은 권력을 공유하려는 욕구에 직면했을 때, 위협을 느낄 것으로 생각되며 따라서 부부갈등을 유발할 수 있다.

그러나 일련의 연구결과를 보면 서로 상반된 결과를 제시하고 있으며, 또한 방법론상의 문제점도 안고 있다. 따라서 적절한 연구가 수행될 때까지 모든 논의는 심사숙고해야 할 것 같다.

3. 어머니의 취업이 자녀에게 미치는 영향

사회에서 어머니의 역할은 다른 역할과는 질적으로 다른 수준에서 존재하며, 모성에 관한 신념들은 여자는 아이를 갖고 아이들을 잘 키울 것을 요구하는 사회적 의무를 부여한다. 관행적으로 아이들을 잘 키운다는 것은 물질적으로 아이들의 모든 욕구를 충족시켜 줄 수 있어야 한다는 것을 의미한다. 이러한 배경이 유아애착에 대한 책임을 여성에게 안겨주었고, 모성의 의무를 강조하기에 이르렀다.

앞서 우리는 여성들이 남성들에 비해 더 많은 집안일을 수행하고 있음을 보았다. 누가 자녀를 양육하고 있는가? 여러 조사결과에 의하면 아버지들의 자녀양육에 대한 책임이 실질적으로 증가해 오고 있음을 보여주고 있다(Gilbert, 1994). 하지만, 여전히 일하는 어머니들은 일하는 아버지들보다 실질적으로 더 많은 시간을 어린 자녀를 양육하는 데에 보내고 있다. 예를 들면, 부부 모두 직업을 가지고 있고 5살 미만의 자녀를 두고 있을 경우, 대부분의 여성은 일주일에 14시간을 자녀양육에 보내는 반면, 대부분의 남성은 7시간에 불과했다(Douthitt, 1989). 그러나 일반적으로 아버지들은 부인이 직업을 가지고 있을 때 그렇지 않을 때보다 더 많이 자녀양육에 관여하는 것으로 밝혀졌다. 예상할 수 있듯이, 비전통적인 성 역할을 가진 아버지들이 자녀양육을 더 많이 도와준다(Deutsch 등, 1993).

자녀들이 10대가 되면, 아버지와 어머니는 자녀양육의 책임을 더 동등하게 진다. 예를 들면, 이성문제, 자녀의 숙제를 도와주는 것, 자녀의 활동에 참석하는 것, 자녀가 관심을 가지고 있는 사항에 대해 함께 대화를 나누는 것 등을 결정할 때, 동등하게 책임을 진다.

먼저 어머니의 취업과 자녀의 적응이란 주제가 대단히 복잡하다는 것을 강조할 필요가 있다. 일반적으로 보육 프로그램(day-care programs)에 참여한 아이들의 경우, 특히 저소득층 가족들 간의 비교를 통해 보면 이들이 집에서 양육되는 아이들보다 지적발달이 좀더 빠르다는 사실을 알 수 있다. 특히 연구자들은 보육 센터에 다니는 1.5세에서 5세의 아이들이 가정에서 양육되는 아이들에 비해 지능검사에서 더 높은 점수를 받는다는 사실을 확인하였다(Mcloyd, 1993; Vandell & Ramanan, 1992). 전형적으로, 가정에서 양육된 아이들은 학교에 입학해서야 보육센터에서 양육된 아이들을 따라잡는다. 따라서 보육이 확실히 아이들의 인지발달에 해를 주지 않으며 오히려 이것이 도움을 줄 수도 있다고 결론을 내릴 수 있다.

사회적 발달은 더욱 복잡한 양상을 띤다. 보육시설에 맡겨진 아이들은 몇 가지 영역에서 사회적 기술이 더 발달하는 경향이 있다. 이들은 사회적 상호관계에서 좀더 협동적이고 자신감이 있으며, 다른 사람의 관점을 더 잘 취할 수 있다. 하지만, 몇몇 연구에서는 보육 센터에 다니는 아이들이 더 공격적이라는 결과가 보고되기도 하였다. 이러한 모순된 결과에 대해서 설명하자면, 보육 센터에 다니는 아이들이 환경에 적응을 못하기 때문이라기보다는, 좀더 스스로 사고하고 자기 나름의 방식을 원하기 때문이라 할 수 있다(Clarke-Stewart, 1989).

엄마가 직업을 가지고 있는 아이들은 그렇지 않은 아이들에 비해 한 가지 확실한 장점을 가지고 있다. 그 엄마는 아이에게 직업을 통해 성취를 하는 유능한 여성의 모델 상을 제공한다는 것이다. 일반적으로 엄마가 직장에 다니는 아이들은 집에서 엄마에 의해 길러진 아이들처럼

성-유형화된 고정관념을 보이지 않는다는 보고가 있다. 더욱이 어렸을 때 엄마가 직장에 다녔던 대학생들은 여성의 취업에 대해 더욱 더 지지적이다. 이들은 그들이 성장하면서 엄마의 취업이 가족에게 긍정적인 영향을 미쳤다는 사실도 깨닫게 된다(Willetts-Bloom & Nock, 1994).

보육과 엄마의 취업에 관한 모든 연구보고에서는 다음과 같은 메시지를 던져준다. 결정적인 것은 자녀양육시설의 질이라는 것이다. 교사의 수가 적거나 턱없이 부족한 장난감에 아이들만 많은 시설은 좋은 양육체제가 될 수 없는 것이다. 대신에, 부모들은 아이들과의 대화에 적극적으로 참여하는 따뜻하고 양질의 교육을 받은 역량있는 교사들이 가르치는 양육시설을 찾아야만 한다.

결론적으로 말하자면, 직업을 가진 여성의 자녀들은 사실상, 엄마의 손에 키워진 아이들과 별반 차이가 없다는 것이다. 하지만, 이 같은 사실이 좀더 널리 공표될 필요가 있다. 예를 들어, 쇼핑몰에서 인터뷰한 대학생들과 성인들 모두가 직업을 가진 엄마가 직업이 없는 엄마보다 덜 가족 중심적이며 가족에 대해 덜 헌신적이라고 믿고 있었다(Etaugh & Nekolny, 1990). 다른 조사에서는, 대학생들이 직업을 가진 엄마에게 더 부정적인 평가를 내렸으며, 그 엄마의 자녀들에게도 좋지 못한 결과를 가져올 것이라고 예측했다. 특히 이러한 결과는 엄마가 경제적인 이유보다 개인의 만족을 위해 직장을 가졌을 경우에 더 강하게 나타났다(Bridges & Orza, 1992). 바꾸어 말하면, 우리는 엄마의 일로부터 얻는 즐거움이 그녀의 이기심에 근거한다면 그녀를 비난해야 하는가! 일이 좋아서 일을 선택한 엄마들은 과연 비난받아 마땅한가!

여성들은 엄마의 취업에 따른 손익에 대해 어떻게 생각할까? 하이드와 맥킨리(1993)는 임산부 570명을 인터뷰했다. 예상할 수 있듯이 현재 정규직에 종사하는 여성들이 엄마들의 취업에 대해 비용보다는 이익이 훨씬 크다고 느끼고 있었다. 시간제 직종에 종사하는 여성들은 비용보다 이익이 약간 크다고 생각하였으며, 전업주부인 여성들은 이익보다 손해가 더 크다고 지적하였다. 요컨대, 일의 이익에 대한 여성들의 지각은 취업과 관련해서 자신이 어떠한 상태에 있는지의 여부와 관련이 있는 것 같다.

4. 결혼과 출산이 여성의 경력개발에 미치는 영향

이와 같은 조건에 관해서 언급된 내용은 거의 없지만, 다음과 같은 사실은 가능할 것도 같다. 일-가정 접점에서 가장 명백한 부정적 관계는 여성의 취업이 남편 혹은 결혼에 미치는 영향도 아니며, 이것이 자녀에게 미치는 영향도 아니다. 오히려 가장 분명한 관계성은 결혼 및 출산과 여성의 경력개발간의 부적인 관계성이다. 그러므로 프리즈 등(1978)은 독신이면서 전문직에 종사하는 여성들이 결혼한 전문직 여성들보다 더욱더 생산적이고 성공적이었다는 사실에 주목하면서 "분명히 아이들이 가장 중요한 양육자(항상 엄마)의 경력발전을 간섭한다"라고 서술하였다.

자녀를 갖는다는 것이 여성이 자신의 경력에서 성공할 기회를 감소시킨다는 사실은 분명하며, 특히 전문직 여성들은 어머니가 된다는 것이 자신들의 경력개발을 방해할 가능성이 있다고 보고하였다. 반면에, 자녀들은 남자들의 직업적 발달에서 특출한 요인이 못되는 것 같다. 사실 남자들은 전문직 남자의 아내들이 전통적으로 남편의 경력을 지지해 주거나 도와주기 때문에 결혼으로 인해서 혜택을 볼 가능성이 많다. 반면에 아내를 남자들이 지지하거나 도와주는 경우는 드물다.

직업심리학 문헌에서 여성들이 자신의 경력을 개발하는 과정에서 직면하게 되는 주요 문제는 결혼계획의 불확실성과 실제적으로 양립할 수 없는 두 가지 행동체계(일과 가족)를 동시에 병행하도록 하는 것이라고 주장하는 것은 이미 진부해져 버렸다. 주부/어머니의 생물학적 역할과 근로자의 사회적 역할과의 철학적 양립불가능성은 여성의 경력개발에서 가장 두드러진 요인이다. 이러한 유형의 갈등을 역할갈등이라고 하는데,

즉 둘 혹은 그 이상의 역할과 연합된 요구의 양립불가능성에 기인해서 발생하는 갈등으로서 일차적으로 속성상 심리적인 것으로 개념화 된 것이다. 이러한 종류의 갈등을 언급할 때, "갈등의 근원은 이와 같은 요구에 기초가 되는 가치가 서로 모순된다는 사실에 있다. 전문직 여성들은 이들이 정상적으로 자신들의 가족에 우선적으로 관심을 쏟도록 요구하면서 동시에 남자들과 마찬가지로 자신의 일에 몰두하기를 요구받는다. 그 갈등은 성실성의 갈등이며, 이것은 한 가지 이상의 사회체계에 관여하라는 단순한 사실에서 생겨난 것이 아니다. 이것은 규범적 우선권의 갈등이다. 역할갈등이 대부분 여성의 경력개발에 유해한 영향을 미칠 가능성이 있다고 주장할 수 있지만, 여기서 초점을 맞춰야 하는 것은 이와 같은 양립불가능의 보다 실제적인 측면을 입증하는 자료들이다. 즉 역할과부하 문제가 그것이다. 이미 서술하였듯이 결혼한 경력여성은 매일 유감스러운 사실에 직면한다. 즉 해야 할 일을 다 할 수 있을 만큼 시간이 연장되지 않는 다는 사실이다. 이러한 당연한 결과는 남자들보다는 여자들에게 더 많은 영향을 미치며, 전형적으로 여자들이 경력을 선택할 경우 이들은 예전 역할에서 같은 양의 역할감소 없이 자신의 삶에 새로운 역할과 역할요구를 첨가시켜야 한다(Fitzgerald & Betz, 1983).

직장 여성들은 비근로 여성들보다 가사 책임과 관련해서 더 적은 시간을 소비하지만, 직장여성들은 남자들보다 여전히 이러한 과제(가사와 자녀양육)에 더 많은 시간을 소비하고 있는 것만은 확실하다. 평등주의적 태도에도 불구하고 가정 내에서 실질적인 노동의 분담은 일관되게 여성에게 더 많은 가사 및 자녀 양육에 대한 책임을 떠넘기고 있다. 여러 연구를 통해서 보면 아내들은 전임직 직업경력을 가지고 있을 때조차도 압도적으로 많은 가사 활동을 수행하고 있다. 예를 들어, 도시가족의 표본을 대상으로 한 연구(Berk & Berk, 1979)에 의하면 일하는 아내들의 남편들 중 2/3는 전업주부의 남편들보다 저녁식사시간 이후의 가사과제에 대해 더 많은 기여를 하지 못하는 것으로 밝혀졌다. 특히 일하는 엄마는 아이들의 양육과 안녕에 대해 거의 전적으로 책임을 지고 있었다. 아내가 남편과 직장생활을 한 기간이 비슷한 부부들 사이에서 가정의 잡일이 어느 정도 공평하게 분배되고 있지만, 아동양육의 책임만큼은 여전히 거의 전적으로 아내에게 맡겨지고 있는 것으로 나타났다.

이와 같은 현상이 나타나는 이유는 대부분의 엄마들이 아이들과 떨어져서 보내는 시간에 관해서 죄책감을 느끼기 때문이라는 것이다. 근로여성들이 아동양육에 전념하는 시간은 이들이 하길 원하고 의당 해야 한다고 생각하는 것으로 볼 수 있다. 아내들은 의식적이든 무의식적이든 자신들이 가정을 떠나서 있는 시간에 대한 "보상"의 수단으로서 자녀-양육과제를 전적으로 떠맡는다는 것이다.

이러한 패턴의 설명이 무엇이건 간에 그 결과는 분명하다. 가사활동 특히 자녀양육에 투입하는 시간의 양은 전문직(직업) 경력을 추구하는 개인의 능력을 심각하게 제한한다. 다른 어떤 요인보다도 여성의 경력발달과 획득을 제한하는 것은 여성에게 사회적으로 재가된 이 같은 가사와 자녀양육활동의 배정이다.

5. 개인적 적응

지금까지는 취업여성의 결혼과 육아에 대해 주로 논의해 왔다. 그렇다면 그들 자신들은 어떻게 행동하고 있을까? 그들은 역할에 따른 중압감을 경험할까? 그들의 육체적 정신적 건강상태는 어떨까?

1) 역할 중압감

도시 내에서 성인들을 위한 의료 클리닉을 경영하는 의사는 그녀의 삶을 다음과 같이 언급하였다. "나는 40대의 전문직 여성 중 자신의 삶이 균형이 잡혀 있다고 느끼는 사람을 만나지 못했다. 그 연령이 되면 모든 것에 지나치게 관여하게 된다. 아마도 우리는 50대에 가서야 그러한 문제를 해결하게 될 것 같다". 이 여성은 역할 중압감을 기술하고 있는데 역할 중압감은 사람들이 각기 다른 모든 역할의무를 이행하기가 어려울 때 발생하게 된다. 취업여성의 역할에 대한 중압감은 직업과 가족 내의 의무사이에서 오는 갈등을 의미한다.

여성들과 남성들이 역할 중압감이라는 관점에서 차이가 있는지는 분명치가 않다. 대학 내 직원들을 대상으로 한 조사에서 여성들이 남성들보다 훨씬 많은 중압감을 느끼는 것으로 나타났다. 그러나 인사 담당자들을 대상으로 한 조사에서는 남성과 여성간의 차이가 나타나지 않았다. 또한 취업여성과 비취업여성 간의 스트레스에 관한 차이점도 명확하지가 않다.

한 연구에 의하면 취업 여성들이 일상에서 짜증스러운 일(hassle)을 훨씬 많이 겪는다고 보고되었지만 그러나 두 집단은 이러한 짜증스러움의 강도에 대해서는 비슷하였다. 그에 대한 해답은 특히 자녀가 어릴 때, 시간제 직업과 관련이 있는 것 같다. 시간제 직업을 가진 여성들은 상근직업을 가진 여성들과 비교하였을 때 전반적으로 자신의 직업과 육아에 관하여 훨씬 더 만족하고 있는 것으로 보고되었다. 그러나 시간제 취업은 동일한 양의 역할 중압감을 야기하며, 또한 시간제 취업자들은 여러 가지 전문적인 업무에서 제외되고 있다고 느낀다. 불행히도, 시간제 취업이 모든 문제를 해결할 수는 없다.

2) 신체 건강

역할 중압감이 취업 여성의 신체적인 건강을 해칠 수 있다고 생각할 수도 있다. 그러나 여러 연구 및 통계자료에 의하면 취업여성이 적어도 직업을 갖지 않은 여성보다 건강한 것으로 나타났다(Rapetti 등, 1989). 예를 들면, 라페티와 그녀의 동료들(1989)은 문헌고찰을 통해서 취업이 여성들의 건강에 관하여 전반적으로 부정적인 영향을 미친다는 증거는 없으며, 오히려 긍정적인 영향을 미칠 수 있다는 몇몇 결과를 제시하였다.

특히 어떤 집단의 여성들이 집밖에서 일을 함으로써 긍정적인 영향을 경험할 가능성이 높은가? 집에서 사회적인 지지를 받지 못하고 있다고 느끼는 기혼여성들 뿐만 아니라 미혼여성들은 오히려 이들이 가정 밖에서 일을 갖는다면 더 건강해지는 것 같다(Rapetti 등. 1989). 놀랄 것도 없이 자신들의 직업을 즐기는 여성들이 특히 직업을 갖지 않은 여성들보다 더 건강할 가능성이 높다.

3) 정신 건강

역할 중압감에 관하여 앞 절을 읽은 후 여러분들은 직장에서 녹초가 되어 제시간에 애완견 먹이주기, 아기 기저귀 갈아주기, 저녁준비하기 등을 위해 집으로 돌아온 피로에 쌓인 여성을 머릿속에서 상상하게 된다. 이러한 여성은 기분이 저조하고 우울할 것 같아 보인다. 그러나 오히려 직업을 가진 여성이 직업을 가지지 않은 여성들 못지않게 행복하다는 것이 이 자료를 통해서 확인되고 있다. 사실 많은 부분에서 직업을 가진 여성들은 더 행복하고 주변 환경에 더 잘 적응한다.

6. 가정과 일의 통합

일과 승진을 수용할 것인가에 관한 결정은 대단히 큰 심리적 고통을 수반한다. 아내가 남편의 직장을 위해 서울에서 부산까지 멀리 이사를 가야 한다거나 그녀의 직장을 완전히 바꿔야 한다면 그녀는 분명 불공평하다고 느끼게 될 것이다. 그러나 대부분의 취업여성이 직면하는 또 다른 문제는 매일 타협해야 하는 수많은 사소한 책임들이다. 누가 시장을 볼 것인가? 누가 어머니 생일을 잊지 않고 생일을 챙겨야 하는가? 누가 방안에 널려있는 양말을 치울까? 자신의 일에 대해 진지한 여성이라면 이러한 일상의 산적한 허드렛일과의 충돌에 회의를 느낄 수도 있을 것이다.

캐나다에서 실시된 일련의 연구를 보면 집안일의 60%에서 76%정도를 여성들이 해내고 있음을 보여주고 있다(Devereaux, 1993). 미국가정에서는 여성들이 65%에서 72%의 집안일을 하고 있다(Blair & Lichter, 1991). 예상컨대 집안일의 분배에는 여러 가지 요인들이 작용한다. 예를 들어 남편이 남성적이거나 차별적이 아니고 양성적인 면을 가졌거나 여성적이라면 그들은 집안일을 할 가능성이 많다(Gunter & Gunter, 1990).

아내가 바깥일을 할 때에 가사를 더 공평하게 분담할 수 있을까? 그 대답은 분명치가 않다. 남편은 아내가 직업을 가진 여성일 경우에 취업을 하지 않은 경우보다 집안일을 하는데 있어 매일 단지 2분만을 더 소요할 뿐이다. 여성들이 더 많은 집안일을 해내고 있다는 것은 북미 이외의 나라들의 연구에서도 나타났다(Mednick, 1993). 예를 들어, 12개국을 조사한 결과를 보면 직장남성들은 보통 근무하는 날 1시간만을 집안일을 위해 소요하는 반면 직장여성들은 보통 근무하는 날에서 3시간 이상을 집안일을 하는 것으로 밝혀졌다.

직장을 다니는 남편과 아내는 거의 매일 똑같은 시간을 직장에서 보내지만 여성들은 집에 오면 집안일을 훨씬 더 많이 한다. 아내들은 이러한 문제에 대해서 어떻게 생각하고 있는가? 전통적으로 여성들은 자신이 주부로서 책임을 충분히 하지 못하는 것에 대해 죄의식을 느끼고 있다.

역할과부하는 결혼과 경력 모두를 시도하는 여성이라면 피할 수 없을 것 같다. 문제는 특히 자녀를 둔 여성들에게 심각하다. 그 상황을 주목하고서 사회학자들은 여성들이 그 상황을 다루기 위하여 발전시켜온 전략에 주의를 기울였다. 사회학자의 관점에서 글을 쓴 엡스타인(1970)은 여성들이 갈등적인 다양한 역할의 요구에 부합하기 위하여 이용하는 9가지 기제를 확인하였다. 이와 같은 기제는 머톤(1957)이 "일관성에 대한 스트레인"으로 명명한 내용을 대표하는 것 같다.

1. **사회적 관계의 배제**: 이와 같은 전략을 사용할 경우, 그 여성은 자신의 관계성 선택에서 더욱 더 선택적이다. 따라서 그녀는 자신에게 스트레스를 유발할 것이라고 생각하는 사람들 예를 들어, 가정 밖에서

일하지 않는 다른 여성들, 그리고 일하는 여성에 대해서 부정적 태도를 가지고 있는 사람들과의 접촉을 배제한다. 그녀는 자신과 유사한 예를 들어 다른 취업모와 교류를 갖는다.

2. **전체적인 관계성에 개입된 접촉의 양을 줄이기**: 이와 같은 전략을 사용하는 여성들은 보통 자신의 친구들의 범위뿐만 아니라 가족의 규모도 제한한다.

3. **일련의 지위에서 지위의 수를 줄이거나 통제하기**: 다양한 역할에의 개입은 시간요구에 입각해서 매우 현실적인 문제를 제기할 수 있기 때문에, 여성은 그녀가 취할 수 있는 의무의 수를 제한하고자 할 수 있다. 또한 한 가지 특정 역할 혹은 지위와 연합된 의무사항(예, 자녀의 출산)이 증가될 때, 여성은 또 다른 역할의 요구를 줄임으로써(예, 전근 혹은 승진의 거절), 이 문제에 대한 균형을 맞출 수 있다.

4. **재정의 기제**: 합리적-인지적 대처기제라고도 부르는 이러한 전략은 여성이 자신의 직업적 역할을 가족역할에 대한 부속물로서 재정의하고 재명명하는 것을 말한다. 예를 들어, 가족사업에서 자신의 남편과 함께 일하거나 남편을 위해 일하는 여성은 자신의 일을 남편을 "도와주는 것"으로 정의해서 경력관여에 관한 죄책감을 줄이고자 한다.

5. **간헐적인 지위의 활성화**: 이러한 전략은 전문직종에 종사함으로써 시간에 관한한 융통성을 부여받은 여성들이 많이 이용한다. 예를 들어, 프리랜서 작가나 민간부문의 심리치료사들은 그 당시에게 가장 중요한 역할(어머니 대 전문가)에 역점을 두기 위하여 자신의 스케줄을 조절 할 수 있다.

6. **스케줄링에 의한 구획화**: 특히 이와 같은 전략은 일이 가족생활로 전이되는 것을 줄이거나 제거하려는 신중한 스케줄링을 말한다. 예를 들어, 저녁이나 혹은 주말의 근무활동을 피하거나 혹은 일을 사무실에서 가정으로 가져가는 것을 거부하는 것이 이러한 종류의 전략의 공통적인 예이다.

7. **과제와 역할의 위임**: 이러한 전략은 아내역할의 일부인 수많은

가사 일을 수행하기 위하여 외부에 가사와 관련된 도움을 청하는 것이다. 물론 이론적으로 이러한 전략은 이들 과제중의 일부를 남편에게 위양하는 것이다. 그러나 이미 살펴보았듯이 이것은 그리 성공적이지 못하다.

8. **역할요구의 관찰가능성을 증가시키기**: 조직관여(예, 교회활동, 자모회 등)를 통하여 지역사회에서 널리 알려지거나 유명해지게 되면, 사람들이 그녀가 얼마나 바쁜지를 알기 때문에 경력(직장)여성으로서의 많은 책임을 면제해줄 수도 있다.

9. **역할행동을 합법화하기 위하여 규칙에 의존하기(혹은 "제 3자에게 호소하기")**: 출판인들의 마감시간과 조직스케줄과 같은 외부요구의 호소(간청)는 어느 정도까지 여성의 특정 가족활동 혹은 사회적 활동의 비관여 혹은 참여를 합법화할 수도 있다.

많은 연구에서는 여성들이 실질적으로 업스타인(1970)에 의해서 확인된 이러한 대처기제를 채택한다는 사실을 지적하고 있다. 한편 라포포트 등(1972)은 세 가지 특징적인 대처양상을 발견하였다. 첫째, 의식적으로 자신을 위하여 여가시간을 마련해 두기, 둘째, 가능한 많은 허드렛일을 타인에게 위임하기, 셋째, 배우자의 경력과 조화를 이루도록 자신의 일 관여를 수정하기 등이다. 뒤의 두 가지 대처 양상은 업스타인의 위양(위임) 및 재정의 기제와 상응한다고 볼 수 있다.

다양한 대처방법들을 평가하기 위한 시도가 있어 왔다. 홀(1972)은 16가지 공통된 대처전략을 세 가지 유형중 하나로 분류하였다. I형 혹은 구조적 역할재정의 - 이것은 타인(예, 남편, 아이들, 사용자)에 의해서 여성에게 부과된 기대를 변화시키는 것을 말한다. II형 혹은 사적인 역할재정의 - 이것은 환경에 대한 변화를 시도하지 않고서 여성이 자신의 행동과 기대를 변화시키는 것을 의미한다. III형 혹은 반응적 역할행동 - 이것은 모든 역할요구를 충족시키고 따라서 모든 사람들을 즐겁게 해주려는 시도(수퍼 우먼 증후군)를 의미한다.

참고문헌

김정희 · 강혜자 · 이상빈 · 박세영 · 권혁철 역(2005). 『생활과 심리학』, 제7판. (W. Weiten & M. A. Lloyd 저, *Psychology Applied to Modern Life : Adjustment in the 21st Century*, 7th Edition). 서울 : 시그마프레스.

김애순(2002). 『성인발달과 생애설계』. 서울 : 시그마프레스.

김수정 등 역(2001). 『성인발달과 노화』. (J. C. Cavanaugh, 저, *Adult Development and Aging*, 3rd Ed). 서울 : 시그마프레스.

김정인 등 저(1999). 『인사심리학』. 서울 : 학지사.

통계청(1993). 경제활동 인구연보.

______(2001). 인구주택 총 조사.

______(2002). 장래가구추계 2000-2020.

______(2005). 경제활동 인구연보.

한국여성개발원(2003). 2003 여성통계연보.

____________(2005). 2005 여성통계연보.

Abelson, M. A., & Baysinger, B. D. (1984). Optimal and dysfunctional turnover: Towars an organizational level model. *Academy of Management Review*, 9, 331-341.

Adler, N. (1991), *International Dimensions of Organizational Behavior*(2nd ed.). Boston: Kent.

Alexander, S. (1990). Fear for career curb paternity leaves. *The Wall Street Journal*, August, 24: B1, B4.

Aplin, J. C. (1988). Priming the rookie buyer for a first acquisition. *Mergers and Acquisitions*, 23, 55-58.

Arnold, H. J., & Feldman, D. C. (1985). The role of social desirability response bias in turnover research. *Academy of Management Journal*, 28, 955-966.

Arnold, J. D. (1983). Saving corporate marriages: Five cases. *Mergers and Acquisitions*, 23, 55-58.

Arnold, J. D. (1984). Special challenges in merging manufacturers. *Mergers and Acquisitions*, 19, 19-55.

Auster, C. J., & Auster, D. (1981). Factors influencing women's choice of nontraditional career: The role of family, peers, & counselors. *Vocational*

Guidance Quarterly, 29, 253-263.

Bader, E. J. (1990). Trade unions still sexist, racist. *New Directions for Women*, p. M1.

Bahr, S. J. (1974). Effects on power and division of labor in the family. In L. W. Hoffman & F. I. Nie (Eds.), *Working mothers*, San Francisco: Jossey-Bass.

Bandura, A. (1977). Self-efficacy: Toward a unifying theory of behavioral change. *Psychological Review*, 84, 191-215.

Barley, S. R.(1989). Career, Identities, & Institutions: The Legacy of the Chicago School of Sociology. In M. B. Arthur, D. T. Hall, & B. S. Lawrence(eds.). *Hanbook of Career Theory*, 41-65, Cambrige, England: Cambridge University Press.

Bastien, D. T. (1987). Common Patterns of behavior and communication in corporate mergers and acquisitions. *Human Resource Management*, 26, 1, 17-33.

Berk, R., & Berk, S. F. (1979). *Labor and leisure at home*. Beverly Hills: Sage.

Bernard, J. (1971). The paradox of the happy marriage. In V. Gornick & B. K. Moran (Eds.), *Women in Sexist Society*, New York: Mentor.

Bernard, J. (1972). *The future of marriage*. New York: Bantam.

Betz, N. E., & Fitzgerald, L. E. (1987). *The Career Psychology of Women*. Orlando, FL: Academic Press.

Betz, N. E., & Fitzgerald, L. F. (1987). *The Career Psychology of Women*. Orlando, FL: Academic Press.

Beutell, N. J. (1983). Managing the older worker. *Personnel Administrator*, 28(8), 31-38, 64.

Black, H. C. (1990). *Black's Low Dictionary*. St Paul : West.

Black, J. S. (1990). The relationship of personal characteristics with the adjustment of Japanese expatriate managers. *Management International Review*, 30, 119-134.

Black, J. S., Mendenhall, M., & Oddou, G. (1991). Toward a comprehensive model of international adjustment: An integration of multiple theoretical perspectives. *Academy of Management Review*, 16, 291-317.

Blair, S. L., & Lichter, D. T. (1991). Measuring the division of household labor: Gender segregation of housework among American couples. *Journal of Family Issues*, 12, 91-113.

Blake, R. R., & Mouton, J. S. (1983). The urge to merge: Tying the knot successfully. *Training and Development Journal*, 37, 1, 41-46.

Blau, G. J. (1987). Using a person-environment fit model to predict job involvement

& organizational commitment. *Journal of Vacational Behavior*, 30, 240-257.

Booz, A., & Hamilton Inc. (1985). Diversification, A survey of European Chief Executives, *Executive Summary.*

Borchard, D. C. (1988). New Choices: Career Planning in a Changing World. In E. Cornish(Ed.) *Career Tomorrow: The Outlook for Work in a Changing World*, pp. 25-33. Bethesda, MD : World Future Society.

Brein, M., & David, K. H. (1973). Intercultural communication and adjustment of the sojourner. *Psychological Bulletin*, 76, 215-230.

Brett, J. M. (1980). The effect of transfer on employees and their families. In C. Cooper & R. Payne (Eds.), *Current Concerns in Occupational Stress*, London: Wiley.

Brett, J. M. (1984). Job transitions and personal and role development. In K. M. Rowland & G. Ferris (Eds.), *Research in Personnel and Human Resources Management*, 2, Greenwich, CT: JAI.

Brett, J. M., & Reilly, A. H. (1988). On the road again: Predicting the job transfer decision. *Journal of Applied Psychology*, 73, 614-620.

Brett, J. M., & Werbel, J. D. (1980). *The Effect of Job Transfer on Employees and their Families.* Washington DC: Employee Relocation Council.

Brett, J. M., Stroh, L. K., & Reilly, A. H. (1990). *Impact of Societal Shifts and Corporate Change on Employee Relocation.* Washington, DC: Employee Relocation Council.

Bridges, J. S., & Orza, A. M. (1992). The effect of employment role and for employment on the perception of mothers. *Sex Roles*, 27, 331-343.

Buono, A, F., & Bowditch, J. L. (1989). *The Human Side of Mergers and Acquisitions: Managing Collision Between People, Cultures and Organizations.* San Francisco : Jossey Bass.

Buono, A. F., Bowditch, J. L., & Lewis, J. W. (1985). When cultures collide: The anatomy of a merger. *Human Relations*, 38, 5, 477-500.

Burden, D. S., & Googins, B. (1987), *Balancing Job & Homelife Study: Managing Work & Family Stress in Corporations*. Boston, MA: Boston University Center on Work & Family.

Bureau of National Affairs. (1987). Older Americans in the Workforce : Challenges and Solutions. *Labor Relations Week*, 1(27), 1-237.

Buss, T. F.. Redburn, F. S., & Waldron, J. (1983), *Mass Unemployment: Plant Closings and Community Mental Health.* Beverly Hills, Calif.: Sage.

Bylsma, W. H., & Major, B. (1992). Two routes to eliminating gender differences in personal entitlement: Social comparisons and performance evaluations. *Psychology of Women Quarterly*, 16, 193-200.

Bylsma, W. H., & Major, B. (1994). Social comparison and contentment: Exploring the psychological costs of the gender wage gap. *Psychology of Women Quarterly*, 18, 241-249.

Cascio, W. F. (2003). *Managing Human Resources : Productivity, Quality of Work Life, Profits.* 7th ed, New York : McGraw-Hill/Irwin.

Clarke-Stewart, A. (1989). Infant day care: Maligned or malignant? *American Psychologist*, 44, 266-273.

Clayton, S. D., & Crosby, F. J. (1992). *Justice, Gender, and Affirmative Action.* Ann Arbor: University of Michigan Press.

Cotton, J. L., & Tuttle, J. M. (1986). Employ turnover: A meta-analysis and review with implications for research. *Academy of Management Review*, 11, 55-70.

Crobsy, F. J. (1993). Affirmative Action is Worth it. *Chronicle of Higher Education*, pp. B1-B2.

Cumming, E., Lazer, C., & Chisholm, L. (1975). Suicide as an index of role strain among employed and non employed married women in British Columbia. *Canadian Review of Sociology and Anthropology*, 12, 462-470.

Czaja, S. J. (1995, Spring). Aging and work performance. *Review of Public Personnel Administration.* pp. 46-61.

Davy, J. A., Kinicki, A., Kilroy, J., & Scheck, C. (1988). After the merger: Dealing with people's uncertainty, *Training and Development Journal*, November, 57-61.

DeCenzo, D.A., & Robbins, S. P. (2005). *Fundamentals of Human Resource Managemen,*. 8th ed, Hoboken : John Wiley & Sons.

Desimone, R. L., Werner, J. M., & Harris, D. M. (2002). H*uman Resource Development*. 3rd ed, Hartcourt College Publishers.

Dessler, G. (2005). *Human Resource Management*. Pearson, Prentice-Hall.

Detlefsen, E. G., Olson, J. E., & Frieze, I. H. (1991). Women & librarians: Still too far behind. *Library Journal*, 36-42.

Deutsch, F. M., Lussier, J. B., & Servis, L. J. (1993). Husbands at home: Predictors of paternal participation in childcare and housework. *Journal of Personality and Social Psychology*, 65, 1154-1166.

Devereaux, M. S. (1993). Time uses of Canadians in 1992. *Canadian Social Trends*,

pp. 13-35.
Douthitt, R. A. (1989). The division of labor within the home: Have gender roles changed? *Sex Roles*, 20, 693-704.
England, P. (1992). *Comparable Worth: Theories and Evidence*. New York: Aldine de Gruyter.
Etaugh, C., & Nekolny, K. (1990). Effects of employment status and marital status on perceptions of mothers. *Sex Roles*, 23, 273-280.
Farmer, H. S. (1985). Model of career and achievement motivation for women and men. *Journal of Counseling Psychology*, 32, 363-390.
Feather, N. T., & Davenport, P. R. (1981). Unemployment and depressive affect: A motivational and attributional analysis. *Journal of Personality and Social Psychology*, 41, 422-436.
Feldman, D. C. & Arnold, H. J. (1983). *Managing Individual and Group Behavior in Organizations*. New York : McGraw-Hill.
Feldman, D. C. (1988). *Managing Careers in Organizations*. Glenview, Illinois, Scott, Foresman and Company.
Feldman, D. C., & Brett, J. M. (1983). Coping with new jobs: A comparative study of new hires and job changers. *Academy of Management Journal*, 26, 258-272.
Feldman, D. C., & Brett, J. M. (1985). Trading places: The management of employee job changes. *Personnel*, 62, 61-65.
Fineman, S. (1983). *White Collar Unemployment*. New York: Basic Books.
Fitzgerald, L. F., & Crites, J. O. (1980). Toward a career psychology of woman: What do we know? What do we need to know? *Journal of Counseling Psychology*, 27, 44-62.
Fitzgerald, L., & Betz, N. E. (1983). Issues in the vocational psychology of women. In W. B. Walsh & S. H. Osipow (Eds.), *Handbook of vocational psychology*(vol. Ⅰ). Hillsdale, NJ: Erlbaum.
Fitzgerald, T. H. (1988). The loss of work: Note from retirement. *Harvard Business Review*, March-April, 99-103.
Fitzpatrick J. L., & Silverman, T. (1989), Woman's selection of careers in engineering: Do traditional-nontraditional differences still exist? *Journal of Vocational Behavior*, 34, 266-278.
Folkman, S., & Lazarus, R. S. (1980). An analysis of coping in a middle-aged community sample. *Journal of Health and Social Behavior*, 21, 219-239.
Forster, N. S. (1990). A practical guide to the management of job changes and

relocations. *Personnel Review*, 19, 26-35.

Friedman, D. E. (1990). Work & family: The new strategic plan. *Human Resource Planning*, 13(2), 79-89.

Fulmer, R. M. (1986). Mergers and acquisitions, 2: The role of management development. *Personnel*, September, 63(9), 37-40.

Gallos, J. V. (1989). Exploring women's development: Implications for career theory, practice, & research. In M. B. Arthur, D. T. Hall, & B. S. Lawrence, *Handbook of Career Theory*, 110-132. Cambridge, England: Cambridge University Press.

Gee, E. M., & Kimball, M. M. (1987). *Women and Ageing*. Toronto: Harcourt Brace Canada.

Gilbert, L. A. (1994). Current perspectives on dual-career families. *Current Directions in Psychological Science*, 3, 101-105.

Gilley, J. W., Eggland, S. A., & Gilley, A. M.(2002). *Principles of Human Resource Development*. 2nd ed, Cambridge, Perseus Publishing.

Goodale, J. G., & Hall, D. T. (1976). Inheriting a career: The influence of sex, values, and parents. *Journal of Vocational Behavior*, 8, 19-30.

Greenhalgh, L., & Rosenblatt, Z. (1984). Job insecurity: Toward conceptual clarity. *Academy of Management Review*, 8, 438-448.

Greenhaus, J. H., & Callanan, G. A. (1994). *Career Management*. 2nd ed, The Dryden Press, Harcourt Brace College Publishers.

Greenhaus, J. H., Callanan, G. A., & Godshak, V. M. (2000). *Career management (3rd. ed.)*. Fort Worth, TX: Dryden Press.

Grossman, R. J. (2003). Are you ignoring older workers? *HRMagazine*, 48(8), 40-46.

Gunter, N. C., & Gunter, B. G. (1990). Domestic division of labor among working couples: Does androgyny make a difference? *Psychology of Women Quarterly*, 14, 355-370.

Haber, S. (1980). Cognitive support for the career choices of college women. *Sex Role*, 6, 129-138.

Hackett G., & Campbell, N. K. (1987). Task self-efficacy and task interest as a function of performance on a gender neutral task. *Journal of Vocational Behavior*, 30, 203-215.

Hackett, G., & Betz, N. E. (1981). A self-efficacy approach to the career development of women, *Journal of Vocational Behavior*, 18, 326-339.

Hall, D. T. (1972). A model of coping with role conflict: The role behavior of college educated women. *Administrative Science Quarterly*, 17, 471-489.

Hall, D. T. (1976). *Careers in Organizations.* Glenview, IL: Scott Foresman.

Hall, D. T. (1986). Breaking career routines: Midcareer choice and identity development. In D. T. Hall (ed.), *Career Development in Organizations.* 120-159, San Francisco : Jossey Bass.

Hall, D. T., & Hall, F. E. (1980). Stress and the two-career couple. In C. L. Cooper & R. Payne (Eds.), *Current Concerns in Occupational Stress.* New York: Wiley.

Hall, D. T., & Richter, J. (1988). Balancing work life and home life: What can organizations do to help? *Academy of Management Executive*, 2, 213-223.

Hall, D. T., & Richter, J. (1990). Career Gridlock: Baby Boomers Hit the Wall. *Academy of Management Executive*, 4, 7-22.

Hall, F. S., & Hall, D. T. (1979). *The Two-Career Couple.* Reading, MA: Addison-Wesley.

Hammond, J. A., & Mahoney, C. W. (1983). Reward-cost balancing among women coal-miners. *Sex Roles*, 9, 17-29.

Handy, C. (1985). *Understanding Organizations.* New York: Penguin.

Hanisch, K. A., & Hulin, C. L. (1991). General attitudes and organizational withdrawal: An evaluation of a causal model. *Journal of Vocational Behavior*, 39, 110-128.

Haslberger, A., & Stroh, L. K. (1991). Forget-me-not: Overseas support for expatriates. *Mobility*, February, 32-33.

Hatcher, M. A. (1991). The corporate women of the 1990s: Maverick or innovator? *Psychology of Women Quarterly*, 15, 251-259.

Hayes, R. H. & Hoag, G. H. (1974). Post-acquisition retention of top management. *Mergers and Acquisition*, 9, 8-18.

Hepworth, S. J. (1980). Moderating factors of the psychological impact of unemployment. *Journal of Occupational Psychology*, 53, 139-146.

Hoffnung, M. (1993). College Women's Expectations for Work and Family. *Poster Presented at the Meeting of the Association for Women in Psychology*, Atlanta, GA.

Holmes, T. H., & Rahe, R. H. (1967), The social readjustment rating scale, *Journal of Psychosomatic Research*, 11, 213-218.

Holmes, T. H., & Rahe, R. H. (1967). The social readjustment rating scale. *Journal of Psychosomatic Research*, 11, 213-218.

Hovers, J. (1973). *Expansion through Acquisition*, London: Business Books Ltd.

Hunsaker, P. L. & Coombs, M. W. (1988). Merger and acquisitions: Managing the emotional issues, *Personnel Journal*, 65, 56-63.

Hunt, J. (1988). Managing the successful acquisition: A people question, *London Business School Journal*, Summer, 2-15.

Hyde, J. S., & McKinley, N. M. (1993). Beliefs about the consequences of maternal employment for children: Psychometric analyses. *Psychology of Women Quarterly*, 17, 177-191.

Ivancevich, J. M., & Matteson, M. T. (1988). Type A behavior and the healthy individual. *British Journal of Medical Psychology*, 61, 37-56.

Ivancevich, J. M., Schweiger, D. W., & Power, F. R. (1987). Strategies for managing human resources during mergers and acquisitions. *Human Resource Planning*, 10(1), 19-35.

Jacobson, B. (1980). *Young Programs for Older Workers*. New York: Van Nostrand Reinhold.

Jahoda, M. (1982). *Employment and Unemployment*. Cambridge : Cambridge University Press.

Jemison, D, B., & Sitkin, S. B. (1986). Corporate acquisitions: A process perspective. *Academy of Management Review*, 11, 1, 145-163.

Johnson, A. (1990), *Relocating Two-earner Couples: What Companies are Doing*. New York: The Conference Board.

Johnson, A. A. (1990). Parental leave-is it the business of business? *Human Resource Planning*, 13(2), 119-131.

Johnson, B. R. (1990). Toward a multidimensional model of entrepreneurship: The case of achievement motivation and the entrepreneur. *Entrepreneurship Theory and Practice*, Spring, 39-54.

Johnson, R. W.(1970), Parental identification and vocational interests of college women. *Measurement and Evaluation in Guidance*, 3, 147-151.

Kanfer, R. (1990). Motivation theory and industrial/organizational psychology. In M. Dunnette & L. Hough (Eds.), *Handbook of Industrial and organizational psychology*(2nd ed.), Volume 1. Palo Alto, CA: Consulting Psychologists Press.

Kaufman, H. G. (1982). *Professionals in Search of Work*. New York : John Wiley and Sons.

Kelly, H. H. (1973). The processes of causal attribution. *American Psychologist*, 28, 107-128.

Krackhardt, D., & Porter, L. W. (1985). When friends leave: A structural analysis of the relationship between turnover and stayers' attitudes. *Administrative Science Quarterly*, 30, 242-261.

Kram, K. E., & Isabella, L. A. (1985). Alternatives to mentoring : The role of peer relationships in career development. *Academy of Management Journal*, 28, 88-109.

Kramer, M. W. (1989). Communication during intraorganizational job transfers. *Paper given at the 1998 Southern Communications Association Convention.* New Orleans, LA.

Kriedberg, G. Butcher, A. L. & White, K. M. (1978). Vocational role choice in 2nd and 6th grade children. *Sex Roles*, 4, 175-182.

Krupar, K. R., & Krupar, J. J. (1988). Consider the people-fit issues during mergers. *Personnel Journal*, 67, 95-98.

Labich, K. (1991). Can your career hunt your kids? *Fortune*, May 20, 38-56.

Larwood, L., & Gutek, B. A. (1987). Working toward a theory of women's career development. In B. A. Gutek & L. Larwood(Eds.), *Women's Career Development*, 196-322, Newbury Park, CA: Sage.

Latack, J. (1984). Career transitions within organizations: An exploratory study of work, nonwork, and coping strategies. *Organizational Behavior and Human Performance*, 34, 296-322.

Latack, J. C., & Dozier, J. B. (1986). After the axe falls: Job loss as a career transition. *Academy of Management Review*, 11, 375-392.

Leana, C. R. & Feldman, D. C. (1986). Job loss: Perception, reactions, and coping behaviors. *Paper Presented at the National Academy of Management Meetings*, Chicago.

Leana, C. R. & Ivancevich, J. M.(1987), Addressing the problem of involuntary job loss : Institutional interventions and an agenda for research. *Academy of Management Review*, Vol. 12, No. 2, 301-312.

Leana, C. R., & Feldman, D. C. (1989). When mergers force layoffs: Some lessons about managing the human resource problems. *Human Resource Planning*, 12, 31-34.

Levinson, D. J. (1986). A conseption of adult development. *American Psychologist*, 41, 3-13.

Levinson, D. J., Darrow, C. N., Klein, E. B., Levinson, M. H., & Mckee, B. (1978). *The Seasons of a Man's Life*. New York: Knopf.

Levinson, H. (1977). How adult growth stages affect management development. *Training, HRD*, 14, 42-47.

Little, C. B. (1976). Technical-professional unemployment: Middle-class adaptability to personal crisis. *Sociological Quarterly*, 17, 262-271.

London, M., & Stumpf, S. A. (1982), *Managing Careers*. Reading, MA: Addison-wesley.

Louis, M. R. (1990). Acculturation of newcomers at work. In B. Schneider (Ed.), *Organizational Culture and Climate*. San Francisco: Jossey-bass.

Major, B. (1989). Gender differences in comparisons and entitlement: Implications for comparable worth. *Journal of Social Issues*, 45, 99-115.

Malekzadeh, A. R., & Nahavandi, A. (1987). Merger mania: Who wins? Who loses? *Journal of business Strategy*, 8, 1, 76-79.

Marks, M. L., & Mirvis, P. (1985). Merger syndrome: Stress and uncertainty. *Mergers and Acquisition*, 20, 50-55.

Martocchio, J. J (1989). Age-related differences in employee absenteeism : A meta-analysis. *Psychology and Aging*, 4, 401-414.

Mattis, M. C. (1990). New forms of flexible work arrangements for managers and professionals: Myths and realities. *Human Resource Planning*, 13(2), 133-146.

McEvoy, G. M., & Cascio, W. F. (1985). Strategies for reducing employee turnover: A meta-analysis. *Journal of Applied Psychology*, 70, 342-353.

McEvoy, G. M., & Cascio, W. F. (1989). Cumulative evidence of the relationship between employee age and job performance. *Journal of Applied Psychology*, 74, 11-20.

McIlwee, J. S. & Robinson, J. G. (1992). *Women in Engineering: Gender, Power, and Workplace Culture*. Albany, NY: State University of New York Press.

McManus, M. L., & Hergert, M. L. (1988). *Surviving Merger and Acquisition*. Glenview, Illinois: Scott, Foresman & Co.

Mednick, A. (1993b). World's women familiar with a day's double shift. *APA Monitor*, May, pp. 32-33.

Meier, S. T. (1991). Vocational behavior, 1988-1990: vocational choice, decision-making, career development interventions, and assessment. *Journal of Vocational Behavior*, 39, 131-181.

Mendenhall, M., & Oddou, G. (1985). The dimensions of expatriate acculturation: A review. *Academy of Management Review*, 10, 39-48.

Merton, R. K. (1957). *Social Theory and Social Structure(rev. ed.)*. Glencoe: IL:

Free Press.

Milliken, F. J., Dutton, J. E., & Beyer, J. M. (1990). Understanding organizational adaptation to change: The case of work-family issues. *Human Resource Planning*, 13(2), 91-107.

Mitchell, L. K., & Krumboltz, J. D. (1990). Social learning approach to career decision making: Krumboltz's theory. In D. Brown, L. Brooks, & Associates (Eds.), *Career Choice and Development*, 145-196. San Francisco, CA: Jossey-Bass.

Mobley, W. H., Horner, S. O., & Hollingworth, A. J. (1978). An evaluation of percursors of hospital employee turnover. *Journal of Applied Psychology*, 63, 408-414.

Muchinsky, D. M., & Monahan, C. J. (1987). What is person-environment congruence? Supplementary versus complementary models of fit. *Journal of Vocational Behavior*, 31, 268-277.

Muchinsky, P., & Tuttle, M. (1979). Employee turnover: An empirical and methodological assessment. *Journal of Vocational Behavior*, 26, 177-188.

Navahandi, A. & Malekzadeh, A. R. (1988). Acculturation in mergers and acquisitions. *Academy of Management Review*, 13, 79-90.

Nicholson, N., & West, M. (1988), *Managerial Job Change: Men and Women in Transition. Cambridge*, England: Cambridge University Press.

Nieva, V. F., & Gutek, B. A. (1981). *Women and Work: A Psychological Perspective*. New York: Praeger.

Nilsen, A. P. (1971). Women in children's literature. *College English*, 32, 918-926.

Nollen, S. D.(1989), The work-family dilemma: How HR managers can help. *Personnel*, May, 25-30.

O'Farrell, B. (1995). Women in blue-collar occupations: Traditional and nontraditional. In J. Freeman (Ed.), *Women: A Feminist Perspective* (5th ed., pp. 238-261). Mountain View, CA: Mayfield.

Olson, J. E., & Frieze, I. H. (1991). A decade of change for U. S. managers. *Equal Opportunities International*, 10, 19-23.

Osborn, D. P. (1990). A reexamination of the organizational choice process. *Journal of Vocational Behavior*, 36, 45-60.

Parasuraman, S., & Greenhaus, J. H. (1992). An exchange perspective on support provided by partners in two-career relationships. *Paper Presented at the 1992 Annual Meeting of the Academy of Management*, Las Vegas, Nevada.

Paresuraman, S., & Greenhaus, J. h. (1993). Personal Portrait : The Life-Style of the Woman Manager. In E. A. Fagenson (ed.), *Women in Management: Trends, Issues, and Challenges in Managerial Diversity*, Vol. 4, pp. 186-211. Newbury Park, CA : Sage.

Parsons, C. K., Herold, D. M., & Leatherwood, M. L. (1985). Turnover during initial employment: A longitudinal study of the role of causal attributions. *Journal of Applied Psychology*, 70, 337-341.

Pearlin, L. I., & Schooler, C. (1978). The structure of coping. *Journal of Health and Social Behavior*, 19, 2-21.

Penner, L. A., Harris, S. L., Llobet, J. M., & Craiger, J. P. (1991). Studying personnel decisions about female managers: Methodological considerations. *Equal Opportunities International*, 10, 3-9.

Psathas, G. (1968). Toward a theory of occupational choice for women. *Sociology and Social Research*, 52, 253-268.

Quick, J. C., Hess, R. E., Hermalin, J., & Quick, J. D. (1990). *Careers Stress in Changing Times*. The Haworth Press. New York · London.

Roberts, S. (1975). Inflation, recession-and families. *Social Casework*, March, 182-185.

Robino, D., & DeMeuse, K. (1985). Corporate mergers and acquisitions: Their impact on HRM. *Personnel Administrator*, 30, 33-44.

Rodgers, F. S., & C. Rodgers.(1989), Business and the facts of family life. *Harvard Business Review*, November-December, 121-129.

Rosen, B., & Jerdee, T. H. (1985). *Older Employees: New Roles for Valued Resources*. Homewood, IL : Dow Jones-Irwin.

Salancik, G. R., Staw, B. M., & Pondy, L. R. (1980). Administrative turnover as a response to unmanaged organizational interdependence. *Academy of Management Journal*, 23, 422-437.

Samon, K. A. (1991). Great expectations: An update in the wharton women of '80. *Working Women*, July, 66-69, 92.

Schein, E. H. (1984). Culture as an environmental context for careers. *Journal of Organizational Behavior*, 5, 71-81.

Schein, E. H. (1985). *Career Anchors: Discovering Your Real Values*. San Diego, CA : University Associates.

Schmitt, N., & McCune, J. T. (1981). The relationship between job attitudes and the decision to retire. *Academy of Management Journal*, 24, 795-802.

Schwartz, F. N. (1992). *Breaking With Tradition*. New York: Warner Books.

Schweiger, D. M., & Weber, Y. (1989). Strategies for managing human resources during mergers and acquisitions: An empirical investigation. *Human Resource Planning*, 12(2), 69-86.

Schweiger, D. M.. Ivancevich, J. M., & Power, F. R. (1987). Executive actions for managing human resources before and after acquisition. *Academy of Management Executive*, 1, 127-138.

Scott, K. P. (1981). Whatever happened to Jane and Dick? Sexism in texts re-examined. *Peabody Journal of Education*, April, 135-140.

Shaw, J. B., & Grubbs, L. L. (1981). The process of retiring: Organizational entry in reverse. *Academy of Management Review*, 6, 41-47.

Shellenbarger, S. (1991). More job seekers put family needs first. *The Wall Street Journal*, November 15, B1, B15.

Shrivastava, P. (1986). Post-merger integration. *Journal of Business Strategy*, 7, 65-76.

Siegel, S. R. (1981). Preparation for retirement in commercial banking firms. *The Bankers Management*, 164(5), 89-93.

Siegel, S. R. (1989). Preretirement programs in service firms. *Compensation and Benefits Review*, March-April, 47-58.

Soelberg, P. O. (1967). Unprogrammed Decision Making. *Industrial Management Review*, 8, 19-29.

Sonnenfeld, J. & Kotter, J. P. (1982). The maturation of career theory. *Human Relations*, 38, 19-46.

Spokane, A. R. (1985). A Review of research in person-environment congruence in Holland's theory of careers. *Journal of Vocational Behavior*, 26, 306-343.

Staw, B. M. (1980). The consequence of turnover. *Journal of Occupational Behavior*, 1, 253-273.

Stoner, C. R. & Hartman, R. I. (1990). Family responsibilities and career progress: The good, the Bad and the Ugly. *Business Horizons*, May-June, 7-14.

Super, D. E. (1990). A life-span, life-space approach to career development. In D. Brown, L. Brooks, & Associates(Eds.), *Career Choice and Development*, 197-261. San Francisco, CA : Jossey-Bass.

Swaim, R. W. (1985). The personnel squeeze. *Personnel Journal*, 64, 34-40.

Trost, C. & Hymowitz, C. (1990). Careers stare giving in to family needs. *Journal of Career Development*, 18, 37-50.

U. S. Department of Labor. (1989). *Handbook of Labor Statistics*. Washington, DC:

U. S. Government Printing Office.

U. S. Department of Labor. (1994). 1993 *Handbook on Women Workers: Trends and Issues.* Washington, DC: U. S. Government Printing Office.

Ury, W. L., Brett, J. M., & Goldberg, S. B. (1988), *Getting Disputes Resolved.* San Francisco: Jossey Bass.

Valdez, R. A. & Gutek, B. A. (1987). Family roles: A help or hindrance for working women? In B. A. Gutek & L. Larwood(Eds.), *Women's Career Development*, 157-169. Newbury Park, CA: Sage.

Van Maanen, J. & Schein, E. H. (1977). Career Development. In J. R. Hackmen & J. L. Suttle(eds.), *Improving Life at Work: Behavioral Science Approaches to Organizational Change*, 30-95. Santa Monica, CA : Goodyear.

Vandell, D. L., & Ramanan, J. (1992). Effects of early and recent maternal employment on children from low-income families. *Child Development*, 63, 938-949.

Vetter, B. M. (1980). Working women scientists and engineers. Science, 207, 28-34.

Walsh, J. P. (1988). Top management turnover following merger and acquisitions. *Strategic Management Journal*, 9, 173-183.

Walter, G. A. (1985). Culture collision in mergers acquisitions. In P. J. Frost, L. F. Moore, M. R. Louis, C. C. Lundberg, & J. Martin (Eds.), *Organizational Culture*, Beverly Hills: Sage Publications.

Wang, P. (2000, Nov). Is this retirement? *Money*, pp. 101-108.

Wanous, J. P.(1992). *Recruitment, Selection, Orientation and Socialization of Mewcomers.* Reading, MA : Addison-Wesley.

Warr, P. & Payne, R. L. (1982), Experiences of strain and pleasure among British adults. *Social Science and Medicine*, 16, 1691-1697.

Warr, P., & Parry, G.(1982), Paid employment and women's psychological well-being. *Psychological Bulletin*, 91, 498-516.

Wehrenberg, S. B. (1984). Preparing to retire : Educational programs that help employees. *Personnel Journal*, 63(9), 41-42.

Weinrach, S. G. (1984). Determinants of vocational choice : Holland's theory. In L. Brown & L. Brooks (eds.), *Career Choice and Development*, San Francisco, CA : Jossey Bass.

Wellner, A. S. (2002). Tapping a silver mine, *HRMagazine*, 47(3), 26-32.

Wells, D. L., & Muchinsky, P. M. (1985). Performance antecedents of voluntary and involuntary managerial turnover. *Journal of Applied Psychology*, 70, 329-336.

Willetts-Bloom, M. C., & Nock, S. L. (1994). The influence of maternal employment on gender role attitudes of men and women. *Sex Roles*, 30, 371-389.

Wishard, B. J. (1985). Merger human dimension, *The Magazine Bank Administration*, 61(6), 74-79.

찾아보기

〔ㅅ〕

〔ㅇ〕

〔ㅈ〕

[저자 소개]

• 김 정 인

강원도 강릉고등학교 졸업
중앙대학교 대학원 심리학과 졸업 산업심리학 박사
(전) 중앙대학교 및 대학원 강사
한국장애인고용촉진공단 고용개발원 검사개발 책임연구원
성균관 대학교 사회과학대 책임연구원
(현) 춘천교육대학교 강사
경기대학교 강사
서비스테크 컨설턴트

〈주요 저서 및 논문〉

- 『인간행동과 심리학』 (공저, 2005, 학지사)
- 『성희롱 행동의 이해와 실제』 (2000, 교육과학사)
- 『인사 심리학』 (공저, 1999, 학지사)
- 『노사관계 심리학』 (공저, 1997, 중앙대학교 출판부)
- 장애인용 직업흥미검사 2종 개발(2003, 공동개발)
- 부적 정동과 사회적 지지가 직무 스트레스와 그 결과에 미치는 영향
- 아동 성폭력과 가해자 그리고 상처의 그늘(2006, 공동연구)
- 아내구타와 그 가해자 - 가해자의 심리 및 행동적 특징(2005, 공동연구)
- 성폭력과 그 가해자에 관한 소고(2005, 공동연구)

• 김 병 선

중앙대학교 문리과대학 심리학과 졸업
중앙대학교 대학원 심리학과 졸업 산업심리학 박사
(전) 중앙대학교 및 대학원 강사
춘천교육대학교 대학원 강사
(현) 한성대학교 교육대학원 겸임교수
서비스테크 수석연구원

〈주요 저서 및 논문〉

- 『인간행동과 심리학』 (공저, 2005, 학지사)
- 『디지털 지식사회 마인드』(2001, 공저, 미래지식산업)
- 『아동연구방법』(2000, 공저, 양서원)
- 『이야기를 타고 가는 심리여행』(1999, 학지사)
- 『자료처리방법』(1992, 성원사)
- 장애인용 직업흥미검사 2종 개발(2003, 공동개발)
- 집단협상에서 쟁점처리방식과 성원들의 태도가 협상결과에 미치는 영향(학위논문) 외 다수

• 김 성 회

중앙대학교 문리과대학 심리학과 졸업
중앙대학교 대학원 심리학과 졸업 산업심리학 박사
(전) 노동부국립중앙직업안정소 직업지도 전문직
한국장애인 고용촉진공단 고용촉진부장
(현) 평택대학교 교수

〈주요 저서 및 논문〉

- 『장애인 자아수용척도』
- 성인기 중도지체 장애인의 자아인식과 자아수용 간의 관계
- 직업능력 평가사 역할개발을 위한 직무분석 연구

• 김 흥 수

성균관대학교 행정대학원 행정학석사
성균관대학교 경영대학원 경영학석사
세종대학교 대학원 행정학과 행정학박사(행정학전공)
(현) (주) KCM 컨설팅 대표이사
성균관대학교, 세종대학교 외 강사
대구하계 유니버시아드대회 자문위원
서울문화재단 신스포 실행위원
성균관대학교 경력개발센터장

〈주요 저서 및 논문〉

『부동산 감정평가론』
『부동산학개론』

- 문화축제 담론의 Q- 분석 결과 연구
- 문화 거버넌스 모형 평가에 관한 연구
- 동아사아 3국 대학생 의식조사에 관한 연구
- 대학행정직 인사제도 개선에 관한 연구
- 정책감사에서 정책활용에 관한 연구
- 부동산 등기제도 개선에 관한 연구 외 다수

경력개발과 적응 - 인적자원관리의 심리학-

2006년 9월 15일 초판 1쇄 발행
2007년 2월 20일 중판 1쇄 발행

저 자 김 정 인 · 김 병 선
김 성 회 · 김 흥 수
발행인 유 성 렬
발행처 청 목 출 판 사
150-845
서울특별시 영등포구 신길4동 233-96
전화 (02) 849-6157(代) · 2820
FAX (02) 849-0817
· 등록 제318-1994-000090/1994.2.2

·파본은 바꾸어 드립니다.
값 22,000원

http : //www.chongmok.co.kr

ISBN 89-5565-168-6